U0452244

西方非正统经济学译丛

科学在现代文明中的地位

及其他论文

〔美〕托尔斯坦·凡勃伦 著

张林 张天龙 译

徐颖莉 校

商务印书馆
2008年·北京

Thorstein Veblen

THE PLACE OF SCIENCE IN MODERN CIVILISATION

AND OTHER ESSAYS

© Routledge/Thoemmes Press 1994

本书根据劳特利奇/特梅斯出版社 1994 年版译出

《西方非正统经济学译丛》
编 委 会

顾问：胡代光　高鸿业　吴易风

主编：张林

编委：施本植　张荐华　徐光远　杨先明

《西方非正统经济学译丛》
总　　序

在西方正统经济学大行其道的今天,我们翻译出版非正统经济学著作,似乎显得不合时宜。而我们认为,对非正统经济学著作的译介,有助于中国经济学界完整地了解西方经济学,认识西方正统经济学的缺陷。经过多年的筹备和努力,《西方非正统经济学译丛》终于面世。希望这套丛书能够丰富我们的经济学思想库,丰富中国经济学人的思想。

"非正统"(heterodoxy)一词常译为"异端"。我们在这里选用中性词义的"非正统"一词,①而不用略带贬义的"异端"一词,表明我们并未将本套丛书收录的著作视为"邪说"。相反,这些著作都是一个学派的经典,其中不乏真知灼见。

我们把西方经济学中的"正统"与"非正统"理解为对待现存经济体制及其意识形态的不同态度。自从资本主义制度建立以来,那些维护这个体制的经济学说便是正统学说,古典经济学、新古典经济学、凯恩斯主义经济学等就是正统经济学的代表。反之,那些对资本主义制度持批评态度的学说,就属于非正统经济学。由于非正统经

---

① 我们本打算使用"反正统"一词。感谢高鸿业教授的建议,他认为丛书所含著作的理论并未与西方正统经济学完全对立,因而用"非正统"更为恰当。

济学对资本主义制度持批评态度,因而也成为正统经济学的反对派。德国历史学派、美国制度主义、激进政治经济学、后凯恩斯主义经济学就属于非正统经济学。与"正统"和"非正统"相联系的,还有"主流"和"非主流"这两个词。我们认为后者是一个时间概念。在一定时期,非正统经济学可能成为某个国家的主流经济学,比如20世纪前30年的美国制度主义。同样,正统学说也不一定是主流,比如奥地利学派。

非正统经济学的两个特点是我们翻译这套丛书的主要动因。第一,非正统经济学对现存资本主义体制持批评态度,从而对作为这个体制的意识形态的西方正统经济学同样持批评态度。非正统经济学对正统经济学的批评大多集中于其方法和范围,针对根本,针针见血。这对于我们更深入地认识西方正统经济学的缺陷提供了有益的参考。非正统经济学令人信服的批评,有助于消除中国经济学界目前盛行的盲从西方正统经济学的这一不良倾向。第二,非正统经济学大多能够紧密联系当时当地的经济现实,从剖析现实的角度而不是从维护某种理论的角度阐述理论。今日中国尤其需要适应国情的经济学说。西方非正统经济学这种学术态度值得我们借鉴。

近年来,西方正统经济学译著比比皆是,对非正统经济学的译介显得势单力薄,而且缺乏系统性。我们翻译这套丛书的目的,就是希图通过对重要文献的系统介绍,将非正统经济学的全貌和最新研究成果展示给国人,为更多人参与西方非正统经济学研究打好文献基础。我们首先呈现给读者的是制度主义(institutionalism)这一最重要的非正统经济学派在不同时期的代表性著作。条件成熟后,我们还将系统译介其他非正统学派的文献。

制度主义发端于美国,是美国原生的经济学派。国内学界对制度主义的了解大多停留在其创始阶段,对其在20世纪60年代后的发展比较陌生。

制度主义在20世纪前30年曾风靡美国,对美国的经济学和经济政策都产生过重要的影响。经过几十年的沉寂后,制度主义于20世纪60年代开始复兴,并形成了以凡勃伦—艾尔斯传统(Veblen - Ayres tradition)为理论主体的"新制度主义"(neoinstitutionalism)。新制度主义者于1965年组建了自己的学术组织"进化经济学会"(Association for Evolutionary Economics),并于1967年创办了《经济问题杂志》(*Journal of Economic Issues*),在J.法格·福斯特(J. Fagg Foster)、马克·图尔(Marc Tool)、保罗·布什(Paul Bush)、威廉·达格尔(William Dugger)等人的努力下,以凡勃伦(Thorstein Veblen)和艾尔斯(Clarence Ayres)的理论为基础,形成了相对成熟和完整的理论体系,成为今天活跃在欧美经济学界的一支不可忽视的学术力量。在自身发展的同时,制度主义还为其他学派提供了有力的理论支持。比如激进政治经济学在诸多理论问题上从制度主义的学说中吸收了营养,近年来兴起的演化经济学也将制度主义视为自己的源泉之一。遗憾的是,国内学界对制度主义这一重要的非正统学派的了解远远不够,甚至对它产生了诸多误解。① 本套丛书汇集了制度主义各时期的代表作,力图反映制度主义的全貌及其新发展。

这套丛书得以面世,得到了各方面的大力支持和帮助。我们首先要感谢北京大学胡代光教授、中国人民大学高鸿业教授②、吴易风教授,他们对丛书的选题和翻译提供了许多宝贵意见和无私的帮助。

---

① 其中一个普遍的误解就是几乎把加尔布雷思(John K. Galbraith)视为新制度主义的惟一代表。

② 正当丛书即将面世之时,噩耗传来:高鸿业先生不幸逝世。就用这套丛书来表达我们对高先生的深切怀念吧。

是他们的支持和鼓励才使我们有勇气和条件完成这套丛书的翻译工作。丛书的翻译工作主要由云南大学经济学院和发展研究院的教师承担,我们也要感谢两个学院提供的大力支持。商务印书馆的张胜纪先生为丛书的出版付出了艰辛的努力,他认真的工作态度和过人的翻译水平令我们肃然起敬,在此表示诚挚的谢意。最后,我们要对商务印书馆在扶持学术"冷门"、关注西方非正统经济学研究方面表现出的远见卓识表示崇高的敬意。

丛书编委会

2007 年 6 月

译　　序

凡勃伦以行文晦涩、善造新词而著称。我们在本书的翻译中尽管尽了最大努力使文字接近中文的习惯表达方式,但仍感不尽如人意,恐读者难以理解,加之凡勃伦的理论和观点并非大家耳熟能详,因而有必要在此对本书所录论文的主要观点作一简介。

在本书的开篇论文"科学在现代文明中的地位"中,凡勃伦质疑科学在现代文明中至高无上的地位。凡勃伦认为,在现代文明中,人们把科学抬高到"神灵园囿中的生命之树"、"神灵房舍中的闪电之光"的地位,盲目崇拜。现代文明以及现代科学的特征是注重实际,是功利性、目的论的。但在人类发展史上,科学或者知识却并非如此。

凡勃伦在本文中历史地考察了科学或者知识的进化。他把人类历史划分为未开化时代、野蛮时代、手工业时代和机器过程时代(亦即他那个时代的资本主义),在不同时代,人类的不同本能顺应流行的思想习惯(也就是凡勃伦所定义的制度)而主导着知识的进化。凡勃伦把人类本能划分为建设性本能和破坏性本能。前者包括劳作本能(instinct of workmanship)、随意的好奇心(idle curiosity)和父母本性(parental bent),后者包括竞赛(emulation)、掠夺(predation)和运动本能(sporting instinct)。[①] 在未开化时代,人类对知识的寻求

[①] 关于凡勃伦的历史阶段论和本能理论,详见他 1914 年的著作《劳作本能》(*The Instinct of Workmanship*),Routledge 出版社 1994 年重印。

主要受随意的好奇心的支配。随意的好奇心是一种不带功利性地探求知识、认识世界的本能，也是人类知识的根本来源。它不求有用，但求知识的积累。随着"有用"、"实用"这一类标准在后来的时代成为支配性的思想习惯，随意的好奇心所产生的知识就要由其是否实用来加以筛选。于是，注重实际的知识和科学以及它们的分析方法和推理方法——"对事物晦涩的、唯物主义的解释"——成为现代"西方文明实质性的核心"，甚至在那些"与科学精神格格不入的领域里刻意地拼命使用科学阐述"，产生了"诸如基督教科学、'科学的'占星术、'科学的'手相术等等之类的东西"。这是人类知识进步的桎梏。科学的这种特性在现代尤为明显，那是因为资本主义的思想习惯(制度)强化了这种注重实际的倾向。"只要机器过程作为现代文化中的一个规律性因素继续占据着支配性地位，这个文化时期的精神生活和文化生活就肯定会保持着机器过程赋予它的特征。"

面对科学在现代文明中的这种地位，并非人人都选择了沉默和接受。"具有遗传特征的正常人在它的控制下并不安分。"凡勃伦就属于这种不安分的人。他的一生都在寻求颠覆那种支配性的思想习惯。

读者在阅读本文时要特别注意凡勃伦对"实用的"(pragmatic)、"实用主义"(pragmatism)这些词的使用，与我们平常的理解并不一致。请参阅正文中的该文注释。尽管凡勃伦在注释中强调了他是在什么意义上使用这些词，但实际上他在行文时并非始终坚持某种用法。在有些地方需要读者联系文意去理解。

"科学观点的进化"可以视为前文的延续。在本文中，凡勃伦的目的就是要更详细地考察思想习惯(在本文中他更多地使用的是"先入之见"这个词)如何影响科学观点的进化。凡勃伦区分了"前达尔文主义"科学和"后达尔文主义"科学。他把达尔文的进化论的提出视为科学的新纪元的开端。此前的科学是"前达尔文主义"的,其特征是"定义和分类"。这类科学关心的是事物将要达到的"完满状态",关心的是"产生事物的假定的初始稳定均衡中事物是怎样的,以及事物在稳定的最终状态中又应该是怎样的"。而"后达尔文主义"科学"根本性的假定是具有逻辑连续性的变迁",关心的是"因果过程以及初始原因和最终结果之间不稳定的间隔和转换"。这种科学的考察"在任何方向上都不会有终点"。这也正是达尔文主义所强调的进化的特征。基于这种划分,凡勃伦才在后一篇文章里认为经济学还不是一门进化科学。

科学观点之所以从"前达尔文主义"科学向"后达尔文主义"科学转变,是因为共同体的思想习惯的转变。"科学和科学观点将会明显地随着那些……流行的思想习惯的变化而变化"。这篇文章论述的就是不同历史时期科学观点的转变过程。

"为什么经济学还不是一门进化科学"是凡勃伦的一篇著名论文,常为经济学方法论的研究者所引用,集中体现了凡勃伦对正统经济学的批评。正统经济学关心的是一个确定的原因导致一个确定的结果(均衡)这种保持着良好的一致性的因果关系,关心的是一种常态。它的心理学基础是快乐主义心理学。[①] "快乐主义关于人的观念是把他当做一个闪电般计算快乐与痛苦的计算器,他像一个追求快乐的同质小球一样摇摆着,外界的刺激使他摆动,……快乐主义的个人不是精神上的一种原动力。"进化经济学则不然。它关心的是累积性因果关系,探讨的是一个发展过程,它研究的个人是受社会环境影响的、主动的个人。"一种进化的经济学一定是一种由经济利益所

---

① 我们把 hedonism 一词译为"快乐主义"而不是通常采用的译名"享乐主义",因为这种心理学强调的是人的行为是由快乐与痛苦的对比来决定,它强调的重点不是"享受"、"享乐"这样的意义。

决定的文化发展的过程理论,一定是一种由过程本身来说明的经济制度的累积性序列理论。"我们可以把这篇文章当做一个宣言,它宣告了凡勃伦开创的制度经济学将是一门进化科学。

1899~1900年分三次发表的长文"经济学的先入之见"是凡勃伦对经济思想和方法史的一个系统回顾和批评,也是经济学方法论领域的一篇经典论文。文中,凡勃伦通过思想史的梳理来证明"特定一代经济学家的精神态度在很大程度上就是他们生活的世界通行的观念和先入之见的一种特殊的自然结果"。

重农学派是文章第一部分的主题。由于"重农学派的思想一般被视为是对与后来的理论相一致的经济理论的第一次清晰而全面的陈述",凡勃伦将其作为本文论述的起点。他的结论是,控制重农主义者思想的先入之见是自然法。自然法是启蒙时代法国社会的"常识性形而上学的主要特征"。自然法是目的论的,其特征是"导向一个目的、实现一个目标的一种倾向"。凡勃伦在文中历史地、详细地考察了自然法先入之见是如何形成的。

文章的第二部分以亚当·斯密和功利主义哲学为主展开论述。斯密的"看不见的手"同样是自然法先入之见的体现。这只"看不见的手"正是上帝所设计的服务于人类福利的自然秩序。斯密在自然法的目的论含义中增加了连续性的因素,即事物通向完美状态的过程是连续的,即使出现偏差和差错,事物也会自我纠正。这个过程中的有效因素是被标准化的人性,它适应快乐主义含义的自然秩序的要求。这种人性体现在两个方面:生产中对效率的追求、交换中对金钱利益的追求。斯密之后,这种"经济人"得到功利主义哲学以及与功利主义密切相关的资本主义工业进一步的标准化。功利主义与斯密的理论在本质上是一致的,"实质性的经济学基础是快乐与痛苦;目的论秩序……是实现这种基础的方法"。大规模进入经济理论的功利主义的影响表现在古典经济学家"最为严肃地关注的是生活的金钱方面",这使得经济学家"将交换价值而不是将有益于社会物质福利的生产作为其理论的核心特征",凡勃伦在这里其实为我们揭示了边际革命的方法论基础,尽管他没有提及边际革命。

尽管在进化观念(同样是一种先入之见)的影响下,后来的经济学发生了一些变化,但仍然没有完全脱离古典经济学,这是文章第三部分的主题。虽然约翰·穆勒从有差别的人类动机推导出有差别的人类行为,从而说明自由放任不是惟一的选择,虽然凯尔恩斯完成了对巴师夏信条的颠覆,虽然老凯恩斯在分析中更多地关注了历史和制度,虽然马歇尔的思想具有了进化论的色彩,但是,自然秩序并没有被彻底地清除。自然秩序变成了"常规",自然法观念变成了"常态"观念。经济学家所揭示的经济法则是"调节均衡的经济活动的法则,……它们是把人们生活中的活动所追求的其他利益限定为经济(一般来说是金钱)利益的定理,而不是关于经济利益在创造一般的生活体系时采取的方式和影响程度的定理。……它们是守恒的法则和选择的法则,而不是演变的法则和扩散的法则"。一句话,这样的经济学是前达尔文主义的经济学,而不是进化的经济学。

值得一提的是,凡勃伦在本文第三部分使用了"新古典经济学"(neo-classical economics)一词,这是经济学文献中第一次出现这种提法。

克拉克是美国经济学的代表,通常将他视为边际革命的完成者。但是,凡勃伦在"克拉克教授的经济学"一文中,通过对克拉克理论体系的完整评价,尤其是对他的分配理论的剖析,认为克拉克仍然是古典经济学的代表:"与同时代的那些竭力支持边际效用学说的人不同,克拉克先生确实是古典学派的代表。"那是因为一方面,他的理论的心理学基础是快乐主义,他"把所有现象都简化为'正常的'、'自然的'、建立在快乐主义的计算基础上的生活体系"。另一方面,尽管克拉克强调动态研究,但他仍然满足于探讨数量的变化,"没有注意到数量以外的变化",也就是没有像达尔文主义那样去考察累积性的变化。从这篇文章可以看出,凡勃伦把整个西方正统经济学都视为"前达尔文主义"的科学。也就是说,正统经济学在当时最杰出的代表也没有完成向进化经济学的转变。

"边际效用理论的局限"是凡勃伦为数不多的批评边际革命成果的论文。凡勃伦把边际效用理论视为研究给定制度条件下价值的分配的学说,其核心是快乐主义的计算。这种学说与古典经济学是一致的,只不过"边际效用学派被限定在一个更狭隘的范围内"。边际效用理论不研究约束行为的外部环境的变化,而是在给定的制度条件下去考察人类活动,这"只会得到静态的结果"。文中,凡勃伦还批评了边际效用学派的个体主义方法论,并阐述了自己的制度主义思想的基本内容。

正统经济学没能向进化经济学转变,那么非正统的历史学派是否完成了这种转变呢?"古斯塔夫·施穆勒的经济学"一文回答了这个问题。凡勃伦高度评价了旧历史学派的方法,但认为它缺乏理论。以施穆勒为代表的新历史学派以建立一套一般性的理论为目标,而且他的著作中确实"集中分析的是达尔文主义意义上的制度的起源、发展、持续和变化",因而他的著作的优点"在于制度的起源和发展后达尔文主义的、因果关系的理论"。但是,施穆勒在很多时候仍然只是像旧历史学派那样满足于数据的处理,而且更重要的是,施穆勒把当前的制度形式当做一种最终的结果。达尔文主义意义上的进化是没有终点的"盲目漂移"。在这里,施穆勒已然不再是从进化的角度探讨历史发展。总而言之,凡勃伦认为施穆勒的著作向进化经济学迈出了一大步,但仍不足以使经济学成为进化科学。

"生产的职业和金钱的职业"①一文集中体现了凡勃伦的认识论基础,即"凡勃伦二分法"(Veblenian dichotomy)。凡勃伦把社会划分为进步的技术体系和保守的制度体系两个组成部分。制度体系按照自己的价值标准选择相应的技术,使技术的发展不至于破坏现存的制度结构;技术体系不断试图突破制度的约束,推动社会进步。这种对"技术—制度"(或者工具—仪式)的划分贯穿其理论始终,也是他的制度理论的核心。与技术—制度二分法相应的是各种对立的概念:工业和商业、生产的和金钱的、有用的和无用的、普通大众和既得利益者等等。"生产的职业和金钱的职业"正是探讨以产品最大化为目的的生产活动和以金钱所得最大化为目的的商业活动之间的关系,明确了金钱活动对生产活动的支配是现存经济体系的特征。同样,分两部分发表的"论资本的性质"一文是对这种二分法的运用。文中凡勃伦明确了以生产为目的的资本品和以所有权收益为目的的资本之间的区别及其各自的作用。

文集中收录了凡勃伦论及社会主义理论的两篇文章。"社会主义理论中一些被忽视的观点"是凡勃伦正式发表的第一篇论文(1892年),文中所说的"社会主义"其实是当时林林总总以"社会主义"为名的社会改良主张,凡勃伦针对的是斯宾塞的观点。在凡勃伦看来,社会主义理论对当时社会不公和普遍的不满情绪的解决方案忽视了一个内容,那就是社会不公和不满情绪的起因。他认为起因在于人类的竞赛本能。在资本主义制度下,竞赛本能驱使人们追求金钱利益,因为占有金钱的多少成为衡量人生价值的标准。这种观点在他后来的名著《有闲阶级论》中得到了充分的阐述。分两部分发表的"卡

---

① 我们在多数地方把原文中的 industrial 译为"生产的"。凡勃伦是在对立的意义上来使用 industry 和 business 这两个词的。前者的含义是从事物质生产的活动,后者则指的是那些以金钱上的收益为目的的活动。

尔·马克思和他的拥护者的社会主义经济学"是凡勃伦对马克思主义经济理论的一个系统评述。我们不妨将其当做一家之言，有助于我们了解西方激进思想家对待马克思主义的态度。

文集还收录了凡勃伦晚年发表的两篇论人种问题的论文"突变理论与白种人"与"白种人与雅利安文化"。文中，凡勃伦从人类学的角度考察了欧洲白种人的来源。编者之所以将这两篇文章收入文集，目的不仅仅是表明凡勃伦的博学。凡勃伦发表这两篇文章的时候（1913、1914年），欧洲特别是德国的种族优越论已开始抬头。针对种族优越论，凡勃伦阐明所谓的优等种族（白种人和雅利安人）都是人种杂交和突变的结果。

最后一篇文章"托拉斯的早期实践"叙述的是10世纪北欧海盗们组成的"垄断企业"，既可视为他的名著《企业论》的一个注释，也可视为他的寻根之作。当时的正统经济学开始推崇企业家和企业家精神（或者进取精神），但凡勃伦认为这种进取精神只不过是人类掠夺本能的体现。凡勃伦是挪威移民的后代。他在晚年甚至用挪威语写作传奇文学。本文大量从北欧传奇文学中寻找例证，似乎为他晚年的离奇之举作好了铺垫。

本书前10篇和后3篇论文由张林翻译，其余5篇论文由张天龙翻译，由徐颖莉统校全书。在翻译过程中，我们得到很多人的帮助，在此致谢。我们也为生于信息发达的网络时代而感庆幸。凡勃伦知识渊博、旁征博引，文中出现了大量生僻的语言，比如古英语、古德语、挪威语、拉丁语，远远超出了译者的知识范围，给翻译工作带来了莫大的困难。通过网络求助，这些困难一一化解。在此对那些为我们提供帮助的不知道真实姓名的人表示衷心的感谢。由于水平有限，译文难免不尽如人意，还望读者批评指正。

张林

目　录

出版说明 …………………………………… 1
科学在现代文明中的地位 …………………… 3
科学观点的进化 …………………………… 27
为什么经济学还不是一门进化科学？ ……… 45
经济学的先入之见（Ⅰ） …………………… 65
经济学的先入之见（Ⅱ） …………………… 90
经济学的先入之见（Ⅲ） ………………… 116
克拉克教授的经济学 ……………………… 140
边际效用理论的局限 ……………………… 179
古斯塔夫·施穆勒的经济学 ……………… 194
生产的职业和金钱的职业 ………………… 213
论资本的性质（Ⅰ） ……………………… 244
论资本的性质（Ⅱ） ……………………… 264
社会主义理论中一些被忽视的观点 ……… 289
卡尔·马克思和他的拥护者的社会主义经济学（Ⅰ） ……
　………………………………………………… 304
卡尔·马克思和他的拥护者的社会主义经济学（Ⅱ） ……
　………………………………………………… 321
突变理论与白种人 ………………………… 340
白种人与雅利安文化 ……………………… 355
托拉斯的早期实践 ………………………… 369

出 版 说 明

本书重印的这些文章选自各种期刊,包括了20多年中发表的文章。这些文章是由以下几位先生挑选的:利昂·阿兹鲁尼(Leon Ardzrooni)、韦斯利·C. 米切尔(Wesley C. Mitchell)和沃尔特·W. 斯图尔特(Walter W. Stewart)。

没有几个公共图书馆的藏书会全面到可以找到所有这些文章的程度。即使在图书馆能很容易找到登载这些论文的期刊,也几乎可以肯定读者难以外借阅读。鉴于这些素材的特殊性、同当今时代的贴切性(凡勃伦先生阐述思想的方式非常独到,因此与文章的内容相比,文章问世的时间并不十分重要),以及由于这些埋藏在故纸堆里的文章如果不加以特殊的保存,除了某些孜孜不倦的学者会挖掘到它们之外,它们将永远蒙尘,我们特以文集的形式保存这些文章。

我们对初次登载这些文章的期刊允许我们重印这些论文深表谢意。

科学在现代文明中的地位[①]

一般认为,现代基督教世界要胜过其他任何文明体系。相比较而言,其他时代和其他文化区域则被说成是较低级、较陈旧或者是较不成熟的。这种论断是说,现代文化在大体上是更优越的,而不是说在所有方面和每一点上都是最好的或者最高级的。事实上,现代文化不具有全面的优越性,它的优越性仅限于一个很有限范围内的智力活动中,在这个范围之外其他许多文明远胜于现代西方人的文明。但现代文化独有的优越性令其在与其他所有过去的或与之相竞争的文化系统相比时,显现出绝对的实践优势。与其他那些在显著特征上不同于自己的文明相比,现代文明已经证明了自己是生存竞争中的适者。

现代文明特别注重事实。它包含了许多不具备这一特征的元素,但这些元素并不绝对地或专门地属于现代文明。现代文明人在一定程度上都能够客观地、冷静地洞察人类必须去处理的那些具体事实。这也就是文化发展的顶点。与这一特征相比,包含在这一文化系统中的其他元素都是偶发性的,或者最多就是这种对事实的冷静理解带来的副产品。这种品质可能是一种习惯,或者是人种的禀赋,也可能是二者的结果;但无论如何解释这一品质的流行,对于文明的发展来说,直接的后果都是一样的。由这种注重事实的洞察力

[①] 原文载《美国社会学杂志》(*The American Journal of Sociology*),第 11 卷,1906 年 3 月,经许可重印。

所支配的文明必然优于任何缺乏这种元素的文化系统。西方文明的这种特征在现代科学中达到了顶点，并且它在机器工业技术中找到了其最高的物质表现。在这些方面，现代文化是创造性的、自给自足的；给定这些特征，就可以很容易地推导出西方文明的其他类似特征。注重事实的知识体是西方文明实质性的核心，文化结构聚集在这个核心的周围。与科学的这些非显性的创造不一致的任何东西，都是现代系统中的干扰因素，它们来自外界，或者是从过去野蛮时代延续下来的东西。

其他时代和其他人在别的方面具有优势，也正因这些优点而为人所知。在创造性的艺术以及鉴赏力方面，基督教世界令人不敢恭维的才能最多只能跟在古希腊人和古代中国人后面。在灵巧的手艺方面，中东和远东的手艺人显然超出了欧洲人的最高成就，过去和现在都是这样。在编写神话、民间传说和超自然的象征方面，许多较低级的野蛮人取得的成就也比后来的牧师和诗人懂得的要多。在形而上学上的领悟和辩证思考能力方面，许多东方人和中世纪的经院哲学家也远胜于后来的新思想（New Thought）和高等考证（Higher Criticism）取得的最高成就。对宗教真理的敏锐以及在虔诚仪式中毫无保留的信仰方面，就算与现代信仰体系的出类拔萃人物相比，印度人或者西藏人，甚至中世纪的基督徒也更胜一筹。在政治手腕以及盲目愚忠方面，许多古代民族都证明了他们的能力是现代文明民族所不能比肩的。在好战的恶行和放纵风气上，伊斯兰的领主、印第安苏人（Sioux Indian）以及"北海的异教徒"远远超过了现代文明中最暴虐的军阀。

对现代文明人来说，尤其是在他们冷静反省的时候，野蛮文明所具备的所有特征的价值都是令人怀疑的，需要有理由来说明这些特征为什么不应该被轻视。而注重事实的知识则不是这样。缔造国家和王朝，建立家庭，经营封地，传播信条和创立教派，积累财富，消费奢侈品——作为奋斗的目标,所有这些都被当时的人证明是正当的;但在现代文明人的眼里,与科学的成就相比,所有这些事情都被看成无用的。随着时间的流逝,人们淡化了对这些事情的尊重,而科学成就的地位则被提高了。这种态度是现代一种信仰的可靠依据,这种信仰认为,"知识在人们中间的增长和传播"绝对是正确的、好的。从这种将日常生活中各种琐碎的、令人费解的东西加以排除的视角来看,这种主张在西方文化的视野中没有受到怀疑,在文明人的信念中其他任何一种文化思想都没有类似的、不受怀疑的地位。

对于任何需要盖棺定论的重大问题,一般都同意最终要交由科学家来处理。只要不被一种更为透彻的科学考察所否定,以科学的名义提出来的解决办法就是确定无疑的。这种情形可能并非完全是一件幸事,但确是事实。也存在其他更古老的对事物作最终判定的依据,这些依据可能确实更好、更庄重、更有价值、更加深刻,也更美好。作为一种文化理想,让律师、决斗者、牧师、道德家和宗谱纹章官(the college of heraldry)来作出定论可能确实更为可取。过去,人们愿意把最重要的问题交给这些裁决者中的一个或者另一个来决定,而且不可否认的是,这些问题得到了最大程度上的关注,并且结果令人满意。但是,无论前人在这些方面的常识如何,现代人的常识都认为只有科学家的答案才是最为真实的。最后,文明人的常识坚定不移地站到了这种晦涩的真理一边,并且拒绝再去探究切实的事实给出的那些回答。

一如神灵园囿中那棵生命之树,一如神灵房舍中那道闪电之光,这就是科学在现代文明中的地位。现代人对注重事实的知识的信仰可能有充分的理由,也可能没有。人们把科学抬得如此之高,或许是盲目崇拜,或许有损人类最大的、最切身的利益。人们有充分的理由怀疑对科学的这种顶礼膜拜并不完全是一种健康的发展——一味地探寻注重事实的一类知识会导致人类总体的退化和不适,这表现在对人类精神生活的直接影响上,表现在注重事实的知识取得的巨大进步所带来的具体后果上。

但在这里我们关心的不是这种情况的是非曲直。这里要关注的问题是:对科学的崇拜是如何产生的? 它的文化前身是什么? 它与遗传下来的人类本性在多大程度上是一致的? 它对文明人的信仰的控制具有什么样的性质?

在研究教学法问题和教育理论时,现代心理学几乎一致认为所有知识都具有"实用的"特征;知识是被引向某一目的的起始活动;所有知识都是"功能性的";都具有利用的性质。当然,这只是一种从现代心理学家们的主要假设中得出的推论,他们的口号是:思想本质上是活动的。没有必要去同心理学家的这个"实用"学派争吵。他们的箴言警句也许不完全正确,但至少比任何早期的表述都更接近于认识论问题的核心。这种说法可能是令人信服的,因为首先它的论点符合现代科学的要求。它是注重事实的科学可以有效利用的一种概念;归根到底,它以一种虽说不上向性的,但却可以说是客观的措辞表述出来;这正是科学所要求的,并且它坚决主张含糊的因果关系。虽然知识是在目的论的意义上来解释,是按照个人的兴趣和注意力来解释,但这种目的论倾向本身还是可以被还原为一种非目的论的自然选择的产物。人类知识的目的论倾向是一种遗传特性,这种特性是由那些看似没有结果的选择作用决定的。实用知识的基础并不实用,甚至也与个人无关,而且并不合理。

当然,知识的这种客观的、不带个人色彩的特征在较低等生命中最为明显。如果我们按照洛布(Leob)先生的观点,比如他考察处于智力阈限之下的生命的心理学时得出的结论,我们看到的就是对刺激的一种无目的的、但又坚定的运动神经反应。① 这种反应属于运动神经冲动的性质,如果"实用的"这个词可以用于如此初级的一种感知阶段的话,这种反应就是"实用的"。在这个范围内,产生反应的这个有机体也许可以被称为一个"行为者"。把这些词用于向性反应只不过是一种比喻罢了。感知能力更高、神经更为复杂的生物体在受到刺激后也会产生类似的结果。作为人类来说,智力(抑制性混化(inhibitive complication)的选择性效应)可能会把反应转变为这样一种形式:寻求给行为人带来有利结果的一系列合理行为。这就是高级种群的自然的实用主义。这里可以确定的就是,有反应的生物体是一个"行为者",而且他对刺激的智力反应具有目的论的特征。但这还不是全部。抑制性神经混化对特定刺激可能有另一系列的反应,这些反应不会采取神经运动的方式,也不属于习惯体系。从实用的意义上说,这一系列外在的反应是无意识的和不相关的。除非在紧急情况下,这种随意的反应一般似乎表现为一种附属现象。如果相信智力的基础具有抑制性选择性质这种观点,似乎就有必要假定存在这一类随意的和无关的反应,以解释被排除在具有一系列合理行为特征的神经运动反应之外的那些元素。因而,我们在这里或多或少地发现了一种与实用的考虑无关的方面,或者说随意的好奇心(idle curiosity)。在智力更高的有机体中尤其如此。这种随意的好奇心也许与人类和较低等的动物中都可以发现的游戏的自然倾向密切相关。② 与随意的好奇心的功能一样,游戏的自然倾向似乎在年

---

① 雅克·洛布(Jacques Loeb)《动物的向日性》(*Heliotropismus der Thiere*)以及《大脑的比较心理学和生理学》(*Comparative Psychology and Physiology of the Brain*)。

② 参见格罗斯(Gross),《动物的游戏》(*Spiele der Thiere*),第 2 章(尤其是 65~76 页)和第 5 章;"人的作用"(*The Play of Man*),第 3 篇第 3 节;斯宾塞(Spencer)《心理学原理》(*Principles of Psychology*),第 533~535 页。

轻人中特别活跃,同时他们对实用性的自然倾向也相对含糊和不可靠。

随意的好奇心对刺激的反应的表达,不是按照行为的功利性,甚至也不必然是一系列神经运动,而是按照观察到的现象中正在发生的行为的序列。在随意的好奇心引导下,对事实的"诠释"可能是对所观察的目标的"行为"进行的一种拟人化的,或者万物有灵论的解释。对事实的诠释是以想象的(dramatic)形式进行的。人们以万物有灵论的方式来构想事实,并且强行赋予这些事实一种实用的倾向。他们的行为是作为一个合理的过程来分析的,这个过程从那些万物有灵论意义上所考察的对象的利益方面来说是合理的,或者从某些目的的实现来说也是合理的,这些目的因为其自身的理由而被视为存在于考察者的内心。

在未开化的和低等的野蛮人中,普遍流行着大量以神话和传说组织起来的知识,这些知识对其学习者来说不需要具有实用的价值,也不需要与学习者在实践中的行为有刻意的关系。这些知识可能会被赋予一种实用价值从而被当做迷信仪式的基础,但也可能不会。①所有研究低等文化的人都知道这些人中流行的神话的想象特征,他们也知道,尤其是在那些和平的共同体里,大量的神话传说都是随意的,与相信这些神话的人的实践行为之间没有任何刻意的关系。神话与那些关于日常的用品、原料、器具、便利之物的知识可能几乎是完全没有联系的。对于那些以和平的生活习惯为主的民族来说,这一点尤为突出,在他们中间,神话还没有被奉为可以用来行恶的神圣

---

① 爱斯基摩人、普韦布洛印第安人(Pueblo Indians)以及西北海岸的某些部落的神话和传说为这种随意的创造提供了很好的例子。参见各期《美国人种学研究所报告》(*Reports of the Bureau of American Ethnology*),也见泰勒(Tylor),《原始文化》(*Primitive Culture*),尤其是"神话"和"万物有灵论"这两章。

的先例。

低等野蛮人关于自然现象的知识——只要这些现象是他们思索的对象,并且被组织为一个前后一致的整体——从本质上来说就来自他们的生活经历。这一知识体大体上是在随意的好奇心的引导下组织起来的。只要对它的系统化根据的是好奇的标准而不是功利的标准,始终应用于野蛮人知识体中的真理的检验就是对其想象的前后一致性的检验。除了它们想象的宇宙论和民间传说之外,不必说,这些人也具有相当的、多少以系统化形式表现出来的世俗智慧。在这些世俗智慧中,对有效性的检验就是看其是否有用。①

从本质上来说,早期的实用知识与最成熟的文化阶段的实用知识几乎根本没有什么不同。它在系统性陈述方面的最高成就是由对节俭、审慎、镇定、精明的管理的说教式的劝告组成的——是一套有关利益行为的格言。在这个领域内,撒母尔(Samuel Smiles)②与孔子相比并没有任何的进步。另一方面,在随意的好奇心的引导下,知识不断取得进步,向着越来越全面的知识体系发展。知识和经验的进步带来了对事实更细致的观察和更详尽的分析。③ 对现象序列(sequence of phenomena)的想象从而成为一种对所观察到的过程更少地带有个人色彩和拟人化的系统阐述;但是在知识的发展中不存在这样一个阶段——至少到我们谈到的这个时期为止——即随意的

---

① 这里使用的"实用"这个词的含义比现代心理学的实用主义学派在一般意义上所使用的这个词的含义更为严格。"实用的"、"目的论的"之类的词汇,在用法变换的同时,其含义已经扩展到包括了目的的起因。我们这里不去评论这些词汇用法上的含糊,也不去纠正其用法;但我们这里仅仅在后一种意义上来使用这些词,这种意义来自原先的用法和语源。因此,"实用"知识就是适应知识运用者的功利目的的知识,这与对所观察的事实的功利行动的起因是不同的。之所以要作这种区别,是因为我们现在需要一个简单的词,用它来区分世俗智慧和随意的学习。

② 公元前11世纪希伯来的先知和法官。——译者

③ 参见沃德(Ward),《纯粹社会学》(*Pure Sociology*),尤其是第437～448页。

好奇心产生的结果不再表现出想象的特征。全面的归纳得以进行，宇宙论也建立起来了，但这些都是以想象的形式表现出来的。解释事物的一般原理也确定下来，在理论思考的早期阶段，这种原理似乎总是要以普遍性的重大的发生原理为基础。孕育、出生、成长和死亡构成了基本原理的循环，自然现象的想象过程在其中循环往复。在这些古老的理论体系中，创造就是孕育，因果关系就是孕育和诞生。在这一点上，希腊、印度、日本、中国、波利尼西亚和美洲古代的宇宙论体系的运作方式总的来说都大致相同。① 在希伯来经文中的一些埃洛希姆派的②(Elohistic)章节似乎也是这样。

这种生物性思考从头至尾暗地里呈现出对一种物质因果关系的默认，就像时时刻刻约束着日常工作中普通事务的那种关系。但是日常工作及其成果之间的这种因果关系含糊地被认为是理所当然的，没有成为全面的归纳应遵循的一种原则。这种因果关系被当做一种微不足道的当然事物而受到忽视。更高层次的归纳来自于流行的生活状况更广泛的特征。在知识体系的形成过程中起支配作用的思想习惯是由给人留下更深刻印象的生活事务培养出来的，是由共同体赖以存在的制度结构所培育的。只要占统治地位的制度是血缘关系的、世袭的以及宗族差别的制度，知识的标准就会具有同样的性质。

不久以后，文化状况发生了转变，从偶有掠夺的和平生活转变为一种根深蒂固的弱肉强食的生活，其中包括了控制和奴役、特权和荣誉的等级划分、强迫和人身依附，于是知识体系也发生了类似的变化。这种弱肉强食的文化，或者更高程度的野蛮文化，就当前的目的

---

① 比如见泰勒，《原始文化》第8章。
② 在希伯来文《旧约》中由无名氏作者撰写的某些章节称上帝为埃洛希姆而不称为耶和华。——译者

来说是奇特的,因为它受到一种明显的实用主义的支配。这一文化阶段的各种制度使武力和欺骗的关系成为惯例。生活中的各种问题是利益导向的问题,始终存在于流行的控制和屈从关系中。惯常的差别是个人的武力、优势、地位和权威的差别。对这种尊卑和奴役的等级体系的机敏适应成为一件关乎生死的大事,人们学会了按照这些根本的、终极的意义来思考。知识体系的动机即使是平心静气的或者随意的,也陷入了同样的景况,因为被日常生活所强化了的思想习惯和歧视标准就是如此。①

这样一种文化时代——比如中世纪——的理论成果仍然表现出想象的一般形式,但想象的理论的基本原理以及对理论有效性的检验都不再像等级奴役体系逐渐占据这一领域之前的状态了。引导随意的好奇心发挥作用的标准不再是家族世代的、血缘关系的、家庭生活的标准,而是等级尊卑、纯正性和依附的标准。更高程度的归纳呈现出新的面貌,尽管它也许在形式上还没有丢掉旧的信仰外衣。这些更高程度的野蛮文化中的宇宙论是按照人与环境的封建等级来阐述的,现象间的因果关系在万物有灵论的意义上被认为是感应巫术式的。所探索的那些在自然世界中发现的法则是在命令式的法规的意义上来探索。被认为遵守事实的神性关系不再是祖宗的关系,甚至连宗主权关系都不是了。各种自然法则是通过以保持自己的威望为目的的、全能的上帝强加给自然世界的武断的身份地位规则推导出来的。在这样的精神环境中成长的科学表现为炼金术和占星术之类的东西,在这一类科学中,物体被赋予的尊贵性和优越性程度以及其名称的象征力量被指望用来对所发生的事情进行解释。

经院学者的理论成果必然带有一种明显的实用的表象,因为他

---

① 参见詹姆斯(James),《心理学》(Psychology),第9章,尤其是第5节。

们生活和工作于其中的整个文化体系就强烈地带有一种实用的特征。从而，对事物的各种流行观念都是根据私利、自身势力、剥削、指定的权威等等来描述，而且这些观念是为了知识的目的习惯性地运用到事实的相互关系中，即使在没有直接实际运用这种知识以期达到这种效果的地方也是如此。同时，经院学者相当大一部分研究和思考，无论是在世俗法律和习俗的名义下表现为生命哲学的形式，还是在一个专制上帝的天命的名义下表现为拯救方案的形式，都直接针对的是自利行为的规则。对所有知识都是实用知识这句格言的朴素理解，在经院哲学的知识成果中比在过去和后来任何知识系统中都更加令人满意。

进入现代后，在随意的好奇心的引导下产生的探究和阐述的性质发生了变化——从这一时期开始，它们就常常作为科学精神而被谈起。这里所说的变化与制度和生活习惯类似的变化密切相关，尤其与现代发生的工业和社会经济组织的变化密切相关。与经院学者的时代相比，新时代特有的知识兴趣和教导是否可以恰当地被说成带有较少的"实用性"（按照有时对这个词的理解），这一点是有疑问的；但它们是不同的文化形势和生产形势约束下的另一类知识和教导。① 在新时代的生活中，权威等级和尊卑差别这些观念已经在实际事务中渐渐变弱了，而且新的科学中对优越事实和权威传统的关注同样也更少了。在外部世界发挥作用的各种力量也更少地以万物有灵论的方式来考虑，虽然拟人化仍然流行，至少在为了对现象序列给出一种想象的解释这方面需要拟人化。

---

① 按照现在使用的含义，"实用的"（pragmatic）这个词是用来包括两种行为，一种是行为人凭借优势取得利益的、自利的行为，另一种是指引着物品的生产的劳作行为，这种行为可能会给行为人带来利益，也可能不会。如果这个词包括了后一种含义的话，现代文化的"实用性"就不比中世纪更小。这里准备在前一种意义上来使用这个词。

对科学探究的方法和基本态度具有最重要影响的文化状况的变化是发生在生产领域的变化。与封建制度下相比，现代早期的工业有相对更大的优势，是一个确定时代基调的因素。这是现代文化特有的特征，就像剥削和对封建领主的效忠是早先时代特有的文化特征一样。现代早期的工业是属于劳作（workmanship）的问题，这是明显而确实的。而无论在过去还是后来则不是这样，这也是明显而确实的。或多或少具有一定技能及专业效率的工人是这个时代的文化状况下的中心人物；从而科学家们的观念就逐渐来自工人的形象。在随意的好奇心推动下对外部现象序列的想象从而是在劳作的意义上得到的。劳作逐渐替代了尊卑差别，成为科学真理的权威标准，甚至在更高层次的思考和研究中也是这样。当然，换句话说就是，因果法则被放在了首要位置，与辩证的一致性和权威传统形成了对照。但是这种现代早期的因果法则——也就是近因（efficient cause）法则——是属于拟人化的。"同样的原因产生同样的结果"，就是说，熟练工人的产品就像他本人一样；同样，"没有特定的原因就没有特定的结果"。

当然，这些格言比现代科学更古老，但只是到了现代科学的早期阶段它们才逐渐带着一种不容争辩的影响力统治了这一领域，并且把辩证的有效性依据的更高基础推到一边。它们甚至侵入到最高、最深奥的思考领域，以至于在临近从现代早期向现代晚期过渡的18世纪，它们甚至决定着神学家们的讨论的结果。上帝从中世纪时代曾经主要作为一个关心保持自己特权的封建主，变成了主要作为一个从事制造对人有用之物的劳作的职业的创造者。他与人和自然界的关系不再像较低级的野蛮文化中那样主要是一个始祖，而是一个有天分的技工。那个时代的科学家们进行了大量解释的"自然法则"不再是一个超自然的立法权威的天命，而是工匠鼻祖为指导手工艺人完成他的设计而传下来的工场规范的细节。在18世纪的科学中，这些自然法则是详细说明因果关系的法则，而且将具有一种对发生作用的原因的活动进行想象的解释的特征，这些原因是按一种半人格的方式来考虑的。在现代后期，对因果关系的阐述渐渐变得更加非人格化，更加客观，更加注重实际；但是把行为归因于被观察的对象却从来没有停止过，甚至在对科学研究的最近、最成熟的说明中，想象的基调都没有完全消失。发生作用的原因是以高度非人格的方式来考虑的，但迄今为止还没有哪一种科学（除了表面上的数学）满足于只根据无生气的量值（inert magnitude）去开展自己的理论工作。活动仍然被归因于科学所处理的那些现象；而且活动当然不是观察到的事实，而是观察者强加给现象①的东西。同样，这当然也遭到那些坚持对科学理论进行纯数学说明的人的否认，但是这种否认只有在牺牲一致性的情况下才能得到坚持。那些为一种乏味的数学说明辩护的杰出权威人士，只要他们一开展实际的科学探究工作，就必然会求助于因果关系的（本质上是形而上学的）先入之见。②

因为机器技术在19世纪已经取得了巨大的进步，而且已经成为一种产生了普遍影响的文化力量，科学的阐述已经沿着非人格的、注重实际的方向发生了另一种变化。机器过程已经替代了工人成为科学研究人员考虑因果关系时想象的原型。对自然现象的想象的解释因此也已经减少了拟人化的特征；它不再以一个熟练工人会生产出精致产品这种方式来构建一个原因的作用产生一个特定结果这样的

---

① 从认识论的意义上说，行为被归因于以将它们组织到一个想象的连贯系统中为目的的现象。

② 比如参见卡尔·皮尔森（Karl Pearson），《科学入门》（*Grammar of Science*），比较他的命题中提出的无生气的量值思想与他在第9、10、12章说明的实际工作，尤其是他在《死亡的可能性》（*The Chances of Death*）中讨论的"母权"和相关主题。

发展史,而是构建这样一个过程的发展史,这个过程几乎不需要以一种逐项的、详细而精确的方式进行观察来区分原因和结果,在这个过程中,因果关系自己会以一种累积变化的完整序列来展开。与世俗智慧的实用阐述相比,科学家们的这些现代理论表现得非常难懂、非人格化和注重实际;但他们自己肯定承认,他们仍然受到那些曾经指导着未开化时代的神话制造者们的想象的先入之见的约束。

在科学家看来,在涉及科学探究的目的和基本态度的范围内,在机器时代产生的研究标准下获得的许多知识都可以得到实际的利用,这纯属一种偶然的、非实质性的巧合。通过将其用于控制自然力起作用的过程,许多这种知识是有用的,或者说是可能成为有用的。为有用的目的而对科学知识的这种运用就是广义上的技术,它所包含的内容除了严格意义上的机器工业外,还包括诸如工程、农业、医学、卫生和经济改革这些应用性的分支。科学理论之所以能够用于这些应用性的目的,不是因为这些目的包括在科学考察的范围之内。这些有用的目的不是科学家的兴趣所在。他的目标,或者可能的目标不在于技术的改进。他的考察像印第安人村庄中的神话制造者那样是"随意"的。但是引导他的工作的有效性的标准是由现代技术通过适应它的要求而强加给科学家的;从而他的成果从技术的目的来看就是有用的。他的有效性的标准是由文化状况为他设定的;这些标准是由通行于他生活的共同体中的生活方式强加给他的思想习惯;在现代条件下,这些生活方式在很大程度上是机器制造式的那样千篇一律的。在现代文化中,工业、工业过程和工业产品日益超越了人性,直到人类聪明才智的这些产物后来逐渐在文化系统中取得了支配性地位;它们已经成为塑造人们的日常生活的主要力量,从而已经成为塑造人们的思想习惯的主要因素,这样说并不过分。因此,人们已经学会了根据技术过程的作用来思考。对那些在这方面极为敏感从而对科学研究中注重实际的考察习惯上瘾的人来说尤其如此。

和现代科学一样,现代技术利用了相同的观念类别,在同样的条件下思考,应用相同的有效性检验。在现代科学和现代技术中,标准化、有效性和终局性这些术语总是非人格序列的术语,不属于人性的或者超自然力量的范畴。因此现代科学和现代技术之间很容易合作。科学和技术互为对方提供方便。科学所处理和技术所利用的自然过程,不管是有生命的还是无生命的外部世界的变化序列,都是根据本原的因果关系来处理的,就像科学理论所作的那样。这些过程不考虑人类的私利或者不利。要利用这些过程就必须忠实于它们晦涩、冷漠无情的本义。因此技术进展依据的基础已经变成对这些现象的一种机械意义上的诠释,而不再是在归于人性的意义上,甚至也不是在归于劳作的意义上来解释。其观念来自同一源泉的现代科学根据与机械工程师所使用的相同的客观特征来开展考察、阐述结论。

这样,现代伊始至今,随着共同体中支配性的思想习惯的逐渐变化,科学理论渐渐偏离了实用阐述。这种理论的基础已经从一种以归属于人格的或者万物有灵论的特性为基础的知识构成,变为了一种只归于无意识的兽行的行为,这种行为被日益认为是实事求是、客观存在的;直到后来,知识的实用范围和科学范围之间越发相隔十万八千里,它们不仅目标不同,而且实质上也有了差别。在这两种范围中,知识都是根据行为而发生作用的,但一方面是关于如何做得最好的知识,另一方面是关于发生了什么的知识;一方面是方法的知识,另一方面是没有任何深远目的的知识。后一类知识可能会服务于前一类知识的目的,但反之并不反是。

这两种有分歧的考察类别同时存在于人类文化的所有阶段。现在这个阶段的特点是,二者之间的差异比以前任何时期都要大。现在的阶段与前面的其他文化时期相比,在寻求实用的私利方面绝非更为紧迫或者更为敏锐。也不能保险地断言现在的阶段在来自随意的好奇心的知识的数量和劳作特征方面胜过了所有其他文明。现在的阶段与过去的区别在于这些前提：(1)现代文化状况中的首要因素已经从实用主义转向了由随意的好奇心推动的一种无私的考察；(2)在后一个领域内，根据人性制造的神话和传奇，以及根据不同的现实构造的辩证体系已经服从于根据注重实际的序列的理论构建。①

除了自利行为的原理之外，实用主义什么也没有创造。除了理论之外，科学什么也没有创造。② 它对政策或者功用、对好和坏一无所知。这一切都没有包含在今天所说的科学知识中。在实用知识方面的学识和精通对事实知识的发展没有什么贡献。它与科学研究只有一种偶然的附带关系，而且这种关系主要是抑制和误导。无论在什么情况下，只要自利的标准侵入到或者试图结合到考察中，结果对科学来说将是不幸的，不论这种结果对某些与科学无关的其他目的来说有多么令人欣喜。世俗智慧的心智态度与无私的科学精神在目的上是不一致的，而且对这种心智态度的追求产生了一种与科学的洞见不相容的知识偏见。它的智力产物是一系列狡诈的行为规则，其大部分内容都是设计出来利用人类的弱点。它习惯的标准化和有效性的术语是人性、人类偏好、偏见、抱负、努力以及无能，而且与它相配的习性与这些术语也是协调一致的。与其他任何事物相比，充斥于过去文明和非欧洲文明中的实用的基本态度无疑是导致其科学知识进步相对微小和缓慢的罪魁祸首。根据同样的道理，在现代知识形态中，在神学和法学以及在与之相关的外交、商业策略、军事和政治理论这些分支方面的训练与怀疑的科学精神背道而驰，而且破

---

① 见詹姆斯，《心理学》，第2卷，第28章，第633～671页，尤其是第640页的注释。
② 见沃德，《心理学原理》，第439～443页。

坏了这种精神。

现代文化状况包含大量的世俗智慧,也包含大量的科学。这种实用的学问以某些不容违背的保守因素凌驾于科学之上,与科学相对立。实用主义者自认为他们的智慧无论如何都是有用的,也是有效的。他们感觉到了自己与科学家之间固有的对抗性,用怀疑的眼光将科学家视为装饰性的不务正业的人,虽然他们有时也借用了科学名义下的威望——并认为这是很好的做法,因为世俗智慧的实质就是借用任何可以利用的东西。这些领域中的推理反复考虑种种个人利益问题,而且在这些讨论中所深究的这种主张的价值是根据权威性来决定的。个人主张拼凑成考察的主题,这些主张是根据先例和选择、惯例和习惯、约定俗成的权威等来解释和决定的。这些实用考察更高层次的归纳具有从权威性的传统中演绎出来的性质,这一类推理的训练是在权威性和私利方面进行辨别。从中产生的习性是一种用权利上的辩证的差别和决定来取代实际存在的解释的偏见。与这些实用的学说相结合的所谓"科学",比如法学、政治学等等,都是信条的一种分类学。这就是由经院学者所培养的大部分"科学"的特征,而且显然在科学家,尤其是社会科学家的原则中仍然可以找到同类权威性信念的大量残余,而且培育这些残余的热情仍然未减。这充分说明了与现世的实用考察相同的价值当然也属于神性的"科学"。对这里的问题的答案以及考察的目标和方法的寻求具有同样的实用特征,虽然讨论涉及个性的更高层次,而且是根据更为间接的、更为形而上的私利来寻求答案。

从上面的论述产生的问题是:对注重实效的知识的科学探求在多大程度上与正常人遗传的知识态度和倾向是一致的?科学在现代文化中处于什么样的地位?前者是文明人的性情传统问题,从而在很大程度上是过去选择性地塑造了文明人人性的环境问题。在野蛮文化中,以及在现在所称的文明生活的较低层面上,主要的基本特征表现为个人或集团出于大大小小的私利公开地为生活资料而争斗。现今,这仍然是政治家和商人以及那些因生活习惯而使其固守祖上传下来的野蛮传统的其他阶级的人的理想。如前述,较高等的野蛮文化和较低等的文明文化是实用的,是一种彻头彻尾的、几乎完全拒绝任何非实用的生活理想或者知识理想的文化。在这种传统处于强势地位的地方,除了用那些来源于流行的个人技巧和对人的有用性以及个人所得的理想这类关系的字眼来阐述知识,从别的意义上来阐述知识的任何努力都不大可能。

比如在黑暗时代和中世纪,那时的真实情况大体上是,任何不受私利的考虑和身份传统控制的思想运动,都只能在那些默默无闻的平民生活中、在活跃的阶级斗争触及不到的、被忽略的人群中才能找到。这些幸存的通俗的、非实用的知识产物采取的是传奇和民间故事的形式,通常还饰以宗教信仰方面的可信证据。与中世纪上层阶级关注的教条的、辩证的、骑士精神的产物相比,这些传奇和民间故事同基督教最新和最高阶段文化还相对接近一些。西方文明最新的、最完美的精髓更类似于农奴和佃农的精神生活,而不是贵族庄园或修道院里的精神生活,这似乎是一个奇怪的矛盾。前一个文化阶段典雅的生活和骑士精神的思想习惯几乎没有在后来现代阶段的文化体系中留下原本应有的痕迹。即使是那些表面上反复讲述着骑士现象的传奇小说作家,也不可避免地让他们小说中的骑士和女士讲那个时代贫民的语言,表露那个时代的贫民的感情,用特定的系统化的现代的思考和遐想来对那些语言和情感加以调和。中世纪上层生活的彬彬有礼、上流社会的空虚以及虔诚的绝顶愚蠢即使对于最卑鄙、最浪漫的现代知识分子来说也是难以忍受的。以至于到了后来野蛮渐蜕的时代,民间传说中那些通过通俗渠道——半数是野蛮的、半数以上是异教性的——流传下来的不确定的残留物被珍视为保留了欧洲野蛮时代所具有的最大的精神成果。

野蛮实用主义的影响在整个西方世界已经变得相对简略、相对淡化了;只有在地中海沿岸的某些特定地区能够找到惟一的例外。但无论在哪里,只要野蛮文化存在了足够长的时间,并且对服从于它的人类物质对象产生了彻底的选择性影响,那么,就可以预计在这里实用的基本态度也许已经成为了一种至高无上的东西,而且会限制一切朝着科学考察的方向进行的运动,并消灭一切除世俗智慧之外的有效的倾向。这个持久的实用主义统治期,对种族的性情产生的选择性后果,在埃及、印度和波斯等伟大古代文明遗留下的流离失所的人们身上可见一斑。在这些野蛮文化的残余中,科学与人们之间的关系并不亲密。在这些野蛮文化长期而绝对地占支配地位的情况下,野蛮文化已经选择性地产生了一种性情上的偏见,以及一种生活体系,这种偏见和体系不论在世俗生活中还是在宗教上都偏爱实用主义,基本上将客观的、注重实际的知识完全排斥在外。但对于大部分种族来说,至少对大部分文明人类来说,成熟的野蛮文化的统治期持续时间相对较短,而且它产生的影响相对来说也更小、更短暂。它还没有足够的力量和时间来消除人类文化中从较早的生命阶段流传下来的某些特定元素,这些元素与野蛮文化的基本态度并不完全一致,或者与实用思想体系的需求也不完全一致。因而,不能把野蛮文化的实用习性说成是文明人的性情特征,除非是对某一类人而言(比如日耳曼贵族)。毋宁说这是一种传统,它并没有构成如此顽固的一种偏向,以至于要去迎头击败现代条件下强大的唯物主义潮流,去阻止对那些有利于确立科学的首要地位的注重实际的概念急迫的诉求。文明人并没有在多大程度上返祖式地回到较高等的野蛮文化的思想习惯。野蛮文化只涵盖了人类生命史的一小部分,从而没有对人类的性情产生一种持久的结果。欧洲较高等的野蛮文化的绝对戒律只是适用于相对较少的一部分人,而且随着时间的推移,这些人与一些更低等的人口杂交、融合,这些更低等的人的生命一直运行在未开化的轨道上,而不是运行在高度紧张的、已近完美的、产生了骑士生活方式的野蛮文化的轨道上。

在人类文化的各个阶段,持续时间最长、在塑造人种的永久性特征方面起到最重要作用的,无疑是未开化时期。就目前的问题来说,未开化时期被归为较低等的、相对和平的野蛮文化,其显著特征不是巨大而尖锐的阶级矛盾,或者一个个人或集团寻求超越另一个个人或集团的不懈努力。即便在成熟的野蛮文化中——比如中世纪时期——大部分人的生活习惯和精神兴趣在相当程度上仍然具有未开化时期的特征。与其他阶段相比,文化的未开化阶段在人类生命史中所占的比例明显大得多,如果把较低等的野蛮文化和稍后的野蛮文化的平民生活也算做未开化时期的话更是如此,而这样做也是恰当的。对于那些成为基督教世界主要民族的人种来说更是千真万确。

未开化文化的显著特征是,在其知识和信仰更高程度的归纳中相对缺少实用主义的特征。如上所述,它的理论产物主要具有逐渐变成民间传说的神话的性质。这些奇谈怪论天才的编造,最多是根据观察到的现象的发展过程中的某些东西而对经验和观察的一种无效的阐述。一方面,这些民间传说在实用的私利这方面没有什么价值,也没有什么目的性,因此它与实用的、野蛮文化的生活方式大相径庭;然而在另一方面,作为一种系统性的注重实际的知识,它也是无效的。这是一种对知识的探求,也许是对系统性知识的探求,它是在随意的好奇心驱使下的探求。在这方面,它与文明人的科学属于同一类别;但它不是根据含糊的注重实际来探求知识,而是根据某些归于事实的精神生活来探求知识。它是浪漫的、黑格尔式的,而不是现实主义的、达尔文式的。它的思想体系的逻辑必然性是精神上的一致性的必然,而不是数量上的等价物的必然。它像科学一样,因为它除了随意地渴望信息之间一种系统性的相互关系之外,没有更多的动机;但它也不像科学,因为它的信息的标准化和相互关系是在归于人类主动性的自由玩耍的条件下,而不是在客观的因果关系约束的条件下产生的。

由于过去的这个文化阶段长期的选择性训导,文明人的人性实质上仍然是未开化人类的人性。天生态度和倾向的古代素养实质上一直保持原样,没有改变,尽管表面上是野蛮文化的传统和惯例,并为适应文明生活的迫切要求而进行了调整。因而,科学探究的一部分(但绝非全部)是具有未开化传统的文明人与生俱来的,因为科学探究是按照与随意的好奇心这一引导未开化人类的神话制造者相同的一般动机进行的,虽然它使用的概念和标准在很大程度上不同于神话制造者的思想习惯。古人爱在自然现象中去发现一种情感和阴谋的想象性,展示这种偏好仍然没有改变。在最先进的社会,甚至在现代科学的内行中,始终有一种天生的未开化的情绪,它反感那种残酷的、不动情感的科学探索的扫荡,也反感在追求注重实际的知识中产生的技术过程的冷酷构造。对现象进行一种精神上的诠释(想象)的这种未开化的需求常常会突破已养成的唯物主义思想习惯的外壳,从那些完全出于本能上的确信而抓住不放的信仰中去寻求慰藉。科学及其产物与远古传下来的、使人类生机勃勃的渴望知识的风尚相比多少有些离奇和格格不入。人们要么暗地里、要么公开地违背了一致性,仍然寻求从未开化时代产生的知识的非凡内容中得到慰藉,这些东西与现代科学的真理相矛盾。科学领域他们并不敢质疑,但同时,科学发现却超出了他们蛮荒的精神情感的承受极限。

未开化时代思想和信念的古老轨迹是平坦而从容的;但不论这些甜蜜而又不可或缺的古老思考方式能给文明人的内心带来多大的平静,在现代条件下注重事实的分析和推论却具有如此大的约束力,以至于科学发现总体上没有受到质疑。科学毕竟是一个能让人浮想联翩的字眼,以至于如果不能说科学的其他方面,但至少科学的名称和姿态,已经侵入到了所有的知识领域,甚至已经蔓延到了属于科学的敌人的领域。正如上所述,因此才产生了神学的、法学的和医学的"科学"。也存在诸如基督教科学、"科学的"占星术、"科学的"手相术等等之类的东西。但是在严格意义上的知识领域内部,在某些科学并不适宜存在的地方,也有一种对科学敏锐性和精确性的类似偏爱。因此,即使很大一部分知识只是与一般信息有关而不是与理论有关——在不严格的意义上称之为学识——它们也强烈地倾向于采用理论陈述的名义和形式。一方面不论这些知识分支之间的差别有多么悬殊,另一方面被适当地称为科学,即使是古典知识和人文科学,总的来说,在一代又一代学者的带动下也越来越陷入这种偏好之中。比如文学研究者越来越倾向于用批判性分析和语言学理论,来取代文学品位和对文学形式与文学感觉的培养来作为其努力的最终目标。而文学品位和对文学形式和文学感觉的培养必须永远是文学培训的主要目标,从而与语言学和社会科学相区别。当然,这里的意图不是质疑文化史中的语言学或者文学分析性研究的合法性,但这些东西并不构成文学品位的训练,也不能替代文学品位的训练。在一个与科学精神格格不入的领域里刻意地拼命使用科学阐述,这是一种既莫名其妙又毫无必要的浪费。从科学的意义上说,这些半科学的探究纯属无中生有,也必然不会有任何结果;而从文化的收获来说,这些探寻比精神上的放弃好不了多少。但这些为与科学标准相适应而进行的盲目努力表明,在现代社会中科学的影响力有多么广泛和强烈。

　　学术——也就是说对过去的文化成就的一种熟练的、系统性的掌握——在知识体系中仍然有它的一席之地,尽管目光短浅的人轻率地将它与科学工作混为一谈,它之所以还有一席之地,是因为它仍然发挥着古代的亲切倾向的作用,这些倾向在科学产生之前或者是直言不讳的实用野蛮文化产生之前控制着人们对知识的探求。它在整个知识领域中所占的位置也许没有在科学时代完全到来之前它在整个知识领域中所占的位置那么大。但在科学和学术之间并不存在那种像存在于实用的训练和科学探究之间的固有的对抗性。现代学术与现代科学共有的品质是它们的目标不是实用的。像科学一样,学术也没有更深远的目的。要在科学和学术之间处处划清界限可能是困难的,而且可能也根本没有必要;然而,尽管二者在许多方面有其共同点,二者之间也有很多相互联系和支持的地方;尽管二者共同构成了现代知识体系;但没有必要把二者混同起来,也不能用其中之一替代另一个的作用。知识体系的变化已经赋予科学更为居高临下的地位,但学者的领域并没有因此受到侵犯,也没有因此而缩小,不论某些人意志薄弱的放弃会被说成是什么。这些人的地位,如果他们真的有一席之地的话,是在学术领域而不是在科学领域。

　　以上所有内容就对这种注重实际的知识的探求固有的价值当然无话可说。实际上,科学把它的品质赋予了现代文化。人们可以赞同或者反对这一事实:对事物晦涩的、唯物主义的解释充斥着现代思想。这是一个品位的问题,对此不存在任何争议。现代文化的特色是流行这种注重实际的考察,批评家对这一现象持有的态度相当重要,因为这会暗示他们自己的习性与文明人的被启发的常识在多大程度上是一致的。这表明他们在多大程度上跟上了文化的进步。那些心中未开化的偏好或者野蛮文化的传统强于对现代生活的适应性的人们会发现,现代生活的这种支配性因素是荒谬的(如果不是灾难性的话);那些完全由机器过程和科学考察塑造了思想习惯的人们可能发现这是很好的东西。以注重实际的知识为核心的现代西方文化可能比古希腊、中世纪的基督教、印度教或者普韦布洛印第安人的文化之类的文化形式更好或者更糟。从特定的角度来看,用特定的标准来检验,西方文化无疑是更好的;但用另外的标准来检验的话,它又更糟糕。但事实是,现代文化体系在其最为成熟的发展阶段就是这样一种状况;其典型的影响力在于注重实际的洞见;它最高的成就和最为成熟的志向也在于此。

实际上,文明人冷静的常识没有接受其他努力的结果作为独立的、终极的目标。这种情况似乎主要应归于现代社会生活中机器技术及其产物的普遍存在。只要机器过程作为现代文化中的一个规律性因素继续占据着支配性地位,这个文化时期的精神生活和文化生活就肯定会保持着机器过程赋予它的特征。

但是尽管科学家的精神及其成就在现代人中激起了一种难以估量的赞美,尽管他的发现成为惟一的信念,但这并不一定就意味着这种对知识的追求所产生的或要求的人的举止较为符合当前人的理想,或者说意味着他的结论让人感觉到既真实又美好。理想的人,以及人类生活的理想,即使是在对科学进步最为欣喜的人看来也不是实验室里的吹毛求疵者,不是舞动的计算尺。科学探求相对来说是新鲜的。这是一种像现代的任何力量一样没有包含到这样的环境中去的文化因素,这种环境是人们在遥远的过去作出的选择赋予了人类现在的人性的环境。这个生物种群演变为人类的时候几乎根本不存在这种对事实知识的探求;在此后的大部分生命历史中人类一直习惯于用那些有别于这些无感情色彩的、注重事实的语言来进行更高层次的归纳以及阐述更大的生活原理。这种知识方式在过去逐渐引起人们的关注,因为它对日常生活的琐碎事务有着决定性的影响;但它在过去从未像今天一样被放到了首要的位置上,成为人类文化的支配性特征。因此,具有遗传特征的正常人在它的控制下并不安分就是理所当然的了。

科学观点的进化[①]

从某种科学观点本身出发对这种观点的讨论必然会出现一种循环论证的论点;这在相当大的程度上就是下面要阐述的内容的特征。本文的主要目的是试图从一种科学观点本身出发对它进行解释,但也并非完全如此。这种考察并不是想贸然试图去解决科学原理的起源和合法性问题,而只是涉及这些原理的惯常用途的演变以及使用它们的方式。考察的要点是科学观点所涉及的次要假定中发生的变化——在很大程度上这是一个在一些先入之见中所强调的重点随时代而变化的问题,这些先入之见引导着一代又一代科学家开展他们的工作。

在"现代"这个词的任何特有意义上都属于现代科学的各种科学,都(不公开地)假定了变化是具有逻辑连续性的变化这一事实。各种科学考察总是集中于过程的某些方式。现代科学研究所围绕的这种过程观是关于连续变迁的一种序列观念或者复合体观念,在这种连续变迁中,序列的关系(这种关系使得被考察的变迁具有连续性)是因果关系。而且,逻辑顺序是按照数量的连续或者力量的连续来展开的。只要是现代科学,只要它不是简单的分类学,那么它的考

[①] 本文是作者 1908 年 5 月 4 日在加利福尼亚大学科斯莫斯俱乐部(Kosmos Club)宣读的论文,载《加利福尼亚大学年谱》(*University of California Chronicle*),第 10 卷,第 4 期。经许可重印。

察就集中表现为一个过程问题;当它根据过程来处理完它的事实的时候,它就暂时是停止不动的。但现代科学考察在任何情况下的停止不动都是暂时性的;因为它根本性的假定是具有逻辑连续性的变迁,逻辑上连续的变迁当然不会静止不动,除非是暂时的。就其本身的性质而言,考察在任何方向上都不会有终点。这就是通常所说的任何严肃研究的结果只能是在原本只产生一个问题的地方产生两个问题。这种情况是必然的,因为科学家的基本假定是事物的变化具有逻辑连续性。这是一个未经证实、也无法证实的假定——也就是说,它是一个形而上学的先入之见——但它给出了这样一个结果,那就是每一个研究的目标都必然是一个起点;每一个条件都是变化的。①

---

① 现代科学家声称采用因果关系概念来否认这种描述的真实性,这是司空见惯的事情。他们否认这种概念——效率、功效等——会进入或者合法地进入他们的工作,无论是作为一种研究工具还是作为理论阐述的方法或指导。他们甚至否认刺激他们的科学注意力的那种变迁序列实质性的连续性。这种态度似乎特别受到那些专心于用数学阐述理论的人的欢迎,也特别受那些从事探明和解决从前没有被解决和没有被发现的理论体系细节的人的欢迎。因果关系概念被他们当做一个形而上学的假定,被视为归因的问题而不是观察的问题;相反,我们认为在科学考察中对假定的运用再没有什么比合法地(事实上是通常地)使用随机相关变量(idle concomitance of variation)概念更具有形而上学的性质了,比如用数学函数充分地进行表达。

就以下内容来说,这种争论似乎是合理的:占据科学考察的那些材料——实质上是统计材料——具有这种不明朗的特征,并且对理论的数学阐述除了随机变量外不包括其他更多的元素。这种情况是必然的,因为因果关系成为了一种归因的而非观察的事实,因而不能被包含在数据当中;此外也由于比不明朗的变量更深层的任何东西都不能用数学术语来表达。一种纯粹的数量符号并不能传达更多的东西。

如果这里的意图仅只是主张,作为一种保守的告诫,科学家的结论要公开地或者应该公开地通过函数来表达,那么可能有充分的理由认可这种意图。因果序列、效率或者连续性当然是形而上学的归因的问题。这不是观察的事实,也不能被断定为观察的事实,除非作为一种归因给这些事实的特性。科学家和其他人作出了这样的归因,把它作为一个逻辑必要的问题,作为观察的事实的系统性知识的一种基础。

除此以外,在他们的科学考察实践中,以及在引导科学结果的系统化的规范中,这种意图就不应该得到认可——至少在科学知识的当前阶段不应该得到认可。事实上,这种主张是自相矛盾的。在提出这种主张的时候,在反对形而上学的基本原理的归因时,以及就在一百年前,乃至五十年前,科学家都还没有习惯于以这种方式看待事物。科学考察在任何方向上都不能达到一个终点这种观念至少在当时并不是一种存在于所有事物中的理所当然的事情。今天,

---

在反对批评者、维护他们的地位的时候,科学家都是在因果条件下提出各种论点的。为从科学上驳斥他们的论敌这一辩论的目的,变量相关的不明朗原理的维护者发现这种原理是不充分的。在这种不稳定的事态中,他们并不满足于简单地证明一方面在他们的批评者的主张之间存在一种随机的数量上的相关关系(数学函数关系),另一方面暴露出他们自己在这些问题上存有争议。他们认为他们并没有"使用""有效性"这样一个"假定",然而他们声称"使用"了函数概念。但"使用"不是一种函数变量的观念,而在稍许总括的和高度拟人化的形式上是一种因果有效性的观念。在他们自己的思想和他们"应用"的"原理"或者他们在事实的"寻求"中"提出"的实验和计算结果之间的关系,并不被认为是这种不明朗的性质。不能说在经验科学中的一个杰出人物精明的洞见和大胆的进取心,与他用来检验自己的假设和扩展人类知识的可靠范围的精巧实验之间形成的有效关系或因果关系只不过是一种数学函数的关系。技艺高超的实验者本人最不能否认,在这种情况下他的智力比随机相关变量更有效。他的前提、假设和实验与他的理论结果之间的联系不能被认为是数学函数的性质。对"函数"或者相关变量原理的一贯坚持把任何借助于实验、假设或者探究的方法排除在外,事实上也就是排除了"借助于"任何其他东西。它的符号不包括任何如此拟人化的东西。

近代理论物理学的历史就是这种情况的例证。在那些影响着关于有效性概念的不明朗的态度、宣称只与数学函数观念和睦相处的科学中,物理学最为坦率直言,而且物理学在这方面乍一看也最为正确。同时,近代物理学家在一百年或者更长的时间里,大多从事于解释那些从所有表象上看来涉及了非连续的物质变化(action at a distance)的现象实质上根本就不涉及这种变化。过去的这个世纪中,物理学的伟大理论成就都出自这种席卷物理学的(形而上学的)原理,这个原理认为非连续的物质变化不会发生,外表上的非连续物质变化必须通过一个连续统一体,或者一种物质上的转换这样的有效联系来解释。但是,这一原理纯属物理学家对于承认非连续物质变化所表现出的一种盲目冲动的厌恶情绪。一个连续统一体的要求包含了有效的因果关系概念的一种大致形式。"函数"概念,也就是相关变量概念并不要求联系和连续统一体。非连续的相关性是一种就像关联的相关性或者连续统一体的引入一样简单、一样令人信服的观念,如果不是更为简单或者更加得到确信的话。妨碍接受这一观点的东西是物理学家抑制不住的拟人论。而物理学的伟大成就也要归因于使得人们在变量非连续相关观念上产生拟人论厌恶情绪的主观能动性。就波动和转换所作的所有概括都出于此。在光电传输、离子理论以及后来发现的被称为晦涩的辐射和放射理论这些方面的现代研究,都被归于同样的形而上学的先入之见,而在物理学领域的科学探究中,这种形而上学的先入之见从来就不曾缺席过。只有"神秘的"、"基督教的""科学"才能省却这形而上学的原理,求助于"缺席处理"的做法。

这是一件理所当然的事情，而且将毫无争议地得到承认。从最广泛的意义上来说，这就是与作为一个流行词汇的达尔文的名字相联系的 19 世纪科学运动的实质性结果。

用达尔文的名字并不意味着科学的这一新纪元主要是达尔文的功绩。具体在这些前提下，哪些功劳应归于达尔文，这是一个不需要争论的问题。他凭借其创造性的首创精神或多或少形成了科学事物的进程。或者说，如果你愿意的话，甚至也可以认为他的声音只不过是文明车轮转动时发出的噪音之一。但为了科学上的通俗用法，我们使用前达尔文主义（pre-Darwinian）科学和后达尔文主义（post-Darwinian）科学这两个词，并意识到在达尔文所开创的科学新纪元之前和之后的时间，在科学观点上有着极大的差异。

在这一新纪元之前的时期，科学的基本态度大体上就是分类学的基本态度；科学考察的一贯目标是定义和分类——在那些仍然没有受到逻辑连贯的变迁这种现代观念影响的科学领域中至今还继续着这种考察目标。那个时代的科学家关注的是一个终点，是激发他们去考察的那种变化最后达到的一种完满状态，同时他们也关注他们研究的事物的最初起点。科学问题被引向一个本质上属于分类的问题，那就是产生事物的假定的初始稳定均衡中事物是怎样的，以及事物在稳定的最终状态中又应该是怎样的，这个稳定的最终状态是介于原始状态的均衡与最终状态的均衡之间发生作用的力量的结果。对于前达尔文主义的分类学家来说，所有科学考察都必然合理地集中于其上的兴趣和注意力的核心，是控制着因果法则下的现象的自然法体系。这些自然法具有因果关系规则的性质。它们阐明了一种永恒的关系，在这种关系中事物在它们之间的因果干扰发生作用之前就已经"自然地"彼此保持了特定关系；包含在瞬时行为的时间间隔转换中的各种原因有序地演变；而且当干扰结束，完成了从原因到结果的转换后,事物之间确定的关系将随之出现——强调的是完美状态的实现。

后达尔文主义科学的特征与前达尔文主义科学形成对比的是所强调的重点发生了变化,从而因果过程以及初始原因和最终结果之间不稳定的间隔和转换逐渐被放到了考察的首位,取代了原先假定的那种因果作用自然停止的完美状态。这种观点的变化显然并不突兀,也不具有灾难性。但它后来发展得如此极端,使得现代科学本质上成为一种具有逻辑连续性的变化过程的理论,这种过程被当做一个累积式变迁的序列,被看成自持续的或者自扩散的过程,而且没有终点。一个初始起点和一个最终结果的问题在现代科学中被束之高阁,科学家已全然不主张考虑这样的问题。现代科学正在抛弃自然法——死板的因果关系规则——关注的是发生了什么以及正在发生什么。

从这种超现代的观点来看,这种现代科学及受其影响的这种观点显然是当前文化状况——我们日常所见的生命过程——的一种特性。这样,从这种科学观点来看,理所当然的是,所有显著的文化时期都会有它自己在知识方面的特有态度和基本倾向,都会把这种知识问题的考察放在它特有的兴趣范围内,而且都只会根据与当时流行的思想习惯相一致的条件来寻求这些问题的答案。就是说,科学和科学观点将会明显地随着那些构成了文化发展序列的流行的思想习惯的变化而变化;通行的科学和通行的科学观点所寻求的知识以及寻求知识的方式,都是文化发展的产物。也许将其称为文化发展的副产品更为恰当。

一种科学观点的问题、一种特定的知识态度和基本倾向的问题,是思想习惯的形成问题；思想习惯是生活习惯的结果。一种科学观点是共同体流行的一致的思想习惯，科学家被迫相信这种一致是根据共同体所遵从的或多或少一致的习惯规律而形成的，而且只有在得到运用于生活中的习惯规律的加强和支持的情况下，这种一致才延伸得如此广泛并且如此长时间地保持自己的力量。包含知识体系在内的生命系统是构成共同体的个人一致的习惯。受到习惯约束的每个个人都是单个行为人，从而对他某一方面的行为产生的无论什么样的影响，都必然在某种程度上影响到他的所有其他行为。任何共同体的文化体系都是共同体成员中流行的生活习惯和思想习惯的混合体。它构成了一个多少有些一致和平衡的整体，在其中有一个多少有些一致的对待知识的习惯性态度——这种或多或少的一致性其根据在于共同体的文化在所有人口中多少是一致的；接下来有多么接近于统一或者一致，这大体上是共同体不同的阶级和成员的经验和传统问题。

因而，前达尔文主义时代和后达尔文主义时代之间科学观点的变化至少在很大程度上可以由现代科学史中基督教世界人们的生活环境的变化、从而习惯的变化来解释。但科学观点的发展是在现代基督教世界出现很早以前就已开始的了，其发展的记录就是人类文化发展的记录。现代科学所要求的是对它所解释的现象的一种演变的说明，对科学观点的演变的考察必将考虑文化发展的早期阶段。人类文化史是一个宽泛的主题，我们在此不讨论这个问题，甚至连粗略说明都不涉及。在这里我们最有可能尝试的是对此生命史中特定的某几个问题和一些显著的观点作一简略的评论。

追溯到遥远的黑暗时代，人类随意的好奇心最初以什么方式来驯服那些闯入它的路线的事物，并在一种习惯的解释框架内对事物进行分解？起到了什么样的效果？服务于最早一代人的好奇心（这种服务功效在某种程度上类似于后来为后辈人的好奇心服务的科学考察)的最早的系统性知识规范是什么？显然，所有这些问题都是遥远的推测，多少有些缺少证据，这里不能加以探究。但在我们一贯所观察的较低级文化的人类中，总是能够发现各种知识规范以及将其系统化的办法。这些知识规范和知识体系也许是天真的、粗糙的，但在这里显然可以合理假定，各个历史时期的人们培育起来的知识体系正是来源于我们的祖先在较为遥远的时代形成的类似的规范和体系。

认为原始知识体系是按照万物有灵论来构建、万物有灵论的顺序是用来分析事实的，这是司空见惯的说法。如果是从非常原始和不成熟的"万物有灵论"的含义来说，那么这似乎是对的。但整个情况并非如此。在鲍威尔（Powell）称为"智慧研究"（sophiology）①的更高层次的归纳中，原始人显然受到了万物有灵论规范的指导；他们根据个人的或准个人的行为，形成了自己的宇宙论等知识体系，而且全部都是以某种想象的形式表现出来。在整个早期的宇宙论中贯穿着某种想象上的一致性，这种一致性将某种主观能动性和倾向转嫁到所考察的现象上。但对事实的这种想象、根据精神的或准精神的主观能动性来说明现象，绝不是原始人关于事实的系统性知识的全部。并不是他们的所有理论都具有戏剧传说、神话或者万物有灵论的传记的性质，尽管在更宽泛、更独特的归纳中可能采取这种形式。总有一个暗含的、从注重实效出发的归纳体系与这些根本性的想象

---

① sophiology 这个词是根据两个希腊语词汇 sophia（智慧）和 logos（研究）构成的新词。它最早的用法是"指导生活的智慧"。19 世纪美国人类学家麦基（W. J. McGee）将 sophiology 看成用于控制人类事务的五种智力活动之一，指的是对知识或者哲学的组织（见"人类进步的趋势"，载《美国人类学家》杂志，第 1 卷，第 3 期，1899 年，第 436～437 页）。现在还有一种用法，把 sophiology 解释为对上帝与宇宙之间关系的神秘主义理解。我们在这里按这个词的原意将其译为"智慧研究"。——译者

的生命史同时存在。我们说注重实效的归纳体系或者理论比想象的归纳体系更为模糊,只是在其背景更加不明显、更加不关乎重大利益这个意义上来说,而不是指我们对它更不熟悉,或者对其理解不够,或者它较为不可靠。较低级文化中的人"知道"世界万物是由上天的创造(也许是人类的生殖)、孕育、出生、成长、生活和主观能动性来解释的;这些内容吸引了他们的注意力,刺激他们去思考。但他们同样知道水往低处流,两个石头比一个石头重,带刃的工具可以切开比它更软的物质,可以用线把两个物体捆在一起,尖棍可以插进地里等等这些实际知识。与这些实际知识相比,再没有其他知识可以让人更牢固地掌握了;这些知识是对经验的归纳,是理论知识,也是理所当然的事实。它们是对世界万物进行想象性的归纳的基础,从而在编制神话的人和学问家的思考中也使用了这些知识。

有可能比如某种利器的异常功效会从万物有灵论的或者准个人的基础上——神秘功效的基础上——来给予解释;但需要在万物有灵力量的更高基础上解释的是这样一种工具的超常表现,而不是它在普通作用中的日常性能。因此,根据同样的道理,如果一把利器没能达到其应该达到的效果,这种失灵就需要从其他方面而不是从实际知识方面来解释了。但所有这些只能证明这样一个事实,即建立在实用知识基础上的一个归纳体系确实是存在的,而且被用来对许多常见的经验现象进行充分的、最终的解释。这些普通的注重实效的归纳并未受到质疑,也并未与更高层次的归纳相冲突。

所有这些似乎都是在就一些微不足道的琐事大做文章,但任何科学考察涉及的事实材料在没被考察的时候都是琐事。

在上述原始阶段之后发展起来的所有文化阶段,都可以发现一种类似的知识划分,即一方面是对现象的更高层次的理论解释,一个华丽的事物系统,另一方面是如这里所说的一种注重实际的模糊的归纳。科学观点的进化是一种时运的交替更迭，在文化发展的过程中，理解经验事实以及将其系统化的这两种不同方法的优势地位此消彼长，不断更替。

人类文化史学家无疑已经恰当地、一般性地就这两种互为对比的理论知识中发生在知识活动更高水平层面上那种更为张扬、更加独特，也更不稳定的知识中的变化进行了处理；而有关日常经验的更低层次的归纳在很大程度上已经逐渐被忽略为主流思想以外的东西，被当做能吸引注意力的东西，而不是这种注意力本身的模式、手段和产物。这种对注重实际的日常知识的相对忽略是很有道理的。因为正是在更高层次的理论归纳中产生了思想发展过程中令人印象深刻的变化，也正是在更高层次的理论归纳中，观点的转变和信念的冲突把人们带到了对他们思想的争论和分析中，从而产生了思想流派。注重实效的归纳相对来说没有经历任何太大的变化，对知识创造性和深刻的独特思考也几乎不能提供任何发挥的余地。在思考更为自由的更高层次上，创造性精神有一定的发挥余地，因为它的自由思考不会立即被具体事实苛刻地加以检验。

在这些知识的理论范围内，可能形成和保持的思想习惯是那些其自身一致的、并且与共同体当时流行的传统和习性相一致的思想习惯，尽管其因之与共同体具体的生活状况不一致。然而构成了野蛮文化的更高知识的这种理论归纳，同样也受到共同体生活习惯的控制、检查和引导；它也是生命系统这个整体的一部分，是由经验所强化的习惯的结果。但它并非直接以人对残酷世界中难以控制的现象的处理为依据，也没有明显地、直接地受到惯常的物质（生产中的）占有的引导。制度构造介于生命的具体经验和事物的理论体系之间。

早期文化中更高层次的理论知识，也就是那些上升到哲学或科学体系的尊贵地位的信念组合,是思想习惯的混合体,这些思想习惯反映了内含于社会的制度结构中的生活习惯;而更低层次的、对日常功效——当然是一些琐碎的东西——注重实际的归纳,反映的是由人们生活中平凡的具体需要所强化的劳作生活习惯。它们的区别类似于(事实上是非常接近于)"无形"资产和"有形"资产之间的区别。制度则更为灵活,与具体需要相比,它可以包括或者允许更大的误差幅度,或者更能容忍这种误差。系统化之后的具体需要被经济学家称为"生产技术水平"(the state of the industrial art),它对属于其范围内的所有知识执行着严格的标准;而制度系统属于法律和习俗、政治和宗教、品位和道德的范畴,在所有这些范畴内,人们产生了看法和信念;在这些范畴中,所有人都"有权坚持自己的看法"。制度系统也并非必然在社会所有阶级中都是统一的;同样的制度(比如奴隶制、所有权或者王权)也不会对它所涉及的所有部分都产生同样的影响。任何制度的秩序,比如奴隶制度,对奴隶主和奴隶不会是一样的。如果社会的上层和底层阶级之间存在相当大的制度差异,导致了习惯的利益或者秩序产生分歧;如果由于文化的原因使社会的制度主要与一个阶级相一致,那么这个阶级最为关心的就是维持法律和秩序体系;而如果主要是另一个阶级从事劳作,按他们的理解,维持法律和秩序纯粹是一种折磨人的苦难,那么在主要由上层阶级来培养的理论知识和主要体现在下层阶级身上的日常知识之间就可能产生同样相当大的差异或者矛盾。如果社会是由强制性的计划组织起来的并包含有泾渭分明的统治阶级和被统治阶级,那么这种情况就尤为明显。在这种情况下,那些占据了人们很大一部分视野,并确实产生了重大影响的重要制度,就是强制性控制的制度,就是区分权威和服从者、区分人的尊卑的制度;理论归纳、知识领域的制度被以这些表现身份和个人强制力的社会制度的形式创造出来,属于与荣誉代号的设计相一致的东西。源于生产技术发展水平的日常知识的归纳随之更为含糊，反映了对与这种文化不相适应的劳作活动的极度蔑视；日常知识的归纳只有在非常偶然和附带的情况下才可能涉及和检验通行的理论知识。在这种分化的文化系统中，伴随着知识系统性的两重分化，"真实"很可能与事实大相径庭——这里所指的"真实"，就是指那些在理论归纳层次上被认为真实可信而被接受的真实的情况；而科学却没有什么表白的机会——这里所说的科学是指现代意义上的、暗示真实与事实之间存在一种密切联系（如果不能说是巧合）的科学。

反之，如果社会的生活体系——制度构造发生这样的一种变化，使日常经验成为人们最为关注的对象，并把人的习惯兴趣集中到人与残酷现实的直接物质关系上来，那么，理论知识与日常归纳之间的间隔就可能缩小，而且这两类知识就可能或多或少地有效会聚到一个共同的基础之上。当文化按照这样的方式发展，理论阐述的这两种方法和规范可能不久就会相互促进和强化，某种性质上属于科学的东西至少才有可能出现。

在这种观点中存在一个文化状况和理论考察状态相互间的依赖程度的问题。要阐明这种文化系统与理论思考的特征之间的相互依赖或者相伴性，可以回想一下发生在较低级文化中的生命系统和知识系统之间的一般特征的伴随变化。在这里这种尝试性的、断断续续的对证据的陈述并没能提出什么新东西；更无法提供任何具有权威性的东西。

在较低级的文化中，甚至比较高级文化中更为确定的是，知识的理论系统化更易于采取神学（神话）和宇宙论的形式。这种神学知识和宇宙论知识作为对事物的一种理论说明而为原始人和野蛮人所用,其特性随着共同体生活于其中的制度系统的变化而变化。在以和平生活方式为主的农业共同体中,比如在普韦布洛的印第安人或者主要过着定居生活的中西部印第安人中,几乎没有强制性的权威,也几乎没有上层和下层之间的阶级差别;产权是不存在的,或者是可以忽略不计的、不稳定的;可以近似地将其社会关系视为母系社会。在这样一种文化中,宇宙论知识可能是根据生殖或者发育和成长来解释万物。法令的产物还没有明显地或者独特地表现出来。自然法则表现出的是事物的一种习惯行为的特征,而不是由一个至高无上的神施加的权威法典。神学可能是一种极端的多神教,而且从这个词的非常松散的意义上来说,相对地几乎不包含神的宗主权。神与人的关系可能是一种血缘关系,而且就像强调事物的神圣秩序是和平的、非强制的特征一样,他们的神基本上倾向于是女性。这种宇宙论中处理的利益问题主要是人的生计问题,是农作物的生长和看护,以及生产方式和方法的改进。

和平文化中的这些现象与掠夺性的游牧民族的事物秩序是不同的——游牧民族强烈地倾向于采纳掠夺性的文化体系。游牧民族的神基本上都是男性,而且会赋予他们一种强制的、专横的、任意决定的主导精神,以及一定程度的尊贵性质。他们也会强烈地倾向于一种一神论的、父系家长式的神权政体;根据人为的法令来解释事物;相信自然界由神圣的法规强加的规则所控制。这种神学中最重要的是人对神的仆从关系,而不是寻求生计的细节问题。它强调的重点是神的荣誉,而不是人的利益。希伯来经文,尤其是耶维斯(Jahvistic)这一部分所表现的就是这样一种游牧文化和掠夺文化的理论归纳系统。

如果篇幅和时间允许的话,可以在文章中就较低级文化中知识的培育进行一些深入的探讨,但即使只是用前面所说的内容也可以说明未开化人类和野蛮人类的总的知识特征。对距现在更近的一种文化状况进行类似的特征概括可能才是应该紧接着加以考察的更直接的主题。中世纪基督教世界的知识就表现出了知识系统与制度系统之间的这种伴随关系，在某种程度上类似于希伯来的野蛮文化。中世纪的制度系统具有强制的、命令的特征，本质上是一种等级统治和等级奴役的系统，在其中社会礼法规范和显示身份差别的法令占据着最重要的位置。那个时代的神学具有类似的特征。那是一种一神论体系，或者毋宁说是一种君主体系，表现出专制的特征。那时的宇宙论是根据法令推导出来的；自然哲学大体上，而且在其最严肃的努力中所从事的是那些包含在神圣法令中的推论。哲学上的思考在处理事实的时候，其目的是将它们解释为与神的荣誉和神圣的目的之间存在系统性的一致关系。经院哲学知识的"真实"是精神上的、准个人的、无形的，而且属于区分尊卑和优劣的知识。从而，实用知识和日常信息与区分尊卑的考察就是不适应的。真实和现状之间的间隔或者矛盾是相当大的。当然，在整个中世纪，日常知识在数量和质量上也在不断增长；技术熟练程度在增加；对自然过程的有效控制有了更大的提高，也更为可靠；这些都表明从经验中得到的实用理论正在扩展，而且对它们的使用也在增加。但所有这些都是在生产领域发生的；实用理论只是作为对生产的目的具有实质性的、根本性的影响的东西而被接受，只是作为技术原理而被接受，并处于科学的尊贵地位之下。

随着向现代的过渡，在西欧的生活体系中工业逐渐占据了最显著的位置，欧洲文明的制度与工业和技术的迫切需要之间发生了一种更为密切的关系。属于技术性的那一部分习惯在文化混合体中越发具有了重大的价值，而且技术规则与制度中的法律和秩序规则之间的差异越来越小。法律和秩序的制度呈现出一种更为非个人的、强制性更小的特征。阶级之间的尊卑差别和歧视性差别也逐渐失去了影响力。

就这样占据了最显著位置,并且就这样影响了制度系统的工业是特殊的,因为其最显著、最典型的特征是劳作的首创精神以及个体手工业者和个体小商业主的效率。具体化于这种工业的理论主旨中的技术是一种劳作的技术,在其中,最显著的因素是人的技能、力量和勤奋。这种在很大程度上驱动了人的首创精神、才能和勤奋精神的技术,可能比其他许多技术体系都更为接近制度构造的普通特征;它的规律的效果在很大程度上与制度的规律混合在一起了。在手工业和小商业的伟大时代,这两类习惯逐渐结合在一起,而且相互强化;在手工业行会和工业城市的组织中也是如此。工业生活与习惯一方面逐渐创造性地闯入了文化系统,另一方面也闯入了权威知识的系统。因此在现代,实用知识体系越来越多地进入了理论考察的范围;而理论考察也越来越多地呈现出技术归纳的基本态度和方法。但照此加入的实用元素是根据劳作的首创精神和效率来解释的,这是手工业时代的技术先入之见的要求。

这样,也许可以认为现代科学在技术的掩盖下逐渐产生了,并且逐渐进入了过去由其他更高等、更高贵、更深奥、有更多精神上的因素、更加难以明了的知识概念和知识系统所支持的权威理论的领域。在现代科学的这一早期阶段,其核心的规范和通用的解决办法是劳作的首创精神观和效率观。这是新的工具论。无论对什么进行解释,都必须将其简化为这种符号,并根据这些符号进行解释;否则考察就会无休止地进行下去。但只要这种劳作方面的符号的要求适时得到满足,考察就会自然停止。

在19世纪的前几十年,有效性的其他基础、对现象的其他解释以及真理和真实的其他证据差不多全部被排除在了对权威知识的寻求之外,而且也差不多全部被排除在了构思和表达理论结果的用语之外。这种新的工具论已经实现了它的主张。在这个建立劳作效率霸权的运动中——以"因果法则"或者"近因"(efficient cause)的形式和名义——在知识领域,讲英语的社会继南欧社会这一早期科学的发源地之后,取得了领导地位,在南欧社会建国的大时代中,科学的早期萌芽早已在战争、政治和宗教的冲突中灰飞烟灭。英国人之所以在科学上占据领先地位的原因显然与他们在技术上也处于领先地位的原因是一致的,他们在工业革命中逐渐取得了领导地位;欧洲文明中这两个相互关联的事件显然都起源于讲英语的社会那种相对和平的生活环境、从而相对和平的习惯,这与欧洲大陆的其他社会形成了对照。①

随着手工业技术特有的思想习惯的形成,现代科学也接纳和吸收了手工业和小商业时代很多制度上的先入之见。"自然法"这种早期现代科学的表达方式成为控制自然的"序列一致性"的规则;它们详细阐明了任何给定的原因创造性地产生一种给定结果这种正当程

---

① 在这一点上有可能出现的主要反对意见大意是说,这里概述的科学基本态度的发展忽略了古希腊、古罗马的科学。与现代的任何时期相比,古希腊、古罗马的科学成就在今天是一个更为明确的主题,对这些成就了解越多,就越会承认它们。但要注意的是:(1)古希腊、古罗马的科学考察相对更大、更自由的发展发生在相对更为和平以及更注重生产的古希腊社会(在未知的前古希腊时代有一种生产文化)。(2)在那个时代得到最好、最主要的培育的是那些依赖数学基础的科学(如果不是指较简单意义上的数学科学这个词的话)。现在,数学在科学中的地位是独特的,因为在其纯粹的形式上,它只是一门逻辑学科;它的研究对象是数量逻辑,它的研究属于处理数量问题的知识模式的一种分析的性质。它的归纳是逻辑程序的归纳,由直接的自我观察来检验和验证。这样一种科学在一个特殊的程度上,但也只是在特殊的程度上独立于日常生活的细节规律,无论是制度上的还是技术上的;而且给定在这一领域内进行思考的倾向——知识进取心或者"随意的好奇心"——在使变量本身不一致这个意义上,其结果是几乎不变的;在这个领域内不需要制度状态或者生产技术发展水平对分析结果产生严重的歪曲或者扭曲。数学是特别独立于文化环境的,因为它的分析凭借的是人类天生具有的逻辑,而不是凭借由习惯而获得的短暂特性。

序,非常合适成为工艺的规则,明智地指明了制造可买卖商品的主要环节的正当程序。但在科学的这些"自然法"中也能够感觉到某种真实的、约定俗成的道德力量,这些道德力量属于手工业时代对后来时代的制度系统产生了影响的"自然权利"体系的原则。自然法不仅被认为是忠于事实的,而且也被人们感觉到是正确的、好的。它们被看做在本质上是有价值的、有益的,而且被认为包含了对它们自身的一种认可。这种不加批判地把价值和平等赋予科学的"自然法"习惯,在19世纪的大部分时间有效地得到延续;就像尽管形成"自然权利"的经验的迫切需要早已停止去塑造人们的生活习惯,而对"自然权利"原则的习惯性接受由于传统的力量却仍然继续保持下去一样。①顺从地承认科学的"自然法"这种传统态度仍然没有完全消失,即使在过去一代的科学家中,他们中的许多人还不加批判地赋予这些"法则"一种约定俗成的正确性和卓越性;但到现在,这种基本态度至少已经逐渐被废弃不用了,它现在主要是在讲坛上讲述的一个问题,成为了从文化有机体中流出的衰老的分泌物的一个公认的出口。

手工业技术的这种传统,在这些技术已经不再是决定因素的生产状态下仍然作为科学中一种普遍的思想习惯,持续了很长一段时间;而伴随着新思想习惯的劝导的一种新技术、新的先入之见,逐渐在老的思想习惯残余中发展起来,改变着老习惯,与老习惯混合在一起,渐渐地取代了老习惯。在所谓的工业革命中开创了其第一个伟大时代的这种技术的新起点,开始在机器过程的技术优势下把一种

---

① "自然法"不仅正确地阐述了给定条件下的因果序列,而且也是控制事物运行的有价值的正确而公正的规则,它必然赋予所讨论的事实和事件一种好的、公平的趋势(如果不是一种仁慈的、完美的状态的话);因为这种完美状态是必然的,这个结果被视为一种已实现的结果,也就是被视为好的、公正的结果。因此,这些传统上所说的"自然法"是控制实现一个目的的法则——也就是说,是关于一个因果序列如何自然趋向最终结局的法则。

新的、独特的秩序带入了文化之中。机器时代的起源无疑可以追溯到很远；但机器过程却一直到了后来，最多只是在过去这个世纪，才可以说在技术系统中取得了支配性的地位；它的秩序则是到了更晚的时期才在相当程度上重新塑造了关于那些在如今的现象中发生的事物的本质的先入之见，这些现象的变化刺激了科学的好奇心。一直到了相对来说很晚的时期，人们无论是在技术工作中还是在科学考察中，才根据过程而不是根据给定原因产生给定结果这种劳作效率形成了新的思想习惯。

现代科学中这些机械的先入之见，作为由生产和日常生活中的机器技术所引起的思想习惯，当然对那些研究主题最接近于机器过程技术领域的科学的特征产生了首要的、最为一致的影响；在这些自然科学中，向机械观点的转变已经相对地非常一致了，从因果连续变化的意义上对现象给出了极度非人格化的解释；几乎不再包含古代那种有差别的真实性或者人为的因果关系之类的先入之见。在物理学或者化学这样的科学中，我们面临的威胁是一切稳定的、有效的物质的消失或消散；取而代之的，或者说用来对它们的现象进行理论解释的是不可思议的激烈的因果连续变化的不间断的过程。

在那些远离技术领域、从而就习惯而言远离干扰中心的科学中，甚至很少能感知到机器规则带来的影响。在比如伦理学、政治理论甚至经济学这类学科中，仍然存在着很多手工业制度的规范；与手工业制度的起源、成长和内容相联系的自然权利的制度方面的先入之见，不仅仍然在考察范围中完好无损，而且甚至几乎不可能有什么理由去严肃认真地考虑这些先入之见将来有可能会被废除。实际上，某些甚至比手工业时代和自然权利还要古老的东西，仍然充满活力地存在于考察的这种"道德"领域，在这些领域，仍然可以看到那些培育了这种远离机器准则风潮的考察范围的人，在寻求对确实性和真实性进行检验。这些科学老手甚至向他们考虑的累积性因果关系的进化过程注入了超自然的、仁慈的倾向;以至于"进化"被认为指的是改善或者"改进"。在那些与人的首创精神和志向有关的考察领域,机器技术的形而上学仍然没有完全(或者是大体上)取代身份等级的形而上学。这些科学中观点的这种转变是否应该会完成仍然是一个悬而未决的问题。在这里,精神上的事实仍然胜过了因果连续变迁观念的风潮。就是说,现今仍然有一些思想习惯能轻易地使带有这些习惯的人把他们的考察停留在有差别的真实性和歧视性准则这些领域内。

为什么经济学还不是一门进化科学?①

M. G. 德拉普吉(M. G. De Lapouge)最近指出,"正如细菌学使医学发生了彻底变革一样,人类学注定同样会从根本上使政治学和社会科学发生彻底的变革"。② 就他对经济学的评价而言,不只是这位杰出的人类学家才确信这个学科需要有所改进。他的话传达了对经济学的一种非难和警告,他道出了许多和他身处同一研究领域和相关领域的科学家的感觉。这种感觉可以被当做是那些在现代人类学、民族学、心理学以及严格意义上的生物学领域中从事严肃研究的人的共识,那就是:经济学已经落伍了,它还不具备现代科学的资格来处理它的研究主题。其他的政治和社会科学也受到同样的指责,也许出于同样令人信服的原因。经济学家们对这种非难并没有轻松地淡然处之。可能今天没有哪个经济学家会厚颜无耻地或者倾向鲜明地认为,无论是在理论结果的细节上,还是在理论的基本特征上,这门科学都得到了最为成熟的阐述。马歇尔教授一年半前在剑

---

① 原文载《经济学季刊》(*The Quarterly Journal of Economics*),第12卷,1898年7月,经许可重印。(本文曾由贾根良翻译,发表于《政治经济学评论》2004卷,第2辑,第127~136页。我们在翻译中参考了贾根良的译文。——译者)

② 《人类社会学基本法则》(*The Fundamental Laws of Anthropo-sociology*),载《政治经济学杂志》1897年12月,第54页。内容基本相同的一篇文章发表于《意大利社会学评论》(*Rivista Italiana di Sociologia*),1897年11月。

桥大学的演讲①也许可以算是一位地位显赫的经济学家最近一次向这种立场靠近。但是，马歇尔的演讲稿中非但没有半个世纪前的古典经济学家流露出的洋洋自得的信心，反而让读者们强烈地感觉到"老一辈"的代言人的一种极度谦逊和不必要的谦卑。对于那些人们殷切希望得到其指引的经济学家来说，他们对于已经做过的事情和正在做的事情的根本价值是什么，以及我们下一步该有效地求助于什么这些问题表现出的不确定性是如此普遍，以至于好像在暗示犹豫不决反倒是值得称道的了。即使是其创新曾在本国得到诸多赞许的历史学派也不能满足于自己给自己设定的发展速度。

那些骄傲地将自己的学科自诩为"现代"学科的科学家们，批评经济学家们仍然满足于对那些停留在自然权利、功利主义和管理伎俩上的一种结构、学说和原理进行修补。这种批评并不完全正确，但也应该足以对经济学家产生刺激了。这些现代科学是进化科学，它们的行家里手们带有某种自满地看待他们的工作的特征。经济学还不是一门进化科学——这是它的代言人所承认的；经济学家把带着忌妒和某种困惑的仿效的目光投向这些在护身符上醒目地刻着"新式科学"的对手。

确切地说，包括经济学在内的社会科学和政治学到底在哪方面还达不到进化科学的标准并不是很明了。至少这些科学的批评者们还没有给出令人满意的答案。在这方面，它们那些成功的对手们——其余那些研究人性的科学——声称最明显的区别在于自己是现实的：它们研究的是事实。但经济学在如下意义上也是现实的：它也研究事实，而且常常是以一种很辛苦的方式来研究，到了后来便日

---

① "新老两代经济学家"（The Old Generation of Economists and the New），载《经济学季刊》，1897年1月，第133页。

益强烈地主张数据才具有惟一的效力。但这种"现实主义"并没有使经济学成为一门进化科学。对数据资料的任何强调都很少能够超越第一代历史学派经济学家所达到的高度；但也没有哪一种经济学比公认的历史学派经济学离进化科学的距离更远。耗尽历史学派经济学家精力的广博学问和研究，并没有上升为科学，因为尽管保持了一致性，但他们自己却满足于数据资料的一种罗列，以及对产业发展的一种描述性说明，没有敢于提供任何一种理论，或者把他们得到的结果详细阐述为一种一致的知识体系。

另一方面，任何进化科学都是一套组织严密的理论体系。它是一种过程的理论，一种演变序列的理论。但在这里，经济学似乎再度在相当大的程度上满足了这种检验标准，从而并没有授以它的批评者们充分的口实。必须承认，比如 J. S. 穆勒关于生产、交换和分配的学说就是一种特定经济过程的理论。他以一种一致而有效的方式来处理构成其研究主题的事实序列。同样，凯尔恩斯（Cairnes）对名义价值、工资率和国际贸易的讨论也是用理论处理经济序列过程以及事实的有序演变发展的突出例子。但是如果把穆勒和凯尔恩斯作为进化经济学的代表的话，结果只能是困惑茫然，而且这种典型也不具有普遍性。多数货币理论也许也可以出于同样的目的来加以引用，并且结果也是一样的。甚至对一些公开承认对进化观有某种强烈倾向的现代经济学家来说，在一定程度上也是类似的情况。例如哈德利（Hadley）教授的著作就可以当做一个具有公认价值，且取得了非凡成就的例证。他显然试图使经济学成为进化科学；但任何想用他的《经济学》来证明政治经济学已经进入了一门进化科学的研究领域的人，都不会让自己或自己的对话者对此心悦诚服。公正地说，后来以坎宁安（Cunninghan）教授和阿什利（Ashley）教授，以及坎南（Cannan）先生为代表的英国学术传统的经济学家（在此只是列举了这个群体中的几个杰出代表)已发表的著作在某种程度上也有相同的效果。

　　近期的以及在世的古典经济学家所取得的成就,是值得经济学这门科学为之感到骄傲的;但他们还是达不到进化论者的适当标准,这并不是因为他们没有提供一种过程理论或者一种发展联系的理论,而是因为他们在构想自己的理论时所使用的方式与进化论者的思想习惯是格格不入的。进化科学与前进化科学的差别不在于是否坚持事实。在自然科学表现出进化科学的特征之前,它们在收集和整理事实方面也做了大量工作,取得了丰富的成果。二者的差别也不在于前进化科学缺乏对前进化时代的过程、序列、成长和发展状况的阐述和解释。这方面的努力同样数量众多、形式多样;许多关于发展的理论、大量精妙而华丽的理论,不仅作为有机体和无机体发展的理论,而且作为民族和社会生活史的理论而成为了时尚。认为我们的前辈在阐述理论、将数据资料归纳为知识体系的时候忽略了因果关系的存在,这种看法也是不对的。但是,早先那些被当做知识的最终条件的条件在某种程度上与现在是不同的。两三代人以前的考察者在结论性的分析中最终阐述他们的事实知识的思想条件,与现代进化论者用于阐述他的结果的那些条件是不同的。这两种情况下的分析基础不同,所采用的关于终局性或者适当性的标准也不同。

　　这两代不同科学家之间的差别,是精神态度或者观点的差别。换言之,是为了科学的目的对事实进行评价的基础的差别,或者是对事实进行鉴别的兴趣的差别。两代科学家评价事实的基础,就细节而言,都是事实之间存在的因果关系。对于自然科学来说,在很大程度上的确如此。但在处理更为复杂的序列和关系的时候——在他们对结果的最终阐述中——这两代科学家就不一样了。现代科学家并不愿放弃因果关系检验或者数量序列检验。当他问为什么的时候,他坚持按照因果关系来给出答案。他想要把所有问题的答案都简化为能量守恒定律或者数量的连续性。这是他最终的诉求。这种最终诉求在我们的时代已经成为累积性因果关系观念，用来处理发展系统以及一个复杂过程的理论。进化论的领袖们的伟大功绩——如果他们作为领袖有什么伟大功绩的话——在于，一方面他们拒绝去背叛毫无趣味的现象序列，从而也拒绝去为他们的最终综合体寻求更高的基础；另一方面，他们也表明了这种毫无趣味的非人格的因果序列的累积性特征如何能够为适当的理论所用。

对早期的自然科学家来说，就像对古典经济学家一样，这种因果序列的基础是不确定的。对机械序列的阐述不能满足他们对确实感和实在感的需求。他们知识系统中的根本词汇是"自然法"。这种自然法被认为执行着某种凌驾于事件序列之上的强制性监督，在任何给定的结合点上赋予了因果关系一种精神上的稳定性和一致性。为了满足这种严格的古典要求，必须根据一种趋向于某种精神上的合理结果的一致倾向来理解一个序列——尤其是一个发展过程。当事实和事件被归纳为这些根本的确实性条件，并且已经与最终常态的要求相一致，考察者的研究也就完成了。事件中任何被视为违反这个倾向的因果序列都是一个"干扰因素"。在这种观点中，适应这种倾向的逻辑一致性就是构建一种知识系统或者发展系统的恰当的程序基础。在这种古典传统引导下的科学家，其努力目标就是根据绝对真理来阐述知识；这种绝对真理是一种精神上的事实。它意味着事实与关于明晰的、熟悉的常识的看法是一致的。

这种认为事件中存在常态或者倾向的先入之见，其发展和衰落也许可以从原始的万物有灵论开始追溯，一直到信仰和形而上学、统治性的天意、自然秩序、自然权利、自然法以及各种根本原则的详细表述。但这里必须指出的是，从其由来和心理学的内容来看，这种约束性的常态是一种精神上的常态。它是一种出于科学的目的而将精神的一致性转嫁给被研究的事实的行为。我们这里感兴趣的问题是,这种常态的先入之见在现代科学中是如何发展的,它在知识中的首要地位,又是如何被后来的一种非精神序列的先入之见所取代的。我们之所以对这个问题感兴趣,是因为其答案将有助于解答下面这个问题:在经济科学的方法中,对这种陈旧的思想习惯的无休止的坚持还有多大的可能性。

在原始状况下,人们直接与环境中的物质事实发生个人接触;在生活条件的形成中,环境事实的塑造中个人的力量和决断显然是惟一重要的因素。原始人在日常生活中几乎看不到非人格的或者机器的序列;在他们身边的残酷的自然过程中所存在的这一类现象在很大程度上是难以解释的,被他们看做是高深莫测的。这类现象被视为恶性的或仁慈的而为人们所接受,它们都是根据所有人都熟悉的人性来解释的——也就是根据所有人靠他们自己掌握的第一手知识都能够了解的东西来解释。季节和自然力难以预测的变化,都被理解为一些受决断力、意志力或者朝向一个目标的倾向所引导的活动,就像人类活动一样。无生命的自然过程非常类似于野兽的习性,它的生活习惯是可以被了解的,而且它可以被强制、智取和利用。同时,共同体是小规模的,个人间的联系并不广泛。工业生活和非工业的社会生活都没有迫使人们去注意事件给人们带来的无情、非个人的冲击,这种冲击无人能抵挡或扭转,在后来更大的共同体那种更复杂、更全面的生命过程中,这种冲击变得清晰可见。在这里没有任何决定性的因素可以阻止人们根据人性——也就是根据习惯、倾向和意志力——来阐述事实知识和事件。

随着时间的推移,当情况已不同于这种古代的特征——在确实已有所区别的社会里——约束人们的系统化事实知识的环境以这样一种方式发生了变化：人们越来越多地把事件序列的非人格特征放在了最显著的位置。对不能客观地理解事实的惩罚更为确定和及时。事件的冲击被迫更为深入地与人类的心智相一致。随着人们关于事物的知识更加丰富和透彻，事件中精神作用或者心理倾向的导向性就越发难觅踪迹了。在现代，尤其是在工业国家，这种将人类思想习惯向现实主义方向的强行引导已经是特别明确的事实；而且其影响虽然表现得有些不情愿，但却逐渐脱离了古代的观点。最为明显的、程度最大的脱离发生在与现代机器过程的联系最为直接的朴素的分支学科中，比如通常的工程设计和技术发明。在所有科学当中，这些与机器序列和过程有关的科学是在这条路上走得最远的（究竟是整合还是分裂，因考察者的视角而异）；而在像道德科学、社会科学或者精神科学的这类科学中则最完整、最长久地保留了原汁原味的古代观点；这些科学研究的过程和序列不是那么有形，不大能用感觉来往回追溯，从而也就不会太直接地迫使人们去关注与倾向现象相对的序列现象。

从前进化观向后进化观的转变不是突然的。即使在那些研究生命过程和事件进化序列的自然科学中，客观的累积性因果关系这种概念也经常得到以下这种观念的有效帮助，即在所有这一切中存在某种强制性地引导因果进程的改良趋势。认为这种改良趋势对科学来说是一种有用的观念这样的信念已经逐渐淡化了，而且一再遭到否定；但还不能说它已从科学领域中消失了。

科学观点或者知识的最终阐述的变化过程是渐进的；虽然程度不同，但所有科学都发生了这种变化。经济学也不例外，但它仍然表现出过多的对"自然的"和"常态的"，对"真实性"和"倾向性"，对"关键原则"(controlling principle)和"干扰因素"的怀念，以至于不能算做进化科学。科学史展示的是万物有灵论漫长而曲折的分裂过程：从根据与神权的关系的角度讨论高利贷的经院学者时代，到依据决定实质上的真实性的"自然秩序"和"自然法则"(*loi naturelle*)以及一般地用逻辑一致性的约束引导事件过程的重农主义者。从亚当·斯密到穆勒和凯尔恩斯也发生了某种变化，亚当·斯密在困惑中求助于"一只看不见的手"的引导，穆勒和凯尔恩斯阐述了"自然"工资法则和"正常"价值法则，穆勒对自己的工作非常满意，他说："令人高兴的是，在价值规律上已经不再有任何需要现在和今后的作者去澄清的问题了：关于这个主题的理论是完善的"。① 然而，早期和后来的经济学观点的差异只是程度上的差异，而非性质上的差异。

就其更高层次或者权威性的综合和归纳而言，也许可以恰当地将古典经济学家的立场称为仪式适当②(ceremonial adequacy)的立场。按照所有事物理所当然地会趋向各种目的这样一种先入之见，他们阐明的最终法则和原理是常态法则或者自然法则。实质上，这种先入之见赋予事物一种趋向——去发掘出当时的常识所认可的人类努力最终要达到的适当的或者有价值的目的究竟是什么。它是公认的行为理想的一种投射。这种行为理想被用来作为一种真理的准绳，这种准绳使研究者能够满足对那些从他正在处理的事实中得到的假定的合法性的要求，能满足对那些被含糊地当做他所讨论的过程基础的"关键原则"的合法性的要求，也能满足对那些考察之前就已存在的"趋向"的合法性的要求。在经济制度的古典论述中扮演了

---

① 《政治经济学原理》，第3卷，第1章。
② "仪式"(ceremony)和"工具"(instrument)是凡勃伦经常使用的两个关键概念，前者对应的是作为思想习惯的"制度"，后者对应的是"技术"。这里的 ceremonial adequacy 一词指的是古典经济学家的观点相对于那个时代的思想习惯来说是适当的，我们将其译为"仪式适当"。——译者

重要角色的"猜测的历史"(conjectural history)可以作为使用知识的仪式性准绳的一些例子。比如通常把假定的猎人、渔夫、造船者的交易，或者假定的有刨子的人和有两块木板的人的交易，或者假定的各有一篮苹果和坚果的两个人的交易视为物物交换的起源。① 一个类似的做法是把货币描述为"流通的毂轮"②(the great wheel of circulation)，或者"交换媒介"。在这里，是根据这样的目的来讨论货币：按照特定作者对经济生活的理想，在"正常情况下"应该存在的目的，而不是从因果关系的角度来讨论。

特别是对晚近的作者们来说，这种术语无疑被普遍地当做了对隐喻的一种便利的使用，在这种隐喻中，常态和趋向一个目的的倾向这种概念已经大为淡化了。但恰恰是在用比喻词汇来阐述理论的时候，古典的常态观念仍然残留于现代经济学之中；正是这种毫不费力地把那些高深莫测的比喻作为理论的基本术语，才使经济学家们即使勉强地看也未能跻身于现代科学之列。对于说教式的使用，以及作为一种省力的方法，隐喻是有效的——比使用隐喻的人所预想的更为有效。通过使用这些隐喻，理论家们可以心安理得地不去探究难以捉摸的因果序列。理论家也可以毫无顾虑地去构建诸如货币、工资或者土地所有权之类制度的理论，这些理论不必考虑相关的生活用品，除非这样做便于确证他那标准化了的表征体系。通过这种方法，关于一个制度或者一种生活状态的理论，就可以便利地按照生活借以继续的那些条件来陈述，这些条件被赋予了一种导向常态均衡的趋势，而理论就是阐述那些使均衡能够顺理成章地实现的条件。以这种方式，我们得到了一种生产成本价值论，这种理论使人联想起

---

① 马歇尔,《经济学原理》,第 2 版,第 4 篇,第 2 章,第 395 页注释。
② 亚当·斯密,《国富论》(博恩版(Bohn ed.)),第 2 篇,第 2 章,第 289 页。

上帝造物。工业方法以及机械构造也是用一种惯例化的术语来阐述,在其中,机械设备所观察到的运动,被简化为一系列标准化的关系。如此获得的这种关系,就在精神上与所思考的现象的行为结合在一起了。以这种标准化的关系为引导,根据赋予各项目和各部分的数值,就可以计算出某一给定设备的数列;一种在仪式上一致的规则就被构造出来,适用于绝大部分生产领域。这就是演绎法。通过与观察到的数列进行比较,通过把"正常情况"当做偏光仪来使用,这种规则从而得到了检验;产生的结果通过归纳而得到了验证。那些不适合按照这种准则来解释的过程特征就是非正常情况,就被当做干扰因素。在上述所有情况下,都巧妙地避开了那些在经济生活过程中发挥作用的偶然因素或偶然力量。这种方法得出的结果,如果处在最佳状态的话,就是关于事物正常关系的一系列逻辑上一致的命题——也就是一个经济分类学体系。如果处在最差的状态的话,则是经济行为的一系列格言,以及对有争议的政策观点的论战。

所有情况都表明,经济科学正在重复着自然科学以前的经历。在自然科学中,分类学家的工作曾经、而且一直具有重要的价值,但科学家们在对称和建立体系的体制下变得焦躁不安。他们开始刨根问底,从考察珊瑚礁的结构转向考察在珊瑚礁中生活以及靠珊瑚礁生活的珊瑚虫的结构和生活习性。在植物学中,系统植物分类学仍有其一席之地;但今天的植物学家们考察和讨论的重点是结构、功能或组织的任何给定特征的生物学价值,而不是其分类学意义。所有关于细胞质、细胞中心体和细胞核分裂过程的讨论,意味着现在的考察一向着重关注生命过程,致力于按照累积性因果关系来解释生命过程。

在分类学式的经济学中可以做什么,这一点在凯尔恩斯的著作中得到了最充分的体现。在这部著作中,这种方法得到很好的构思,其结果也得到了有效的阐述和应用。凯尔恩斯以一种高超的技艺操控着经济生活中的正常情况理论。在他的讨论中，倾向和趋势的形而上学，不再公然地支配着理论的阐述，那个难以捉摸的利益和谐的改善趋势也不再被自信地当做赋予特定时候的经济状态以合法性的权威性工具来使用。与他之前的经济学家相比，在凯尔恩斯的经济学讨论中，信念较少发挥作用。虽然理论阐述的权威性术语仍然是常态和自然法则的术语，但支撑这种对常态的诉求的形而上学，已远非仁慈的"自然秩序"那种古代基础，至少在名义上已经变成非人格的基础，对它所阐述的"趋势"也不再不变地关注其仁慈的含义。这种形而上学已淡化为某种近乎自然主义者中性的"自然法则"观念的东西。这是一种假借"关键原则"对事物的趋势施加一种限制性监督的自然法；但它不再被视为为了某种隐秘的人类目的而施加的约束。仁慈的成分已经几乎被消除了，而是根据系统本身对系统进行阐述。凯尔恩斯的这种经济学（只要还涉及他的理论著作的话）近乎于为分类学的目的而产生的分类学；还没有哪个有同样能力的作者，像凯尔恩斯在对纯理论的讨论中那样将经济学变成一种典型的"沉闷"科学。在早期古典作者的时代，当时的外行对经济学有很大的兴趣，因为经济学在人类生活某个方面的实际应用中，阐述了当时常识性的形而上学。但在后来的古典作者的时代，这一科学失去了它在这方面的魅力。它不再理所当然地是对当时关于应该是什么这一常识问题的最终陈述和权威陈述；经济学从而在很大程度上失去了外行的支持，因为外行们不会对与他们无关的东西感兴趣；经济学也与现实主义的或者进化的思想习惯失去了联系，这种思想习惯大约始于本世纪中叶的自然科学。经济学既不是极端形而上学的，又不是注重事实的科学，在它的圈子之外几乎得不到任何呼应。在本世纪后30年，经济学只能吸引那些因为出生或者教育的偶然原因而保持了分类学态度的人的注意力。结果是，当分类学结构以一种对称稳定的完整的体系出现的时候，从凯尔恩斯开始，经济学家们在其稳定性戒律之下变得不安分守己，并作了许多或多或少相同的努力来刺激其有所变化。在沿袭古典传统的作者手中，这些偏离主题的努力，主要目标是建立一种更完善、更全面的数列分类学体系；而历史学派抛弃的是分类学思想，却没有摆脱作为分类学思想基础的先入之见；后来的奥地利学派努力建立一种过程理论，但由于他们所理解的过程不是一种累积性的或者演变的序列，目前这种理论已经完全停止发展了。

那么所有这些意味着什么呢？如果我们对这种带有内卷的、室背开裂的、被微绒毛的、念珠形的变量的单子叶植物工资学说和利息的隐花植物理论不满意的话，我们可以转而研究的细胞质、细胞中心体或者核破裂过程又是什么呢？从中我们可以发现正常状态和关键原则的形而上学的终结吗？对此我们打算做些什么？这个问题毋宁说是，我们正在做的又是什么？经济生活过程在很大程度上仍有待于理论上的阐述。使经济过程得以继续的能动因素是工业社会中人的因素。对经济学而言，它要说明的那种累积变化过程是行事方法的变化序列——也就是处理生活资料的方法的变化序列。

人们关于经济生活过程的考察做到什么程度了呢？利用物质对象和环境的方式和手段在任何特定的时候，都是以为达到特定的机械目的而出现的机械发明和装置的形式呈现在考察者面前，以至于人们很容易把这些方式和手段当做是具有一种既定的机械结构、从而服务于人类物质目的的无生命的东西。就这样，经济学家们冠以资本之名对它们进行了编排和分级，这种资本被视为可为人类所用的大量物质对象。这对分类学的目标来说已经足够了；但就一种发展过程的理论来说,这种考虑问题的方法就不是有效的了。对于后一目的而言,当那些生产性物品被视为一个累积性变化的过程,或者是被视为生命系统的时候,它们就是人类的知识、技能和爱好;就是说,它们实质上是流行的思想习惯,进入了产业发展的过程。人们容易得到的物质的物理特性是恒常不变的:变化的是人类自己——他的洞察力以及他对这些东西的用途所作的评价在发展变化。现有物品的积累约束着人类处理这些物品的方式以及对已有物质的利用,但就"资本对生产的限制"这一角度来说,这种限制也在于人们行事的能力和方法。机械发明中发生的变化,是人的因素的变化的表现。物质方面的变化,只有通过人的因素才能产生进一步的变化。要从人的因素来寻找发展的持续性;因此,如果要从根本上进行研究的话,就必须研究经济发展过程的原动力。如果要让经济学进入进化科学的行列,经济学的研究主题必须是经济行为。

以上的说法并不是什么新观点。但因为上述说法是大家熟知的事实,所以显得更加意味深长。这是晚近的大多数经济学讨论中大家公认的事实,目前对这个事实的认识是,要使其成为讨论的核心以及考察的基础,还有很长的路要走。如果经济学能效法或者模仿那些与一种生命过程有关的其他科学,那么,只要沿着这样的大方向走下去,它将会走上一条平坦通途。

古典传统的经济学家们没有认真地尝试与分类学观点分道扬镳,使他们的科学成为一种关于生命过程演变的科学。刚才说到,历史学派同样如此。历史学派试图对发展序列提供一种解释,但他们对发展的思考遵循的是前达尔文主义的思路,而不是现代科学所认同的进化思路。他们对现象所作的是一种叙述性的考察,而不是对发展的过程的一种演变解释。他们在这种工作中无疑已经取得了具有不朽价值的成果,但这些成果几乎不能被看做是经济理论。另一方面,奥地利学派及其先驱和追随者,在价值论上已经成为经济理论的一个分支,非常细致地考察了他们限定的领域内可以解决的那种过程。他们对作为一个评价过程的结果的边际效用和主观价值的完整讨论,肯定会被当做一种对这一范围内的事实的演变性的研究。但是,就经济理论整体的革新而言,他们所作的考察同样没有取得更多的结果。如果把门格尔(Menger)视做奥地利学派的代言人,那么完全可以认为奥地利学派基本上无力与把经济学作为一种分类科学的古典传统相决裂。

奥地利学派失败的原因似乎在于人性的一种错误观念——就目前的角度来说是错误的,不论在其他任何方面这种观念是多么适当。在所有得到普遍承认的经济理论阐述中,无论是英国还是欧洲大陆的经济学家,在他们的考察中涉及人的因素时,都是在快乐主义的意义上来理解;也就是说,他们把人性视为一种被动的、实质上是无生命的、永恒地给定的东西。经济学家们的心理学和人类学方面的先入之见,是早在几代人之前就被心理学和社会科学所接受的东西。快乐主义关于人的观念是把他当做一个闪电般计算快乐与痛苦的计算器,他像一个追求快乐的同质小球一样摇摆着,外界的刺激使他摆动,但他本身完好无损。他既没有前因也没有后果。他是一个孤立的、确定的人类已知数,除了冲击力使其向某一个或者另一个方向摆动之外,他始终处于稳定的均衡状态。他在自然空间内自我加强,围绕着自己精神上的轴心对称地旋转,直到力的平行四边形对他施加压力,使他按照作用力的结果摆动。当这些作用消失之后,他又成了一个和以前一样静止的、孤立的欲望小球。快乐主义的个人,不是精神上的一种原动力。除非受到一系列由外部环境和局外人强加给他的数列的约束,否则,他就不是生命过程的中心。

得到现代人类学研究成果所支持的后期心理学,提供了一种不同的人性观念。根据这种观念，人的特征就是要去做某件事，而并非只是简单地在合适的力量的影响下去经受快乐和痛苦。人并非只是一团被放置在环境力量运行的路线中，从中获得满足的欲望，而是一个在演变的活动中寻求实现和表达的习性和习惯的连贯结构。根据这种看法，人类活动，以及其中之一的经济活动，就不是满足既定欲望的过程的某种伴生物。活动本身就是这个过程本质上的事实，引导行为得以发生的欲望是个人性情的一些具体表现(circumstances of temperament)，它们决定着给定情况下活动自身演变的具体方向。只要把人的态度视为他所采取的特定行动的动因，那么性情的这些具体表现，对于这个产生行动的个人来说，就是最终的和确定的。但从科学的观点来看，性情的这些具体表现，是行为人现有的意识框架内已经包含的因素，是他的先辈和他本人的生活积累到今天的结果。性情的形成是他的遗传特性和过去的经验的产物，是在既定的一系列传统、惯例和物质环境下累积提炼而成的；它们为下一步的过程设定了起点。个人的经济生活史是一个手段适应目的的累积过程，当这个过程进行时，目的本身也在累积性地变化着，行为人和他所处的环境，在任何一点上都是前一个过程的结果。他今天的生活方式受到从昨天留传下来的生活习惯的强制，也受到作为昨天生活的机械性残余的环境的强制。

在这方面，对个人如此，对他所生活的群体同样如此。所有的经济变迁都是发生在经济共同体内的变化——即共同体利用物质对象的方法的变化。这种变化总是在万不得已的时候，成为一种思想习惯的改变。即使生产中的机械过程的变化，也是如此。为达到特定物质目标而产生的一种特定发明成为影响思想习惯——程序上的习惯方法——进一步发展的一种环境，从而成为达到这些所追求的目标的方法进一步发展的一个起点，以及所追求的目的进一步变化的一个起点。对于一种阐述经济生活过程的理论来说,在所有这些变化中,不存在完全适当的生活方法,也没有最终的或者绝对值得的行为目的。其中固定不变的东西是指向某种客观目的的活动。从人们总是、而且在任何地方都想有事可做这种意义上来说,经济行为是目的论的。他们具体究竟在寻求什么,这一问题只有通过对他们的活动细节进行仔细审视才能作答;但是,只要我们作为经济共同体的一分子与他们的生活相关,那么一般的事实就是,他们的生活是一种属于目的论范畴的演变的生活。

就行为趋向于、或者应该会趋向于单个考察者所认为的、或者众多考察者一致认为值得或者恰当的任何目的而言,行为可能是一个目的论的过程,也可能不是。无论是还是不是,这都不是本文所关心的问题;这也不是进化经济学需要考虑的问题。除非是那一部分根据某种先入之见或者根据预先形成的某种印象来寻找这种趋势的人,否则事件的某种趋势问题显然不应被提出来。为了寻找一种趋势,我们必须对自己要寻找的一种明确目标有某种概念,或者说是要对事件的合理趋势有某种概念。事件进程中有某种合理趋势这一看法是一种非进化(extra-evolutionary)的先入之见,不属于对任何过程的因果序列的考察之列。因而,无论是在经济学中还是在其他学科中,进化观都没有为根据确定常态来阐述自然法这种做法留下任何空间,也没有为常态的其他问题留有余地。那么,什么才是我们讨论的发展过程的目的呢?

任何社会的经济生活史,都是由人们与物质生活资料的利害关系所塑造的生活史。经济利益在塑造所有社会的文化发展中关系重大。主要的、最明显的是,它引导着那些现在被称为经济制度的惯例和生活方法的形成及其累积性的发展;但即使在那些并非主要地、最直接地与经济相关的结构性特征上,经济利益同样弥漫于社会的生活和社会的文化发展之中。经济利益自始至终伴随着人们的生活，贯穿于人类的文化发展过程。它影响着文化结构的各个方面，以至于可以说在某种程度上任何制度都是经济制度。情况必然是这样，因为过程中任何一步行动的起点——即出发点——都是那些由过去的过程所塑造的思想习惯的整个有机联合体。经济利益并非孤立地行动，因为它只是几种可以模糊分离的利益中的一种，在这些利益的基础上，目的论意义上的一系列活动借个体收益而得以展开。在每一种情况下，个体都只是单个行为人；并且他是作为一个整体进入各个连续的行动，虽然在一个给定的行动中追求的特定目的，可能公然地是基于某种特定的利益，比如经济的、美学上的、性方面的、人道主义方面的或者信仰方面的利益。因为这些勉强可以分离的利益中的每一种，都是一个具有复杂思想习惯的有机行为人的一种倾向，所以每一种利益的表达，都受到在所有其他利益引导下形成的生活习惯的影响。因此，在经济制度的名称下不存在可以严格地分开的纯粹孤立的文化现象，虽然"经济制度"这一范畴可以当做一个方便的名词来使用，它包括那些最直接、最一致地表现经济利益，并且最直接具有经济意义的制度。

以上的叙述表明，一种进化的经济学一定是一种由经济利益所决定的文化发展的过程理论，一定是一种由过程本身来说明的经济制度的累积性序列理论。若不是篇幅所限，应该列举一下后来的经济学家们的诸多努力，以表明在这个方向上的经济学讨论的趋势。有很多证据可以证明这一点，为此所做的诸多工作都必须被看做是有成效的工作。即便因为篇幅有限，在此不能详述，但比如历史学派，特别是其后期代表人物所做的很多工作尤其值得注意，万不可只字不提。

现在我们可以回到"为什么经济学还不是一门进化科学"这个问

题上来了。进化经济学的目标，必然是探索文化序列中的经济利益是如何累积式地产生的。它一定是关于人类或者社会的经济生活过程的理论。经济学家们已经接受了关于人性和人类行为的快乐主义先入之见，而快乐主义心理学所给出的经济利益观是不能为一种人性发展理论提供素材的。快乐主义不是根据行为来考虑经济利益。因此，它很难根据思想习惯的累积式发展来理解和鉴别经济利益，也不能激发（尽管它有助于）通过进化方法来对待经济利益。同时，流行于人们对人性的惯常理解中的人类学先入之见（经济学家也习惯性地依赖这种先入之见），也不会强化根据生活习惯的一种累积式发展来阐述人性。这些公认的人类学先入之见，使得所有经济学读者都已熟悉的那种关于原始物物交换的标准化推测成为可能，也使同样标准化的土地财产及地租的传统起源成为可能，或者使对这个或那个阶级在社会生活或国家生活中的"功能"的社会学—哲学讨论成为了可能。

　　进化经济学所要求的前提和观点一直都是欠缺的。经济学家手中一直缺乏发展这样一种科学的素材，而且一直也缺乏向这一方向发展的刺激。即使在任何时候经济学都有可能转向进化思路，但仅仅只有可能性还并不足以促成这种转变的完成。只要在某个事实范围内所接受的习惯观念是分类学的观念，而且素材有助于用分类学的方法来处理，那么，分类学方法就是最容易的一种方法，它能给出最令人满意的直接结果，最适合这个事实范围内已接受的知识体系。经济学的情况就是这样。属于同一类别的其他学科也是一个分类学学术体系，脱离这种公认的方法会被视为低俗的创新而遭到憎恶。沿袭老路是很容易做到的事情，而且容易找到志趣相投的伙伴。在这些老路上接着走下去，显然会进一步深化这门科学正在进行的、获得公认的工作。而偏离这种道路则意味着尝试性的工作，它必定是缓慢、不完整的,其价值也是不确定的。

只有当科学方法以及从这些方法的运用中产生的综合结果逐渐与其他事情上流行的思想习惯不一致的时候,科学家们才会渐渐对原有的方法和观点感到难以适从,并去寻找摆脱困境的方法。和其他人一样,经济学家也是一个只拥有一种智力的个体。他是先辈、遗传和文化所给定的各种各样的习惯和倾向的产物,是这些习惯和倾向产生的结果;在某一类经历中形成的思想习惯,影响着他在其他任何事情上的思维。通过习惯性地运用于知识的一般领域内,从而为人所熟悉的观察和处理事物的方法,也会逐渐在任何特定的特殊知识领域中显示出自己的威力。在它们的出现必然引起创新的那些领域,对它们的接受可能是缓慢的、不情愿的;但是,如果它们能够持续得到普遍的经验体系的支持,那么它们在某个特定领域占据主导地位就只是时间问题了。当人们的注意力被引向与经济学有关的生命过程现象的时候,我们在理解和吸收属于初级知识范畴、与无知觉事实有关的事物时,被迫采取的那种知识态度和相关方法同样也会显示出它们的威力;那些习惯上由别的方法而不是由经济学的传统方法来处理的事实,现在已经如此之多,如此频繁地出现,以至于如果不能按照正在成为习惯的智力程序方法来处理新的事实的话,我们将无法安宁。

在现代的一般知识体系中,事实是按照因果序列来理解的。对于由现代机器工业的迫切要求所塑造的那些客观事实的知识来说,尤其是这样。对那些被彻底灌输了注重实际的习性的人来说,经济学的各种法则和定理,以及其他处理事物的正常过程的科学的法则和定理,都具有一种"不切实际"(unreality)和无用的特征,这一特征使他们对此失去认真讨论的兴趣。对他们来说,各种法则和定理是"不真实的"(unreal),因为不能够按照他们处理事实的时候必然习惯使用的方法,来理解这些法则和定理。同样注重实际的心智态度和程序模式现在已经向前发展,进入了科学知识的更高层次,甚至进入到那些用一种较基本的方式来处理经济学同样研究的人类素材的科学中,这使得经济学家们自身开始感觉到了他们那些关于"正常"情况的定理的不切实际。如果现代工业生活所带来的实际迫切需要一直都表现出和现在一样的特征,从而一直继续坚持非人格的知识方法,那么,那种仍然存在的(本质上是万物有灵论的)确定常态观念,在经济学领域将被那种按照一个累积性序列来理解事实的(本质上是唯物论的)习性所替代,只是一个时间上的问题。

从知识的角度来说,理解事实、领悟事实、出于知识的目的处理事实的后期方法与早期方法相比可能更好,也可能更糟,可能更有价值、更为适当,也可能更没有价值,更不适当;它在仪式上或者美学上的效果可能更大,也可能更小;我们也可能会为这种庸俗的思想习惯进入学术领域而感到后悔。但所有这些都与本文的主旨无关。在现代技术的迫切要求的压力下,人们的日常思想习惯正在进入那些构成了进化方法的科学的风格之中;而那些仍然处于一个远离现实、更陈旧的水平上的知识与现代技术的要求越发背道而驰,越发没有意义。社会科学和政治科学必须跟上这种转变,因为它们已别无选择。

经济学的先入之见[①]

I

我在此前的一篇文章[②]里表达的观点是，上一代伟大的经济学家们传下来的经济学本质上是一种分类科学。克拉克教授在这本杂志的最近一期[③]以一种非常清晰而又令人信服的方式，就这里马上要讨论的问题提出了同样的观点。我们并不希望因此而让克拉克教授为任何源自这一主要立场的蹩脚的或者成问题的一般化观点背上公认的倡议者之名，但不可否认，他无意中为我们的主要立场所作的证明让我们感到安慰。的确，克拉克教授并没有提到分类学，而是用了"静态学"这个词，这样也许更适合他的直接目的。然而，尽管克拉克教授以及这一学科的其他杰出人物使用了"静态学"这一术语，从而使其具有很高的权威性，但我们还是可以就是否能够用这个词来合理地概括现有经济学理论的特征提出合理的质疑。这个词是从物理学术语中借用来的，在物理学中，它被用于说明静止物体理论或者均衡力量理论。但在现有经济学理论中，在很多情况下静止物体或者均衡力量的类比是不适用的。我们也许可以不夸张地说，那些不适合于这种类比的经济学理论文献构成了已有学说的主要部分。因

[①] 原载《经济学季刊》，第13卷，1899年1月。经许可重印。
[②] "为什么经济学还不是一门进化科学"，载《经济学季刊》，1898年7月。
[③] "经济理论的性质"，同上，1898年10月。

此,比如生产、交换、消费、流通的静态学这类说法就显得驴唇不对马嘴。无疑,在这几种单个过程的理论中有相当多的元素显然具有静态理论的特征,但流传下来的这些学说毕竟大体上是在每一个主题中讨论的过程的理论,而关于一个过程的理论并不属于静态学。比如,如果要将"静态"这一词用于魁奈经典的"经济表"或者源于其中的重农学派思想主体,就必须在很大程度上曲解这个词语的含义。对于亚当·斯密《国富论》的第二篇、第三篇,李嘉图著作的很多内容,或者现代经济学家的著作,比如马歇尔《经济学原理》的很多内容、斯马特(Smart)的《经济学研究》中的现代讨论,以及奥地利学派和历史学派后期代表人物的丰富成果都同样如此。

但还是让我们从这种有关术语的讨论中回到正题上来。尽管早期的经济学主要表现出分类学的特征,但所有学派后来的作者都表现出了对分类学方法的某种脱离,并倾向于把经济学变为一种对经济生活过程的自然发展记录的科学,有时候甚至并不把研究结果的分类学价值作为进一步的目标。对理论阐述的古老原则的这种脱离,应该被视为现代科学普遍进步这种运动的一个组成部分;而影响了现代科学的观念和客观观点的这种进步的变化,似乎又是讲求实际的习性的一种表现,现代工业社会单调而又苛刻的生活的迫切需要对人们产生了很大的影响,从而导致人们形成了这种习性。

谈到现代科学这种讲求实际的特征的时候,它主要表现为"进化"的特征;进化方法和进化观念已经成为前进化时代的分类学方法和观念的对立面。但这里所指明的这种特有的态度、目标和观念,绝不只是属于那些表面上分析一种发展过程(按其最为广泛接受的含义)的科学。现代的无机科学,在这方面就像有机科学一样。它们研究的是"动态的"关系和序列。它们所问的问题总是:下一步会发生什么,为什么会发生?给定一种由考察中的力量产生的情形,当这种情形得以产生的时候，接下来会发生什么？或者说当添加了另外的作用因素的时候，接下来又会发生什么？即使在无机化学这样一种非进化科学中，它的考察一贯涉及的都是一种过程、一个活动的序列，以及因此产生的一种情形的价值，而这种情形又是一个无限的累积性序列下一步的起点。化学家对任何物质的实验研究的最后一步总是要问，这种物质从何而来？它将会做什么？它将导致什么？进一步的化学反应会从什么时候开始？这里不存在最终条件，也没有最后的答案，除非是对下一步的反应而言。这里得到的理论总是一连串演变的现象理论，学说体系中决定性的、详细阐述的关系总是演变的关系。在现代化学中，没有哪一种反应关系或者分子式被奉若神明。与古代化学家形成对比的是，现代化学家对于自己所研究的物质粒子之间，在除了演变之外的任何目的下可能存在的关系所具有的价值、精确性或说服力根本一无所知。精神因素以及价值、倾向因素不再重要。炼金术象征主义以及那些曾经环绕在更高贵、更有效的元素和试剂周围分等级的魔力和效力，对于这门学科来说几乎都成为了一种远逝的荣耀。即使是为了公认的反应引导而在强制性的常态体系构建中涉及一些倾向上的问题，在现代化学家那里也几乎得不到支持。这一科学已经度过了分类学特征占支配地位的发展阶段。

在包括化学在内的现代科学中，理解和鉴别各学科的研究现象的角度已经发生了逐渐的转移；对于化学史学家来说，这种角度的转移在化学知识的发展中必定是一个重要因素。对经济学而言也差不多是类似的情形；我们这里的目的是要概略地表明某些忽略了科学家的精神态度的连续阶段，指出从一种角度向另一种角度的转变的方式。

如在本文前面已经提到过的那篇文章中所表明的那样，特定的一代或者一群经济学家典型的精神态度或者观点,与其说表现在他们的细节工作中,不如说表现在他们的更高层次的演绎推理中——这种演绎推理是他们最终阐述的条件——是他们出于理论目的而处理的事实的最终评价的基础。对这一学科精神上的过去和前身所进行的这种深奥的考察,通常都不是严肃认真和一心一意的,这也许是因为对于现代科学的实用功效来说,这种考察毕竟显得无足轻重。然而还是有诸如哈斯巴赫(Hasbach)、翁肯(Oncken)、博纳(Bonar)、坎南和马歇尔之类的作者为了这一目的做了很多实质性的工作。而这些考察中很大的一部分也要归功于非经济学领域的作家,因为经济学思考的目标与其他方面的考察中所进行的工作,从来就没有被隔离开来。必然出现的情况是:经济学家的观点在很大程度上总是他们所处时代启蒙常识的观点。特定一代经济学家的精神态度,从而在很大程度上就是他们生活的世界通行的观念和先入之见的一种特殊的自然结果。

因此,比如可以很传统地认为重农主义者的思想,就是由自然权利的先入之见所控制和塑造的。已经有人考虑到自然权利先入之见对重农学派的政策体系和经济改革理论体系的影响,以及对其学说的细节的影响。① 但还没有人说明这些先入之见对重农学派理论结构的基础的含义。然而自然权利观对其有益、适合的那种思想习性对重农主义理论的出发点和主题都应该负责,对他们思考的事实范围以及对他们乐于阐述的那些事实知识的条件也都应该负责。由于重农主义理论的批评者自身没有从重农主义的视角来看问题,从而引发了很多否定性的批评;然而,从重农学派的角度来看,这些关于诸如

---

① 比如参见哈斯巴赫,《弗朗索瓦·魁奈的通用哲学原理和亚当·斯密创立的政治经济学》(*Allgemeine Philosophische Grundlagen der von François Quesnay und Adam Smith begründeten politischen Ockonomie*)。

纯产品、非生产性的手工业者阶级之类的学说似乎确实是正确的。

重农学派的思想一般被视为是对与后来的理论相一致的经济理论的第一次清晰而全面的陈述。因此,重农学派的观点也许就很适合于当做我们的探索之路的起点,我们要探索的是在后来的经济学家的工作中可以看到的那种目标与程序标准相对于从前的经济学家的转变。

重农学派的经济学是遵循经济学意义上的自然法的一种理论,这种自然法是非常简单的。

> 自然法可以是物体的,也可以是道德的。
> 这里所说的物体的规律,可以理解为明显地从对人类最有利的自然秩序所产生的一切实际事件的运行规则。
> 这里所说的道德的规律,则可以理解为明显地适应对人类最有利的实际秩序的道德秩序所产生的一切人类行为的规律。
> 上面二个规律结合在一起,就是所谓自然法。所有的人,以及一切人类的权力,都必须遵守这个由神所制定的最高规律;这些规律是坚定不移的、不可破坏的,而且一般说来是最优良的。①

事物的固定过程往往有利于人类的最高福利——这是重农主义思想的终极条件。这是实在性的检验标准。是否符合这些"永恒的、正确的"②自然法,就是对经济学真理的检验。自然法是永恒的、正

---

① 魁奈,"自然权利"(Drvit Naturel)第5章,载戴里(Daire)主编,《重农学派》,第52～53页。(原文为法文,此处译文引自吴斐丹、张草纫选译《魁奈经济著作选集》中的"自然权利"一文第5章(商务印书馆,1979年版,第304页)。着重号为原文所加。——译者

② 上引中译文中将英语中对应的"immutable"和"unerring"两个词译为"坚定不移的、不可破坏的"。——译者

确的,但这并不意味着它们所支配的事件过程就是盲目宿命的,不会出现例外,不会偏离这条直线。由于人性的弱点或者反常,人性可能会蓄意地偏离自然法规定的有益趋势;但对于重农学派对这个问题的理解而言,自然法依然是永恒的、不容置疑的。自然法并不像落体法则或者反射角法则那样是对现象的经验归纳;虽然它们的作用的许多细节只能从观察和经验中获得,当然也得益于对在理性之光下观察到的事实的解释。因此,比如杜尔阁(Turgot)在他的《关于财富的形成和分配的考察》(*Réflections*)一书中就从经验的角度得出了一种合理的发展过程的学说,通过这个过程,财富得到积累,并产生了现存的分配不公平的状态;他的利息和货币学说也是这样得到的。永恒的自然法的性质是统治自然的行为规范,而不是对机械序列的概括,尽管在一般的意义上说,机械序列现象是自然根据这些行为规范发生作用的行为的细节。自然秩序这一伟大法则的特征,是导向一个目的、实现一个目标的一种倾向。在这种固有倾向的准精神压力下发生作用的自然过程,也许可以被视为自然的生活习惯。自然对它的艰苦工作并非是有意识的,也不知道和期望它的努力产生有价值的结果;但尽管如此,在涉及自然的运行系统的前提和结论之间,还是存在一种准精神的关系。对于由于机械原因的配合不当而导致自然进程被打断或者偶尔出现偏移这种现象,自然本身并不会感到心神不宁,这一小插曲也不会对这个伟大的支配法则的有效性带来任何挑战。一个纯粹只是机械上有效的原因因素,是不可能阻碍自然进程去实现在万物有灵论意义上所趋向的那个目标的。没有什么东西能阻止自然的这种目的论倾向,除非出现一种类似的、目的论的相反行为或者偏离行为。人能够短视地、蓄意地违反这一法则;因为人本身也是引导自身行为实现一种目的的行为者。人类行为与自然的进程是同一类行为,在精神的本体或者能力上,二者处于相同的水平,人类行为从而可能与自然的进程相违背。受到误导的人性导致的这种短视行为的疗方就是启蒙——"自然秩序的公私教育"。①

由于所有现象——从当前的目的来说,是指经济现象——的知识最终都要从自然的角度来综合,自然因而实质上就具有了准精神的或者万物有灵论的特征。自然法作为最后手段来说是目的论的:它们具有一种倾向的性质。所有自然序列中的实质性事实是序列自然地趋向的那个目标,而不是机械的强制力或者有效的因果因素这种原始的事实。经济理论因而就是这样的理论:(1)一种关于物质世界的直接动因如何在根本性的自然法则——自然中实现人类最高福利的一种固有倾向——引导下,在一个有序演变的序列中发生作用的理论;(2)一种关于为了实现人类的最高福利这个既定目标,由各种自然法向人类行为施加的约束条件的理论。施加于人类行为的约束条件与加于约束条件之上的法则和秩序一样,都是确定的、不可更改的,当这些法则和秩序处于已知的情况时,所得到的理论上的结论从而也就是对绝对的经济学真理的表达。这样的结论是对实在状态的一种表达,但并非必然是事实。

现在,决定自然进程的这种倾向的客观目的就是人类福利。但只与自然有关的经济学思想考虑的只是物质世界。通过机械序列发生作用的物质世界的自然法只能解决人类的物质福利,却不一定能解决精神上的福利问题。从而人类的物质福利倾向就是经济科学的归纳必须围绕的那种自然法,这种物质利益的法则就是经济学真理的实质性基础。缺少这一点,我们所有的思考都是徒劳的;但如果得到它的证明,我们所有的思考就都是终极性的。自然主要的、典型的

---

① 魁奈,"自然权利"第5章(载戴里主编,《重农学派》,第53页)。

功能是人类的食物供应，人类的营养供给，对它而言，自然的所有其他功能都是附带的（如果不是补充的话）。在物质过程能够为人类的生计和生活带来满足的情况下，也只有在这种情况下，物质过程才能因此进一步发挥自然的伟大功能。无论什么样的过程，只要能够通过增加可用于人类的食物和营养的东西，通过增加可满足人类的舒适的东西，这个过程就被认为是导向了实质性的目的。但是，其他所有对生理方面无用的过程，不论它们在其他方面多么有用，都缺乏经济实在的实质。据此，人类劳动如果能够提高产生人类所需食物的自然过程的有效性，从经济的意义上说，就是生产性的劳动；反之则不是。对生产力的检验，对物质事实中的经济实在的检验，就是是否能增加营养物。无论花费了多少时间或者作出什么样的努力，即使付出的这种时间或努力对当事人来说可能是有利可图的，对社会来说可能是有用的、不可或缺的，只要不能增加营养物，就是非生产性的。这一类生产性劳动就是农民的劳动，这类劳动产生了一种实质性的（营养上的）所得。手工业者的工作对社会来说可能是有用的，对他自己来说可能是有利可图的，但它的经济效果却只是改变了自然提供的现成物质的形状。它只是形式上的生产，而不是真正的生产。它对自然的创造性或者生产性工作没有发挥作用；从而它不具备经济实在性的特征。它没有加强自然的生命力上的产出。因此，手工业者的劳动没有产生纯产品，而农民的劳动则产生了纯产品。

  无论什么样的物质增量，只要是构成生命力的产出就是财富，否则就不是。限于这种看法的价值理论与根据人们对有价值的物品的评价而得到的价值无关。特定的财富在交换中也许已经被赋予了特定的相对价值，而且这些常规的价值也许与所交换的物品的自然价值或者内在价值或多或少地有着相当大的差别；但所有这些讨论都离开我们的实质性主题了。我们讨论的主题，不是特定的个人或者人群对特定物品的偏爱程度。这是反复无常的问题,是属于习俗的问题,它与经济生活的实质性话题没有直接的联系。价值问题是特定的财富在多大程度上接近了自然演变的结果的问题。只要它有利于自然所发挥的伟大作用,无论从本质的意义上还是从现实的意义上来说,它都是有价值的。

因此,自然就是重农学派思想的最终条件。在实现既定目标这种倾向的压力下,自然受到驱使,并以一种演变的过程发生作用。这种倾向被视为在任何情况下都有效的根本原因,它为我们将关于所有这些有效原因的知识结合起来提供了一个基础,据此,自然走向了它的目标。就严格意义上的经济理论的目的而言,这也就是寻求经济真理必须要理解的经济实在的最终基础。但在重农主义的世界体系中,这里的自然及其作用背后的东西是上帝(the Creator),凭借其全能的智慧和仁慈的力量,在所有范围内都是完美无瑕的自然秩序被建立起来。但重农主义的上帝观念,实质上是一种自然神论的观念:上帝置身于它所建立的自然过程之外,袖手旁观。当然,万不得已时,"上帝只是一个创建者。其主要工作是保护和维持这个秩序;是保护它,而不是制造它"。[①] 但这一万不得已最后才采取的举措,并没有使上帝成为经济理论中阐述经济法则的时候要考虑的一个事实。他在重农学派的思想中服务于一种说教的目的,对这种理论没有起到实质性的作用。他是作为一种证明而进入理论的视野,不是阐述经济学知识时候的一个考察对象或者条件。重农主义的上帝几乎不能被认为是一个经济事实,但它与自然联系在一起,而自然的方法构成了重农主义考察的主题。

[①] 杜邦·德·尼摩尔(Dupont de Nemours),《与 J.-B. 萨伊的通信》(*Correspondance avec J.-B. Say*),载戴里主编《重农学派》,第 399 页。

当我们从考察者的心理学的角度,或者从其运用的逻辑前提的角度来看待重农主义思想的这种自然体系的时候,我们立即就会认识到这个体系本质上是万物有灵论的。它一贯以万物有灵论为运行基础;但它是一种高级的万物有灵论——它是高度综合和开明的,但毕竟保留着许多原始的力量和天真烂漫,这些正是在无忧无虑的野蛮人中间流行的对现象的万物有灵论解释的特征。它不是平民百姓的那种支离破碎的万物有灵论,平民百姓是在通向一个给定结果(无论是好是坏)的给定对象或者情形中看到一个给定的倾向——往往是一个给定的反常倾向。它不是赌徒的那种对运气的偶然感觉,也不是家庭主妇所相信的幸运日、幸运数或者月相。重农主义的万物有灵论所依据的是更为广泛的见解,而且也不是在直接的刺激因素导致的这样一种倾向下产生的。目的论元素——倾向元素——在很大程度上被统一地、协调地视为一种总的、普遍的自然秩序。但它从未成为一种宿命论,也从来没有被与因果序列混淆起来,从而证明自己是一种真正的万物有灵论。它已经达到了综合与解释的最后一个阶段,这个阶段之后,综合与解释将走下坡路,万物有灵论将从高层次的、准精神的水平走向更为平淡的常态和同一性的水平。

在重农学派的万物有灵论中,已经可以察觉一种平心静气的、不带感情色彩的"趋向"的口吻,这种口吻表明从一种摇摆不定的状态向常态的转变。这一点在比如可以算做是半个新教徒的杜尔阁之类的作者身上尤其明显。例如在他对农业发展问题的讨论中,杜尔阁几乎完全是在谈论使农业增长得以发生的人类动机和物质条件。在他的讨论中几乎看不到形而上学的成分,也几乎没有以一种适当的形式表达自然法。但无论如何,重农学派的实质感的确是在他抵达万物有灵论基础的时候才得到了满足;同样属实的一点是,只要其反对者的争论不导向学说中的万物有灵论基础,就没有给重农学派留下任何印象。甚至对杜尔阁来说,在很大程度上也确实如此,这在他与休谟的争论中可以找到证据。针对重农学派的除万物有灵论基础之外的任何批评,该学派都将其视为不合逻辑的批评(如果不能算做没有诚意的批评的话)并对此表现出一种不耐烦的情绪。①

对一个经济理论史学家来说,到了重农学派手中精密成形的自然秩序先入之见的源泉及其来历是最为重要的;但在这里我们对这个问题就不作任何深入的探讨——部分是因为这个问题太大而在这里难以处理,部分是因为一些能力更强的人对此已经有了更好的研究,②部分还因为这个问题已经超出了我们谈论的正题。这一点作为塑造重农主义者的观点以及他们对经济知识的最终阐述的条件的一个因素,对于重农学派的先入之见来说,具有逻辑上的价值,或者更准确地说,具有心理学上的价值。为此,可以有充分的证据指出,我们在此所讨论的先入之见属于重农主义者那一代人,是那个时代可能被吸收为常识性观点的所有严肃思想的导向性规范。它是18世纪,尤其是启蒙时代的法国社会的所谓常识性形而上学的主要特征。

和我们讨论的问题更为直接相关的、我们应该加以注意的一点是,把最终原因归因于现象过程的这种做法,表达了一种可以说是一直以来非常盛行、无处不在的精神态度,但这种精神态度是在18世纪的形而上学中达到了其最完美、最为有效的发展阶段,并得到了最完善的体现。这是显而易见的;因为作为一种理所当然的东西,它时时处处与我们相遇——在今天的平民思想中,在布道台上,以及在市

---

① 比如参见拉里维埃里(La Rivière)的《社会政治的自然秩序》(*Order Naturel des Sociétés Politiques*)的结论性章节。

② 比如前引哈斯巴赫(Hasbach)的著作;博纳(Bonar),《哲学和政治经济学》(*Philosophy and Political Economy*)第2卷;里奇(Ritchie),《自然权利》(*Natural Rights*)。

场上,虽然它不像过去那么直率,也不像曾经那样在任何阶级的思想中毫无疑问地处于首要的位置。我们无论在最近还是更早所有过去的文化阶段都同样与它相遇,其特征在不同的阶段只发生了稍许的改变。事实上,就对知识的理论阐述或者思想表达而言,它是人类思想最一般的特征。据此,似乎没有多大必要通过特殊的途径,回到古代哲学家或者帝国法学家那里,去追溯启蒙时代这种典型的先入之见的谱系。它的特殊表现形式——比如自然权利学说——无疑可以从中世纪追溯到古代人的教义;但这里没有必要舍本逐末到具体的教义中去追溯那种思维习性或精神态度的主要特征,自然权利学说和自然秩序学说只不过是这种主要特征的具体、详尽的阐述罢了。这种占支配地位的习性到了重农主义者这一代人中被以群体继承的形式广为传承,而不是从过去时代的某一个伟大思想家那里,为了便于自己那一代人的使用,而将其以一种类似的适当形式嫡传下来。

在阐述重农主义者的学说以及重农学派对英国的直接影响的时候,我们就要提到休谟。当然,当我们把研究对象转向英国的时候,也不可能详细探讨某种特定观点的来历,其理由与考察重农学派观点的时候我们省略掉的类似问题是一样的。当然,休谟主要不是一个经济学家;但是这个平静的怀疑论者在18世纪经济思想的任何一个方面,都依然是一个重要人物。休谟并没有轻易地接受构成他那一代人的习性的那些遗产。事实上,他对所有广为接受的事物,都持有一种警惕的(尽管有一点做作的)怀疑态度。他的任务就是去证实所有事物,尽管不一定要彻底地坚持那些好的东西。

除了怀疑论中带有一种做作的性质外,我们可以认为休谟特别明显地表达了他那个时代与欧洲大陆的思想,尤其是与法国思想不一样的英国思想的特征。在休谟的思想中,以及在英国社会里,存在一种对人类事务中单调乏味的(虽然说不上丑恶肮脏的)方面的坚持。他并不满足于按照应该遵从的方式,或者按照事物进程的客观观点来阐述关于事物的知识。他甚至不满足于为事物通常进程的目的论解释,增加一系列经验的、叙述性的概括。他在任何时候都坚持揭示所有现象序列中的直接原因;就任何超出了自己注重事实、从原因到结果一步一步地论述的能力范围之外的知识阐述而言,他对其必要性和用处都持怀疑态度——一种不敬的怀疑态度。

简言之,他过于现代,从而甚至同时代与他比肩的人们也不能完全理解他。他比英国人更英国人;在他对事物的异常平淡的解释的长期艰难探索中,他几乎没有在同代人那里得到什么安慰和礼遇。他没有与流行的先入之见保持一致。

但是,尽管休谟可能是英国民族特征的一种着重的表达,他并不因此就是18世纪这个阶段英国思想的一种不真实的表达。他所持有的那种观点和方法的特性有时被称为批判态度,有时被称为归纳法,有时被称为唯物论或者机械论,有时(尽管不太恰当)又被称为历史的方法。其特征就是对事实的坚持。

任何经济学说史专家在介绍英国经济学的时候都要碰到的这种讲求实际的基本态度,是英国早期经济思想体系的一个很大的但不是最大的特征。它之所以引人关注,是因为与同时代相对缺乏这种特征的欧洲大陆的经济思想相比,英国经济思想的这种特征形成了一种对比。在亚当·斯密更广泛的概括中可以看到英国经济学发展的早期这种最有影响、最成型的思想习惯,在斯密那里更有影响的因素是实质上与重农学派的思想相一致的一种倾向。在斯密那里,这两者恰当地结合(虽然说不上融合)在一起了;但万物有灵论的习惯仍然是首要因素,讲求实际的习惯尽管有影响,但却是一个次要因素。他被认为将归纳和演绎结合在了一起。相对更突出的讲求实际的因素，表明英国经济学与法国经济学存在差异而不是巧合；由此，我们有必要更细致地考察一下使英国社会这种更为强烈地从讲求实际的角度解释事物的倾向得以产生的环境。

要从让休谟感兴趣的基础上来解释休谟所坚持的那种典型的基本态度，我们必须要考察塑造了英国社会对事物的习惯性看法的境况（根本上说是物质境况），正是这些境况使英国的先入之见不同于法国，也不同于欧洲大陆普遍流行的先入之见。这些独特的境况在某种程度上无疑属于种族特性；但英国社会的种族与法国并没有太大的差别，而且与欧洲大陆的其他特定社会尤其没有太大的差别（为方便起见，我们在这里大致把欧洲大陆分为法国和其他社会）。种族差别从而不是导致先入之见产生差异的文化差异的惟一原因，事实上也不是主要原因。虽然从对制度的累积性影响来看，种族差异肯定会对社会的思想习惯产生相当大的影响；但是，如果就这样将种族差异视为塑造了流行的思想习惯的制度特性的一个较远的原因，那么，我们的注意力可能就要转向使种族差异发生作用的近因和具体环境，这些近因和具体环境与其他间接的环境共同产生了我们所看到的心理现象。前述划分国家界限的种族差异，与惯常理解事物的观点上的差异并不完全一致，与根据这些观点对事实进行评价的标准上的差异也不完全一致。

如果种族差异这个因素在讨论以常识的陈述为基础的国家特性的时候不是最终决定因素，也就不能从事物的常识观点中包含的广为传播的知识上的国家差异来探寻这些国家特性的差异。就体现在欧洲文化的各国知识中的具体事实而言，这些国家只构成了一个单一的部分。那些明显的分歧并没有涉及代表各国所拥有的知识的实际信息的特征。明显的分歧在于更高程度的综合，在于处理知识素材的方法，在于评价事实的基础，而不在于知识素材本身。但这种分歧必然要归于一种文化的差异,一种观点的差异,而不是归于一种继承的信息的差异。当一系列给定的信息跨越国界的时候,它就获得了一种新的面貌,一种新的国家特征和文化特征。这里要考察的就是知识的这种文化特征,我们在此对早期法国经济学(重农主义)和早期英国经济学(亚当·斯密)之间所进行的比较,只是着眼于说明经济学的这种文化特征对经济思想过去取得的进步具有什么意义。

在不考虑政策因素或者私利因素(对两个学派的经济学家而言这一因素是相同的),只关注其理论研究的前提下,可以对我们所考察的这个阶段的经济思想的广泛特征作如下的概括。重农学派和亚当·斯密在处理经济现象的时候有两个主要观点:(1)讲求实际的观点或者先入之见,这种观点产生了对因果序列和因果关系的讨论;(2)由于找不到一个更恰当的词,我们在这里将其称为万物有灵论的观点或者先入之见,这种观点产生了目的论序列和目的论关系的讨论,对这种或那种"器官"的功能的讨论,对各种事实的合法性的讨论。前一种先入之见在英国经济学中比在法国经济学中表现得更为明显:英国思想包含更多的"归纳"。后一种先入之见在两个国家的经济学中都有表现,也是两个国家经济学的决定性因素;但在英国,万物有灵论的因素较为平淡,较为不明显,如果没有因果分析论点的支持,较难以成立。尽管如此,万物有灵论的元素是两国经济学在更高层次的综合体上的关键因素;都为最终得到的论点提供了决定性的基础。只有达到了这种由事件进程的自然倾向所给定的准精神基础的时候,两国经济思想家的实质感才会得到满足。但是英国思想家所要求的那种事件的倾向、事物自然的或者正常的进程,较少地归结为意志力或者人的因素。像我们在其他地方已经说过的那样,可以加上一点:把意志力或者精神的一致性隐含地归结到自然的或者正常的事件进程,在后来的经济思想进程中已经逐渐弱化了,因此,从这方面来说,与重农学派相比,18世纪的英国经济学家可以说是代表了一个更晚的经济学考察阶段。

不幸但又不可避免的是,如果要从原因上来追溯这个关于经济学观点的文化转变的问题,就会把这种讨论带回到这样的一个基础上:一个经济学家必须最多觉得自己只是一个门外汉,知识有限、懵懂无知,肯定会将一切搞砸,而同样的工作如果交由更有能力的人来做的话原本可能做得很好。但是,对雪中送炭的渴望使我们有必要在此就特定文化事实的心理含义进行概述。

粗略地了解一下人类文化更古老的任何阶段,会加强对以下事实的认识——在万物有灵论的意义上解释无生命世界的现象这种习惯在这些较低等的文化阶段非常盛行。无生命的现象被理解为产生了一种通向一个目的的倾向;元素的运动被从准人类的力量的角度来加以解释。人类学家和民族学家的观察很好地证实了这一点。也许可以认为,这种万物有灵论的习惯在以掠夺生活为主的原始社会似乎更有效、更有影响。

但是,与古典思想方法或者知识方法的这种吸引了所有观察者注意力的独特性特征同时存在的还有第二个特征,它对于本文的目的来说同样重要,尽管没有第一个特征突出。那些研究文化发展理论的人对这后一个特征不太感兴趣,因为这一特征被他们视为理所当然的事情。古代思想的这一第二特征也是在非万物有灵论的,或者非人格的意义上来理解事物的习惯。在这种情况下,对倾向的归因绝不扩大到所有机械事实。总是存在一种注重事实的基础,它是因果序列的习惯性归因的一个结果,或者如果这里可以使用一个新词的话,可以更恰当地说成是机械连续性的一种归因。被归为倾向、意志力或者目的的那些行为人、事物、事实、事件或者现象,总是被理解为在精神不起作用的一种环境中发生的。这里的事实总是难以理解的,这里的行为人总是自我指示的。任何行为人都是通过一些不以精神上的强制为基础的手段来行事的,尽管精神上的强制在任何特定的情况下都是一个重要的特征。

在我们社会的日常生活中,同样可以看到相同的思想特征,可以看到从知识的角度来说两种相同的相互补充的与事实发生关联、处理事实的方法。在很大程度上,这里的问题是,这二者之中究竟是哪一种方法在任何特定的时代、在任何特定的知识或者事实范围内,在塑造人类的知识方面发挥了更大的作用。

那些与我们现在的考察观点关系不大的知识发展的其他特征,对于理解文化发展理论或者思想发展理论来说也许同样很重要;但显然在这里不可能进行深入的讨论。目前我们考察这两个特征就足够了。其他特征与这两个特征都不相关,这两个特征之所以有利于讨论是因为它们与经济学观点有着密切的联系。这两种相互关联、相互补充的思想习惯令人感兴趣的地方是,在人类文化变化的迫切需要中,它们是如何发展的;在给定的文化环境中,它们是以什么样的方式进入了两者之间共有的知识领域;在两种思想习惯在任何给定的文化阶段各自表达的情况下,在混合的观点中,二者各自相关的部分是什么。

万物有灵论的先入之见,加强了根据一般与倾向和个人特性一致的条件对现象的理解。正如一些现代心理学家会认为的那样,这种先入之见将一种在类型上相似、尽管不一定在程度上相似的习惯和关注的因素转嫁到对象和序列上,也转嫁到个体行为人的活动中表现出的相似的精神态度上。而另一方面,讲求实际的先入之见坚持一种不是归因于个人力量或关注,而是归因于机械连续性的处理事实的方法,实质上这种先入之见在能量守恒或者数量连续名下的科学家那里得到了详细的阐述。在任何文化阶段,在一定程度上采取后一种知识方法是必然的事情,因为它对于所有与生产效率有关的问题来说都是不可缺少的。从心理的意义上来说,所有技术过程和所有机械发明都要以此为基础。这种思想习惯是生产活动的必然结果,而且事实上是所有利用物质资料的人类经验的必然结果。从而可以据此得到的结论就是,一般而言,文化阶段越高、机械的先入之见在塑造人类思想和知识中占有的比重就越大,因为一般来说达到什么样的文化阶段取决于生产的效率。尽管不能认为这一规则具有极端的普遍性,但它在很大范围内还是适用的;在这个范围内,还应该认为如果人们的思想习惯对这些文化阶段的迫切需要进行了选择性的适应的话,知识的机械方法本应该在范围和程度上都有所增长。这类情况已经通过观察得到了证实。

　　进一步的考察也支持同样的观点。当社会规模增大的时候,对社会中的个体的观察范围也增加了;这时就一定要考虑机械的先入之见不断扩大的、更广泛的序列。人们不得不让自己的动机与那些不再可以用倾向、爱好或者热情来安全可靠地解释的生产过程相适应。在一个高级的生产社会中的生活不能容忍对机械事实的忽视;因为在一个更高级的文化阶段的人是通过机械过程而满足生计的,而这些机械过程对人或意志力都不分高下,一视同仁。尽管如此,在除了更高级的工业阶段之外的所有阶段,工业生活的强制性戒律,以及反复灌输生产的机械事实这种生活体系的强制性戒律被生产中明显的偶然性特征所削弱了,也被人在很大程度上仍然是生产的主要原动力这一事实所削弱了。只要生产效率主要来自手工业者的技艺、机敏和勤奋,人们对生产过程的注意力就会集中在劳作者身上,将其作为主要的、典型的因素;从而人们就会一直关注生产中的人的因素。

但是,不管这种戒律有没有被削弱,在更高层次的生产形势的要求下,人们必然采用的生活体系塑造了指导他们行为的思想习惯,从而塑造了在某种程度上指导他们的所有目的的思想习惯。每一个体都只是思想习惯的一个单一复合体,同样的心理机制在一种方向上表现为行为,在另一种方向上则表现为知识。因此,在一种联系中,为回应行为的反应刺激而形成的思想习惯,在同一个体回应知识的反应刺激时必须要发生作用。这种思想体系或者知识系统在很大程度上是生活体系的一种反映。综上所述,因此,随着生产组织的增长和生产效率的提高,通过选择和适应,与之相伴随的必然是更多地采用理解事实的机械方法或者不受感情影响的方法。

但是,生产并不是生活的全部,任何社会或者任何文化阶段流行的生活体系也并非只包括生产行为。人们的注意力还要分散到社会方面,公民义务方面,军事方面以及宗教方面的兴趣上,而且在这些方面的兴趣占据了人们大部分的注意力。在那些为知识而钻研知识的阶级中尤其如此。适应于这些兴趣的戒律一般来说与生产提供的训练并不一致。所以,灌输真理和正确的生活方面的教义的宗教兴趣涉及的专门是关于与一位高人一等的行为人——上帝——建立个人关系以及适应其偏好的行为。从而它的戒律就完全属于万物有灵论的范畴。它的作用在于提高我们对现象的精神方面的欣赏,从而阻止我们从讲求实际的方面来理解事物。休谟式的怀疑论者在那些固守普遍接受的宗教真理的人那里,从来都没有什么好名声。我们文化中的这一方面对经济学的发展所产生的影响在中世纪学者关于经济学的论述中有所体现。

这种戒律对除了生产和宗教之外的生活的其他方面的影响,就不是那么简单的一个问题了;但这里的讨论已经接近了我们马上要考察的一个内容,即18世纪的文化状况及其与经济思想的关系,而且我们这里讨论的这些兴趣的范围可能有助于缓和一下完全属于这个范围的那个沉闷的主题。

在我们曾有记录的遥远的过去,甚至在离现在较近的时代,西方人以及其他地方的人都相当势利,按贫富贵贱待人。在好斗之风盛行的地方,社会中人的大部分行为都是在对人的力量的关注中进行的。生活体系一直是一种个人侵略和获益的体系,这在一定程度上以天然的形式表现出来,在一定程度上以一个身份体系中习俗化的形式表现出来。与我们现在的目的有关的社会生活的规律,只要其行为规范停留在以非习俗化形式表现出来的人力因素的水平上,显然就倾向于形成一种从万物有灵论的观点出发理解和协调事实的习惯。只要我们必须在一种身份体系下生活,情况就会是这样,但会有一些差异。以身份为核心的生活制度反复灌输一种自始至终细致地划分人的等级优劣的歧视态度和惯例。在那种直接对应于行为的人力或者意志力的标准中,加入了人的普遍优越性(excellence-in-general)这样的标准,而不考虑作为一个行为者的特定的这个人所直接具有的能力。这种行为标准要求的是对人的价值有一种坚定的、煞费苦心的归因,而根本不考虑事实。身份规范所灌输的歧视在于对人的品格、价值、能力、德行等方面进行一种不公平的比较,这些方面必须被当做公认的东西。在这种身份规范下赋予特定的个人或者特定的阶级中的人的价值的大小,不是由明显的效率来确定的,而是由从一种公认的无可辩驳的绝对主张中简单地得到的武断臆测来确定。身份标准通过抢先占据来立住脚跟。在身份的差别取决于一种通过名门望族的世袭而获得公认的财富的情况下,所要求的荣誉的判断标准的特征是推定的、万物有灵论的,而不是一种明显的机械连续性。这种将生活事务中被表明是正确的东西当做最终的标准而加以接受的习惯,在知识事务中的投射表现为以下公式:四众皆信仰,则我当信仰。

即便是以上这样一种对以身份制度为特征的生活体系的极为贫乏的陈述，也应该可以用来说明它的规律在思想习惯的塑造过程中产生的影响，从而说明在习惯性的知识标准和实在标准的塑造过程中产生的影响。当一种文化以歧视性的比较构成它的制度框架，就意味着或者包含了这样一种知识体系，它关于真理和实在性的最终标准具有一种万物有灵论的特征；而且支配社会行为的身份规范和仪式上的荣誉越完整，因果序列服从于对事件进程的精神序列或者精神引导的更迫切的要求的可能性就越大。对于那些在日常行为中始终被灌输一种在荣誉、财富、个人力量上恒久不变的歧视的人来说，这些标准为从生活的角度协调事实提供了充分的最终基础，当他们单纯只是从知识的角度协调事实的时候，如果缺乏同样充分的最终基础，他们将会感到不满意。在某种兴趣的推动下，人在某一方面展开活动时形成的习惯，当他在其他任何兴趣的推动下、朝任何其他方向展开活动时同样会显示出其威力。如果人们最终不得不采用的真理的最高标准是由人力因素和歧视性比较所提供的，那么，他们在探索知识的时候关于实在性和真理的意义也只有在万物有灵论的、歧视性比较的基础上才会得到满足。但是，一旦达到这样的一种基础，人就会满足于此，固步自封，从而考察也就不会得到推进。在现实生活中，他养成了根据绝对正确的权威标准来进行自己的考察的习惯。只有从仪式的角度来解释行为的时候，这种绝对正确的最终条件才会具有终局性的特征；也就是说，只有把生命视为一个与外在于生命或者超越了生命的目的相一致的体系的时候，它才会具有终局性的特征。在身份制度下，可以在财富或者荣誉观念下发现这种仪式上的终局性。在宗教领域，则是德行、圣洁、禁忌这些观念。人的价值在于他是什么，而不在于他做什么。在身份体系中形成的、诉诸仪式上的终局性的习惯,作为一种同样让人确信的绝对真理的规范,在人们探索知识的时候与他们相伴随——同样是在探索外在于知识的、超越知识的最终条件。

在身份制度下,社会生活和日常生活的戒律从而增强了宗教生活的戒律;这种戒律成为习惯后的结果就是知识的标准被放进了万物有灵论的模子里,汇聚到绝对真理的范围内,而这种绝对真理具有仪式的性质。它的主旨是一种不考虑事实的实在状态。

在西方文化中,对科学而言,身份文明中的宗教生活和社会生活的结果是一种准精神的评价和解释结构,占星术、炼金术以及中世纪的目的论和形而上学就能胜任这种评价和解释,尽管在某种程度上是片面的解释。在整个早期知识中,现象相关性的基础部分在于相关事实的假定的相对力量;但也部分在于一种身份体系,在其中事实是根据价值的等级来安排的,所观察的现象仅仅具有仪式上的关系。某些元素(比如某些金属)是高贵的,其他元素则是低等的;从仪式上的功效来说,某些行星是灾星,其他的则是福星;是否吉星高照是一个很重要的问题,如此等等。

通过万物有灵论和歧视性比较的规律将其影响传递到经济学中的知识体系就是人所共知的自然神学、自然权利、道德哲学以及自然法。这些学说或者知识体系在经济学开始出现的时候,已经远离了那种天真的万物有灵论观点,在其他现代科学开始出现的时候情况也同样如此。但是,倾向于以万物有灵论的方式阐述知识的规律在现代文化中仍然占据着首要位置,尽管它从来没有获得过完整的、绝对的统治权。西方文化长期以来主要是一种工业文化;如前述,工业的规律以及工业社会中的生活规律并不支持万物有灵论的先入之见。在大量使用机械装置的工业中,尤其如此。西方工业和科学与其他文化区域的工业和科学,在这方面的差别值得一提。结果是科学（在后来的用法上使用这个词）逐渐向前发展，而且与工业组织和工业程序的发展大致是并列的。可以认为现代工业（机械工业）和现代科学都集中到了北海沿岸地区。更为确定的是，在这个大致的区域内，在不远的过去，科学表现出与抚育了科学的社会中的公民制度和社会制度的类似性，对于更高层次的科学或者纯理论的科学这个最大的范围来说也是如此；也就是说，可以在知识领域中发现万物有灵论的先入之见首要的、最为有效的应用。比如，在18世纪的文化中就有一种明显的并列，一方面是英国与欧洲大陆在文化和制度特征上的分歧，另一方面是英国和欧洲大陆的思想在目标上的分歧。

我们在前面已经谈到了18世纪英国和法国的经济学在先入之见上的某些差别。这里要指出的是，两个社会之间科学态度上的差异在很大程度上要归因于相关的文化差异。当然只是思想家的普遍特征和普遍态度才可以归结到文化的差异上。特殊学说的详细差异只有通过比这里所作的更细致的分析才能得到解释，而且还要考虑这里不能进行详细分析的那些事实。

在英国的工业中，除了更多地采用机械装置和更大规模的组织之外，英国社会的其他文化特性也在同样普遍的方向上发生着作用。英国的宗教生活和信仰包含了较少的效忠元素——个人的或者任意的统治和使用——而包含了较多的宿命论的特性。英国的公民制度不像法国那样具有更丰富的人的内涵。英国人效忠的是非人格的法律，而不是效忠于地位更高的人。相对来说，作为一种强制因素的身份感在英国社会是不确定的。即使在英国社会好斗的冒险精神中，也可以找到类似的特征。当然，战争是人的主张。好斗的社会和阶级必然要从人的力量和人的目标出发来解释。好斗的人总是迷信的。他们在等级和先例上是固执己见的人，狂热地培育表现身份的一个差别体系和仪式惯例体系。但是，虽然英国的生活体系中绝不缺少好斗的冒险精神,但英国社会在地理上和战略上隔绝于欧洲大陆,使其军事关系发生了典型的转变。近代英国的战争都是在海外进行的。军人阶层从而在很大程度上是隔绝于本国社会体系的,这一类人的理想和偏见不会通过便利而有效的体系注入社会。英国国内社会在很大程度上是从"战争的原动力"的立场来看待这种战斗的。

所有这些环境和文化上的国家特性的结果是,英国社会流行的生活体系与欧洲大陆流行的生活体系是不同的。这种差别已经形成了不同的思想习惯体系以及不同的处理事实的基本态度。从知识的角度来说,因果序列的先入之见允许在事实之间存在更大范围的相关性;而在需要用到万物有灵论的先入之见的地方,比如在对更深奥的知识的探讨过程中常常表现出来的那样,一般来说是一种更趋于平淡的万物有灵论。

如果把亚当·斯密看做英国的理论知识态度的代表,那么我们需要注意的是,尽管他是根据目的论意义上导向一个目标的一种倾向(自然法)来阐述知识,但是这个控制着理论阐述的目标并没有包含重农学派思想中那种重大的人类利益这样丰富的内容。与同时代的法国经济学家相比,亚当·斯密的自然法明显较少地带有专横的色彩。的确,他总结出了一些制度,在此过程中,他是根据它们应该推动的目标,而不是根据导致这些制度产生的生活迫切需要和习惯来处理这些制度的;但他并没有用同样的终局性口吻来诉诸于目的,将其作为一个最终的原因,它的强制性引导迫使现象复合体遵循指定的任务。在他手上,限制性的、强迫性的力量远远地退到了不显眼的位置,并不直接地引出这些力量,但这些力量也并非无足轻重。

然而,亚当·斯密这个话题太大了,不是几个结论性的段落就可以论述清楚的。同时,他的著作以及他为经济思想提供的倾向,与经济学下一个发展阶段的目标和偏向有着密切的联系,因而最好把他视为古典经济学的起点,而不只是重农学派在英国的对应者。因此,我们把亚当·斯密与古典学派的偏向和功利主义进入经济学直接联系起来进行考察。

经济学的先入之见①

II

亚当·斯密的万物有灵论倾向在他所讨论的一般趋势和目标中，比在他的理论细节中表现得更为明显和清晰。"事实上，亚当·斯密的《国富论》要是有一个单一的目的的话，那就是对无意识规律的一种辩护，当人们的行为受到一种特定的强烈个人动机所引导的时候，这种无意识的规律就表现在人们各自的行动中。"②《道德情操论》和《国富论》中的很多段落都可以证明，他确信事物的自然进程中有一种有益的趋势，他谈论自然的自由时那种特有的乐观语调只不过是对他的信念的一种表达。在他对投资自由的呼吁中，他极端地采用了这种万物有灵论的倾向。③

---

① 本文发表于《经济学季刊》，第13卷，1899年7月。经许可重印。
② 博纳，《哲学与政治经济学》，第177、178页。
③ "各个人都不断地努力为他自己所能支配的资本找到最有利的用途。固然，他所考虑的不是社会的利益，而是他自身的利益，但他对自身利益的研究自然会或者毋宁说必然会引导他选定最有利于社会的用途。……由于他管理产业的方式目的在于使其生产物的价值能达到最大程度，他所盘算的也只是他自己的利益。在这场合，像在其他许多场合一样，他受着一只看不见的手的指导，去尽力达到一个并非他本意想要达到的目的。也并不因为事非出于本意，他就对社会有害。他追求自己的利益，往往使他比在真正出于本意的情况下更有效地促进社会的利益。"《国富论》，第4篇，第2章。(译文引自郭大力、王亚南译，《国民财富的性质和原因的研究》，下卷，第25、27页(商务印书馆1974年中译本)。——译者)

在人们"受一只看不见的手指导"这种陈述中,斯密并没有求助于一个爱管闲事的上帝,这个上帝在人们的行为发生偏差而处于危险中时直接插手安排人类事务。斯密认为上帝在干预事物的自然进程的时候是非常有节制的。上帝已经建立了服务于人类福利这个目的的自然秩序;他已经非常精细地调整了那些构成自然秩序的近因,包括人类的目标和动机,在这些近因的作用下,人类能够实现自然秩序。看不见的手不是通过介入来进行指导,而是通过一个在一开始就已经建立了的全面的装置系统来进行指导。对于经济理论来说,人被视为一贯的利己主义者,但这种经济人只是自然这一机械系统的一部分,他的利己主义的买卖只是事物的自然进程中产生总体福利的一种手段。这个整体的系统受到要实现的目的的引导,但实现这一目的的事件序列是一种不会被打断的因果序列。这种善意的引导首先是建立一个能够实现注定结果的精巧的力量和动机机制,在不越过已定趋势的持久约束的情况下,使作为事物自然进程的结果的神圣目的得到强化。

包括人的动机和行为在内的这种事件序列是一种因果序列;但除此之外它还属于另外一种东西,或者毋宁说在原始的因果关系旁边还有另一种连续性的元素,这种元素甚至表现在自然进程达到其最终目的的渐进过程中。这样一种准精神元素或者非因果元素的存在,可以从两个(所谓的)事实中得到证实。(1)事物的进程,可能会在朝向完美的人类福利这一合理目标的直线过程中发生偏移。一些不恰当的原因同时结合在一起发生作用,有可能会打断事物的自然趋势。事物的合理进程与现实进程之间存在一种差别,这种差别常常令人烦恼,但却是实际存在并且持续不断的。按照亚当·斯密的用法,如果"自然"意味着必然,在因果关系所决定的意义上,与事物的自然进程或者合理进程有差别的事件就不可能出现。如果包括人在内的自然机制是一个能够实现上帝的安排的适当的机械装置,那就不会存在亚当·斯密在几乎所有现有安排中都发现了的那种偏离直接路线的错误的、不正当的现象。从而制度现实就是"自然的"。① (2)当事物出现了差错,在对自然进程的干预停止了的情况下,事物会自我纠正;然而,在纯粹只是一种因果序列的情况下,单纯地停止干预并不等于这种干预似乎从来没有发生过,两种情况所带来的结果是不会相同的。自然的这种恢复能力具有一种超机械的特征。从而在事物的自然进程占优的情况下存在的序列连续性就不具有因果关系的性质,因为它在因果序列中把间隔的、打断的过程连接起来了。② 亚当·斯密在阐述理论的时候使用的"真实"这个词——比如"真实价值"、"真实价格"③——就是证据。在斯密的阐述中,"自然"一般来说与"真实"有同样的含义。④ "自然"和"真实"二者都是与实际相对照的;而且,根据亚当·斯密的理解,二者都与事实有实质性的区别,而且高于事实。这种观点包含了实在和事实之间的一种区

---

① 这种实际的、由因果关系决定的情形与按神的意图设计的完美的情形之间的差异,是构成了亚当·斯密很大一部分理论的所有那些道德劝导和明智策略的劝导的形而上学基础。当然,对于那些沿着一个神定秩序假定前进的所有道德家和改革者来说也是这样。

② "幸运的是,在国家内,自然的智慧,对于人类的愚蠢及不公正的许多恶影响,有了充分的准备,来作纠正,正如在人体内,自然的智慧,有充分准备,来纠正人类的懒惰及无节制的不良后果一样。"《国富论》第4篇,第9章。(译文引自郭大力、王亚南译,《国民财富的性质和原因的研究》,下卷,第240~241页。——译者)

③ 比如"所有商品交换价值的真实尺度"。《国富论》第1篇,第5章,以及在同一章反复的使用。

④ 比如第1篇第7章:"一种商品,如果不多不少恰恰等于生产、制造这商品乃至运送这商品到市场所使用的按自然率支付的地租、工资和利润,这商品就可以说是按它的自然价格的价格出售的"。"商品通常出卖的实际价格,叫做它的市场价格。商品的市场价格,有时高于它的自然价格,有时低于它的自然价格,有时和它的自然价格完全相同。"(译文引自郭大力、王亚南译,《国民财富的性质和原因的研究》,上卷,第49、50页。着重号为原引者所加。——译者)

别,这种区别以一种弱化了的形式存在于亚当·斯密继承者的"正常"价格、工资、利润和成本理论中。

这种万物有灵论的先入之见在他的两部不朽著作的第一部中似乎要比后来的著作中更为普遍。在《道德情操论》中,他更自由、更坚持地求助于自然秩序的目的论基础。也许有理由认为,万物有灵论的先入之见在他后来的思考和考察中变得较弱,至少是较不明显了。这种变化也表现在他的经济理论的某些细节上,首先出现在《演讲》①中,而后在《国富论》中得到了充分的发展。因而,比如在较早期的阐述中,"劳动分工是富裕的直接原因";作为经济幸福的主要条件,这种劳动分工"来源于人性中互相交换物品的一种直接倾向"。②这里所说的"倾向"被当做人们直接着眼于人类社会福利的一种禀赋,他没有尝试对人们如何获得这种倾向作进一步的解释,也没有解释它存在的原因或者为何被赋予了这种特征。但在《国富论》中相应的一段话里,他对这个问题的处理就比较慎重了。③ 我们也可以比较其他类似的段落,会得到相同的结果。引导之手离人们的视野已经更远了。

但是,也许不应该将这些以及其他类似的虔诚的乐观主义的表达视为亚当·斯密经济理论的整体特征,或者视其为严重影响了他

---

① 指坎南(Edwin Cannan)编,《亚当·斯密关于法律、警察、岁入及军备的演讲》(*Lectures on Justice*, *Police*, *Revenue and Arms*),中译本见陈福生、陈振骅译,商务印书馆1962年版。——译者

② 《亚当·斯密演讲集》(坎南编,1896年),第169页。

③ "引起上述许多利益的分工,原不是人类智慧的结果,尽管人类智慧预见到分工会产生普遍富裕并想利用它来实现普遍富裕。它是以这广大效用为目标的一种人类倾向所缓慢而逐渐造成的结果,这种倾向就是互通有无,物物交换,互相交易。这种倾向,是不是一种不能进一步分析的本然的性能,或者更确切地说是不是理性和言语能力的必然结果,这不属于我们现在研究的范围。"《国富论》第1篇,第2章。(译文引自郭大力、王亚南译,《国民财富的性质和原因的研究》,上卷,第12~13页。——译者)

作为一位经济学家的工作的特征。这些是他的一般哲学观点和目的论观点的表现,对于我们现在的目的来说,是他的万物有灵论倾向和乐观倾向的重要证据。它们表明了亚当·斯密所接受的终局性基础是什么——他关于人类事务的所有思考会聚于其上的那种基础;但它们没有在很大的程度上表明引导他阐述经济理论细节的目的论偏向。

目的论偏向的有效作用表现在斯密对经济现象更细致的研究中——在他对可以大致称为经济制度问题的讨论中——以及引导他把经济生活的特征与他的理论的总体结构结合起来的程序标准和原则的讨论中。一个恰当的(尽管也许不是最好的)例子就是前面提到的他对商品的"真实价格和名义价格",以及"自然价格和市场价格"的讨论。① 商品的"真实"价格是它对于人类生活的价值。在这一点上,斯密与重农学派是有区别的,重农学派的价值的最终条件是由人类的食物所赋予的,人类的食物被视为自然机能的产物;二者之所以有差别,原因在于重农学派把为人类的物质福利而发挥作用的自然秩序视为只是由非人类的环境组成,而亚当·斯密把人包含到了自然秩序概念中,而且事实上赋予他们在生产过程中的核心地位。在重农学派那里,生产是自然的作用;在亚当·斯密那里,生产是人和自然的作用,人处于最显著的位置。因此,在亚当·斯密那里,劳动是评价的最终条件。商品的"真实"价值就是这位处于目的论先入之见压力下的经济学家赋予它的价值。在经济事件的进程中几乎找不到这种先入之见(如果不是绝对没有的话),而且与人类事务没有什么关系,除了这种偏爱事物的"真实价值"的先入之见对人在感情上的影响之外(它可能会对人们关于在交易中应该追求什么样的好的、

---

① 《国富论》,第1篇,第5~7章。

合理的过程的观念产生影响)。货物的这种真实价值是不可能测量的;它不可能用具体的条件来衡量和表现。尽管如此,如果劳动交换了不同数量的物品,那么"这是商品价值的变动,而不是购买物品的劳动价值的变动"。① 事实上,从属于物品的价值的决定被视为与亚当·斯密赋予物品的真实价值无关;但虽然如此,市场价值的实质是,它们被假定近似于在神圣的自然法引导下,在目的论的意义上赋予物品的真实价值。物品的真实价值或者自然价值,与它们的交换价值没有因果联系。现实中价值如何决定的讨论涉及的是买者和卖者的动机,以及交易双方所获得的相对利益。② 这是对一个评价过程的讨论,与物品的"真实"价格或者"自然"价格全然无关,与物品获得"真实"价格或者"自然"价格的基础也全然无关;然而,当他从人的动机和市场的要求探寻出评价的复杂过程时,亚当·斯密感觉到他只解释清楚了基础的问题。接着他致力于从理论上解释价值和价格这一严肃认真的工作,用他的经济生活的目的论理论来澄清已探知的事实。③

在这里,我们不需要过于认真地看待"普通的"和"平均的"这两个词的出现。文章的上下文清楚表明在普通率或者平均率与自然率

---

① 《国富论》,第1篇,第5章。
② 在《国富论》第1篇第8到第11章对工资、利润和地租的决定的全部讨论也是如此。
③ "在每一个社会及其邻近地区,各种用途的劳动的工资以及各种用途的资本的利润,都有一种普通率或平均率。这普通率……自然部分受社会的一般情况……的支配。……同样,在每一个社会及其邻近地区,地租也有一个普通率或平均率。这普通率……也受到……支配。……这些普通率或平均率,可称为那地方那时候通行的工资自然率、利润自然率或地租自然率。一种商品价格,如果不多不少恰恰等于生产、制造这商品乃至运送这商品到市场所使用的按自然率支付的地租、工资和利润,这商品就可以说是按它的自然价格的价格出售的。"《国富论》第1篇,第7章。(译文引自郭大力、王亚南译,《国民财富的性质和原因的研究》,上卷,第49页。——译者)

之间一般存在的那种等同性只是一种巧合而不是恒等关系。商品的普通价格和自然价格之间不仅可能存在暂时的背离,而且有可能存在永久的偏差;垄断条件下或者特定土壤或气候条件下出产的农产品就属于这种情况。①

自然价格与通过竞争确定的价格是一致的,因为竞争意味着那些有效的力量不受阻碍地发挥作用,通过那些力量,自然良好的调节机制会实现它所设计的结果。自然价格是通过生产要素自由地相互作用而形成的,它本身就是生产的结果。包括人的因素在内的自然的作用生产出物品;物品的自然价值是从自然的生产过程这种观点出发对物品的评价。自然价值是生产的范畴;而众所周知的交换价值或者市场价格是分配的范畴。亚当·斯密的市场价格理论旨在表明,在讨价还价中发挥作用的人的偏好和欲望这些因素如何产生了一个与支配着生产的自然法相一致的结果。

自然价格是"商品价格的三个组成部分"——劳动的自然工资,资本的自然利润,土地的自然地租——合成的结果;这三个组成部分反过来又衡量三种要素的生产效果。对这些组成部分的分配的进一步讨论,目的在于说明基于要素生产力对产品进行分配的问题。也就是说,亚当·斯密关于生产的自然过程的先入之见是他的经济理论的基础,在他讨论那些不能根据生产来说明的现象时,这种先入之见支配着他的目的和讨论步骤。根据亚当·斯密自己的阐述,分配过程中的因果序列与生产过程中的因果序列是无关的;但是,从目的论的自然秩序的观点来看,由于生产过程中的因果序列是实质性的东西,要满足亚当·斯密的实质性或者"实在"的含义,就必须根据生

---

① "这种商品可连续数世纪按这种高价出售。这样,其价格中,地租部分一般高于按自然率计算的地租。"第1篇,第7章。(译文引自郭大力、王亚南译,《国民财富的性质和原因的研究》,上卷,第55页。——译者)

产过程中的因果序列来说明分配过程中的因果序列。当然,在重农学派和康替龙(Cantillon)的理论中也可以看到某些相同的阐述。这意味着自然权利先入之见在经济理论中的扩展。亚当·斯密把分配作为一种生产力的功能而进行的讨论可以从他对工资、利润和地租的阐述中详细考察;但是,由于我们这里的目的只是简要地概括,而不是详细说明,我们就不再深究这个问题。

但是,我们可能有必要指出亚当·斯密的著作中表现出来的支配性的目的论先入之见的另一种影响。这就是论据的标准化,目的是为了让论据与经济生活和发展的那种推定的自然结果的有序进程相一致。这种论据标准化的结果,一方面就是在处理经济生活史的时候使用詹姆斯·斯图亚特(James Steuart)所说的"猜测的历史",另一方面,是根据神授的生活目的而不是根据直接的观察来陈述当前的现象。表面上是根据因果序列来考虑(猜测的或者观察到的)事实,实际上却是按照目的论的合理性来解释因果序列。

这种"猜测的历史"的另一个熟悉的非常贴切的例子是他对"资本积累和劳动占有出现之前社会的早期阶段和原始阶段"[1]的说明。如今已经没有必要指出这种"所有劳动产品都归劳动者所有"的"早期阶段和原始阶段"完全是一种虚构。从假定的起源而开始的整个叙述不只是想象的,而且纯粹是为了准备一种满足亚当·斯密的先入之见的理想的经济状况而对过去的发展过程所作的一种梗概性描述。[2] 随着这种叙述越发接近近代的事实,论据的标准化就越发困难,并引起了更为详细的关注;但方法上的变化仅仅是程度的变化,

---

[1] 《国富论》,第1篇,第6章,也见第8章。
[2] 不按照亚当·斯密的先入之见来看待工业发展的早期阶段是如何出现的例子,请参见其他人的论述,比如见布赫(Bücher),《国民经济的原因》(*Entstchung der Volkswirtschaft*)。

而不是方法本身的改变。在"早期阶段和原始阶段",事件的"自然"进程和实际进程的一致是直接的、不受干扰的,不存在难以控制的论据;但是在后来的阶段以及当前的状况下,难以控制的论据比比皆是,两种进程的协调是很困难的,而且只有从与目的论趋势不相关的现象中专门把一致的情形自由地提取出来,以及对余下的现象进行艰难解释,才能表明两种进程的一致。现代生活的事实是错综复杂的,只有根据那些得到"更高的评论"的理论才能说明这些事实。

《论货币的起源及其效用》这一章①是对一种经济制度的起源和性质的优美的标准化,而且亚当·斯密对货币的进一步讨论也是按照同样的方法进行的。他从货币应该合理地作为他自己认为的一种对的、好的商品这一目的来说明货币的起源,而不是根据货币使用的动机和需要、根据现存的支付手段和计价工具的逐渐出现来说明。货币是"流通的毂轮",它实现了商品在生产过程中的转移,使最终产品能够分配给消费者。它是经济社会的一个器官,而不是一种便于计价的工具和财富储藏手段。

也许并没有必要指出,对于一个与完美的货币经济中的"事物的自然进程"无关的"简单的人"来说,经过其手中的货币并不是"流通的毂轮"。比如,对萨莫耶德人(Samoyed)来说,作为一种价值单位的驯鹿是一种最为具体真实的财富形式。对于我们时代的那些不谙世事的人来说,硬币甚至钞票的作用也是如此。然而,如果要从因果关系来阐述这一问题的话,必须要根据这些"简单的人"的生活习惯和生活条件来说明货币的发展。

前面引用的零散段落也许可以说明亚当·斯密万物有灵论的或

---

① 第1篇,第4章。

者目的论的倾向，如何塑造了他的理论的整体结构和理论的一致性。亚当·斯密经济学中最终阐述的原则是由一种推定的目的来提供的，这种目的在任何一点上都没有以原因的形式进入到他想要了解的经济生活过程中。这种格式化的或者标准化的目的或者结果，并非被直接视为一种有效力量而自由进入所讨论的事件过程，或者以任何方式有意识地表现在事件过程中。基本上不能把它当做一种参与到过程中的万物有灵论力量。只要事件序列可能符合假定的结果的要求，它就支持事件的进程，并赋予这些序列合理性和实质性。从而它只具备一种仪式上的或者象征性的力量，并使讨论具有仪式上的资格；虽然对那些同意亚当·斯密关于经济生活的合理目的观点的经济学家来说，他们因各种目的而把仪式上的一致性，或者理上的（de jure）一致性视为对那些按照这种条件来解释的现象的因果连续性的阐述。作为仪式上的必需，对正常应该发生的事情的阐述就这样被看做是一种对事实的说明。

但是，正如我们已经指出的那样，亚当·斯密的理论不仅仅是一种对事物应该是什么的阐述。他所取得的诸多超越前人的成就在于他对事实更丰富、更用心的仔细研究，以及对所处理的事实的因果连续性更一致的描绘。无疑，他胜过重农学派的地方（这使得他的工作在经济学的进一步发展中取代了重农学派）在于在某种程度上他采用了常态的一种不同的、更为现代的基础——这种基础与后代人中流行的先入之见体系更为一致。这是处理事实的一种角度上的转变；但这种转变在很大程度上是一个新的先入之见体系对旧体系的替代，或者是旧的终局性基础的一种新的适应，而不是消除了所有形而上学的、万物有灵论的评价标准。对亚当·斯密而言，就像对重农学派一样，根本的问题，也就是过程的出发点在哪里，过程的标准是什么，是一个实质性问题或者经济"实在"的问题。对斯密和重农学派来说,这个问题的答案被他们天真地看做常识。这种常识既没有受到任何质疑,也没有必要作任何仔细的研究。对重农学派而言,经济实在的实质性是自然提供营养物的过程。对亚当·斯密来说是劳动。他的实在具有近代社会的常识这一优势,与现代工业的事实保持了更为广泛和更好的一致性。重农主义者把他们那种自然的生产性的先入之见归于这样一种社会的思想习惯,在这种社会中,他们经济生活中的显著现象是农业土地的所有者。亚当·斯密把他那种偏爱劳动的先入之见归于这样一种社会,在其中,突出的经济特征是手工业和农业,商业仅仅是一种次要的现象。

如果说亚当·斯密的经济理论是对经济现象的因果序列的描绘的话,那么,这些理论主要是关于以下两个方向的活动的理论:一个方向是引导物质生活资料的生产的人类作用,另一个方向是引导一种金钱获益的人类作用和人类决定力。前者是主要的、实质性的生产力;后者不是直接的或者最接近的生产力。① 亚当·斯密仍然强烈地具有自然秩序慷慨地提供营养物这样一种理解,从而不能把生产性这个概念扩展到那些没能实质性增加衣食的任何行为。他对那些有效地增加了营养物的东西的实质性功效的本能评价,甚至使他作出所谓"在农业中,自然与人一同劳动"这样的让步,尽管他的论点的要旨是说,人类劳动才是经济学家必然要重视的生产力。如前述,把劳动的实在性视为生产性使得他把交换价值这种分配范畴归纳为生产劳动。

通过细微的限定,亚当·斯密严格意义上的经济理论(包含在《国富论》的前三篇中)描绘的因果序列中,有效的因素被视为在下面两种关系中的人性:生产效率和通过交换而得到的金钱利益。金钱

---

① 见《国富论》,第 2 篇,第 5 章,"论资本的各种用途"。

利益——通过实物交换而从物质生活资料中得到的利益——为个人的经济行为提供了动力;虽然生产效率是社会经济生活合理的、正常的目的。人们通过"互通有无、物物交换和互相交易"追求其目的这一概念在亚当·斯密对经济过程的阐述中无处不在,以至于他甚至用这一概念来说明生产,指出"劳动是第一性价格,是最初用以购买一切货物的代价"。① 在这种金钱交易中发生作用的人性在某种程度上被视为快乐主义,人的动机和运动被标准化,以适应快乐主义含义的自然秩序的要求。人们在他们的天赋能力和倾向上是非常相像的;②而且对于那些需要考虑这些能力和倾向的经济理论来说,它们就是"生活必需品和便利品"的生产能力,就是尽量保证最大的衣食产量的倾向。

亚当·斯密的标准人性观念——也就是说,以原因的形式进入了经济理论讨论过程的人的因素——大体上可以归结为:人们着眼于物质生活资料方面的个人利益,在一个生产的机械过程中发挥他们的力量和技能,在一个竞争的分配过程中发挥他们金钱方面的聪明才智。人们对物质资料的追求,是为了通过消费物质资料而满足自然需要。正如亚当·斯密所指出的那样,在人们为了争夺财富所付出的努力中确实还有很多其他东西加入进来;但这种消费构成了激励的合理范围,一种关于事物自然进程的理论需要(但只是附带地)考虑那些不能合理地进入自然进程的事物。实际上,有一些现象

---

① 《国富论》,第 1 篇,第 5 章。也见第 4 篇第 2 章对自由贸易的辩解:"但每个社会的年收入总是与其产业的全部年产物的交换价值恰好相等,或者毋宁说,和那种交换价值恰好是同一样东西。"(译文引自郭大力、王亚南译,《国民财富的性质和原因的研究》,下卷,第 27 页。——译者)

② "人们天赋才能的差异,实际上并不像我们所感觉的那么大。"《国富论》,第 1 篇,第 2 章。(译文引自郭大力、王亚南译,《国民财富的性质和原因的研究》,上卷,第 15 页。——译者)

是对这种规则的"实际的"(尽管不能说是"真实的")违背。它们是虚假的、非实质性的违背，不完全属于更严密的理论讨论的范围。此外，按照亚当·斯密的理解，因为人性明显是同质的，人的努力和消费效果都是根据数量来说明的，都是在代数意义上来说明的，结果包含在消费名义下的所有现象就只需要附带地考虑一下就行了；当把物品或者价值追溯到消失于其最终所有者手中的时候，生产和分配理论也就完成了。消费对生产和分配的反作用基本上都只是数量上的作用。

因此，亚当·斯密关于自然进程中有一个标准的目的论秩序这种先入之见，影响的不只是他公开牵涉到建立经济过程的一个标准体系这方面的理论特征。通过他对经济过程中发挥作用的主要因素的标准化处理，他的先入之见也影响了他关于因果关系的论点。① 之所以要特别注意后一种影响，是因为他的理论的继承者们把这种标准化推到了更远的程度，而且几乎不提亚当·斯密顺便注意到的那些例外情况。

亚当·斯密的继承者们之所以要通过"经济人"对人性进行进一步的、更一致的标准化，在很大程度上要归因于世纪之交大规模的、以彻底的形式进入经济学的功利主义哲学。标准化的另外一些原因在于同时出现的、与功利主义观密切相关的"资本主义"工业进一步取代了手工业。

在亚当·斯密的时代之后，经济学被玷污了。除了马尔萨斯(在

---

① "凭借着哲学的信念，亚当·斯密正走进经验的世界，由此使他的原理具有了正确性。斯密文章的吸引力在很大程度上是基于他将原理和现实如此紧密地联系在一起。他有时通过与现实的联系来避免这些原理过于尖锐。但是尽管如此，这些原理一直是领导性的基本原理。"理查德·塞斯(Richard Zeyss)，《亚当·斯密与利己主义》(*Adam Smith und der Eigennutz*)，蒂宾根(Tübingen)，1889年，第110页。

所有重要经济学家中,他在关于经济学前提的形而上学意义上最接近亚当·斯密)之外,斯密的下一代人都没有从由神建立的秩序这种观点出发来探讨他们的主题;他们也没有用对上帝诚惶诚恐的经济学家应有的那种略微谦卑服从的乐观精神来讨论人的利益。即使是马尔萨斯,他在采用神认可的自然秩序的时候也有一些保守和克制。但对于经济理论后来的进程来说很重要的一点是:尽管我们有充分的理由把马尔萨斯看做亚当·斯密最忠实的继承者,但那些对神不虔诚的功利主义者却成为了亚当·斯密时代之后经济科学的代言人。

在亚当·斯密和功利主义者之间没有太大的分歧,无论是在理论细节上还是在考虑政策问题的具体结论上都是如此。在这些方面,也许完全可以把亚当·斯密算做温和的功利主义者,特别是对他的经济理论而言。马尔萨斯则具有更浓的功利主义色彩——事实上,他也经常被看做一个功利主义者。博纳先生以令人信服的方式提出的这种观点①在通过对马尔萨斯学说的仔细研究之后,无疑得到了很好的证实。他的人道主义偏向显然是贯彻始终的,而他的解决方案的缺点却大大损害了他的科学成就。但是,尽管如此,为了正确评价随边沁主义的兴起而发生的古典经济学的转变,我们有必要指出,亚当·斯密与边沁的门徒们在这方面的一致,以及马尔萨斯与他们之间不甚确定地一致,都是结论上的巧合,而不是先入之见上的一致。②

对亚当·斯密来说,经济实在的最终基础是上帝设计的、目的论

---

① 比如参见《马尔萨斯及其成果》(*Malthus and his Work*),尤其是第 3 篇,也见《哲学和政治经济学》第 3 篇《现代哲学:功利主义经济学》中的《马尔萨斯》这一章(第 1 章)。

② 这里把李嘉图看做一个带有边沁主义色彩的功利主义者,虽然不能把他算做边沁的门徒。他的快乐主义只是由他那个时代的常识所构成的、未加批判地接受的形而上学,他与边沁实质上的一致说明那个时代快乐主义的先入之见有多么普及。

的秩序；他的功利主义的概括，与他的经济人的快乐主义特征一样，都只是产生这种自然秩序的方法，而不是实质的、自己获得合理性的基础。尽管马尔萨斯的形而上学不稳定并且多变，但对亚当·斯密来说情况也是一样的。① 而对于严格意义上的功利主义者来说，情况则相反，尽管功利主义者之间绝非全然一致。实质性的经济学基础是快乐和痛苦；目的论秩序（即使是得到公认的上帝的安排）是实现这种基础的方法。

这里没有必要进一步探讨功利主义先入之见包含的心理学和伦理学含义，即便是现在所作的粗浅探讨也可能似乎是在就一种没有实质性差异的区分而花费过多的力气。但是如果在阅读古典经济学说的过程中有意识地留意一下政治经济学中的这种形而上学，将会了解后来的经济学家是如何（在相当程度上是为什么）偏离了19世纪初亚当·斯密的信条，这种偏离已经到了这样的程度：必须机灵地对亚当·斯密进行解释，才能将其学说与异端邪说区分开来。

边沁之后的经济学实质上是一种价值理论。这是整个经济学体系最重要的特征；其他特征都来自这个核心规律或者适应这个核心规律。价值理论在亚当·斯密那里同样非常重要；但亚当·斯密的经济学是一种物质生活资料的生产和分配理论。② 亚当·斯密是从生产的角度讨论价值。功利主义者是从价值的角度讨论生产。前者把价值当做生产过程的结果；后者把生产当做评价过程的结果。

亚当·斯密的出发点是"劳动生产力"。③ 李嘉图的出发点是关

---

① 参照博纳的《马尔萨斯及其成果》，第323～336页。
② 他的著作是对"国民财富的性质和原因"的研究。
③ "一国国民每年的劳动，本来就是供给他们每年消费的一切生活必需品和便利品的源泉。构成这种必需品和便利品的，或是本国劳动的直接产物，或是用这类产物从外国购进来的物品。"《国富论》的"绪论和全书设计"开篇的话。（译文引自郭大力、王亚南译，《国民财富的性质和原因的研究》，上卷，第1页。——译者）

于所有权分配的一个金钱上的问题;①而古典作家都是亚当·斯密的追随者,他们改进并改正了他的结果,从而他们与斯密之间明显的差异就是观点的差异以及所强调的研究对象的差异,而不是他们有一个新的、与斯密相对立的出发点。

研究重心从生产向评价的转变的直接原因在于边沁对道德"原理"的修改。边沁的哲学立场当然不是一种不言自明的现象,边沁主义的影响也并非仅限于公认的边沁的追随者;因为他是影响了整个社会思想习惯的一种文化转变的代表。边沁著作中影响了知识界思想习惯的要点是快乐主义(效用)取代了目的的实现,来作为知识标准化的合理基础和引导。其影响在伦理学思想中最为显著,在那里,它反复灌输的是决定论。与伦理学中的决定论密切的联系预示着经济学可能也会走上这条道路。在这两个学科中,结果都是根据环境因素来解释人类行为,人最多被当做一台换算的机器,在其作用下,通过由环境的冲击产生的感官影响的作用,经过一个评价的强迫过程,在数量上没有差别地根据具体情况改变道德的或者经济的行为。伦理学和经济学的理论主题同样都是这种在行为中自己表现出来的评价过程,在经济行为中,这种过程导致了对最大利益或者最小牺牲的追求。

从形而上学的或者宇宙论的角度来说,进入快乐主义伦理学和经济学考察动机的人性是一个因果序列中的一种中介条件,初始条件和最终条件是感官印象和行为的细节。这种中介条件原封不动地

---

① "土地产品——即将劳动、机器和资本联合运用在地面上所取得的一切产品——要在……三个社会阶级之间进行分配。……确立支配这种分配的法则,乃是政治经济学的主要问题。"《政治经济学及赋税原理》序言。(译文引自郭大力、王亚南译,《政治经济学及赋税原理》(斯拉法主编,《李嘉图著作通信集》,第1卷,商务印书馆1962年中译本),第3页。——译者)

传达感官刺激。由于有了这个照此传达刺激的评价过程,从而可以把人性当做是相同的;从而可以根据影响人类感官的物质力量,以及在随后的行为中同样的东西,从数量上来阐述评价过程理论。在经济学语言中,可以根据为人类努力提供刺激的可消费品,以及为获得这些消费品而发生的开支来阐述价值理论。在这二者之间存在一种必然的等式;但等式两边的数值是快乐主义意义上的数值,而不是动能意义上的数值,也不是生命力意义上的数值,因为这里处理的对象是感官意义上的对象。因为关于人对感官影响的接受力方面的人性在本质上是相同的、被动的、不变的,所以从物品的消费中产生的心理作用与动能或者生命力方面因而发生的开支之间或许也可以假定存在一个实质上的等式;这的确是事实,但这个等式毕竟具有一种巧合的性质,尽管应该有一个有利于它作为一个平均数并适用于所有情况的强假定。但是,除了感官的因果关系方面之外,快乐主义并没有假定人之间的同一性。

从而,快乐主义所提供的价值理论是一个痛苦成本的理论。根据在评价过程中实现的快乐主义均衡,感官上的牺牲或者开支就是感官上的获益的等价物。也许可以用另一种表述,物品价值的度量不是所承受的牺牲或者痛苦,而是从物品的获得中产生的感官上的获益;但这显然只是另一种可供选择的表述,早期古典经济学家为什么喜欢用成本而不是用"效用"来进行表述,在那个时代的经济生活中有其特殊的原因。

将功利主义的价值学说与早期的价值理论作比较,情况如下。重农主义者和亚当·斯密把价值视为生产力的度量标准,它在有价值的物品中得到实现。对重农主义者而言,生产力是自然的"合成代谢"(这里借用一个生理学的词汇);对亚当·斯密而言,生产力主要是用于提高所拥有的物质的有用性的人类劳动。在这两种学说中,都是生产产生了价值。边沁之后的经济学,把价值视为对获得有价值的物品的努力中产生的痛苦的一种度量标准,或者是由这种痛苦来度量的东西。正如 E. C. K. 冈纳(E. C. K. Gonner)先生令人钦佩地指出的那样,[1]李嘉图——普遍地说,古典经济学都是这样——把成本当做价值的基础,而不是当做价值的原因。价值对成本的这种依赖通过一种评价而产生。而任何一个会像冈纳读李嘉图那样去读亚当·斯密理论的人,在亚当·斯密的理论中则会看到相反的情况。但在亚当·斯密的学说中,与李嘉图相反的价值与成本的因果关系只有在他考察"自然"价值或者"真实"价值的时候才成立。在他谈到市场价格的时候,亚当·斯密的理论与李嘉图关于这个问题的理论没有太大的区别。他并没有忽略调整市场价格、引导投资方向的评价过程,他是在所有快乐主义者都会接受的含义上来讨论这个过程的。

经济学观点随着接受功利主义伦理学以及相关的联想心理学而发生的转变在很大程度上是向因果序列基础的一种转变,与原先那种以一种预想的目的的适用性为基础形成对比。这一点甚至在我们引证过的主要事实中都已经表明了——也就是功利主义经济学家将交换价值而不是将有益于社会物质福利的生产作为其理论的核心特征。快乐主义的交换价值,是一个由有价值的东西带来快乐的能力所强化的评价过程的结果。在以交换价值给定的出发点而得出的功利主义的生产理论中,对福利的有益性就不是讨论的对象。讨论的对象是人们从事的生产业务同他们的个人财富之间的关系,或者是生产业务同组成工业社会的各种不同的受益阶级的财富之间的关

---

[1] 见他编辑的李嘉图《政治经济学及赋税原理》的序言。比如第9段和第24段。

系;因为与交换价值同集体生活最为直接的关系是其与财富的分配的关系。价值就属于分配的范畴。正如在坎南先生的讨论中清楚地表明的那样,①结果就是古典经济学家所提供的生产理论已经显然是不足的了,并且总是着眼于分配学说。布赫(Bücher)教授偶然但却生动地证明了同样的事实;②还可以用托伦斯(Torrens)的《论财富的生产》来证明上述观点,这本书在很大程度上就价值和分配进行了讨论。古典生产理论是关于"财富"的生产的理论;按照古典经济学的用法,财富是由具有交换价值的物质构成的。在古典经济学流行的时代,定义"财富"的公认特征是它有义务服从于所有者。亚当·斯密和重农主义者都没有像古典经济学家那样如此强调这种服从所有权的义务,也没有将其作为经济学主题的明确标志。

从而,正如其快乐主义先入之见所要求的那样,古典经济学家最为严肃地关注的是生活的金钱方面,并且正是任何给定现象或任何制度的金钱方面的关系决定了需要讨论的问题。讨论围绕的因果序列就是一个金钱的评价过程。它涉及分配、所有权、获得物、所得、投资和交换。③ 这样,生产理论就渐渐具有了金钱的色彩;在亚当·斯密,甚至在重农主义者那里也可以看到些许这种色彩,尽管这些早期经济学家很少会疏远作为生产的典型特征的一般的有用性这个概念。将生产力和有用性作为经济生活的实质性特征这种源于亚当·斯密的传统并不是被他的继承者们突然地抛弃的,尽管在遵循传统

---

① 《生产和分配理论:1776~1848》。
② 《国民经济的原因》(第2版)。尤其对照第2、3、5、7章。
③ "即使我们撇开考虑涉及社会各阶级的特征和习惯的改变中工业制度产生的影响的所有问题,……余下的问题仍然足以构成一门独立的科学,比如经济学中起码能列举出的重要词汇——财富、价值、交换、信用、货币、资本、商品——仍然足够支撑这门科学。"希尔斯(Shirres),《经济学思想分析》(*Analysis of the ideas of Economics*),伦敦,1893年,第8,9页。

考察思路的时候他们所强调的东西各有千秋。在古典经济学中,生产和获得物的观念并不是各自分离的,被当做生产理论的很多观念所研究的正是投资现象和取得物品的现象。托伦斯的《论财富的生产》就是一个很好的例子,尽管它绝不是一个极端的例子。

这是应该的,因为对于坚定的快乐主义者来说,生产过程中惟一的动力是金钱所得这种利己主义的动机,生产活动只不过是支出或者忍受的痛苦与所追求的金钱所得之间的一个直接的中介条件。不论目的或者结果是一种不公平的个人所得(与他人差别悬殊,或者是以牺牲他人为代价),还是对整个人类生活便利的一种增进,都只是在对促进人们的工作、引导人们的努力方向的激励因素的任何讨论中一个附带的问题。既定活动对于整个社会的生活或者对于他人的有用性,"不是这种契约的本质"。所要考虑的这些有用性特征主要是特定个人在通过一个契约追求利益的时候,对其所提供的东西的市场价值产生影响的那些因素。①

在快乐主义的理论中,经济生活的实质性目的是个人获益;就这一目的来说,生产和取得物品也许可以视为是相当一致的(如果不是完全相等的话)。此外,在功利主义哲学中,社会是个人的代数总和;社会利益就是个人利益的总和。很容易得到的结果就是(不论严格意义上的对错),个人所得的总和就是社会所得,个人在取得物品方面追求自己的利益,他也就为社会的集体利益服务了。从而生产力或者有用性就被假定为在任何指望获得金钱利益的职业或者业务中都要考虑的因素;这样,通过一条迂回的道路,我们又回到了亚当·

---

① "一种商品如果全然没有用处,……那就……总不会具有交换价值;……(但)具有效用的商品,其交换价值是从两个源泉得来的",以及其他的论述。李嘉图,《政治经济学及赋税原理》,第1章,第1节。(译文引自郭大力、王亚南译,《政治经济学及赋税原理》,第7页。——译者)

斯密的古老结论，那就是从事生产的阶级或者个人的报酬，与他们对服务和消费品产量的生产性贡献是一致的。

关于这种快乐主义标准在古典经济学说中的作用，一个恰当的例子就是监督工资理论——这种工资是分配中的一个元素，在亚当·斯密的理论中没有太多提及，但在古典学说体系更充分地发展后，它受到了更多、更仔细的关注。"监督工资"是管理金钱业务的所得，是"商业"管理者的所得——不是机械过程的管理者的所得，也不是车间工头的所得，他们的所得只是工资。工资与监督工资的区别在早期作家那里并不是很清楚，但在经济学理论更充分地发展后，它们的区别就非常清楚了。

领取监督工资的人的工作是管理投资。它的特征完全是金钱的，其直接目标是"获利最大的机会"。如果这种工作间接地增加了有用性或者提高了消费品的总产量，那只是投资者收益所依赖的市场价值提高后的一种偶然的附带结果。然而古典学说直白地指出，监督工资是更高级的生产力的报酬，[①]古典生产理论俨然是一种投资理论，它视生产所得和金钱所得为相同的东西。

生产过程中投资之所以替代了生产成为核心的、实质性的事实，不只是因为接受了快乐主义，而且还因为快乐主义与经济形势结合在一起了，这时的经济形势最为明显的特征是为获得收益而进行的资本投资及其管理。这种形势形成了对后来被称为资本主义体系的当时那种经济事实的常识性理解，在这种体系中，金钱业务和市场现象是支配性的事实。但这种经济形势也是快乐主义之所以在经济学

[①] 比如见西尼尔，《政治经济学大纲》（伦敦，1872年），尤其是第88、89、130~135页。在这些地方，监督工资被稍嫌勉强地归到利润名下；监督工作从而就被直接或者间接地视为一种"节欲"，视为一种生产性工作。证券经纪人就是很好的例子。关于监督工资的同样观点是很多后来的古典经济学家的理论内容。

中得以流行的重要基础;从而我们也许可以把快乐主义经济学看成从市场的角度对人性的一种解释。市场和"商业世界"(要求商人在追求自身利益的时候调整他的动机以适应它)到这时已经取得了很大程度的发展,以至于商业事件的进程已经是任何个人所不能控制的了;同时后来逐渐流行起来并控制了市场的那些影响深远的财富积累机构在这时还没有处于最为显著的位置。市场事件的进程无情地向着与任何个人的便利毫无关系或者毫不遵从任何个人的便利的方向发展,它的发展也找不到一个遥不可及的目的。这种金钱世界中的人要对这种形势作出敏捷的反应,调整他出售的货物以适应需求的变化,从而实现某种结果。他从交易中获利,并没有让与他交易的人受损,因为他们都是在认为值得的情况下才会进行交易。一个人获益并不需要另一个人受损;在这种情况下社会就会有一个净所得。

快乐主义先入之见在金钱所得方面的一个并不明显的影响,是古典学说没有区分作为投资的资本与作为生产设备的资本。当然,这一点与前述的内容密切相关。生产设备促进了物品的生产,从而资本(积累的财富)就是生产性的;资本的平均报酬率代表着资本生产性的大小。[①] 原始资本数量的大小,是对已积累的财富能够获得的金钱收益最明显的限制。因而,资本限制着工业的生产性;物质福利的提高所需要的最重要、最为必需的条件是财富的积累。在讨论生产改进的条件的时候,"技术状态不变"是一个常见的假定,这个假定对于除了平均利润理论以外的其他所有目的来说,都排除了最为重要的事实。在这个假定下,投资就可以从一种业务转移到另一种

---

① 比如见庞巴维克,《资本和利息》第 2 篇和第 4 篇,也见该书的序言和第 1 篇第 4、5 章。庞巴维克的讨论并不像他所用的术语的相似性暗示的那样与我们这里说明的问题有直接关系。

业务。因此,生产资料就是"流动的"。

这样,在功利主义的代表人物手里,政治经济学被发展成为一种财富(在金钱意义上来使用这个词,将其当做要服从于所有权的事物)的科学。经济生活中事物的进程被当做一种金钱事件的序列,经济理论成为一种应该发生在完美状态下的理论,在这种状态下,金钱数量的交换不会受到干扰,也不会延迟。在这种完美状态下,金钱动机完美地发挥着作用,引导着经济人的所有行为正直地、无差别地、坚定地以最小的牺牲寻求最大的收益。当然,纯洁的"经济人"处于其中的这种完美的竞争体系是一种科学的想象,不能把它当做一种符合事实的表达。它是抽象推理的一种手段;它公认的适用性只能扩展到抽象的原理以及那些仅仅由抽象所支持的科学的基本法则。但是,就像这类情况所显示的那样,它一旦被接受和吸收为真实的东西,尽管也许不是当做实际的东西,它就成为了研究者思想习惯中的一种有效要素,并接着会形成研究者的事实知识。它逐渐会成为实质性或者合理性的一种标准;而且就像许多关于事物的"趋势"的主张所表明的那样,事实在某种程度上也会受到它的约束。

在人性的快乐主义特征的作用下,人的发展趋向于这种被西尼尔称为"人类的自然状态"[①]的完美状态;因此不成熟的实际情形就被解释为近似于这种自然状态。凯尔恩斯的"假设科学"这种纯理论"从人性的原理和外部世界的法则和事件的原理——物理的、政治的、社会的原理——来追溯财富的生产和分配现象的原因"。[②] 但是,由于产生人的经济行为后果的人性的原理,就财富的生产和分配

---

① 《政治经济学大纲》,第 87 页。
② 《政治经济学的特征和逻辑方法》(纽约),1875 年,第 71 页。总的来说,凯尔恩斯也许不是古典主义最高阶段的代表,但他对经济学的描述却很中肯。

而言，只是简单而不变的快乐主义因果序列，所以人性因素就完全可以从这个问题中消除，从而获得极大的简化和便利。作为一个不变的中介条件的人性被消除了之后，这种情形下的所有制度特征也被消除了（在纯理论的自然的或者完美的金钱体制下，制度也被当做类似的恒量），财富现象的法则就根据剩下的元素来阐述。这些要素就是人们在生产和分配过程中处理的那些可销售的东西；从而，经济法则也逐渐成为财富和投资的各种要素——资本、劳动、土地、相互间的供给和需求、利润、利息、工资——之间的代数关系的一种表达。即使是信用和人口之类的概念也逐渐变得与人的因素无关，并且作为一些通过价值交换发生作用和反作用的基本因素被纳入那些脑袋里盘算着自己的福利的精明人的计算之中。

总而言之，主要与生活的金钱方面有关的古典经济学是一种评价过程理论。但是，由于从自己的利益出发而做出评价的那个人的人性对金钱刺激的反应既简单又恒定，而且也因为除了对金钱刺激的这种反应之外，没有其他的人性特征合理地表现在经济现象中，因此，评价者本身就应该被忽略或者排除在外；这种评价过程理论，从而成为一种那些受到评估的事实在金钱上的相互作用的理论。这是一种不考虑评价因素的评价理论——一种从生活的普通附属品的角度来陈述生命的理论。

在古典经济学表现出来的这种先入之见中包含了自然权利和自然秩序的残余，灌输了流行于18世纪的英国的那种特有的机械的自然目的论，被英国的平常倾向弱化为一种中性的风格——这种平常习性在那时候比先前任何阶段都要强烈。这种从因果关系的角度解释事物的平常习性之所以增强，部分原因在于工业中更多地采用了机械过程以及机械成为最重要的原动力，部分是因为（作为前一个原因的结果)贵族和教士阶层的持续衰落,部分是因为人口密度的增加以及随之而来的贸易组织和商业组织更高程度的专业化和更大的规模。自然科学知识也伴随着机械工业的发展按照同样的方向传播;现代文化中那些较不引人注目的因素也已经变得明显。

万物有灵论的先入之见并没有消失,但它失去了活力;它在一定程度上被暂时搁置,尤其是已看不到对它的公开承认。它主要在以下情形中会比较显而易见:对于任何可能出现的、自己的习惯或者性情上倾向于认为是正确的和好的结果,古典作家暗地里乐于将其当做一种即将来临的、确定的东西。从而古典经济学家明显地倾向于一种利益和谐的学说,并且有些不慎重地准备用在那种人们"受自然供应物所驱使"[①]的完美的货币经济中理想的要求下应该发生的事情来陈述他们的概括。由于他们的快乐主义先入之见,由于他们对金钱文化方式的适应,以及他们暗地里坚持的自然总是对的这种万物有灵论的信念,古典经济学家知道,那种理所当然的、所有事物都要趋向的完美状态,就是没有矛盾的、仁慈的竞争体系。因此,这种竞争的理想提供了一个常态,而是否符合这个常态则是绝对经济真理的检验标准。如此形成的立场引导着古典作家观察和理解事实时的注意力,他们在最不可能的地方找到了符合或者接近这个常态的证据。他们的观察在很大程度上是说明性的,这也是观察的普遍特征。在这方面对于古典经济学家来说,特别的是他们在解释中使用的特殊的程序标准。由于获得了一种绝对的经济标准的立场,他们就成为了所谓的"演绎"派,尽管事实表明他们一贯是在对经济现象的因果序列进行考察。

对观察到的事实的概括变成了对这些事实的标准化,变成了根

[①] 西尼尔,《政治经济学大纲》,第 87 页。

据使绝对的经济实在得以实现的正常趋势来阐述这些事实是符合还是偏离了正常趋势。经济合理性的这种绝对基础或者最终基础超越了那种认为观察到的现象互相联系的因果序列。它与具体事实之间的关系不是那种具体事例中可以找到的因果关系，从而它既不是原因也不是结果。它与古典经济学家公开运用的"精神"论据和"物质"论据都没有多少关系。它与这里讨论的过程的关系是一种外在的合理性——也就是说，是一种仪式上的合理性。在它的帮助和引导下形成的知识体系从而就是一种分类学。

这里，我们举一个例子作为结论，那就是根据合理的经济趋势被标准化的货币。货币成为了一种价值尺度和一种交换中介。它已经主要成为一种金钱交换的工具，而不是像亚当·斯密过去所做的那样，将它标准化为传播消费品的一个流通毂轮。在货币法则（像金钱生活的其他现象一样）中阐述的各种关系都是客观价值的生命历史中包含其正常功能的关系，这些关系在"自然"状态这种完美的金钱情形下生长、变化，获得了它们的本质。我们把神话制造者们的那些创造物、货币数量论和工资基金学说都归为一种类似的标准化的产物。

经济学的先入之见[1]

III

前面已经说过,伴随着早期经济学家的先入之见而出现的变化,是一个有一定顺序的继承关系。这种发展的主要特征是,后一辈经济学家据以取得理论成果的那种公认的终局性基础表现出一种逐渐的变化,他们满足于根据这种基础得出结论,他们对事件的分析或者对现象的细究并没有超越这种基础。在可以被称为经济实在的准绳中,存在一个相当完整的发展序列;或者换句话说,经济学处理和评价事实的观点呈现出一种发展的状态。

那个时代广泛流行的观念是,在事件序列中存在一种一贯的趋势,即科学的职责就是探知和利用——这种观念可能有坚实的基础,也可能没有。但在引导科学家工作的知识标准序列中也存在着这样一种一贯趋势,这种观点不仅是根据过去的事物进程得出的一种概括,而且还存在于事物的本质之中;因为知识标准具有思想习惯的性质,而习惯不会与过去脱离关系,表现在习惯中的遗传的自然倾向也不会单纯地随着时间的流逝就无缘无故地发生改变。比如在法律和制度领域就是这样,在科学领域也是如此。人们会一直认为那些在引导人的行为和引导人际关系中已经被当做好的、确定的东西就是

---

[1] 本文发表于《经济学季刊》,第14卷,1900年2月,经许可重印。

真实的、权威性的、不容怀疑的,直到后来变化了的情形产生的要求迫使过去的规范和标准发生变化,从而才会改变当时决定人的行为正确性的那些思想习惯。因此,在科学中,古老的终局性基础一直是对科学真理的一种恰当的、有效的检验。直到后来,生活的迫切需要发生了改变,使得思想习惯与公认的、关于什么是最终的、自身具有合理性的条件(任何给定情况下的知识都必须渗透的条件——本质的实在)的观念不完全一致,从而才迫使思想习惯发生改变。

知识的根本条件或者基础总是具有形而上学的特征。它是某种类似于先入之见的东西,未加批评就被人接受,但又应用于科学所涉及的所有问题的批评和证明之中。一旦它受到批评,在某种程度上就会被一种新的、多少改变了的阐述所替代;因为受到批评就意味着如果它不改变的话,就不能适应已经改变了的、它作为基本原则为之服务的思想习惯。像其他习俗一样,它受到自然选择和选择性适应的约束。科学研究和科学意图中根本的形而上学因而逐渐地(当然也是不完全地)发生变化,就像习惯法和公民权利中根本的形而上学一样。就像在法律框架中一样,现在已经无用的、失去意义的关于身份、等级制度和先例的先入之见大多发生了变形和退化,而不能说完全被废除了(遗产、既得利益、不追究过期债务、政府强迫个人支持既定政策的能力,这些都是明证),因此在科学中现在的一代人还没有看到决定早期古典政治经济学观点的那种形而上学突然的、无影无踪的消失。对那些坚决地反对古典学说和方法的荒谬性的经济学家也是如此。用马歇尔教授的话来说,"在科学的发展中,连续性并没有真正遭到破坏"。

但是,尽管没有破坏,但却有变化——比我们中的某些人乐意承认的更大的变化;因为谁不愿意用自己的现代观点来重新解读那些大师们令人信服的言辞呢?

如果从现代眼光来看,而且不以现代的标准来衡量过去的成就,那么也许渐渐会发现本世纪中叶那种政治经济学形而上学的或者先入之见的内容看起来非常的古怪。这一学科所坚持的与这里的考察有关的两种真理标准是:(1)快乐主义—联想心理学;(2)不加批判地确信除了社会个体成员有意识的目标之外,事件的进程中还有一种改良的趋势。这种改良性的发展趋势公理在经济社会或者国家中被塑造为一种对有机的或者准有机的(生理的)①生命过程的信仰;支持这种信仰的事实是,国家或者社会的生命史受到成长、成熟、衰亡这样的自动循环的约束。

这种基本原则的概述忽略掉那些可以忽略的内容之后,将具有以下特点:(1)根据快乐主义心理学或者联想心理学,个人行为暗自否定了所有精神上的连续性以及随之出现的目的论趋势,后来的心理学以及后来建立在这种心理学基础上的科学常常坚持、并可以从中发现这样一种目的论趋势;(2)这样一种精神上的或者准精神上的连续性和目的论趋势,在涉及非人类的序列或者集体生活的事件序列的时候,不加批判地得到肯定,现代科学坚持不懈地断言这种连续性和趋势都是不可辨知的,或者说,只要它们是不可辨知的,对它们的承认就离开科学这个主题了。

这里尽量简化地概述的这种情况(这种简化也许是可以接受的)体现在始于穆勒和凯尔恩斯,也可以说始于杰文斯的古典政治经济学普遍的形而上学基础上。在这里对穆勒和凯尔恩斯的讨论也适用于后来的科学进程,尽管其影响在逐渐减弱。

到本世纪中叶,科学的心理学前提不再像边沁和詹姆斯·穆勒

---

① 比如罗雪尔(Roscher)、孔德(Comte)、早期的社会主义者约翰·穆勒,以及后来的斯宾塞(Spencer)、谢弗(Schaeffle)、瓦格纳(Wagner)。

(James Mill)的时代那样单一和简单。比如在约翰·穆勒那里,边沁那种单纯的数量上的快乐主义已经被一种复杂的快乐主义所取代,这种快乐主义假定在使动机得以产生的各种不同的快乐之间存在质的差异。当然,这种快乐主义教条的变化,意味着一种对严格的快乐主义基础的违背。这个时期与这种进步联系更为密切的本质上的变化是随之而来的当时已形成的联想心理学的改进(至少被看成一种改进),通过这种改进,引入了"类似"(similarity)的思想以补充"接近"(contiguity)的思想。在约翰·穆勒和贝恩(Bain)的著作中都明显地表现出了这种变化。尽管所有的创造性都用在了维护这种新理论联想的合理性上,但还是要承认它是一种明显的创新,与旧观点是不同的。快乐主义的改进也是如此,从而新的联想理论不再能够把它所讨论的过程当做一个纯粹的机械过程,当做把项目简单串联起来的过程来解释。印象的类似性意味着在发生联想的大脑中对印象进行比较,从而意味着对感知者某种程度的建构作用。感知者从而被解释为进行感知的一个行为人;因而,他肯定持有控制着感知过程的一种观点和一种目的。要感觉到类似性,他必然受到对结果的一种兴趣的引导,必然会"留意"结果。这同样适用于引入质的差别的快乐主义行为理论。在一种情况下的知觉与另一种情况下的判断力不再是受外部因素强制的那个简单的、个人的同质变化序列的单纯记录。这意味着在这种情况下的感知或者判断行为有一种精神上的——也就是说活跃的"意识形态上的"过程连续性。

正是由于脱离了较严格的快乐主义前提,穆勒以及他之后的凯尔恩斯才能够对例如早先的生产成本决定价值的学说加以改进。由于引导人们选择职业和居住场所的动机因人而异,因阶级而异,而且不仅是程度上的差别,还有类型上的差别;也由于从先辈那里得来的各种遗传特征和习惯对人们生活中的选择产生着不同的影响,从而不能只依靠纯粹数量上的金钱刺激来决定结果。有很多变量决定着不同阶级和不同社会对金钱刺激所作出的反应的快慢；只要这种情况持续下去，我们所讨论的各个阶级或者社会之间就不是竞争性的。在这些不存在竞争性的群体之间，决定价值的标准就不是被绝对化的生产成本标准，而只是相对的生产成本标准。生产成本准则从而被改为相互需求准则。这种修订的生产成本学说只是被保守地加以扩展，它强调的是使非竞争的群体得以阐述和维持的金钱环境。只要可能与早先的学说一致的地方都得到了小心的保持；但超金钱的因素毕竟（即便有些勉强）得到了理论体系的接纳。因此，也由于动机有强有弱，快乐程度有大有小（动机的程度也有不同），所以即使只是数量上的金钱刺激，其反应也会有所区别；而且由此引发的行为也会有大为不同的结果。由于从或强或弱的动机中照此产生的行为不再被简单地当做在趋向于仁慈的完美状态的自然法控制下，对刺激的一种机械式的适当效果的表现，从而即使是在标准的金钱刺激下产生的行为结果可能也会表现为对社会有利或者不利的形式。因此，自由放任就不再是对社会疾病的可靠治疗方法。人类利益仍然被标准地视为一致的；但具体的个人行为已不一定要服务于这些一般的人类利益。① 因此，除了金钱需要的绝对影响之外的其他诱因，必然会导致阶级或者个人的努力与社会利益相一致。"证明其小前提"就成为自由放任的倡导者的义务。下面这种说法不再是自明的：

---

① "我们不要把人类利益的一致与阶级利益的一致这两种说法混淆起来。……我相信后一种说法是不对的，而前一种说法是正确的。……但是，如果我们接受人类利益在根本上是相同的这个三段论的大前提的话，那么是否接受其小前提呢？也就是说，我们能否接受这样的假定：人们知道自己的利益与其他人的利益是一致的，人们自发地追求这种与其他人相一致的利益？"——凯尔恩斯，《政治经济学文集》(*Essays in Political Economy*，伦敦，1873年)，第245页。严格的快乐主义的拥护者是不能始终如一地询问这个问题的。

"自己的利益倾向于和谐地结合起来,倾向于逐渐增加全体的利益。"①

一旦快乐主义结构被严重地修改之后,自然权利先入之见就立刻消失了。事实和权利不再吻合,因为权利存在于其中的个人已经不再只是产生人类行为的各种自然力量的一个交叉点。自然自由的结构——假定事物是由那些在个人选择的各开放领域之间自由地发挥快乐主义的作用、确保实现正确结果的自然法则构成的——属于快乐主义的心理学;因而,无论是作为前提还是作为信条的自然选择和自然自由学说的消逝,与这种信条在理论上得到接受所依赖的行为有效性结构的消逝是一致的。从而,半个世纪以来,快乐主义信念和联想心理学信念的瓦解,以及科学思考中伴随的那种对自然权利的信仰和对自然良性秩序(自然权利教条是自然良性秩序必然的结果)信仰的消失,这两者之间并非只是一种巧合。

当然,我们并不是据此就认为后一种心理学观点和前提与原来的观点和前提相比,意味着行为对环境的依赖要少一些。事实上可能正相反。后来思想的普遍特征是经常从因果条件出发对现象进行详细的分析。在这方面的现代流行语是"对刺激作出反应";但反应的方式被认为已经发生了变化。对刺激的反应,以及从根本上说至少在很大程度上是对刺激的反应幅度,是受到影响力约束的;而有机体的构成及其在发生影响时的态度在很大程度上决定着将发生什么样的刺激,也决定着反应的方式和方向。

后来的心理学是与快乐主义的形而上学心理学不同的生物心理学。它并不把有机体视为一种因果连锁中断(causal hiatus)。"反射弧"(reflex arc)中的因果序列无疑是连续的;但这种连续性并不像

---

① 巴师夏,引自凯尔恩斯,《政治经济学文集》,第 319 页。

从前那样是从传导一种震动的精神实质这个意义上来理解,而是从有机体生命活动的意义上来理解的。人类行为被视为对刺激作出反应的有机体的行为,根据向性运动来说明人类行为,其中当然包括了影响和反应之间非常紧密的一种因果关系,但同时也把有机体归结为一种生活习惯,归结为面对构成其环境的力量复合体时的一种自我引导和选择性注意(selective attention)。这种在环境力量影响下构成有机体生活习惯的向性运动复合体选择性地发挥的作用被认为是任意的。

因此,与老心理学的快乐主义阶段形成鲜明对照的是,替代老心理学的新观念的典型特征是承认行为人的一种选择性的自我引导生命过程。快乐主义寻求的是对(可能的)行为结果的因果决定,后来的观念是从使人成为机能性的行为人,也就是说,使人成其为人的倾向复合体的角度来寻求这种决定因素。这种新观念不再认为快乐从根本上决定人的行为,而是认为导致行为得以发生的向性运动倾向从根本上决定了什么才是快乐的。对于现在的目的来说,人性及其与环境的关系方面的观念转变的结果是:新观念根据倾向来解释行为,而老观点旨在根据对行为的刺激及其副产品来解释行为。因此,简单地说,这里所说的科学中原先的先入之见是根据惰性、无效果的因素来解释行为,而与之相反,新的先入之见是根据机能来解释行为。

前面已经表明了古典政治经济学形而上学的第二个重要内容——对改良趋势或者自然的良性秩序的信仰——与快乐主义的人性概念有着密切的联系;但这种联系要比前面说到的更为密切,是一种更为有机的联系。二者的联系极其密切,要么同时成立,要么同时都不成立,因为后者就是前者的对应面。事件的趋势学说把目的归因于事件的序列;也就是说,它赋予序列一种自主的、目的论的特征,这种特征约束着序列的所有步骤，使其达到那个假定的目标。但自主地达到的那个既定目标必须是单一的目标，必须惟一地包括所有实现目标的行为。从而实现目标的中介条件就没有自主性。因此作为中介条件的人没有自主性，否则就会违背这一假定。因此，给定一个固有的事件改良趋势，人就只是序列中的一个机械的中介。严格的快乐主义就是从这种机械的中介条件来解释人性。① 据此，赋予人的行为更多的目的论特征，对事件复杂性的考虑就会更少。或者可以反过来说：赋予事件进程的目的论意义上的连续性越少，对人的生命过程的考虑就会越多。后一种表述形式也许指明了这样的方向，即与前一种表述形式相比，在后一种形式中因果关系的作用更为密切。两种形而上学前提由此发生的变化失去了它们过去的影响和对称性，从而意味着假定的人性从无生命的现象向人的（部分）转变。

顺便提一下一个可能有些离题的细节，但它对后来的经济思想来说并非全然没有意义，那就是从事件序列中排除人性，从而排除意识形态的内容，以及越来越多地从人的角度来考虑行为——这一切难免会越来越多地寻求从过程而不是从结果（这是原先的知识体系的习惯）来理解现象这种变化的附带结果。由于这个原因，越来越多地运用的范畴是过程的范畴——"动态"范畴。但应用于指导性行为、应用于自主行为的过程范畴是目的论范畴；而在序列的组成部分被认为没有自主性的一个序列中应用的过程范畴，从这个概念本身来说，是非目的论的、数量的范畴。结果，在应用于指导性行为的时候包含在过程概念中的连续性就是一种精神的、目的论的连续性；而在第二种情况下，即非目的论序列中的过程概念包含了一种数量的、

---

① 顺便提一下，在边际效用等问题的讨论中对微分学以及类似的数学工具的使用延续着这种心理学基础，只有在接受快乐主义心理学的情况下，如此得到的理论结果才在所有范围内都是有效的。

因果类型的、本质上说是能量守恒意义上的连续性。这样，在知识的阐述中越来越多地采用过程范畴可能要归因于现代机器工业的认识论准则，技术的要求强化了根据过程来理解现象。过去的生产形式就不同，在那里既没有明显的机器过程如此经常性地要求按这样的方式来理解，也没有如此强烈的需求去清楚地认识实际发生的过程中的连续性。在这方面，工业社会的现代生活准则与过去流行的身份和剥削传统的准则之间的对照更为显著。

我们回到自然的良性秩序或者改良趋势问题——作为经济信念的一个信条，它的消逝并不是由于后来的古典经济学家针对其认识论上的不一致而对它进行的批评所导致的。作为一种所谓的对事实的说明，其价值受到检验，而有证据表明它并没有价值。对自动实现的趋势的信仰才刚刚被当做一种明确地适用于经济生活琐事的利益和谐的信条得到彻底而详尽的表述——比如在巴师夏（Bastiat）那里——就开始衰落了。凯尔恩斯以他惯常的简洁而尖锐的风格完成了对巴师夏的特殊信条的颠覆，并使其永远不会再被重新提起。但凯尔恩斯不是古典经济学的毁灭性的批评家，至少他并没有这样的意图：他只是古典学说的解释者和继承者——也许还是最明白、最忠实的继承者。他虽然驳斥巴师夏、怀疑巴师夏的特殊信条，但并没有把自然秩序完全从科学中清除。他限定并改进了自然秩序，在这方面与穆勒对快乐主义心理学原则的限定和改进非常相似。正如穆勒和他那一代人的伦理思想更多地把人性因素引进了快乐主义心理学一样，凯尔恩斯和科学方法的思想家们（比如穆勒和杰文斯）在物质因果过程中减少了人格的或者目的论的内容。这一工作当然绝不是凯尔恩斯一个人的成就；但他也许是经济理论的这种改进最好的代表。经过凯尔恩斯的修订，经济学的基础成为了一种无生气的常规观念。

在凯尔恩斯的时代，除了物理学之外其他领域的思想家的风尚是把他们的科学视为方法上的引导，视为他们努力认识的科学理论观念的正统。此外，物理学巨大而丰富的成就吸引了人们的注意力，对物理学中已经得到证实的方法引起了一种几乎是本能的偏向。这一领域中的思维方式为任何领域从事科学考察的学者所熟悉，渗透到了他们对任何主题的思考中。对英国的思想来说这一点尤其突出。

"自然法"只是经验上的概括，甚至只具有算术平均数的性质，这些已逐渐成为物理学中的常见现象。甚至现代物理学基本的先入之见——能量守恒定理，或者数量连续定理——也被称为是一种经验上的概括，是通过实验归纳验证得到的。确实，支持这个定理的所谓证据一开始就认为整个结论是理所当然的，而且在确定其真实性的论述的每一步中始终都将其当做自明的公理来使用；但这一事实强调了那些只承认经验概括惟一有效性的经验论者所坚持的不变信念，而不是对其表示怀疑。如果他们可以公开地承认知识的除联想之外的其他任何起源的话，他们将会看到，在联想的机械基础上来对机械事实的所有经验所依赖的前提进行解释是不可能的。经验应该源于除机械源泉外的任何一种起源，或者说，除了因此形成的经验基础之外的任何一种基础应该被允许成为任何一般原理的基础——这一观念与那些受过联想心理学学派训练的人所抱有的成见是矛盾的，不论在实践中他们必定在多大程度上违背这一观念。任何一种具有个人性质的因素都不能进入这些基本的经验概括；从而任何具有自主的或者目的论运动性质的因素，也不能被包括到被当做"自然法"的概括中。自然法一定不能包含任何程度的人的因素，更不用说一种较远的目的了；但除此之外，自然法依然还是包含了序列的"法则"。现在，自然法被简化成了无生气的东西，比如穆勒，他简单地把自然法描述为经验上确定的序列,甚至排除或者避免了所有因果连续性(按照对这个词通常的单纯理解)。在穆勒的观念中,序列的组成部分之间不再包含有机的联系或者连续性,而这些联系或者连续性是包含在因果关系中的,不是由"和"字来表示的。他致力于建立动态序列,但他始终把自己限制在静态的条件下。

从而,在联想心理学的引导下,在归纳研究中对不连续的陈述在那些经济学家——穆勒和凯尔恩斯是他们的典型——手中达到了极致,他们的名字已经与现代科学中的演绎法联系在了一起。他们清楚地看到,作为科学归纳前提的因果连续性观念本质上是一种形而上学的假设;他们否定了其不可靠的基础,从而避免了这种不可靠,而且把因果序列理解为并存和连续性的一种统一。然而,由于在考察者所考察的现象中没有什么地方能直接观察到一种严格的统一,因此就不得不通过对现象努力地进行解释以及不断的提取,并且还要考虑到干扰的情况来找到这种统一,不论在因果连续性受到否定的地方干扰的情况的含义是什么。在这种解释和篡改中,考察者怀着一种对自然序列的规律性的确信继续前行。"自然绝无大跃进":在知识的联想理论较为严格的界限中,这是一个没有内涵的公理。

在谈到序列的规律性之前,推理者必须选择一种观点,那就是认为序列满足还是不满足实现规律性的条件;也就是说,要认定研究的对象是不是一个序列。正如其他任何情况一样,这里也不能避免所有形而上学的前提。使经济学从早期古典阶段过渡到了现代阶段或者半古典阶段的联想论者选定一致性的形而上学阐述作为他们的引导性观点——从本质上说,也就是知识的联想理论的"类似"。如果不折不扣地完全接受联想论的话,这必须被称为他们的伪核心(*proton pseudos*)。一致性的观念在类似法则和均等法则中被证明是有效的,对现代心理学家来说,很显然两种法则中都假定了一个先于经验信息、控制着经验信息的真理的形而上学基础。但把一致性假定当做对科学真理的检验的优点是，这样做避免了一切对信息被赋予的实质进行的公开处理，而在因果观念的公开使用中，这种处理是必须的。作为知识的构成内容，信息相互之间是一致的；从而，可以就在这种一致性的基础上，通过一种逻辑上的合成和串联来对它们进行处理，而不需要科学家去寻找它们之间的动力学关系或者原动力关系，从而表面上避免了过程的形而上学色彩。如果单纯被当做理论综合体的各项环节的话，序列相互之间就是统一或者一致的；因此，它们就成为一种知识体系或者知识准则的元素，在其中，对理论真理的检验就是看知识体系与它的前提之间是否存在一致性。

所有这些情况下都有一种非常明显的讲求实效的表现，而且在表面上避免了所有关于实在或实质非经验的或者非机械的标准的形而上学虚假推断。就这样，构成这样一种知识体系的概括就由知识体系本身来说明了；而且如果按照与知识体系主要假定的一致性或者均等性适当地阐述了所谓同一性，理论考察也就完成了。

这一代经济学家系统性知识的具体前提，是某些特定的关于人性的非常简明的假定，以及某些特定的对物质事实稍微不那么简明的概括，①将其假设为机械上的经验概括。这些假定为常规提供了标准。无论什么样的事件状态或者事件进程，只要与这些假定一致，就是正常的；无论在任何地方发生了对事件的这种正常进程的偏离，都被归因于干扰因素——也就是说，都被归因于没有包含在科学的主要前提中的因素——而且这样的偏离是作为限制条件来考虑的。在科学所处理的事实中，这样的偏离和限制条件是经常出现的；但是由于与根本假定不一致，在科学体系中就没有它们的位置。那些构

---

① 比如参见凯尔恩斯，《政治经济学的特征和逻辑方法》(纽约)，第71页。

成了经济学家的理论知识的科学法则是正常情况的法则。正常情况在具体事实中并未出现。因此,用凯尔恩斯的话来说,这些法则是"假设的"真理;经济学是"假设的"科学。他们仅仅把具体事实当做按照根本假定来解释、从根本假设中抽象出来的事实。因此,经济学是一种正常情况的理论,根据与正常情况的相似程度来讨论生活的具体事实。也就是说,经济学是一门分类学。

当然,在这些经济学家的实际工作中,他们并不是始终坚持这种严格的常规观点;他们也并没有始终如一地回避单纯地把因果关系归因于所讨论的那些事实。在科学主题的细节研究中,他们就在很大程度上已经遗忘了因果序列仅仅意味着经验上的同一性这一联想论者的假定。尤其在穆勒那里,常规已经在明显的常识面前变得不那么死板了。但是科学的主要真理或者法则仍然是假设的法则;对科学实在的检验仍然是与假设的法则的一致性,而不是与事件的实际的一致性。

这样,视事件的关系或者序列为受到一种外在的、目的论意义上的因素有序引导的那种早先的、更古老的科学的形而上学,变成了一种常规的形而上学,它断言事件不是受到外在因素的限制,而是自身满足于正在确立的关系,满足于均等,满足于同质,满足于关于经济均衡条件的理论。它没有忽略,甚至可以说没有轻视经济生活的运动或者过程;但是,最终阐述的纯理论不是动态的理论,而是静态的理论。当然,这门科学的具体对象是经济生活过程——在这里是必然的——而且必须被当做有关所讨论的现象的动态问题的科学;但是,即便如此,这种动态问题的目标,是如何决定过程的结果以及结果的趋向性的理论,而不是一个过程理论。过程是按照它所趋向的或者应该趋向的均衡来评价的,而不是相反的情况。考察的终点是寻找过程的结果和系统实现均等的那一点。这一点并不是进一步的考察的起点。这门科学探讨的是一种平衡系统,而不是一种扩散(proliferation)系统。这正是它与后来的进化科学典型的区别。这门科学的这种典型倾向,使得它的代表凯尔恩斯在自然科学中寻找经济学的类似学科的时候如此容易地偏向于化学而不是有机科学。[①] 当然,凯尔恩斯所找到的化学是他那个时代公认的那种带有典型的分类学特征的化学,而不是后来那种实验意义上的遗传理论。

经济学的常态观所赋予的特性,似乎具有一种过于强烈的客观、公正的含义。在遵循古典传统的现代经济学家的许多著作中都有这种缺陷。甚至凯尔恩斯的诸多理论也是如此;但凯尔恩斯关于科学目标和科学方法的观念却不是这样。凯尔恩斯所接受和发展了的那些经济学家的理论,其实并没有根据绝对客观的基本态度来讨论正常情况。他们的理论中仍然保留了足够的较古老的目的论形而上学,因此而认为他们是自由放任的倡导者这种谴责显得是可信的。不受约束的人类行为,将带来最大的人类幸福这种功利主义的先入之见——本质上是自然权利的先入之见——在凯尔恩斯的时代就像"正常的就是正确的"这种假定所表明的那样,保持着强大的影响力。包括凯尔恩斯在内的经济学家们所关心的不仅是寻找什么是正常的、决定什么是正常的完美答案,而且他们还尽力去认可这种完美状态。正是对正常就是正确这种观念在某种程度上不加批判的、隐含的认同,为普遍流行的偏见提供了似是而非的基础,这一点引起了凯尔恩斯的注意。[②] 这种偏见就是政治经济学"认可"某一种社会安排,并"谴责"另一种社会安排。在论"政治经济学和自由放任"的文

---

① 《政治经济学的特征和逻辑方法》,第 62 页。
② 《政治经济学文集》,第 260~264 页。

章,以及论巴师夏的文章的大部分内容里,凯尔恩斯反对这种对两个实质上不相关的原理或者范畴未加批判的认同。但是,尽管这是凯尔恩斯实质性地发展了的许多经济学观念中的一个,他自己的结论还是表明他并没有彻底地脱离这种偏见,尽管他同这种偏见进行了非常有力的斗争。① 不必再指出在这方面大大受益于凯尔恩斯学说的许多后来的经济学家,仍然明显地抱有这种偏见。② 尽管凯尔恩斯在这方面无疑取得了相当大的成就,但他的成就只是减少而并没有消除他所反对的那种站不住脚的形而上学。

在凯尔恩斯对正常价值的附加说明里,③他以一种令人好奇的简洁形式表明了一般观点从万物有灵论意义上的目的论到分类学的进步。当他接受了这个新词所包含的后一种观点的时候,凯尔恩斯就变成了公认的理论结果的解释者。公认的理论结果不会遭到破坏性的批评。目标是在不足的地方对它们加以完善,并且去除那些可能不需要的或者科学的概括所不能涵盖的内容。在他的修订中,凯尔恩斯并没有承认——也许是没有感觉到——观点的任何实质性转变,或者理论实在公认的基础任何实质性的变化。但是他对一种非目的论的分类学的发展,仍然改变了他的理论探讨的范围和目标。对正常价值的探讨也许就是明证。

凯尔恩斯并没有满足于指出(像亚当·斯密一样)价值将"自然地"与生产成本相一致,或者由生产成本来度量;他也没有满足于指出(像穆勒一样)生产成本在长期"必然地"决定价值。"这……过于

---

① 尤见《政治经济学文集》,第 263、264 页。
② 指出下面这个问题也许是有趣的,斯宾塞先生的伦理学和社会哲学同样认同常态和正确性范畴,后来遵循古典传统的经济学家都可以认为是斯宾塞主义者。
③ "正常价值(亚当·斯密和李嘉图称之为自然价值,穆勒称之为必要价值,而对我来说,最好的名称似乎是我使用的这个词)。"《主要原理》(*Leading Principles*),纽约,第 45 页。

限制了这种现象的考察范围。"①他关心的不仅是决定价值趋向于正常价值的一般趋势,而且还关心限制这一趋势、决定价值所趋向的正常状态的那些特有的环境。他考察的是一个正常的经济系统内的价值现象,而不是与目的论的或者快乐主义的那种可辩护的完美状态相关的价值形式及其实现途径。因此,他的考察变成了对市场价值的环境的一种详尽但又有偏见的分析,分析什么样的环境是正常的;也就是说,分析约束价值的什么样的环境一般是有效的,同时又与经济理论的前提是一致的。只要这些有效条件没有被视为反常、从而没有被排除在理论考察之外,它们就是在任何现代工业社会里必然出现的快乐主义的评价过程得以产生的环境——这种环境强化了对事实产生快乐的能力的认同和评价。这种环境,不像在原来的生产成本学说中那样决定花费在有价值的物品的生产上的精力的数量。因此,正常(自然)价值不再(像亚当·斯密认为的那样,在某种程度上像继承他的学说的古典经济学家认为的那样)是价值理论中首要的或者初始的内容,市场价值是实质价值的一种近似表现,实质价值控制着市场价值。这种观点并没有像过去那样从陈述曾经被视为构成物品的实质价值的人力花费出发,把市场价值解释为物品实质价值近似的或者不确定的表现,而是从相反的方向来分析。这种观点的出发点是市场价值的范围,以及决定市场价值的议价过程。议价过程被当做不同的痛苦类别和痛苦程度之间的一个有差别的过程,这样一个议价过程的平均结果或者调和的结果就构成了正常价值。仅仅是由于痛苦经历与随之而来的花费(无论是劳动还是财富)之间一个假定的均等,如此决定的正常价值就被当做投入到有价值的物品的生产中的生产力的表现。成本仅仅被当做不同个人的牺牲或者

---

① 《主要原理》,第45页。

痛苦的不确定的均等，成本因素被淡化了；而被强化的议价过程被当做一个评价过程，被当做个人需求与供给之间的一种平衡，随之而来的就是相互需求法则逐渐替代了成本法则。与过去的生产成本理论相比，这里的理论显然更充分地考虑了决定价值的直接原因；但它考虑的是解释系统内各元素间的相互调整和相互作用，而不是要么解释一个发展的序列，要么解释一个预先决定的结果。

对生产成本理论的这种修正之所以采取相互需求原理的形式，在很大程度上是因为受到了以牺牲来表示成本这种一致的简化的影响——与过去的快乐主义者相比，这种简化得到了凯尔恩斯更为一致的贯彻，而且凯尔恩斯的继承者们将其扩展到了更广阔的范围。经过这种发展，成本学说不仅与新快乐主义的前提更为一致，因为它在更大的程度上强调了个人差别因素，而且它也为这一学说提供了一个更为一般化的经济行为，增加了它作为划分经济现象的普遍原则的有用性。在杰文斯和奥地利经济学家对快乐主义价值理论的进一步阐述中，同样的牺牲原理逐渐被当做理论的主要基础。

后来的经济学家的假定与穆勒和凯尔恩斯有很大的差别，我们在这里无法谈论这些后来的理论的基础。在此，只能谈一谈后来的这些发展非常普遍的特征；但即使是现有理论的这些普遍特征也不能与过去的思想阶段的相应特征等而视之。关于现在的或者过去不久的作家们在不同科学目标和基本态度之间，以及多少存在分歧的观点之间的自然选择方面的工作尚未产生影响；试图去预测在很大程度上存在于未来的选择结果是非常危险的。至于马歇尔教授、坎南先生、克拉克教授、皮尔逊(Pierson)先生、洛里亚(Loria)教授、施穆勒教授以及奥地利学派经济学家所提出的理论工作的方向，我们不需要马上判断他们是否延续了现代经济思想和考察。这里我们也不会试图为相对公认的两三个主要理论"流派"的观点作出定论,除了与这里的讨论有关的几个明显的发现之外,所谓的奥地利学派与新古典学派并没有太大的区别,不过是它们所强调的内容不同而已。现代的古典观点与历史学派和马克思主义学派的观点之间的差异更大一些——事实上,就同一个考察主题,前者的假定与后者的假定截然不同。因此,我们的考察只涉及最为明显地表现在上面追溯的古典经济学发展史中那一条完整的、连续的线索。甚至到了现代的古典经济学阶段,我们也有必要暂时将讨论的范围限制在一个与古典源泉关系尤为密切的谱系里,这个谱系同时又明显地适应于后来的思想习惯和知识方法。

在政治经济学的古典传统后来的发展中,凯恩斯(Keynes)先生[①]的著作也许是对学科目标和观念最为成熟的说明;而马歇尔教授的著作则是在古典传统引导下所取得的成就最好的例证。在凯尔恩斯的时代之后十二年或者十五年,凯恩斯先生解释了现代经济科学的目标,他的解释淡化了凯尔恩斯赋予这一学科的"假设"的特征;也就是说,他并没有明确地把经济学考察限定为探寻正常情况以及在正常情况下对事实的解释性归类。它更加充分地考虑了现代经济生活所有特征的起源和发展的连续性,更多、更密切地关注制度及其历史。这无疑(至少在一定程度上)要归因于来自德国经济学家的推动;它也反映了历史学派早期特有的那种特别含糊而混乱的反对态度。对于认为经济学是一种与"经济观念"有关的"规范科学",或者是一种与"经济规则"有关的"应用经济学"这种概念,凯恩斯先生表现出一种宽容的态度。他这种态度体现的理论上的含糊不清来自于

---

① 这里指的是约翰·内维尔·凯恩斯(John Nevil Keynes),也就是《就业、利息和货币通论》的作者约翰·梅纳德·凯恩斯的父亲。——译者

同一个外来源泉。① 凯恩斯先生对一贯的分类学观念并不完全的违背表现在他尝试性地采用了历史的、演变的阐述，也表现在他经常倾向于如此定义经济学的范围：不是对那些公认的非经济现象加以排除，而是用一种将所有现象都视为经济事实的观点来定义经济学的范围。他对这门科学的特征的描绘不是通过凯尔恩斯采用的那种限定事实范围的方法，②而是把经济学视为对人们经济活动中的所有事实的考察。不再有专属于经济学学科的特定现象，经济学关心的是从经济利益的角度来看任何以及所有有关的现象。凯恩斯先生并没有完全走到后一种主张所指示的地步。他发现政治经济学"处理的是人类社会的经济活动中出现的现象"；③尽管他从中得出定义的这种论述也许是说人类社会的所有活动都有经济含义，从而都应该用经济学观点来解释，但凯恩斯先生并没有从他的这种阐述中得出这一宽泛的结论。也不能说现代政治经济学实际上已经呈现出这种极端的情形所赋予的范围和特征。

上述引言所出自的章节在其他相关方面也非常重要，同时也是最有效的现代古典经济学的重要特征。经济学的主题逐渐成为了人类的"经济活动"，以及这些活动表现出来的现象。因此，比如马歇尔教授的著作从其目标上来说就是从理论上解释人类的经济活动（即便并没能时时做到这一点）——也就是考察使人成为经济行为人的物质生活资料的评价过程的各种形式和分支。经济学也考察均衡条件以及静止的正常状态的决定。它并没有明确地考察文化或者制度的发展，而文化和制度的发展受到经济要求或者所分析和描绘的行

---

① 《政治经济学的范围和方法》(*Scope and Method of Political Economy*)，伦敦，1891年，第1、2章。
② 《政治经济学的特征和逻辑方法》，比如见第2讲，尤其是第53、54、71页。
③ 《政治经济学的范围和方法》，第3章，尤其是第97页。

为人的经济利益的影响。任何赞同马歇尔教授伟大著作的读者——几乎是每一个读者——在他的著作中都会感觉到一种迅速而平稳的运动,以及各部分之间的相互作用;但这种运动纯粹是一种想象的、自我平衡的机制,而不是一个累积式演变的过程,或者对累积式演变的要求的一种制度上的适应。分类学的意义毕竟是其最主要的特征。同样重要的一点是,即使在讨论经济过程极具动态性质的特征的时候,比如不同的劳动力或者不同的工厂的不同效率,消费者的不同利益,马歇尔教授还是采用了得到广泛承认的租金这一实质上属于分类学的范畴。租金是一个金钱的范畴,一个收入的范畴,其实质是工作或者利益的一种最终条件,而不是一个变化的条件。① 它不是生产活动过程的一个要素或者一种特性,而是一种金钱现象,它源于给定的常规环境中的这个生产活动过程。在经济理论中,租金概念的使用范围无论多么广泛,无论历经了多少变化,它仍然还是像起初那样属于收入的类别。它是一个金钱的而非生产的范畴。用租金概念来阐述生产过程理论——就像马歇尔教授的著作那样——变成了根据生产的剩余(residue)来表述生产过程。尽管马歇尔教授对准租金和其他类似概念的说明具有伟大和恒久的价值,但他努力用一个结论性体系来展示一种流畅的过程使得这种说明过于庞大、难以处理并且不一致,希望这种说法并不显得太过专横。

在凯恩斯先生把政治经济学的特征视为"实证科学",并认为"其惟一原则是实现经济的一致性"②的时候,对纯粹的分类学时代有一种古怪的怀旧情绪;而且在他采用联想论者的方法把自然法解释为"一致性"的时候,凯恩斯先生的观点也由马歇尔教授所证实了。③

---

① 在这里,当然是在现代心理学所讨论的意义上来使用"利益"这个词。
② 《政治经济学的范围和方法》,第46页。
③ 《经济学原理》,第1卷,第1篇第5章第6节,尤其是第105页(第3版)。

但残存的这些以及其他分类学术语,甚至分类学的过程标准,并没有妨碍现代经济学家们有效地形成一种特征,这种特征必须被视为演变的而非分类学的特征。马歇尔教授在经济学中的成就与阿萨·格雷(Asa Gray)在生物学中的成就是一样的,他在很大程度上遵循了"系统植物学"传统,并坚持这方面的术语,而且大体上也支持其观点,同时还将此学科的进步大大推进到分类学以外的范围。

马歇尔教授表现出把经济生活当做一种发展的渴望;而且至少从表面上看,他的许多工作表面上属于这类讨论。在这种努力中,他的工作成为了后来许多经济学家仿效的典范。这一目标在他的《经济学原理》中不断重现。他所选择的格言是:"自然绝无大跃进"——这个格言也许指明了现代经济学家对待经济发展问题以及对待分类问题和经济政策问题的态度。他对发展的连续性、社会的经济结构的主张属于后来的一类古典政治经济学的典范。所有这一切赋予其著作一种进化论的氛围。事实上,我们可以对新古典经济学①(neo-classical economics)与早先一代达尔文主义者的观点进行比较(新古典经济学的任何代表人物可能都不会感到这是一种冒犯),虽然这种比较在某种程度上不得不仅限于那些表面特征。现在的经济学家一般来说普遍都是进化论者。他们像其他人一样普遍接受进化论的一般结论,进化方法正是按照这些一般结论向前发展的。但在他们自己的科学中,用进化论者的方法对待事物的习惯在经济学家中间的接受程度还是非常不确定的。

进化科学最重要的假设,也就是始终作为考察基础的先入之见,是一种累积性的因果序列观念;进化经济学家习惯于承认他们所处理的现象受到这样一种发展规律的约束。赞同这种主张的表达无处

---

① 这是在经济学文献中首次出现"新古典经济学"这种提法。——译者

不在。但是，经济学家们还没有得出或者想到一种让经济学考察可以始终在进化假设引导下进行的方法。以马歇尔教授为代表，尽管经济理论的阐述没有被视为是通过对经济制度和其他因素的发展变化的考察而得出的，但所得出的定理却被认为不但适用于（而且这无疑是合理的）过去的发展阶段，并且还有所保留地适用于未来的发展阶段。① 但应用于不同发展阶段的这些定理并没有对发展的序列进行解释，也没有对其变化的范围进行限制。它们很少（如果不是没有的话）谈到演替的秩序，很少谈到任何给定阶段的始终，也很少谈到任何给定的经济惯例或者安排与其他惯例或者安排的因果关系。它们表明了任何创新都必须服从的生存条件（假定创新已经发生），却没有表明变化发展的条件。当从进化的角度来分析，"一致性的说明"这种经济法则就成为具体情况下关于持续创新的上限和下限的定理。② 只有在这种消极的、不带普遍性的意义上，现在的经济法则才被看做是发展连续性的法则；另外，迄今为止，即使从这个意义上来说，经济学家对这些法则的应用也不多见。

再者，作为应用于给定情况下的经济活动的法则，作为调节均衡的经济活动的法则，这种经济法则大体上是把经济活动限定在给定目的内的法则。它们是把人们生活中的活动所追求的其他利益都限定为经济（一般来说是金钱）利益的定理，而不是关于经济利益在创造一般的生活体系时采取的方式和影响程度的定理。它们在很大程度上阐述的是经济需要正常的限制性效应，而不是在生活习惯和思想习惯的激发和引导下，通过经济利益对人类行为的累积性修正和

---

① 比如见马歇尔教授对坎宁安教授的回应文章，载《经济学杂志》（*Economic Journal*），1892 年，508 转 113 页。
② 这里最好的证据，是马歇尔教授在前引的回应文章中对李嘉图的地租法则的说明。

改变。这当然并不是说经济学家在将经济需要主要地归于文化成长方面是迟钝的,而是说(尽管我们反复提到这种主张)构成经济学说的框架的这些法则,当把它们看做对因果关系的概括的时候,是守恒的法则和选择的法则,而不是演变的法则和扩散的法则。这方面的事实(这只是一种老生常谈的概括)详细地表现在地租、利润、工资的法则,表现在生产报酬的增减、人口、竞争价格、生产成本之类的基本定理中。

与新古典政治经济学这种准进化的性质相一致的,或者说作为它的一种表现的,是今天对"正常"和经济"法则"这些词的进一步阐述。这种法则中性地不断发展,直到不能再把它看成承认它所应用的现象的常态的概念。① 它们作为行为法则的含义在增加,尽管它们仍然用快乐主义的词汇来阐述行为;也就是说,根据感觉上的效应来分析行为,而不是根据目的论的内容来分析行为。与过去相比,这种科学观点更加不带个人色彩,但它仍然关注的是人类行为的次要方面,而不是过程本身。用于认识科学家所分析的经济行为的范畴不是这样的范畴,在其中,行为人直接根据行为本身来理解自己的行为。因此,经济行为对于经济学家来说在某种程度上仍然是神秘的;当讨论到这一核心的、实质的事实的时候,他们被迫只能满足于一些大致的轮廓。

当然,所有这些论述目的不是去指责过去的工作,也不是要去贬损过去一代经济学家所阐述的理论,或者他们给经济学带来的这个庞大而令人钦佩的知识体系;我们的目的只是要指出,在经济学后来的阶段,它的考察方向——并非总是完全有意识的——在它的范畴

---

① 比如见马歇尔《经济学原理》,第 1 篇第 5 章第 6 节,第 105~108 页。同样的中性发展在其他大多数现代作者的理论中也很明显,比如克拉克、坎南和奥地利学派经济学家的理论。

和观点上发生了转变。现代社会生活中被现代科学大大强化了的那些规律,尤其是工业生活中的规律已经脱离了我们关于自我引导的生活的非人类现象的知识,已经把这些知识简化为含糊的因果序列的内容。这从而使行为人自主的、目的论意义上的行为的范围变窄了;迫使我们关于人类行为的知识(就其与非人类现象的区别来说)进入到目的论的范畴。尺磅、卡路里、生产的几何增长、资本的投入量,都没有被同样陌生的习惯、倾向、态度、惯例的名称所替代,似乎也没有任何替代的可能性;但继续根据前一类概念进行的讨论越来越多地寻求后一类概念的支持。

克拉克教授的经济学[1]

过去一段时间以来,经济学家们一直翘首以待现在终于面世的这样一份关于克拉克先生学说的全面陈述。现在出版的这部著作[2]主要目的是"为更一般的进步法则提供一个简要的、临时性的陈述";虽然这本书也简明地重述了在他的《财富的分配》中已经以较完整的形式阐明的"经济静态学"法则。尽管简要,但应该把这本书视为具有系统上的完整性的一部著作,它包括了克拉克理论体系的所有关联的"要素"。这样,本书的出版就是一个有着不同寻常的影响和结果的事件。

在这一代经济学家中,克拉克先生是一位著名的、权威性的人物。经济理论的任何严肃研究者都不会不充分了解他对经济学的发展。也没有任何这样的研究者不会受到克拉克先生对任何理论观点的阐述中取得成就的巨大影响,在那些最需要指导的领域,许多人都把信任的眼光投向他。任何一个对现代理论有兴趣的人几乎都从他那获益匪浅。同时,他也具有非凡的才能,在他所从事的领域内赢得了其他研究者的好感和关注。然而,作为评论家,在此笔者必须不带个人感情色彩地将克拉克先生的工作当做现代经济理论的一个阶段

---

[1] 原文载《经济学季刊》,第22卷,1908年2月,经许可重印。
[2] 约翰·贝茨·克拉克(John Bates Clark),《经济理论的要素:对现代工业和公共政策问题的应用》(*The Essentials of Economic Theory, as Applied to Modern Problems of Industry and Public Policy*)。纽约:麦克米伦公司,1907年。

来进行评论。

克拉克先生在经济学家中的地位,不仅仅从一个方面让我们回想起一百年前经济学中的许多伟人。他像他们一样严格地把握了原理,即在适当的序列和相互关系中,体系的广泛定理得以产生的"要素";像古典时代的大师一样,虽然克拉克先生始终是一位理论家,从来不会转向那些与理论不一致的临时性问题,但他却受到对当前现实问题的警觉和关切的驱动。尽管他的目标是理论上的,但却总是着眼于当前事务的理论问题;他的思考受到对改善大众福利的巨大同情心和强烈的兴趣的驱使。

但是,他与过去的经济学大师的关系不只是相似,而且有着某种实质性的联系。从精神上的密切联系来看,他是19世纪的大部分时间支配着经济学的古典学派的代表。与同时代的那些竭力支持边际效用学说的人不同,克拉克先生确实是古典学派的代表。不像奥地利学派的那些代言人,克拉克具有认识到古典学说与他自己的学说之间的连续性的洞察力和勇气,即使在他提倡对古典学说体系进行巨大变革的那些方面也是如此。尽管他的理论体系实质上包含了理论家们一致公认的、奥地利学派对经济学所作出的贡献的所有内容,但他的成就不是在奥地利学派的引导下取得的,而显然是通过持续地发展了过去一代经济学家的理论而取得的。[①] 另外,在经济学的心理学假设方面,他像杰文斯和詹姆斯·穆勒那样直率地、真诚地、不加批评地接受了快乐主义。在这方面,他的工作就像奥地利学派理论家的最好的工作那样,忠实于古典学派的标准。他同样毫不犹豫地把对快乐和痛苦的计算当做不可废除的行为基础和混乱状态的解决办法,他同样把所有的现象都简化为"正常的"、"自然的"、建立

[①] 比如见《财富的分配》(*The Distribution of Wealth*),第376页的注释。

在快乐主义的计算基础上的生活体系。用斯图亚特的话来说,即使在准备求助于"猜测的历史"的时候,克拉克先生的工作与早期的古典学派和后来的(杰文斯—奥地利学派的)边际效用学派都是一致的。他具有两个学派的优点,也结合了两个学派的缺点。但是,因为他的观点在广度和丰富性上都超越了这两个学派,与杰文斯—奥地利学派的代言人相比,他的理论体系是对现代经济学更为完整的表达。我们这里的目的是把克拉克先生的工作作为一个完整的、一致的现代经济理论体系来讨论,而不是把它当做克拉克先生所特有的或者不同于现代经济学主体的学说体系来讨论。

自从快乐主义渐渐支配了经济学以来,这门科学大体上已经成为了一种分配理论——所有权的分配和收入的分配。对于古典学派以及那些表面上持与古典学派相对立的态度的理论家来说,都是如此。例外的情况在后来才出现,而且相对较少,在把快乐主义的假设作为其出发点的经济学家中没有这种例外的情况。与快乐主义精神相一致,这种分配理论集中于一种交换价值(或者价格)学说,根据(正常)价格阐述其(正常的)分配理论体系。这种理论的兴趣在于正常的经济社会是一种商业社会,它以市场为中心,它的生活系统是一个得失系统。即使有相当多的注意力表面上集中在消费和生产上,在这种理论体系中,也是根据所有权、价格以及获得物来分析消费和生产,从而实际上将它们简化为分配上的获得物的学说。① 在这方面,克拉克先生的工作符合公认的标准。"经济理论的要素"就是快乐主义分配理论的要素,它们在相关主题上有各式各样的反映。克

---

① 比如见约翰·斯图亚特·穆勒的《政治经济学原理》第 1 篇,马歇尔的《经济学原理》第 1 卷,第 2 到第 5 篇。

拉克先生经济学的范围事实上比其他许多人更为紧密地限制在分配概念上,因为他始终从价值出发来分析生产,而价值是一个分配的概念。

正如克拉克先生正确地指出的那样(第4页),"要对社会事实进行有益的研究,就先要了解……生产的初始的、一般的事实"。在这本书的开篇几页,就像类似的其他著作一样,反复提到构成现代复杂体系的较为基本和简单的经济生活体系,并且反复指出,为了理解在更高、更复杂的经济发展阶段中发挥作用的力量,必须理解这些力量在简单的生活体系中发挥作用的不成熟形式。实际上,对于并不是非常熟悉克拉克先生经济学的范围和方法的读者来说,开篇的这几页会让读者认为,他准备进行某种演变的研究——从其起源开始,对经济制度的演变的一种研究。看起来一个进化论者似乎会选择这样一种有意图地了解现代研究状况的方法,他将从表明什么样的力量在初始经济社会中发挥作用开始展开研究,然后追寻这些因素在后来的发展阶段中以什么样的形式发生累积式的成长,表现出什么样的复杂性。但这并不是克拉克先生的意图。他求助于"初始生活"的结果,只是把它放到显著的位置上,在一种非常虚幻的意义上,这些特征是根据正常的竞争体系来解释的。这些离题的"初始生活"最好的借口是,它们对这本书的主要论点起不到任何作用,属于无害的、适度的错误信息。

在初始的经济情形下——也就是说,在野蛮的、较低级的未开化时期——当然没有住在洞穴里或者其他什么地方的"孤独的狩猎者",也没有什么人"通过自己的劳动得到他使用的所有物品"等等情况。事实上,"只为自己工作的一个人的经济"、"与生俱来的劳动和资本的生产力对他来说是至关重要的"这些说法都是极为华而不实的错误信息,因为这样的表达为了强调微不足道的特征而忽视了这种情况下的主要事实。毫无疑问,至少从人类成其为人以来,经济单位都不是一个"孤独的狩猎者",而是某种类别的共同体;在其中,在早期阶段,最重要的因素是妇女,而不是为自己工作的男子。这样一种共同体——比如加利福尼亚以植物根系为食的印第安人部落——所拥有的"资本"几乎可以忽略不计,这些东西对古玩收藏家来说更有价值,对这个部落的女子来说,失去这些资本不是什么大不了的事。对她们来说,纯粹依赖集体生活的"至关重要的"东西,是女人们积累的智慧,是她们的经济状况下的技术。① 篮子、挖掘棍和研钵只不过是物体,损失它们并不重要,但是女人们关于土壤和气候的知识,关于食物和纤维植物的知识,关于机械设施的知识的损失,却可能意味着共同体立刻会瓦解,人们将会饿死。

这看起来像是指责克拉克先生缺乏关于挖掘植物根系的印第安人、爱斯基摩人以及旧石器时代社会的详细知识。但对于经济理论来说,这一点并非无足轻重,尤其是对于那些主要分析资本及其在经济发展的不同阶段的使用问题的"经济动态学"理论来说,更是如此。在原始文化中,机械器具的数量和价值相对来说并不重要;集体在一个特定的时候是否确实或多或少拥有这些器具,并不是最为重要的问题。这些东西——有形资产——的损失只会带来暂时的不便。但是,包括在生产和使用这些器具的方法中的那些积累下来的、日常的知识是长期的经验和实验的结果;在普通的技术信息体系给定的情况下,可以很容易地获得和使用适当的器具。生产中所使用的普通知识的庞大体系,是集体的产品和遗产。它的要素,也就是使这些普

---

① 比如可以参照巴罗斯(Barrows)的《考维拉印第安人的人类植物学》(*Ethno-botany of the Coahuilla Indians*)。

通知识得以运用的那种众所周知的"资本品",并不是什么重要的东西——实际上每个人都可以获得。在这些情况下,"资本品"的所有权并不重要,而且就实际情况来说,利息和工资都是未知的,"资本的盈利能力"并不被看做"受到资本品的一种特定生产力的支配"。但现在的情况已经变化了,这种变化被称为"生产技术"的进步。使普通知识产生影响所需要的"资本"大大地增长了,因而要获得这种资本就越发困难。由于相当数量的资本"难以获得",器具及其所有权就成为重要的东西;这种情况愈演愈烈,到了现在,有效的生产所要求的设备,是普通人终其一生都不敢奢望能够获得的设备。关于设备的生产和使用方法的普通知识,人类积累的经验,仍然在共同体中,并经由共同体得到传播;但是,在现实中,"生产技术水平"的进步,使物品的所有者可以垄断前人的智慧以及人类积累的经验。因此,"资本"目前的状况就处于克拉克先生所设想的组织的增长(institution's growth)阶段。①

因此,自由竞争的"自然"体系,或者像过去所说的那种"明显而简单的自然的自由体系",就达到了资本组织(institution of capital)的发展阶段;像在其他文化发展阶段一样,它对永恒的控制权的要求同样是非常明显的。它所要求的公正,或者"自然的公正",显然只有在以下情况下才是公正和公平的:它所依赖的所有权传统,继续是共同体制度设施的一个可靠的主要部分;也就是说,只要这些传统是共同体思想习惯的重要部分,这种要求就是正当、公正的;或者说,只要

---

① 根据克拉克的理论,由于分工的作用,社会分成了各种各样的团体(组织),劳动和资本在团体中流动。组织形式的变化是他的所谓"动态学"的一个重要内容。参见《财富的分配》(商务印书馆,1983年,中译本),第5、6章。在这里,凡勃伦强调的是组织对"资本"的占有,也就是资本的所有权。——译者

这些事情目前被认为是正当、公正的，它们就是正当、公正的。克拉克先生这种标准的或者"自然的"状态，非常接近于西尼尔的"人的自然状态"——假定的完美的竞争体系；经济理论就是根据假定的竞争体系对现象进行定义和分类。

这样看来，除了消极的影响之外，克拉克先生对过去的发展阶段的处理可能是不值一提的，因为这种处理与当前的状况没有理论上的联系，甚至与那种经济生活现象被假定为会自己达到一种稳定的、正常的状况的"自然"状态也没有理论上的联系。但他对未来的处理，以及对被视为包含了"动态"因素的现在发展阶段的处理，实质上是同一种处理。在西尼尔的"人的自然状态"作为经济事物常态基准的情况下，现在和未来的发展问题被当做了偏离正常状态的问题，是一些这个理论甚至不考虑去加以解释的失常和极端的状况。当这些"自然力量本身明显的反常"(见第 22~24 章)发生的时候，理论考察的任务就是要说明必须作出何种改正从而回到正常的静止状态，以及对达到这种有益的结果应该采取何种方法提出建议。目前的经济发展现象给克拉克先生提出的问题是：如何才能阻止它的发展？或者(如果做不到这一点的话)，如何才能引导这种发展，或者将其对正常状态的偏离减少到最小？他的理论中根本没有对导致目前(糟糕的)局势的那种变化的动态特征的考察，也没有考察使这种局势进一步发展的那些力量的过程和趋势。克拉克先生使用的"动态"这个词根本没有包含这些内容。他的理论所包含的(第 12~21 章)只是推测在一个或者更多的数量发生增减的时候，均衡如何得以自己重新建立。除非作为对说教式的说法的挑衅，他没有注意到数量以外的变化。甚至变量中可能发生的数量变化的原因和范围，也没有包含在他的经济动态学理论中。①

因此,这本书中的许多内容以及这本书的理论体系就像后十八章(第 372~554 页)所包含的那样,是一种说明,是对不满及其纠正方法的一种说明,其中零星地带有一些理论问题,而没有恰当地组成理论的一个部分,无论是静态理论还是动态理论。我们这里的目的不是反对克拉克先生对待当前经济形势的确定特征的那种坦率直言的不满态度,也不是不同意他认为恰当的、必需的那些纠正方法。我们在这里谈到的他的著作中的这部分内容是想要让大家注意到作为竞争体系(它被视为自然秩序的一个元素)的代言人,克拉克先生的著作中表现出的那种温和却又强硬的语气,并且想要让大家注意到这并不是经济学理论。

另一方面,这本书里被特别列为经济动态学的理论章节(第12~21 章)完全可以放在静态学这个标题下。如前述,它提出了变量之间均衡的一种理论。事实上,克拉克先生的前提决定了他只能对理论进行静态的发展。要了解他的动态学实质上的静态特征,只需要看看他的第 12 章(经济动态学)就行了。"从而,一个非常动态的条件是这样一个条件,在其中经济有机体迅速地变化,然而在其变化期间的任何时候,都相对地接近于一种特定的静态模式。"(第 196 页)"在任何时候实际的社会形态并不是那个时候的静态模式;但它却趋向于与静态模式相一致;与变化的力量并不活跃的社会相比,一个非

---

① 应该如何科学地评价这些工作呢:一个植物学家努力研究中和植物的生态差异的方式方法,或者一个生理学家将重新恢复阑尾和松果眼的功能,或者谴责和惩罚副王蝴蝶(Viceroy butterfly)的模拟色看做其科研工作的目的? 如果,比如洛布(Loeb)先生用几十页的内容去讨论他自己与他用单性生殖方法培育出的海胆蛋之间的父母关系带来的道德责任问题的话,那么这种举措有何种科学兴趣呢?

这些被克拉克先生称为"积极的反常"的现象可能是令人厌恶的、麻烦的,"但做法律上存在困难的事情的经济必然性"并不是"理论的要素"。

常动态的社会更接近这种趋势。"(第197页)社会越"动态",就越接近静态模式;当到达一个理想的动态社会的时候,用克拉克先生的话来说,这个社会将有一个无摩擦的竞争体系,在这个社会,除了其规模增大之外,静止状态也会实现——也就是说,理想中完美的"动态"与"静态"是一致的。克拉克先生的动态概念自己变成了一种不完美的静态概念,但在这种意义上,那个高度的、真正的动态条件从而就更接近于静态条件。应该指出,在克拉克先生看来,无论静态还是动态,都不是静止状态。两种状态或多或少都有着强烈的活动性,实质性的差异是,在静态中,活动是完美进行的,没有滞后、漏洞或者摩擦;各组成部分的运动如此完美,从而不会扰乱均衡。在这两种状态中,静态是更"动态"的状态。"动态"的条件实际上是一种被扰乱的静态条件;而静态是绝对完美的,是竞争体系"自然的"分类标准。这种动态—静态可能会在各要素的数量上发生变化,这些要素在均衡中是相互控制的,但这些要素只不过是数量上的变量。克拉克先生在动态学的标题下讨论的变化都有这样的特征——包含在等式中的各要素的绝对量或者相对量的变化。

但我们并不是反对克拉克先生使用"静态"和"动态"这些词,除了其偶尔的缺点之外,我们要考察的是这种经济学的优点。克拉克先生的著作对这样的考察特别有用。它是明晰的、简练的、坦白的,它没有见风使舵的委婉,也没有政治上的感情做作。克拉克先生的前提,以及他的考察目标,都属于标准的英国古典学派(包括杰文斯—奥地利传统)。这个经济学派坚持常态和"自然法"的前进化基础,这是19世纪早期理论科学的主体。它就像其他那些来自18世纪的理性主义和人道主义观念的理论科学一样,因为它的理论目标是分类学——定义和分类——目的是将其事实资料包含到一个假设构成了自然秩序的合理的范畴体系内。这种自然秩序,或者自然法王国,不是物质事实实际的状况,而是按照适合分类学家关于嗜好、逻辑一致性和公正的意义的需要来解释的那些事实。真理问题和范畴的适当性问题,是关于分类学家对嗜好和倾向的一致意见的问题;也就是说,他们是对涉及应该是什么的问题方面培养起来的人性的一种表达。这样来解释的事实构成了事物的"正常"或者"自然"的状况,这些是和理论家有关的问题。理论家的任务,是将事实纳入这种"自然"范畴体系框架中。与分类经济学家的这种科学目的相联系的,是发现和倡导政策的适宜做法这种注重实效的目的。从后一种意义上来说,克拉克先生无疑忠实于这个学派的基本态度。

包括克拉克先生及其同时代经济学家在内的古典学派是快乐主义者和功利主义者——快乐主义表现在其理论中,功利主义表现在其注重实效的观念和努力中。使经济理论的这一流派得以形成的快乐主义假定具有一种静态的范围和特征,从中发展起来的只是静态理论(分类学)。① 这些假定以及由此产生的定理,考虑的只是数量上的变量,而仅有数量上的变量不会引起累积性的变化,因为累积性的变化取决于同类的变化。

以克拉克先生为典型代表的这种经济学,从来都没有进入累积性变化的领域。它没有着手处理现代科学所探讨的那一类问题,即起源、成长、变化、过程这些问题(简言之,就是动态关系问题),而是

---

① 明显的事实是,即使是从赫伯特·斯宾塞的聪明才智中也只能提炼出来自他的快乐主义假定的分类学;比如他的《社会静力学》(*Social Statics*)。斯宾塞是进化论者,也是快乐主义者,但只有通过使用与理性的快乐主义主体不同的其他要素,比如习惯、错觉、有用和无用、偶发性变量、环境力量等,他才能在演变科学中取得某些成就,因为只有借助这些要素,他才能进入累积性变迁的领域,这是现代的后达尔文主义科学得以形成、发展和变化的领域。

把它的兴趣局限在狭小的机械现象范围的定义和分类上。像其他分类科学一样,快乐主义经济学没有、也不能处理发展现象,除非从数量的意义上把发展理解为大小、体积、质量、数值、频率上的变化。在其分类学工作中,这种经济学像克拉克先生所做的那样,始终把自己限制在一种机械的、静态的性质上,并以此为基础来选取它的类别范畴。具体说来,就像古典时代的经济学大师们传下来的那样,它实质上局限于土地、劳动、资本以及相关的地租、工资、利息这些概念的决定性作用以及对这些概念的改进。正常的、机械的界限和这些不同概念的范围被热心地、极其小心翼翼地设计出来,绝对真理的检验标准就是快乐主义的运算。惯例和习俗的事实不是这种机械改进的根本。在机械的意义上,这些不同范畴是相互排斥的范畴。这些范畴所覆盖的现象不属于机械事实,这种情况并没能干扰对这些现象的机械特性的寻求。它们在任何地方都不重合,同时它们之间又包含了所有与这种经济分类学有关的事实。事实上,为了逻辑上的一致性,它们需要包含这些事实。从快乐主义的意义上说,它们是这种分类力量的快乐主义的"自然"范畴,这种分类力量的元素是相互分裂的,不管惯例和习俗如何,它们都贯穿在任何给定经济情形的事实中,即使是在这种分裂没能被人们看到,或者被习俗认可的情形下也是如此;这样,从分类学实在的观点来看,比如一群举着靶子、念着咒语穿行在海草间和浪尖上,去捕获海贝的一群阿留申群岛的土人,也被看做在追求地租、工资和利息的快乐主义的均衡。无非就是这样一种情况。事实上,对这种经济理论来说,任何一种经济情形无非都就是这样一种情况。快乐主义的数量在不同的情形是各不相同的,但除了快乐主义的平衡的算术细节上的变化外,从经济理论的角度来说,所有情形都是相似的。①

我们来看看这种坚定的分类法在算术上的细节。现在的目的是说明,作为一种应用于现在的事实的理论,更明确地说,作为一种"应用于现代工业和公共政策问题"(见扉页)的理论,当前的经济科学有哪些特征。就这个目的来说,在理论结构的各组成部分中观察到的序列并不是实质性的内容。古典理论的结构对所有研究者来说都是很熟悉的了,克拉克先生的改编也没有严重地偏离古典传统。对古典传统的偏离可能发生在细节上,一般来说是细节上的改进;对细节的修订并不影响相互间的有机关系,而且各细节也不会以一种革命的趋势,或者放弃古典传统的方式相互支持和巩固。

我们从这一角度来考察克拉克先生的资本理论。他的资本理论与费雪先生、费特(Fetter)先生这一类作者广泛流传的理论,并没有本质的区别;尽管克拉克先生对"资本概念"的说明,有某些特有的形式上的区别。但这些特性只是得出概念的方法上的特性,而不是概念本身实质上的特性。对资本性质主要的讨论,集中在第 2 章(经济物品的多样性)。这里提出的资本概念是这个体系的根本,这部分是由于这个理论体系所赋予的资本重要的地位,部分是由于资本概念在任何处理当前(资本主义)局势的理论中都必须具备的重要性。他列举了不同类别的资本品,但在这种列举中表明,按照克拉克先生的理解——与费雪的观点不同——人并不包括在资本项目中。尽管没有明确地指出,但从他的论点中也可以清楚地看到,只有物质的、有

---

① "如果要正确测量资本品对于生产的价值,就不得不将它们划分为各种单位。我们得到的马铃薯可以追溯到挖马铃薯的锄头。……我们只是要努力确定一把锄头的损失对我们来说有多糟糕,或者修复一把锄头对我们来说又有多好。像前面所说的一样,这种真理在经济学中得到了普遍的应用;对原始人和文明人来说,都必须估计他们使用的工具特殊的生产力。"第 43 页。

形的、从机械的角度来定义的财富品，才会构成资本。按照现在的用法，在商业社会，"资本"是一个金钱的概念，而且当然不是按机械条件来定义的；但克拉克先生坚持快乐主义的分类学，忠于机械划分标准，在物质的基础上划定他的范畴的界线；由此，资本的任何金钱概念都不予考虑。无形资产，或者无形财富在他的理论中是没有位置的；克拉克先生异常敏感而又坚定地避免这种现代的观念。他对于无形资产之类的观念所持的态度给人的印象是它们过于虚幻而不值得关注，甚至不值得去反对和驳斥。

在这里，就像在克拉克先生著作的其他地方一样，理论主要是由在概念上有区别但实质上却是一致的"资本"和"资本品"的两个事实构成的。这两个词所包含的事实与"金钱资本"和"生产设备"这两个词所包含的事实，实质上是相同的。无论从哪方面来看，它们与费雪先生使用的"资本价值"和"资本"这两个词都是一致的，尽管克拉克先生可能会在技术上反对将他的范畴等同于费雪先生所使用的范畴。① "资本是生产品的永久基金，它的构成要素的特性永远处于变化之中。资本品是这个永久的总和的变化中的构成要素"（第29页）。克拉克先生承认（第29～33页），资本被通俗地说成和想成是一种价值，但他坚持认为从实质的事实来说，所应用的资本概念（应该）是"生产品的一种基金"，应该被当做一个"持久的实体"。"生产品的一种基金"这句话本身令人难以理解地混合了金钱的概念和机械的概念，尽管"一种基金"这个金钱的表达形式在这里可以被当做一个恰当的比喻。

当克拉克先生谈到资本的流动性的时候（第37～38页），他自己用到作为由一系列组成机械设备的生产品构成的一个物质上的"持

---

① 参见他在《政治经济学季刊》(1908年2月)上的文章对费雪先生的概念的批评。

久实体"的这一资本概念时,这个概念就出问题了;也就是说,他一使用这个概念就出问题。尽管在他的论述中有很多地方都表现出了这个概念的缺点,但我们举出一个例子就足够了。"资本从一个产业到另一个产业的转移是一种稍后才需要考虑的动态现象。这里重要的是这样的事实,资本大体上实现转移并不需要资本品发生转移。一个设备在某个产业中发生磨损,却没有被同一产业内的相同设备所替代,而是被用于不同生产环节上的不同类别的设备所接替"(第38页)——在前一页附有投资从捕鲸船向纺织厂的转移的插图。在这种阐述中,他所说的"资本的转移"显然是投资的转移,也就是说,确实像克拉克先生指出的那样,这不是物体从一个产业到另一个产业的机械上的转移。说"资本"的转移并不包含"资本品"的转移与"资本"由"资本品"所构成这个主要前提是矛盾的。资本的"持久实体"所属的连续统一体是一种所有权的连续性,而不是一个物质事实。事实上这种连续性具有一种无形的性质,是一个法律权利、契约、买卖的问题。我们不容易理解他为什么会忽视这种明显的情况(某种程度上说可能是有意的忽视)。但明显的是,如果根据对当前商业实践的观察来阐述资本概念的话,将会发现"资本"是一个金钱的事实,而不是一个机械的事实;它是一种评价的结果,直接取决于评价者的心境;使资本区别于其他事实的特殊标志是它那种无形的特征。当然,这将直接导致对无形资产的承认;从而将推翻克拉克先生从这本书一开始就在讨论的决定劳动和资本的报酬的"自然"法则。它也将使垄断这种"不自然"的现象成为商业企业的正常结果。

通过借助于初始产业的所谓事实(这个时候还没有资本来供其中的要素形成资本的概念)而不是面对当前的商业形势,克拉克避免了逻辑上进一步的矛盾。在像克拉克先生的学说这种快乐主义—功利主义的经济学体系中,只有物质上的生产手段才会被当做生产中的有效要素,或者被当做对分配份额的一种合法要求。因此,必然要根据物质条件来定义,必然要根据机械的特性来划定资本这个生产的主要要素,以及当前分配体系中核心的要求者。在下一章"消费者财富的度量"中这也是必然的理由。

在同一页(第38页)以及其他地方,他提到了"商业灾难"部分地破坏了资本。这里破坏的是价值;也就是说,减少了价值,而根本不是对物质货品的破坏。在商业灾难发生时,被当做物质总和的资本并没有减少,但是,被当做所有权事实并以价值的标准单位来计算的资本却减少了;这里是对价值的破坏和所有权的转移,也许也是所有权的损失;但这些都是金钱现象,具有一种无形的特征,因此并不会直接影响生产设备的物质总和。相类似的是,在讨论诸如节约劳动的设备、"释放资本"(liberate capital)以及有时"破坏"资本的这些方法如何变化的时候(第301~314页),只有承认这里的"资本"是由投资者所拥有的价值范畴,而不是被当做生产设备的同义词来使用的范畴,才能理解这种变化。在所设想的变化中,设备没有被释放,也没有被破坏。也不能说由于替代使用了能增加产量总和的设备,"生产品"的总和就会减少,就像第307页的内容所暗示的那样(如果克拉克先生严格地坚持他对资本的定义的话)。① 这一段内容非常奇特的文字(第306~311页,标题是"进步带给资本家的困难"以及"抵消方法的变化对资本的破坏"),意味着生产设备总和由于在生产力方面能增加这些物品总和的变化而减少了。如果"生产品"是用体积、重量、数值或者某些不相关的标准来估价,而不是用它们的生产

---

① "机械本身常常是一个没有希望的专家。它只能短暂地发挥作用,当新的、更好的设备可以替代它的作用的时候,它就只有被淘汰,而且不是被用作新用途,而是成为废铜烂铁。从而机械进步和其他进步的结果将是资本相当大的浪费。""事实上,迅速地淘汰那些刚刚投入使用的设备常常是企业经理取得成功的秘诀,但这却是对资本的一种破坏。"

力或者随之而来的它们的资本化价值来估价的话,这种说法可能就是对的。按照这种说法,在出厂前对犁头进行打磨减少了体现在犁头中的资本,因为打磨犁头浪费了制造犁头的物质材料的重量和体积。

在这一段所讨论的事实中,还可以发现几个问题。当所设想的这样一种技术变迁发生的时候,构成生产设备的那些器具的体积、重量或者数值可能会减少。这种变化可能会增加设备整体的生产效率,从而可以毫不犹豫地说将增加作为生产要素的设备,尽管可能会减少设备的机械数量。陈旧的或者报废的设备的所有者,他们的资本可能会减少,无论他们是否抛弃这些陈旧的设备。新设备的所有者,或者毋宁说那些拥有并能使新的技术手段资本化的人,可能获得相应的利益,这种利益可能表现为他们的设备有效的资本化的增加,从而表现为他们的设备市场价值的增加。对于一个不受克拉克先生的资本概念约束的经济学家来说,这种假设的变化最大的理论结果应该是生产资本——作为生产手段的资本——的一般化,这实质上是技术手段的资本化,投入到生产设备中的给定资本是由技术手段在投资中所占的比例来度量的。据此,所有资本的实质都是无形的财富,与之相比较,形式上是资本家的所有权对象的物质的东西是一种暂时的、偶尔的东西。但是,如果接受这样一种观点的话,即使是带有极端的保留意见,克拉克先生阐明的劳动和资本之间"自然的"收入分配体系,也会像俗话所说的那样"让人如堕五里雾中"。将会非常难以决定在"自然"平等的规则下决定资本和劳动的联合产品的价值中,有多大的份额应该作为公平的报酬归那些垄断了社会中一定比例无形资产的资本家所有。[1] 在竞争条件下他实际得到的报酬

---

[1] 按照这种观点,劳动者及其工资所占比例与资本家及其利息所占的位置实际上是一样的。作为一个生产事实,如果没有社会积累的技术知识,劳动并不比"生产品"的使用具有更多的可能性。

将会是对他所得到的差别利益的一种度量方法，这种差别利益是由于他已经合法地占有了使社会的技术成就能够发挥作用的那些物质设备而获得的。

然而，如果把资本理解为洛贝尔图斯（Rodbertus）所说的"一个历史范畴"的话，至少会有一点令人安慰的地方，将为克拉克先生应用信用市场对资本进行自主的管理这种抑制方法留下一个自由的空间。然而，这种令人安慰的反映却伴随着一种丑陋的东西，那就是同样的步骤同样也会为社会主义者的极端建议扫除道德上的障碍。在这些前提下，对于寂静主义者（quietist）来说，一种安全而明智的做法显然应该是抛弃这种产生了上述问题的模棱两可的学说（第306～311页），并且坚持公认的教义（不论其多么不可行），即"资本"是那些不带有无形的衍生物或含义的物质对象的聚集体，而且在讨论现代商业问题的时候要完全避免采用价值或者价格概念。

克拉克先生著作的兴趣和理论影响力，以及有效性的核心是他的"自然"分配法则。其余内容（如果不是整个理论结构的话）都是在这一法则下展开的。前面的内容是对这一法则的理论发展进行铺垫，这本书后面的内容则可以视为这个法则的起点。"自然"分配法则说的是任何生产手段都可以"自然地"获得它的产物。在理想的自由竞争条件下——比如流行于"静态"中的条件，当前的情形近似于这种条件——每一种生产要素的每一个单位都必然要获得它所创造的那一部分财富——有时称之为它的"实际产品"（virtual product）。这个法则在理论上的有效性依赖于在《财富的分配》中充分阐明，并在《经济理论的要素》中得到更为简明的阐述的"最后生产力"学说[①]——"这

[①] 参见《财富的分配》，第12、13、7、8章；《经济理论的要素》，第5到第10章。

是在所有的进化阶段支配着经济生活的一个普遍原理"。①

这种理论认为,与一个给定数量的资本相结合,随后增加的每劳动单位带来的产品增量是根本不成比例的。如此投入的劳动所创造的总产量,同时也就是被当做工资的这种劳动得到的分配份额,它等于"最后"单位的劳动带来的产品增量乘以这些劳动单位的数量。"自然"利息法则与工资法则是一样的,只不过换了一下名词。每一个劳动或者资本单位的产品由"最后"单位的产品来度量,每一个单位都得到了它自己的产品的数量。

在所有这些情况下,这种论点都是从价值的角度来阐述的;但克拉克先生的观点却是以对他所讨论的问题的详细阐述为基础,②那就是对这些价值范畴的使用只是为了便于得到这些论点,如此得到的结论——建立了生产力与其报酬之间的等式——也许可以转化为物品范畴,或者"实际效用",而不会减低其有效性。

在不借助于某种诸如价值这种共同特性的情况下,正如克拉克先生指出的那样,论述的结果将会是某种类似于李嘉图的级差地租法则的东西,而不是从同质的"最后生产力"范畴得出的法则;"自然"分配法则从而将得不出一个一般的公式。但也正如克拉克先生承认的那样,采用价值范畴也不能顺利地解决问题。它只是为讨论铺平了道路,但这种讨论单独来看却是无效的。用休迪布拉斯③的话来说,"事物的价值正好等于它将要产生的价值",后来对价值理论的改进也没能抛弃过去这句权威的格言。付给劳动的工资,就是劳动将会产生的工资这种说法并没有回答资产净额相关的问题。克拉克先

---

① 《经济理论的要素》,第158页。
② 《财富的分配》,第24章。
③ 休迪布拉斯(Hudibras)是17世纪英国作家塞缪尔·巴特勒(Samuel Butler)以嘲弄性的仿英雄诗格写成的一首嘲讽清教徒的讽刺诗。——译者

生的第 24 章"衡量生产手段及其产品的单位"意在表明这种关于市场价值的同义反复的说法,在竞争条件下如何转变为一种完美的分配公正的公式。但声称劳动获得的工资是公正的、公平的,因为它们是作为工资而支付给劳动的——这种说法不会有助于理解前面的观点。由克拉克先生所扩展的这方面的讨论,其进一步的价值也许在于他所说明的竞争如何把"事物的价值正好等于它将要产生的价值"这个命题转变为"工资(或者利息)的市场率给予了劳动(或者资本)全部的劳动(或者资本)产品"这个命题。

在这个关键点上深究这一理论,有必要追溯到《财富的分配》中更充分的表述,①《经济理论的要素》中并没有充分地包含这一点。克拉克先生坚持快乐主义的观点,认为如果要让他的自然公正的法则成为根本的理论原则的话,一定要将其归纳为基本的快乐主义范畴。在快乐主义的理论中,生产当然意味着效用的生产,而效用当然是对消费者的效用。② 一个产品之所以有效用,或者有多大的效用是针对消费者而言的。作为价值的物品的效用是根据牺牲(负效用)来度量的,这种牺牲是消费者为了从物品的消费中得到效用而愿意忍受的。生产性劳动的单位和度量,归根到底也是负效用的单位;但这只是对生产性劳动者来说是负效用,对消费者来说则不是。在竞争条件下自己实现的平衡是一种混合的平衡,一方面是消费者消费物品获得的效用与他为得到物品而愿意忍受的负效用(成本)之间的平衡,另一方面是劳动单位的负效用与劳动者愿意忍受负效用而获得的效用之间的平衡。显然而且公认的是,劳动者生产物品时的负效用(痛苦)与消费者消费物品时获得的效用(快乐)之间可能会不平

---

① 第 24 章。
② 《经济理论的要素》,第 40 页。

衡、不相称，那是因为这两种快乐主义的现象各自存在于不同个人的意识之中。事实上，不存在连接消费者和生产者的神经组织，除非是在一个自我平衡的单个神经组织复合体中，否则人们当然不可能找到在快乐与痛苦方面直接的比较、均衡、相等或者相异。① 劳动的工资（即劳动者得到的物品的效用）不等于劳动者所忍受的负效用，除非由于竞争的缘故劳动者愿意接受这些工资；这些工资也不等于消费者从物品中得到的效用，除非由于竞争的缘故消费者愿意支付这些工资。这一点被现在用图表阐述的决定竞争价格的边际效用理论所掩盖了。

但是，尽管工资不等于或者直接对等于生产劳动者的负效用，但在克拉克先生看来，它们还是等于这些劳动的"生产效率"。② "一个工人的效率实际上是能促使社会进行工作的力量，也就是能够对社会提供一些东西，使社会为获得这些东西而愿意工作的能力。"通过市场价格这个中介，这个理论认为，在竞争条件下，劳动者从他的工资中得到的是对其他人的劳动（社会）的一种正当的要求，他所获得的与他们由于竞争的缘故愿意向他所提供的服务支付的工资是相等的。在"自然"法约束下的这种工作和支付之间的等量平衡，是工资和如上定义的"效率"之间的平衡；也就是说，是劳动的工资与劳动获得工资的能力之间的平衡。这样，所有问题显然就像巴师夏曾经说过的那样。这就等于是说，劳动者得到的是他愿意接受的，消费者付

---

① 包括克拉克先生在内的现代经济学快乐主义者延续了自然秩序观念鼎盛时期的假定，尽管他们不承认这个假定，但它却是明确无误的，即不同的个体对同一种机械刺激的感官反应是相同的。然而，尽管这个假定永远处于不引人注意的位置，而且根据它得出了许多重要的结论，就像在这里讨论的情况一样，但现代的快乐主义者几乎没有谁对这种说法提出疑问。

② 《财富的分配》，第 394 页（译文引自陈福生等译，《财富的分配》（商务印书馆 1983 年版），第 347 页。——译者）。

出的是他愿意支付的。当然,无论是否在竞争条件下都是如此。

按照克拉克先生的说法,他进一步阐述的理论赋予了这种安排在竞争条件下的公正性和正确性,这个理论是说,在无阻碍的竞争条件下,物品的价格,从而劳动的工资是在给定的市场范围内,由涉及的所有各方大致一致的意见所决定的。这里当然不会有正式的一致意见,但既然达成了交易,就说明存在某种类型的一致意见,这种一致意见可以看做是"社会"普遍的一种评价。买方的这种(大致)一致意见被认为体现在社会在这种前提下作出的正当的(大致)评价之中,结果所形成的工资率就是对劳动者的一种(大致)公正的回报。[①]"据此,每个人获得的一个数量都等于他个人创造的总产品。"[②]如果竞争条件受到任何程度的破坏,价格和工资之间的等量平衡也就受到了相应程度的破坏。所有这些对资本的利息来说也是一样的,只不过换换名称。

这里发现的这种平等和约束力,显然与它所依赖的常识假定是一致的;即所有人将获得的权利和福利应该是在没有强制和欺骗、不扰乱现存财产关系的情况下所获得的。它来源于这种假定,无论是就公平而言还是就私利而言,都不会超出这个假定。它不涉及除此之外的公平问题,也不涉及现存关于财产所有权和初始状态的惯例发生预期中的变化情况下的私利问题或者可能发生的情况。它为相信旧秩序的人——没有旧秩序的话,这整个观念结构就会崩溃——提供了一个基础,让他们以自己确信的方式来讨论工资和利润问题,并巩固那些相信旧秩序的人的信念。但令人费解的是,要回到自由贸易时代(Manchester)的这些陈旧的老生常谈竟然会需要用上几百

[①] 克拉克先生在其他地方的讨论中认为,劳动的生产份额的这种"准"特征表明的是,那是"被归算"或者"可被归算"给他的产品。

[②] 《经济理论的要素》,第92页。当感官已失,坚定我心仅信仰足矣。

页的注解。

实质上,这种"自然"分配法则说的是,在竞争体系下,假定这种竞争体系与其根本的所有权制度是公平和自然的,那么人们在没有强迫和欺骗的情况下获得的任何东西都是他们公平的应得物,不多不少。就经济理论而言,对这个法则的检验并不重要,但值得进一步关注它所包含的重要含义。它在仅仅作为分配获得物的理论的快乐主义经济学体系中,是一个决定性的公平分配法则。有必要将这个法则与它的环境进行比较,在比较中,要看看它所广泛宣称的经济公正,在这个法则没有分析但确实存在的相反因素中是如何表现的。

在《经济理论的要素》中,值得注意的是"价值及其与不同收入的关系"这一章(第6章),本章不仅是克拉克先生经济理论中非常重要的一部分,而且同时也是现代快乐主义学派所取得的一种成就。我们在这里集中考察这一章的某些特征。这一章的其他内容可能同样值得研究人员关注,但这里的目的不是探究这一章的内容所阐述的边际效用和价值理论的普遍主题,而是把注意力集中在与前面讨论过的公平分配问题直接相关的那些内容上。这就是"消费者剩余"学说——实质上与其他作者所说的"消费者租金"是一回事。[1] "消费者剩余"是消费者消费物品获得的效用(快乐)超过物品对他的成本(痛苦)的那个剩余。这被认为是一种非常普遍的现象。事实上,这种现象被认为在几乎所有消费中都会发生。根据他自己的理论,即使是克拉克先生所承认的没有消费者剩余的现象[2]也是非常令人怀疑的。与消费者一方的这种效用元素相联系的是生产者一方相同数量的负效用,被称为"生产者损失"(producer's abatement),或者"生

---

[1] 见第102~113页;也见第172页注释。
[2] "最便宜、最劣等的物品",第113页。

产者租金":这是一个给定物品对任何特定生产者(劳动者)的负效用（成本)低于(也可能高于)边际生产者带来的负效用的那个负效用量。边际买者或者消费者与边际卖者或者生产者相对来说都是少数:消费者和生产者整体都会得到效用和负效用的某种"剩余"。

如下所有这些与"自然"工资和利息法则有关的内容,都被克拉克先生当做公平报酬的法则。这个法则是通过价格这个中介而得到的。价格由边际生产者或者卖者与边际消费者或者买者的竞争来决定:后者独自在一边得到由他们所引起的负效用恰好相等的等价物,后者也独自在另一边为从商品购买中得到的效用支付完全的等价物。① 因此,由竞争形成的价格——包括从竞争中产生的工资和利息——在一方面并不反映所有参与者关于物品的"实际效用"的一致意见,另一方面也不反映所有参与者关于实际成本(负效用)的一致意见。如果它反映了什么的话,那么相反,它反映的是,各方那个边际上不幸的人在竞争的压力下让出的估价;它给交易关系中的每一方带来了一个明显的"剩余",这个"剩余"代表着价格不能反映"实际效用"的(变化的)程度。效用余额——以及可能的成本余额——并没有表现在作为消费者和生产者中介的市场交易中。② 从而在根据产品的社会效用与生产者"效率"的报酬之间的价值自己建立起来的这种平衡中,并没有涉及由"消费者剩余"总和以及其他元素所表示的效用余额。当我们把这方面的讨论归结为它的快乐主义元素的时候,得到的结论就是没有人"获得的数量等于他个人创造的总产品数量"。

即使假定主观价值的边际效用(最后效用)理论是对的,关于生产出来的物品的"实际效用"也不会有一致意见,无论是实际的一致还是

---

① 见第113页。
② 导致效用和负效用产生差别的这些因素都消失了,这种消失以及消失的途径在所有市场价值或者"主观价值"的边际效用(最后效用)理论中,具有非常重要的地位。

推定的一致:除非卖者所期望的利润与边际买者和卖者的需要正好差不多,否则在这里不会有"社会"的决定。显然,在这些前提下,我们有理由得出这样的公式:报酬＞产品,或者报酬＜产品。在任何给定的情况中只有在近于零的可能下,才会出现快乐主义意义上的报酬＝产品;如果这种情况从来没有出现过,我们当然就不会发现这种情况。

在报酬和产品之间如此表现出来的这种(快乐主义的)差异也以同样的方式影响着工资和利息,但在克拉克先生的理论中有一些(快乐主义的)根据,认为这种差异对两者的影响程度并不相等。确实没有理由认为不同产业或者不同生产机构中的这种差异会是相同的;但克拉克先生认为在那些生产基本生活必需品的产业中,这种差异要小一些,这似乎有一定的道理。① 这种观点勉强(形而上学地)阐明了资本家的报酬与工人的报酬之间可能是通有的差异:后者相对来说更多地消费生活必需品,从而他们获得的消费者剩余就更少。

这里所作的所有分析和推理,都显得过于空洞无力;但应该酌情考虑的是,这里所作的推理,正是由构成被评论的理论的那些同样的因素所构成的,因此,这一缺点不能归罪于评论者。符合"最后生产力自然法则"这一理论要求的论据本身,就是对这里所批评的整个理论的无用性的一种单调乏味的证明。然而,似乎有必要请求读者进一步的注意。作为一个必须的借口,也许还要加上这么一点:直接产生的结果与克拉克先生"自然分配"法则在产业和公共政策等现代问题上——抑制垄断方面——的应用相关。

此外,接受克拉克先生的一般假设——现在的快乐主义经济学

---

① "只有市场上销售的最简单、最便宜的东西才会给买者带来完全公平的价值。"第113页。

的假设——并将他的基本概念而不是这些概念的推论应用到他的最后生产力理论中,就可以发现他的更为空洞的缺陷,以及比前面评论的内容具有更为根本的快乐主义含义。在所有最后效用(边际效用)理论中,事物的实质是一个"物品"的连续增加带来的效用会逐渐减少。事实上,效用递减的系数大于物品存货递增的系数。那个惟一的"第一个面包"的效用是最大的。当更多的面包连续地增加,每一个增加的面包带来的效用增量越来越小,直到最后"边际的"或者"最后的"面包的效用为零。因此,换一种措辞的结果是,在克拉克先生的最后生产力理论中,一个特定的生产要素——劳动或者资本——的连续增加。当然,由一个单位一个单位地连续补充的特地生产要素创造出来的产品的连续增量,其效用也是如此。如果我们从一贯的快乐主义角度出发来考察最后生产力问题,就会得到一个奇怪的结果。

一般认为,以重量和数量来计的生产手段的更多投入,将得到更多的以重量和数量来计的物品产出;①但这些并不属于快乐主义的术语,不应该让它们使论述变得朦胧不清。在快乐主义的理论中,无论用什么样的计量单位来表示的物品的数量,都是根据效用来度量的,效用与重量和数量是不同的东西。物品因为其效用而成为物品,而不是因为其物理方面的因素、数量或者其他因素;效用是关于快乐的生产和痛苦的防止的概念。根据快乐主义的说法,物品的数量、产出的大小是由对它们的消费中产生的效用的数量;而且单位效用的

---

① 比如,这里就提出了一个严肃的问题:克拉克先生用来表示与生产投入的增加相对应的单位效用的减少的最后生产力曲线(第139、148页),是否适用于那些用重量和数量来计算产出的产业的普遍情况。在许多情况下,无疑是适用的;但在其他许多情况下,它又不适用。但这不是对曲线本身的批评,因为它不是用来表示这种条件下的产出的,而是用来表示效用的。

减少要快于单位物品数量的增加。① 在典型的或者无差异的情况下,物品单位数量的增加超过一个临界点时,物品的"实际总效用"就会减少。② 这个临界点一般来说似乎非常接近效用曲线开始向下倾斜的那个点,也许它往往是与后者重合的。在向下倾斜的最后效用曲线上,任何一个点的切线与纵轴的夹角都小于 45°,物品单位数量的增加使"物品的实际最后效用"减少,③从而物质生产力的所得就是以"实际总效用"计算的所失。因此,按照快乐主义的说法,这种情况下生产力的减少不仅是生产手段的(物质)数量的相对减少,而且是绝对的减少。对精明的商人来说,重要的是在实际业务中应该追求低于物质生产力最大点的那个最大的"实际总效用"临界点,至少在现代产业和现代社会中是这样。

随着物品产出的减少,"实际总效用"一般来说将会增加。工资的"实际总效用"常常会随着每个人的工资量(价值)的减少而增加,在这种减少是通过提高用工资来购买的物品的价格来实现的时候尤其如此。根据快乐主义的说法,净生产力的最大点,显然是对限制供给的完全垄断业务进行精明的经营而达到的那个点;而(快乐主义的)报酬(工资和利息)的最大点,则是确定在劳动和资本的供给完全

---

① 借用与马尔萨斯类似的方式来说,如果物品的供给假设是呈算术级数增长,那么它们的最后效用也许就是伴随着呈几何级数减少。

② 参见《经济理论的要素》,第 3 章,尤其是第 40~41 页。

③ 现在的边际效用图形一般不是按照这样来使用的,因为任何一个点的切线与纵轴的夹角的大小主要是绘图者的偏好问题。横坐标和纵坐标的度量单位是不相同的。横坐标上的单位是频率单位,而纵坐标上的单位则是振幅单位;而且在每个轴上单位刻度的大小是可以任意选择的。但在教科书中还保留着这种主张——这也是快乐主义的普遍主张。切线与纵轴的夹角的大小决定着曲线的一个特定点上总的(快乐主义的)生产力是随着生产手段的(机械的)增加而增加还是减少——没有任何熟悉边际效用观点的研究者会对这个明白的事实提出疑问。但夹角的大小取决于绘图者的爱好——也没有任何懂得基本的数学概念的人会对这个同样明白的事实提出疑问。

自由、完全竞争的业务上的那个点。

的确,这种卖方垄断状态并不符合克拉克先生的理想。每个人都不会"获得一个等于他自己创造的总产量的数量的报酬",但他一般来说会得到一个(就快乐主义的"实际效用"而言)超过他自己创造的产量的数量,因为他得到的东西具有很高的最后效用。这是很容易证明的。在假设的卖方垄断条件下,可以合理地假定劳动者不会在任何时候都被完全雇佣;也就是说,他们愿意更多地工作以获得更多的消费品;也就是说,他们的工资能买到的消费品具有很高的效用,以至于给他们带来了一个消费者剩余——消费品的价值超过了它们的成本:[①]证毕。

刚接触这些理论的人可能会怀疑从克拉克先生的快乐主义假定中推导出来的这些反正统理论结果中的一系列论点的可靠性,尤其是由于包括克拉克先生在内的这个学派的专家们并没有习惯于从这些前提中得出这类结论。然而这些论点还是继续根据边际效用排列法则而得出。由于这些论点几乎不可避免地要遭到怀疑,尽管会使文章冗长乏味,我们还是应该说明日常生活中的事实,是如何证实了上面简要描述过的自然分配法则发生了意想不到的转变的。这个原理得到了充分而广泛的接受。我们熟悉的现实中的格言"把握将要发生的交易",所依赖的就是这一类原理,而且对快乐主义的运算法的作用提供了一个最为现成的实践中的说明。这个原理说明的是,通过将每单位物品的收益增加到一定程度上使需求减少的那个点,将会获得一个更大的总收益(价值)。换言之,实际上这就是承认了存在一个临界点,在这个点上每单位物品能获得的价值乘以物品的

[①] 在其他地方,克拉克沿着类似的思路讨论了资本和利息。见《经济理论的要素》,第340~345、356页。

数量得到的数值在这个价格上将会减少，达到这个点就会得到给定条件下最大的净值（对于卖者的价值）。同样的原理中所包含的计算法在所有垄断的买卖中当然也是指导性的原则；但稍一细想就会发现，事实上这是所有商业交易以及所有业务的主导性原理。"把握将要发生的交易"，这句格言只是对商业企业一般原理的一种特殊表述。商业的首创精神，也就是企业家（商人）的职能，就是从这个原理最为一般的意义上来理解的。① 在交易中，理论家们认为，买方会在市场的普遍条件下把他的出价抬高到他能够获得最大利益的那个点，而卖方会把喊价降低到使他能获得最大净收益的那个点。对于在公开的（竞争的）市场上进行交易的交易者来说（商人、企业家），或者对于涉及局部的或有限的垄断的交易来说，前面提到的临界点，就像前面假设的那样，它在价格曲线上当然会位于一个比完全垄断时更低的点；但是把握将要发生的交易这个原则仍然会保留下来，尽管在不同的情况下会发生不同的交易。

现在，在以边际（或者"最后"）效用为基础的理论中，价值就成为"实际效用"的一种表达或者尺度——或者无论更偏好其他哪个具有同样含义的词。因此，在把握将要发生的交易这个规则下经营价值的时候，比如一个垄断的卖方就必须根据买方的评价来经营；也就是说，他们必须在这样的程度上对物品或服务的最后效用施加影响：对消费者而言，有限供给的"实际总效用"要大于更多的供给产生的"实际总效用"，这是问题的关键。这里的重点仍然更为强烈地指向了对快乐主义计算法的说明。我们回想一下，由于产业中众所周知的报酬递增原则，在垄断商业经营限制供给的一般情况下，这种经营能够以逐渐下降的成本增加供给，使其超过临界点。还可以指出，因为垄

---

① 参见《经济理论的要素》，第83～90、118～120页。

断经营可以从有限供给的"实际总效用"大于不受限制的供给的"实际总效用"的这个余额中获得增加的收益,也因为垄断者可以从这个余额中扣除垄断经营的额外成本,所以在这种情况下,消费者消费的物品的"实际总效用"的增加必然大于垄断的净收益。

用一个大胆的比喻来说——大胆到不符合修辞格的一个比喻——垄断机构凭借它们产品的"实际总效用"垄断性的增加而带来的收益,是"掠夺"、"勒索"、"抢劫";但盛怒之下的快乐主义理论家们不应该忽视这种理论倾向。垄断者只不过是正在将所有(自由竞争的)企业的原理推进到其逻辑结论上;就快乐主义的理论而言,这种垄断收益被视为垄断者的"自然"报酬,因为他对社会的"生产性"服务把对每单位消费品的享受增加到了能将其净享受量扩大到最大的那一点。

快乐主义的计算这个错综复杂的网络可以根据前面表明的内容进一步展开,结果表明:垄断物品的消费者是受益者,因为物品的"实际总效用"增加了,产生这一结果的垄断者在使消费者受益的时候,很大程度上自己承担了成本,这里是根据"实际总效用"的减少来计算成本。通过不明智地增加他们自己占有的物品份额,他们有可能把自己财富的边际效用和实际效用降低到这样一个点,使他们享受的每单位物品大大地(快乐主义的)损失了。但反复详述垄断者的困苦并不是经济学家的习惯,也不是克拉克先生的习惯。但是这里还要指出的是,对"最后生产力自然法则"的这种快乐主义意义上的一贯说明,表明这个法则是"在所有进化阶段控制着经济生活的普遍原理之一",即使经济生活的进化进入了垄断企业的阶段也是如此——总是认可推导出这个法则的快乐主义假定。此外,上面评论的内容从两方面继续表明克拉克先生在这本书后面的部分对垄断的遣责与该书前面部分的大多数内容是不一致的:(1)它违背了快乐主义的

"自然"分配法则;(2)克拉克先生所反对的垄断企业不过是他希望恢复的竞争企业更高阶段、更完美的发展——所谓竞争企业就是垄断企业的前身。

除了这种理论上的问题之外,克拉克先生在应用于"现代产业问题和公共政策问题"这个名义下提倡的抑制垄断的措施可能是很好的经济政策,也可能不是——它们是对合理的常识的一种表达,是对人类福利的一种纯洁关怀的表达,也表明他对现实情况的博学多闻。我们在这里不再讨论这些抑制政策的优点。另一方面,我们在这里也不需要讨论这种政策与这本书的理论基础之间的关系,因为它实际上与这种理论没有关系。在克拉克先生这本书后面的部分,他没有依赖于"最后效用"、"最后生产力"学说,或者说,他实际上没有依赖于普遍的快乐主义经济学。他为社会的物质利益和文化利益进行了雄辩的论述,可以在讨论中将提及他的"自然分配"法则的部分全部去除,这种做法不会有损他的呼吁的说服力,也不会暴露他的立场的任何弱点。事实上,消除不相关的内容是否能强化他对人的正义感的呼吁是不确定的。

但是,这本书后面部分与克拉克先生理论的特定内容不符合的某些地方,可以用来说明他在这些方面的理论立场的缺陷。他毫不隐晦地承认,在现代条件下,垄断的增长和可行性主要是由于代表资本的可流通证券的出现,这与现代商业机构的股份制特征是一致的。① 现代(资本主义)经济状况的这些特征,使少数人控制社会足够大的一部分,从而形成一种有效的垄断。根据克拉克先生的说法,在已知的垄断组织形式中,最有效的是控股公司,其次是普通的有限公司。垄断控制的程度,取决于代表资本的可出售证券。依照克拉

---

① 参见第 22 章,尤其是第 378~392 页。

克先生的资本理论的具体要求,这些可出售的证券——比如一家控股公司的证券(普通股)——只不过是特定生产物等物品所有权的正式凭证。然而根据他自己的说法,与证券的面值或者市场价值成比例的那部分生产物的所有权,绝不是发行证券的主要结果。① 使用证券的后果之一,在克拉克看来是最为重要的后果是,生产设备的所有权和控制权的分离,无论特定证券的所有者是谁,这些证券与特定的其他证券都存在着某种无形的、技术的关系,这些证券使其所有者能够任意地控制证券所代表的生产设备的使用。这是现代资本组织的事实,这些关于现代资本组织的事实,影响着生产设备的生产力,以及这些设备对所有者以及对社会的有用性。它们是事实,尽管并不是物质上的有形物体;它们对产业的有用性的影响,并不亚于任何具有同等市场价值的有形物体。此外,它们也是像诸如控股公司的普通股之类的证券那样可以进行买卖的事实。它们具有一种价值,从而它们也具有一个"实际总效用"。

简言之,这些事实是无形资产,这是现代资本最重要的元素,但在克拉克先生旨在处理"现代产业问题"的资本理论中,却看不到这个元素。然而,当他处理这里的问题的时候,这些无形资产必然会马上引起他的注意。这些无形资产是在机械工业所产生的环境中契约自由的副产品;但是克拉克先生的提议是在不损害契约自由,或者不损害机械工业的情况下,来抑制这一类无形资产,他显然没有考虑到自己在介绍控股公司的时候预演过的教训(第390～391页)。他在那里提到,控股公司用它"险恶的完美"替代了(低效率的)"信用",在当时,人们对待"信用"就像今天对待控股公司一样。这里的内容会诱惑人们作出如此错误的评论:对现代资本的事实比较天真的理解,

---

① 参见第391页。

本该会导致对垄断问题更为恰当的认识。

刚才谈到的克拉克先生的"自然"分配理论，以及他对现代产业问题的处理表明：快乐主义的逻辑，对商业事务理论是没有用的。然而也许可以公正地说，快乐主义的解释，在分析社会的生产功能广泛的、普遍的特征的时候可能是非常有用的，尽管它可能并不适用于现代商业状况的复杂细节。对于经济理论的要点来说，由于它最为接近分类学家追求的"经济法则"，快乐主义的逻辑可能至少是一种有用的假设。为了达到这个目的，这种假设也许并不需要符合事实，至少不需要符合社会生活最根本的细节，或者不需要物质上的限定；①但它至少必须具有一点与其自身的推论和结果所显示出的东西相一致的实在性。

就像前面曾经指出的那样，快乐主义经济学的典型，它的理论结构中的核心元素是分配学说。消费被理所当然地当做简单的数量问题——实质上是一个无法满足的欲望的问题——经济学就成为了一种获得物的理论；从理论上说，生产是提供获得物的一个过程，分配是分配获得物的一个过程。生产理论是根据生产所要求的收益推导出来的；在竞争条件下，这就意味着按比例分配的可供使用的获得物的生产。生产性产业中剩下的诸如技艺、"生产技术水平"之类的事实，受到的关注就少得不值一提。这些问题不是这种理论的核心。克拉克先生的生产一般理论与边际效用学派公开声称的理论，并没有本质的差别。这是一种竞争条件下的获得物的理论。因此，对他的理论原理（比如在《经济理论的要素》的前几章阐述的理论）的考察，实际上就是对现代快乐主义经济学主要法则的考察。

---

① 参见《经济理论的要素》，第 39 页。

"所有人都追求从物质财富中获得尽可能多的净服务""获得的某些利益被为获得这种利益而发生的牺牲所抵消了;但有一种净剩余利益却不会被牺牲所抵消,那种也许可以恰当地称为经济性的一般动机,就是一种扩大这个剩余的欲望。"① 这就是人类在得到物品的行为中提供一种快乐的净平衡理论的实质。如果这种平衡被打破,就出现了"消费者剩余";如果处于平衡中,"消费者剩余"就会消失。这种乐观的信念当然是一种假设;但快乐主义经济学家,尤其是那些发展了边际效用理论的快乐主义经济学家,通常认为这是事实。这一点既没有受到怀疑,也没有得到证明。它似乎是18世纪对仁慈的自然法的信仰的一种残余;也就是说,它是一种理性主义形而上学的假设。作为事实,它也许正确,也许不正确;但它是这个学派的一个假设,而它的乐观倾向像一根红线一样,贯穿于包围着"正常"的竞争体系的所有论点的脉络。对于这种理论来说,所得的剩余是正常的。

这个获得物理论的另一个重要定理与前一个定理的目的是相反的。人们只有通过生产才能获得有用的物品,如前述,生产是令人厌烦的、痛苦的。人们会一直生产效用,直到达到这样一个边际量,即产品效用的最后一单位增量等于令人厌烦的生产努力——劳动或者节欲——中伴随着出现的负效用增量。在这个边际上,快乐与痛苦、收益与成本是平衡的。但总产品的"实际效用"是由这个最后单位来度量的;实际总效用等于产品单位的数量乘以产品最后单位的实际效用;而实际总负效用(痛苦—成本)类似地由这个最后单位的痛苦—成本来度量。生产者产品的"实际总效用"等于他得到物品而发生的痛苦的"实际总负效用"。因此这里的结果中不存在效

---

① 《经济理论的要素》,第39页。

用的净剩余。

马上可以就此提出修正性的异议:①尽管效用和负效用在边际上达到了平衡,但并不是说最后单位之前的产品单位也会实现效用和负效用的平衡。之前的产品单位效用更大,成本更低,从而有一个较大的效用净剩余,越接近那个边际,剩余越发减少。但是这种尝试性的修正避开了快乐主义的检验。它把基础从计算法转变为需要计算的对象。效用是一个心理的范畴,是对快乐的评价;反过来说,负效用是对痛苦的评价。假定用快乐主义的计算法来计算成本和痛苦的个人,是一个非常理性的人,他计算的是与他自己的收益相对的他自己的成本。他瞻前顾后,以一种合理的行为方式品评所有事物。只有假定"生产者"是一个没有思想的感官装置,"绝对效用"才会大于"实际效用",这种情况下的生产者就像野兽一样,缺乏评价和计算的能力,这也是快乐主义所假设的人类的惟一特点。在生产者只是一个智能的、敏感的有机体这样一个假定下,可能会出现总快乐大于总痛苦的情况,那么,这个时候就不能谈论效用或者负效用,因为这些术语意味着智能上的思考,它们之所以被使用是因为它们的确进行了智能上的思考。作为一个有智力的追求快乐的人,快乐主义的生产者在看待自己的成本和收益的时候是一个有智力的追求快乐的人,他的意识将被比较的所有因素作为一个整体来理解。他不会将上午的痛苦与快乐的平衡拿来同下午的快乐与痛苦的平衡进行对比,然后说自己上午赚了很多,因为上午不是很累。事实上,根据假定,源自消费产品的快乐是一种未来的或者预期的快乐,可以认为它表现在一个预期发生一定单位的痛苦的时点上,只是在预期之中;不能说来自生产者相对没有痛苦的第一小时劳动所生产的一个产品单

---

① 参见《经济理论的要素》,第 3 章,尤其是第 51~56 页。

位预期的快乐,大于第二小时劳动生产的同样产品单位预期的快乐。克拉克先生在其他地方(第42页)实际上是用同样的方式来解释这个问题,他在那里表明效用和成本的数量是"实际总效用",而"绝对总效用"并不是从快乐主义的意义上的那种作为生产的结果的东西,而是在其他不同的情况下形成的别的东西。

从同样的出发点,沿着不同的思路,可以得到一个同样无意义的结果。假设通过与相伴随的成本增量的负效用的比较,产品增量可以用效用来度量,那么,通常使用的图形就不足以用来阐述论点,那种图形必然只是二维平面图形——长度和宽度;然而应该用三维图形来表示,从而将应用的强度及其持续时间也考虑进来。① 显然,总是会出现一个效用剩余这一假定所加强的图形表述的迫切需要使得边际效用理论家实际上忽略了应用强度的问题。

当像引入与其他两个维度那样同样自由地引入应用强度这一因素后,与快乐主义的观点相一致,这里的论点将作如下阐述——事实有可能与其一致。那些从事令人厌烦的业务,在开始生产的时候就过度地使用了初始产品单位的生产者,根据快乐主义的必然结果,他从事的将是一种相应地强度过大的业务,那些令人厌烦的事情(负效用)将提高到这样的程度,使初始产品单位的效用等于生产初始产品单位时伴随发生的负效用,也就是不存在效用剩余。② 当后来的产品单位的效用渐渐减少的时候,生产者的厌烦强度也会随之下降,从而在效用与负效用之间始终保持着一种完美的平衡。因此,在曲线

---

① 现在的边际效用观点承认这种困难,这里考虑的强度是构造的或者假设的。但这种考虑总是不足够的。这种不足可以认为是假设的不足,因为这里的假设范围太窄而不能涵盖它允许修改的那些因素。

② 强度所能增加到的极限与持续时间所能延长到的极限是同一个边际。应用强度必然增加到这样的程度,即它的负效用会赶上并抵消产品的效用,这个推论也许会被当做一个幼稚的谬论;但长期以来幼稚和荒谬都是边际效用论点的任何推论的一个障碍。

的任意一点上，都不会有超过"实际效用"的"绝对效用"，也不会有超过所有产品的"实际总效用"的"绝对总效用"，也不会超过"绝对总负效用"或者"实际总负效用"。

以下这种说法或许可以暂时避开这种结果，那就是生产者会像一个完美的快乐主义者那样聪明地行事，将会在生产的早期阶段节省自己的能量，以从他每天的劳动中得到最大的收获，而不是从一开始就不明智地使自己筋疲力尽。这种情况似乎是事实，只要这些事实呈现出快乐主义的特征；但这种修正只是让论点重新回到了先前的情况，勉强承认了这里谈到的影响。这里说的不是孤立地将连续的产品单位与生产中产生的厌烦的单位进行比较，而是说生产者是一个明智的人，他看到的是自己的总产品，是通过与总的痛苦（成本）进行比较来评价总产品。于是，如前述，在厌恶程度会提高到效用与负效用平衡的水平上这个规则下，不会出现效用的净剩余。

但是对"最后生产力"的这种修改，对快乐主义的乐观学说有着更进一步的含义。显然，通过与也许可以称为"生产者剩余"的东西将会消失类似的思路，"消费者"剩余也会消失。生产是获得物的生产，消费者的成本是获得物的成本，上面的论点同样适用于消费者的情况。这里，我们在符合快乐主义含义的个人的意义上来考察这个问题，着眼于决定他在计算效用和成本的时候，是否存在一个边际，在这个边际上，除了抵消他在消费中产生的所有负效用之外，还有一个剩余的效用——这里的考察不是继续对特定物品带来快乐的能力与物品的市场价格进行比较，在个别的感觉上所有这种所谓的利益差别都只不过是由于工具的缺陷而导致的幻觉折射效应。

但麻烦还不只这些。痛苦（成本）＝快乐（收益），这个等式不是一个恰当的等式。这个式子应该是：已发生的痛苦（成本）＝预期的快乐（收益）。关于这两个等式，有一句老话是这么说的："事情往往会功亏一篑"。人们对他们从可估计的冒险、努力和进取心中得到的快乐（收益）的预期，在某种程度上是有些让人失望的——由于错误计算，由于他们生产的努力无用的次要影响，由于"不可抗力"，由于"火灾、洪水和瘟疫"。这些预期的差异，常常理所当然地出现在损失而不是收益这一方。在考虑到所有可以被称为有用的错误之后，留下了一个无用的错误的边际，从而痛苦（成本）＞最后快乐（收益）＝预期的快乐（收益）－n。因此，一般来说痛苦（成本）＞快乐（收益）。因此，人在生产中的痛苦显然没有得到足够的弥补；当然，虽然可以认为这里理所当然的情况并不是"自然的"或者"正常的"。

有人可能会反对说，风险是可以贴现的。保险是现实中对风险的一种贴现；但保险只是用来规避那些遭受风险的人察觉到的风险，而这些风险并不为这里所讨论的那些招致这些风险的人所察觉。另外，保险至今也没有在平衡和分配成功和失败的可能性方面发挥作用。业务所得——企业家收益，对首创精神和进取心的奖励——正是来自这个没有被投保的冒险边际，而首创精神和进取心的损失同样也是来自于此。从某种程度上说，所有的经济努力都包含着首创精神和进取心这些元素。经济学家们认为不成功或者不完全成功的企业非常多，这是不足为奇的。有一些业务的危险是非常大的，这些业务往往都会失败。典型的这一类业务是贵金属的生产，在克拉克先生所说的自由竞争世界的控制下尤其如此。比如 J. S. 穆勒和凯尔恩斯这些古典竞争时代的经济学家们有一种经过深思熟虑的看法，认为世界贵金属供给的平均成本或者总成本已经远远超过了它们的价值。生产者，至少是自由竞争条件下的生产者对结果过于乐观了。

但是，当人们生产贵金属的时候，与快乐主义的人类行为理论严格一致的学说不允许他们在计算快乐与痛苦的时候受到与追求利益的一般指导规则不同的规范所引导。贵金属的生产与普通物品的生产明显的区别是,贵金属生产中的风险更大,而不是对预期收益的刺激有不同的反应方式。快乐主义的计算标准只允许存在反应程度上的数量差异。贵金属生产中反应程度的数量差别只是一部分问题,在整个生产努力中较不明显。

因此,这里产生的不是产品效用超过获得物的负效用的剩余,而是一个平均的或者总的快乐主义的净亏损。对应于边际效用理论,所有的生产都会血本无归。造物主是赌局中的庄家这一事实,显然并不能使快乐主义的生产活动脱离过去那些乐观的快乐主义计算者所了解的一般范畴,这些人的白日梦中充满了各种让庄家输个精光的安全而明智的方案。"心怀希望乃人之常情"。人似乎天生就是乐观的;用数学的语言来说,效用的生产是人类愚蠢的乐观主义的函数。它产生了(人类的)自然法则,这个法则有害地、机械式地产生了人类的烦恼,而不是有益地增进最大多数人的最大幸福。整个交易越快停止,结果就越好——痛苦的净差额将会越小。伟大的快乐主义自然法产生的只是亚当的诅咒,在它的背后也许是更为阴险的夏娃的诅咒。

前面已经说过,克拉克先生的理论实际上与他的现实提议并没有关系。这种广泛的宣言需要同样广泛的限制条件。尽管他的理论发展中表现出来的立场在建立或者巩固关于为"现代产业和公共政策问题"的立场时是毫无价值的,但讨论的两个阶段——理论阶段和实际阶段——是同样的先入之见的结果,并且以同样的形而上学背景为基础。当前对这个学说体系中的内容的仔细探询已经远远超出了合理的限度,我们不可能在这里就贯穿于克拉克先生对公共问题的讨论中的观点进行层层剥离,即使是以前面已经使用过的那种断断续续的、对他著作中零散的理论部分进行审视的方式。但我们可以作一个宽泛而粗略的描述。这本书的后面部分看起来就像《人权法案》。当然，这样说的意图并不是要找出它的缺陷。这意味着这种讨论的范围和方法受到了以下这种先入之见的支配，即存在一种正确而美丽的、最终的经济生活状态，这是一个"世界万物都要趋向于它"的状态。一旦并且只要现在的现象偏离或者脱离了这个最终的"自然"状态，或者偏离了这条通向完美状态的笔直的、狭窄的道路，就会产生一种不满情绪，需要回到原来的状态才能消除这种不满。应该出现的未来——惟一可能的、自然的未来生活状况——由于这种先入之见而为人所知；人们有一种不可剥夺的权利去建立和维持"自然的"状态所包含的这些特殊经济关系、便利条件和制度。这种完美状态假定决定着事物的进程，而事物的进程又是一路趋向于这个完美状态。让经济自然秩序重新焕发青春的矫正方法是简单的、直接的、目光短浅的，因而也就变成了前达尔文快乐主义的建议，它不会受到累积式变迁的大量不确定性困扰。无疑，社会关于经济问题的权利和平等的法规在经济生活的变化中将保持不变。

边际效用理论的局限[1]

边际效用经济学的局限是明显而典型的。它自始至终是一种价值学说,就形式和方法而言,它又是一种评价理论。因此它的整个体系就属于分配理论领域,相对于分配现象而言,它与其他经济现象的关系都是次要的——分配这个词要按照其公认的金钱的分配,或者有关所有权的分配这种含义来理解。不时有人尝试去扩大边际效用原理的这一运用范围,使其运用于生产问题,但迄今为止并没有产生明显的效果,这也是其必然的结果。其中,克拉克先生作出的这类尝试,是最有独创性、最有可能成功的,他的理论标志着寻求将分配的假设为生产理论所用这种努力的极致,也是最为成功的。但其结果是一种价值的生产学说,而价值在克拉克先生的理论体系和其他效用理论体系中,都是评价的问题;它使所有的努力又回到了分配领域。同样,在尝试将这一原理运用于分析消费现象的时候,所能得到的最好结果也只是对消费品的金钱分配的某些阐述。

在这个有限的范围内,边际效用理论全然表现出一种静态的特征。它所提供的不是任何一种运动的理论,而是研究给定情况下的价值调整问题。这方面最有说服力的例子还是克拉克先生的理论,在认真程度、坚定不移或者洞察力方面,没有人可以超过他。无论是克拉克先生还是其他边际效用论者,他们使用"动态"这个词的时候

---

[1] 原文载《政治经济学杂志》,第 17 卷,第 9 辑,1909 年 11 月。经许可重印。

都没有对经济生活的起源、发展、序列、变迁、过程等理论作出任何明显的贡献。在将经济变迁作为前提的条件下，他们谈到了某些可能与评价有关，从而也与分配有关的问题；但就变迁的原因或者经济生活现象演变的序列而言，迄今为止他们都没有涉及；他们也不可能涉及这些问题，因为他们的理论不是从因果关系中推导出来的，而是源于目的论。

在所有这些方面，边际效用学派实质上与19世纪的古典经济学是一致的，二者的不同之处在于，边际效用学派被限定在一个更狭隘的范围内，与它的目的论前提更为一致。两种学说都是目的论的，在阐述主要理论内容的时候，它们都不能一贯地从原因到结果提出论点。它们都不能从理论上处理变迁现象，最多只能对假定发生的变迁进行理性的调整。

对现代科学家来说，发展和变迁现象是经济生活中可以观察到的最明显、最重要的事实。要理解现代经济生活，过去两个世纪的技术进步——比如生产技术的发展——是最为重要的事实；但边际效用理论与这个问题无关，这个问题也与边际效用理论无关。作为一种理论上考察过去或者现在的这种技术变化的方法，或者甚至作为一种在形式上、技术上将其阐述为当前经济状况中的一个元素的方法，这种学说以及它的所有著作都是没有价值的。对正向着现代生活的金钱关系发展的变迁序列问题也是如此；快乐主义的假定及其边际效用的主张都不曾用于、也不能用于考察这些发展现象，尽管边际效用经济学的整个体系属于这种金钱现象的范围。它根本没有涉及商业习惯和方法的变化，也没有涉及随之而来的那些支配着人们的金钱关系的指导原理的变化，这种变化是这些改变了的经济生活关系的条件，而且受到这些关系的限制，也使经济生活关系发生了改变。

这个学派的特征是,无论在什么情况下,只要一种文化结构元素、制度或者任何制度现象被包含在这个理论所关心的那些事实中,这些制度事实都会被认为是理所当然的,被否认,或者对其加以辩护。如果是价格问题,它解释的是交易如何发生,产生的效果是对货币和价格不予考虑。如果是信用问题,它不考虑信用扩张对经济业务的影响,只是解释借贷双方如何共同平衡他们各自的消费品或者消费感觉的收入流。这个学派在这方面的缺陷是一贯的、广泛的。可是这些经济学家并不缺乏聪明才智和信息。事实上他们一般能够获得大量的信息,也能够准确地控制素材,而且对发展中的事实也有很敏锐的兴趣;除了他们的理论观点之外,这个学派的成员习惯对当前的现实问题提出最明智、最聪明的看法,即使这些问题涉及制度的兴衰。

这个理论体系的缺陷在于它的假定将考察局限在对目的论的或者"演绎的"秩序进行概括。这些假定与源于这些假定的观点和源于这些观点的逻辑方法一道,都是边际效用学派和其他遵循古典传统的经济学家所共有的——因为这个学派只是19世纪英国古典经济学家的一个分支或者派生支系。这个学派与大多数古典经济学家的实质性差别主要是,边际效用经济学的共同假定同时得到更为一致的坚持,从而对假定的定义更为巧妙,而且假定的局限也得到了更为充分的认识。一般意义上的古典学派以及尤其是作为特殊变种的边际效用学派,它们共同的出发点是19世纪早期传统的快乐主义心理学,这种心理学被当做理所当然的或者声名远扬的学说,被它们不加批判地接受了。它所坚持的核心的、明确的原则是快乐主义的计算法。在这种原则以及其他有联系的、与之一致的心理学观念的引导下,人类行为被视为,以及被解释为对人类生活的环境的迫切需要作出的一种理性反应;这样,经济行为就是对预期的快乐与痛苦的刺激作出的一种理性的、客观的反应——在典型情况下以及大体上看来,是对预期的快乐的刺激作出的一种反应,因为19世纪的快乐主义者和边际效用学派基本上都是乐观的。① 人类在评价未来感觉上的收益和损失的时候,基本上以及通常被视为是聪明的、有远见的,尽管不同的人在这方面可能会存在某些(微小的)差别。因此,人的行为在反应的机敏性,以及在调整令人厌烦的痛苦(成本)以领会未来感觉上的收益时的准确性上,是有(微小的)差别的;但大体上说,在快乐主义经济学家的认识中,再没有其他行为基础或者方法或者指导,比这种理性主义的计算法更为适合了。这种理论所考察的行为仅仅是理性行为,这种行为受到深思熟虑的、非常智慧的选择的引导——对获利最大的机会的需求的明智的适应。

对行为产生约束的外部环境当然是变化的,因此,它们对行为的影响是不断变化的;但边际效用学派对环境变化的分析实际上具有这样一种特征,那就是把它们的变化仅仅当做对行为人的约束强度的变化。这个理论体系中包含的文化因素,也就是制度的性质、受到无论什么样的习惯和惯例控制的人际关系,并不是考察的对象,只是被想当然地看成以一种完成的、典型的形式预先存在的东西,被看成构成一种正常的、最终的经济状况的东西,在这种经济状况下,以及根据这种经济状况,人类必然发生交往。这种文化状况包含了一些大而简单的制度设施,以及它们的逻辑含义或者推论;但没有包括由这些制度因素产生的结果或者影响。被暗中假定为经济生活出现之

---

① 人类行为与兽类的区别在于,人类行为是由快乐和痛苦的预期感觉决定的,而不是由实际的感觉决定的。因此,人类行为就不考虑因果序列,而被归入充分理性的规则之下。由于人的这种理性能力,刺激与反应的联系就是目的论的联系而不是因果联系。

在人类行为的决定中,之所以将快乐而不是痛苦放在首要的、决定性的位置上,是因为(隐含地)接受了从18世纪遗传下来的19世纪的那种仁慈的自然秩序的乐观学说。

前的不变条件的那些文化因素是所有权和自由契约,以及包含在这些实践中的自然权利体系的其他特征。这些文化结果被这种理论视为一种给定的、优先存在的绝对力量。它们是事物本质的一部分;从而不需要考虑或者考察它们是如何成为现在这种状况的,不需要考虑它们如何以及为什么变化和不断变化,也不需要考虑它们对生活于这种文化状况中以及据此生活的人们的关系会产生什么样的影响。

显然,由于快乐主义经济学暗中不加批评地接受了这些不变的假定,将其当做理所当然的事情,使得经济学具有了一种与众不同的特征,并使其与采用不同假定的其他科学形成对比。如前述,这里所讨论的快乐主义经济学特殊的假定包括:(1)一种特定的制度状况,其本质特征是所有权的自然权利;(2)快乐主义的计算法。由这些假定以及接受这些假定而得到的观点所赋予这个理论体系的这些特征,也许可以一般地、简明地概括为:这种理论被限定在充分理性的基础上,而不是从动力因出发来阐述。一般来说(除了数学以外),现代科学正好相反,尤其是有关生命现象和发展现象的科学。这种区别也许是微不足道的。重要的区别只是在于它们的结果。这两种推论方法——从充分理性出发和从动力因出发——互不相关,也不会从一种方法转变为另一种方法;没有哪种方法能把一种方法的过程或者结果转变为另一种方法的过程或结果。直接的结果是,推导出的经济学理论具有一种目的论的特征——常常被称为"演绎"或者"推理"——而不是根据原因和结果来阐述。这种理论在它研究的事实中寻求的关系是由未来(被察觉到的)事件对现在行为的控制。当前的现象被当做受到它们的未来结果的约束;在严格的边际效用理论中,只有在由对未来的考虑控制现在这种情况下才能处理现在的现象。未来与现在的进程之间这种控制或者引导的(逻辑)关系包含了一种智力的运用、一种考虑,从而包含了一种智力方法,通过它对可理解的未来有区别的考虑,可能影响到事件现在的进程;否则就只有承认天意所定的自然秩序,或者自然或感应魔法的超自然压力。排除超自然的、天意的因素,一个行为人就是这样经由有偏见的歧视发挥作用的充分理性关系考虑他的未来,引导他现在的行为。充分理性关系只是从(被察觉到的)未来对现在产生影响,它只是具有一种知性的、主观的、个人的、目的论的特征和影响力;而因果关系则是从相反的方向产生影响,它具有的是一种客观的、非个人的、唯物主义的特征和影响力。从其确定的基础来说,现代知识体系基本上依赖的是因果关系;充分理性关系只是暂时被接受,在分析中是被当做一种近似因素,总是带有明确的限定,那就是分析最终必须从因果关系出发。当然,这里不讨论这种科学基本态度的价值。

现在,充分理性关系碰巧实质性地成为了人类行为的一部分。正是对未来有差别的考虑,将人类行为与兽类行为区分开来。由于经济学家的考察对象是这种人类行为,在对经济现象的理论阐述中,无论是快乐主义的阐述还是其他阐述,这种关系必然都会吸引他相当的注意力。但是,尽管整个现代科学将因果关系作为理论阐述的惟一根本基础;尽管研究人类生活的其他科学承认充分理性关系,是一种直接的、补充性的或者中介性的研究主题,对来自因果关系的论点是辅助性的、有帮助的;但经济学的不幸——从科学观点来看——是用充分理性关系替代了因果关系。当然,人类行为与其他自然现象的区别是人类思考的能力,任何必须涉及人类行为的科学都要面对的明显事实是,这种行为的细节从而表现出目的论的形式;但快乐主义经济学的独特之处是,它通过它的假定把注意力惟一地局限在行为的这种目的论方面。它只是从理性主义的、目的论的计算和选择出发,来分析人类行为。但同时,人类行为,无论是否经济行为,都由于诸如习惯的、传统的要求之类的因素而受到因果序列的约束。现代科学对这种秩序的事实感兴趣的程度超过了目的论细节,但这些事实必然不会受到快乐主义经济学家的关注,因为这些事实不能用充分的理性来分析,而充分理性是快乐主义经济学家的假定所要求的,或者说是适合目的论学说体系的。

从而,没有必要在边际效用经济学自己的领域内去驳斥它的这些前提。这些前提,乍一看会给所有严肃认真的以及不加批评的人留下很好的印象。它们是作为当前经济生活中的商业体系基础的作用原理,是行为的实践基础,只有质疑现存的法律和秩序,才能对它们提出疑问。当然,人们根据这些原理来安排他们的生活,实际上毫无疑问地接受了这些原理的稳定性和终局性。这就是将它们称为制度的含义;它们是人们普遍具有的、一般性的确定的思想习惯。但任何一个文明的研究者因此承认这些制度或者任何其他人类制度具有目前赋予这些原理的稳定性,或者承认这些制度是事物的本质所固有的东西,那么他纯属是心不在焉。认为这些制度或者其他制度因素是给定的、不变的那些经济学家,就把他们的考察局限在一个特定的、确定无疑的方向上。他们在现代科学的兴趣的起点上停止了他们的考察。这里所讨论的制度对于快乐主义经济学家的目的来说无疑是恰当的,但作为就这些制度的性质、起源、成长和影响以及它们在社会的生活状况中经历的突变进行科学考察的前提,却是不恰当的。

对于任何关心经济现象的现代科学家来说,他们对任何特定的人类文化阶段都包含的因果联系,以及经由人类习惯行为在人类行为结构中发生作用的累积式变迁,与把个人假定为总是在给定的正常、不变的条件下平衡快乐与痛苦的方法相比,有着更吸引人、更持久的兴趣。前者是人类或者社会的生命史的问题,是文化发展和世代命运的问题;而后者则是面对可能出现在这种文化发展的阶段中的特定情况的时候,个人判断是非的问题。前者是关于人类处理它的物质生活资料的行为方式的连续性和突变问题;而后者,如果用快乐主义的话来说,是关于社会的个体成员断断续续的感官经验的问题。

现代科学只要考察生命现象,无论是无生命的东西,是兽类,还是人类的生命现象,它都要涉及起源和累积式变迁问题,都要根据因果条件把理论阐述集中在生命史的塑造上。只要是当前这种意义上的科学,任何必须涉及人类行为的科学,比如经济学,都会从演变的角度来考察人类行为方式;只要考察的主题是人类处理其物质生活资料的行为,比如在经济学中,这种科学必然以一个或大或小的计划来考察物质文明生命史。经济学家的考察并不是独立于物质文明的其他所有阶段以及人类文化的所有其他方面,去研究一种抽象的所谓"经济人"的动机。相反,没有哪一种对物质文明的理论考察可以不从这种物质文明的因果关系入手而适应于所有的科学目的,也就是说,都要考虑物质文明的演变,考虑它与其他阶段的关系,以及与文化复合体的关系;都要考虑其他类型文化的发展对它的影响,以及它对其他类型文化的影响。但就经济学的考察而言,其注意力将集中于物质生活状况,将只是考察其他文化阶段与物质文明状况相关的内容。

像所有人类文化一样,这种物质文明是一种制度体系——制度构造和制度发展。但制度是习惯的结果。文化的发展是习惯的累积式序列,其方式是人类文化对需要的习惯性反应,这些需要是不能自制地、累积式地发生变化的,但在如此发生的累积式变化中带有某种一致的序列——之所以是不能自制的变化,是因为每一个新的运动都会创造一种新的情况,这种新的情况又会引起进一步的、按习惯的反应方式发生的新变化;之所以是累积式的,是因为每一种新的情况都是此前情况的一种变化,都作为原因影响着后面的变化;之所以有一致性,是因为使反应得以发生的人性(倾向、态度等)的根本特性,它作为使习惯产生影响的基础,具有相当的稳定性。

显然,在给定的、稳定的制度条件下,只考察这种一致的、基本的人性活动的经济学——比如当前的快乐主义经济学——只会得到静态的结果;因为它是从这些只会导致一种静态结果的因素中抽象出来的。另一方面,一种即使对静态目的来说也是恰当的经济学理论,也不能简单地从个人出发来阐述——就像边际效用经济学那样——因为它不能只根据人性的这种根本特性来阐述;因为使人类行为得以发生的反应是在制度规范下发生的,而且只有在具有制度含义的刺激下才会发生;因为对于驱使和约束特定情况下的行为的这种状况,其本身就是制度和文化派生物的一个重要组成部分。于是,人类生命现象只是作为一个群体或者一个社会的生命现象而发生:只有在与群体相联系的刺激下,只有在由群体的生活状况所强加的行为标准施加的(习惯性)控制下,才会发生。不仅个体的行为受到他与群体中同伴的这种习惯关系的限制和引导,而且作为一种制度特征的这些关系也随着制度体系的变化而变化。欲望和需要、结果和目标、方法和手段、个体行为的变动和偏离,都受到一种非常复杂的、非常不稳定的制度变化的影响。

制度结构的成长和突变是群体中个体成员的行为的结果,因此,从个体的经验中,通过个体的习惯产生了制度;在这种同样的经验中,这些制度引导和限定着行为的目标和结果。当然,制度体系将这些构成了社会生活体系的传统标准、观念和行为规范强加在个体身上。因此,在这一领域内的科学考察必须分析个体行为,必须从个体行为出发来阐述其理论结果。但当,且仅当这样的条件下,这种考察才会适应于演变理论的目的:一方面个体行为所关注的是导向习惯、从而导向制度结构的变化（或者稳定性）；另一方面，制度结构的变化受到公认的制度概念和观念的促进和引导。边际效用假定以及快乐主义的先入之见一般来说在这一点上都不具备这种条件，它们把注意力限定在经济行为的这些方面，即不受习惯标准和观念的约束，对习惯不产生影响。为了专注于在这方面被看做没有价值的那些特征，他们要么忽视对于文化发展事实方面的兴趣，要么将其从经济生活中倾向和习惯的因果序列中抽取出来。这些制度的影响和发展方面的所有事实，都被当做与纯理论没有联系的内容而被置之不理；如果对它们有任何考虑的话，全然是从事后的角度，多少有些含糊，一般来说是把它们当做属于人类偶尔的缺点的不合逻辑的干扰。如前所述，快乐主义的前提中确实包含了特定的制度现象，但它们只是作为推论的假定。因此，它所考察的所有权制度不是作为一个发展的因素或者一个变化的元素，而是作为以快乐主义计算法为基础的自然秩序的基本的、不变的事实之一。财产、所有权都被假定为快乐主义的差别的基础，被视为由它最终的（19世纪的）范围和影响力所给定的。这里没有考虑19世纪确定的制度从更原始的过去到现在明显的发展，也没有考虑所有权在现在或者未来的范围和影响力明显的累积式变化。它不认为人们的经济关系中存在的这种制度因素对快乐主义的计算会产生任何程度的影响或有任何程度的掩盖，也不认为它的金钱观念和标准是否在任何程度上标准化、粉饰、缓和或者转变了快乐主义的计算者直接地、无阻碍地寻求感官收益。尽管财产制度以这样的方式包含在这种理论的假定中，甚至假定其经常存在于经济状况中，但却不允许它对经济行为的塑造产生影响，认为经济行为会按照自己的自然进程通向快乐主义的结果，就好像这种制度因素从未介入其刺激和实现过程一样。财产制度，连同所有属于这个制度、构成这个制度的金钱观念，都被假定为不会引起行为的习惯规范或者传统规范、价值标准、直接的目的、观念或者期望。所有源于所有权的金钱观念都只是被当做快乐主义的选择中痛苦（成本）与快乐（收益）之间便于计算的工具，没有延迟，没有疏漏，也没有摩擦；它们只是被当做快乐主义计算法中永远正确的、上帝赋予的符号。

现代经济状况是一种商业状况，因为所有类型的经济行为一般来说都受到商业因素的控制。现代生活的需要，一般来说都是金钱的需要。就是说，它们是财产所有权的需要。生产的效率和分配的所得都是根据价格来评价的。商业因素是价格因素，现代社会中无论什么样的金钱需要都是价格的需要。当前的经济状况是一个价格体系。现代文明的生活状况中的经济制度，（主要）是价格体系的制度。现代经济生活的所有现象所服从的核算方法，是一种从价格出发的核算方法；按照当前的传统，不存在其他得到承认的核算体系，无论是在法律中还是在现实中，都没有其他现代生活的事实所服从的评价。事实上，金钱核算方法成为了如此强大而又流行的一种习惯（制度），以至于它常常作为一种理所当然的方法扩大到了许多完全没有金钱关系、没有金钱量值的事实中，比如艺术、科学、学术和宗教这些工作。价格体系已经多少有些直接而充分地支配了对现代文化中这些非金钱支系的评价和评估；尽管所有智力正常的人在进行反思的时候都会完全同意这些内容并不属于金钱评价的范围，但情况就是如此。

当前流行的喜好和流行的对优缺点的判断在某种程度上受到了金钱因素的影响。无需否认，无需辩护，众所周知的事实是，金钱的（"商业的"）检验方法和标准被习惯地用于商业的特定影响之外的领域。甚至快乐主义经济学家也承认，如果宝石的数量比现在丰富，价格比现在便宜的话，那么人们就不会像现在这样看重它们了。与一个有着同样的思想习惯、同样的身体状况、同样的善恶行为记录的穷人相比,一个富人会受到更多的关注,会享有更多的好名声。对现代生活中这种喜好和评价标准的"商业化"表面的、草率的批评也许被夸大了,但不可否认的是,这种主张在一定程度上还是对的。无论是什么样的主旨,它都可以归于扩展到了其他兴趣领域的那些对金钱事实的处理和思考所带来的习惯观念。判断优劣的这些"商业的"观念,源于商业经验。照此应用于商业交易和商业关系之外的金钱的喜好和标准,并不能简化为快乐和痛苦意义上的感觉。事实上,正如普遍认为的那样,比如当你一想到你富有的邻居在金钱上的优越的时候,这种想法带来的直接结果是让你产生痛苦的感觉而不是快乐的感觉;但同样得承认的事实是:这个富有的邻居与另一个只是在财富方面较为逊色,而其他方面无甚差别的邻居相比,总的说来还是会得到更多的尊敬与礼遇。

财产制度产生了这些歧视性习惯,在根据货币来计算财富的现代,评价金钱上的优越的方法和标准是货币价值。这是大家所承认的。金钱制度引起了金钱的思想习惯,这种习惯影响着人们在金钱之外的事情上的差别;但快乐主义的解释宣称,这种金钱的思想习惯并没有影响人们在有关金钱的事情上的差别。尽管价格体系制度明显地支配着现代社会对经济利益之外的事情的看法,但快乐主义经济学家事实上坚持认为不能认为这种制度体系影响着因这种制度体系的起源、发展和持续存在而产生的行为。商业现象是特殊的价格现象,与价格现象是一致的,它在快乐主义的理论体系中被简化为非金钱的快乐主义内容,这种理论阐述认为,金钱观念似乎对产生了这些金钱观念的交易没有产生影响。它承认带有商业含义的先入之见已经使现代生活的其余部分方法被"商业化"了,但并不承认商业的这种"商业化"。金钱意义上的商业交易和计算,比如贷款、折扣、资本化,都毫不犹豫地、丝毫不减地转变为快乐主义的效用含义,反过来也是如此。

也许不需要为了其理论的目的而反对从金钱含义到感觉含义的这种转变;尽管如果有这种需要的话,要说明这种转变的整个快乐主义基础是一种心理学上的误解并不是很困难的事情。但应该反对的是,这种转变带来的较为间接的理论后果。这种转变的抽象,是从那些对它的含义没有任何帮助的因素中得到的;这就意味着这种抽象恰好是从那些具有一种制度影响力、从而有助于现代类型的科学考察的商业因素中得到的——对这些(制度)因素的分析也许有助于对现代商业的理解,有助于对与假定的原始的快乐主义计算法不同的现代商业生活的理解。

这一点或许可以说得更清楚一些。货币以及对货币的使用习惯被简单地视为获得消费品的方法,从而被简单地视为一种用来获得消费的快乐感觉的便利方法;这种感觉是快乐主义理论中所有经济努力惟一的、明显的目的。因此,除了表示对消费品的购买力之外,货币价值没有其他含义,货币只是一种便于计算的工具。投资、信用扩张、所有类型和数量的需要支付利息的贷款等等,同样被简单地视为消费的快乐感与由对这种感觉的预期而引起的努力之间的中介,其他关系一概不予考虑。只要这个扩大了的快乐主义等式的极端条件——痛苦(成本)等于快乐(收益)——不变,在这种金钱交易中,在快乐主义的消费意义上保持的平衡就不会被打破,这个等式存在于为了便于核算而使用的纯粹的代数符号之间。但在现代商业中,实际情况并非如此。比如,在这种理论中,不能将资本化的变化等同为生产技术水平的变化或是消费感觉的变化。可能导致通货膨胀、提高价格、市场存货过多等等现象的信用扩张,与生产技术水平和消费的感觉之间同样也没有明显的、确定的关系;也就是说,快乐主义理论对所有经济现象的简化在这些具体元素上没有明显的基础。因此，事实的运行情况就必然被排除在理论阐述之外。快乐主义假定的对消费品的最终购买，习惯上并没有考虑商业企业的追求。商人习惯于追求积累财富超过用于消费的水平，照这样积累的财富，其目的并不在于通过最终的购买交易而将它们转变为消费品或者转变为消费的感觉。诸如此类的平常事实，以及具有同样金钱特征的纷繁复杂的商业细节，并未在快乐主义理论中提出这样一个问题：这些传统的目标、观念、期望和标准是如何逐渐产生影响的，或者说它们是如何影响商业生活状况或者非商业的生活状况的；之所以没有提出这些问题，是因为根据快乐主义经济学家所使用的工具，或者说根据他们的前提允许他们使用的工具，是无法回答这样的问题的。产生的问题，是如何为这些事实辩护：如何从理论上压制它们，从而使它们不会出现在理论中，从而能够直接地、明确地根据理性的快乐主义计算来分析问题。它们被当做由于商人的疏忽或者遗忘而产生的失常，被当做某些逻辑上的或者洞察力方面的失常而被排除掉了。或者，通过采用快乐主义概念的含糊用法，而把它们纳入到理性的快乐主义计算法的分析和解释中。从而，包含所有信用机制和其他机制的整个"货币经济"就消失在一整套比喻中，这些比喻从理论上再现了删改过的、无用的、被简化了的"纯物物交换体系"，这个体系在消费快乐感的最大净值上达到了顶点。

但是，由于这一整套商业生活正是由这种非快乐主义的、非理性主义的金钱交易组成的；由于目标和标准上的这种特殊的习惯做法，将现代商业社会的生活与经济生活的任何早期阶段或者原始阶段区别开来；由于正是这一套金钱的交往和金钱的概念、观念、工具和愿望产生了商业生活的局面，控制着悲与喜；由于这里发生的这些制度变迁，将商业社会生活的一个阶段或者时代与其他的阶段或者时代区分开来；由于这些习惯的、传统的因素的发展和变化，构成了任何商业时代或者商业社会的发展和特征；所以任何将这些因素排除在外，或者不解释这些因素的商业理论，都漏掉了它应该寻求的主要事实。由于生命及其局面以及制度处于这种情况，不论这种状况受到多大的反对，对这种生命现象的理论考察必然要从这种现象的发生中去阐述。快乐主义对现代经济现象的解释不只是不恰当的或者容易让人误解的；如果在理论分析中只是从快乐主义的角度来解释这些现象，它们将从理论中消失；如果这些解释适用于事实，那么事实也会消失。事实上，如果金钱交往的所有传统关系和原理永远都只是这种理性的、计算的修正，以至于每一种习惯、评价或者程序都要以快乐主义的感官上的适合性为基础来证明自己的话，那么很难想象制度结构还会持续存在下去。

古斯塔夫·施穆勒的经济学[①]

施穆勒教授的《大纲》[②]是经济学文献中一部非常重要的著作。根据后来的报道,该书下卷,也是结论性的一卷,面世的时间不会像作者在本卷的前言中所表明的那么早。因此,放在施穆勒教授著作的第 1 卷《概论》的读者前面的只是旨在表明他的理论立场,以及他关于经济学范围和方法的观点和例证的扼要阐述的一半内容。因此,如果只根据这一卷显然不完整的阐述,就试图去归纳他的经济学体系的特征似乎是一种颇为冒险的举动。然而这样一种努力并非全然没有根据,在很大程度上也并不需要建立在一种假设的基础上。第一卷的序言以提纲挈领的形式概述了作者的目标,足以为他所说的科学"体系"提供一个令人信服的观点;序言之后这两本书的内容表明了施穆勒教授一贯采用的考察方法,也表明了他认为存在于经济学中的理论结论的适用范围和性质。虽然说不上是一位提倡打破旧习的人,但作为一位在很大程度上来说是一位倡导创新的经济学家,他的工作如此直接而深刻地触及了经济学的基础,至少从现在来看,无论是批评还是赞同他的人,都必然要集中于他的讨论中谈到的理论的范围和性质问题,都要集中于他使用的材料的范围和特征问题,都要集中于他那种睿智的、身体力行的考察方法问题。因此,尽

[①] 本文原载《经济学季刊》,第 16 卷,1901 年 11 月。经许可重印。
[②] 《国民经济学大纲》(*Grundriss der allgemeinen Volkswirtschaftslehre*),莱比锡:厄斯特·泰尔公司,1900 年(Erster Teil. Leipzig)。

管第一卷《概论》是不完整的,只是理论细节的一个纲要,但这种未完成的表述还是足以表达施穆勒教授与经济科学的关系。

因此,经济学的读者第一次接触到了以施穆勒教授为权威代表的现代历史学派所理解和提出的观点经过充分考虑的陈述。尽管他早期对经济学范围和方法的讨论是有价值的、独特的,但与这一成熟著作相比,这些只是初步的、尝试性的阐述,他的成熟著作不仅公开声明是一种最终的阐述,而且到处都笼罩着一种终局性的气氛。但这几乎等于是说它惟一地全面制定了历史学派的科学目标。大量部分地涵盖了这些领域的讨论、大量专论和概论表明,经济理论的这种模式是要探寻"历史转换"的结果。这些讨论、专论和概论中的某些内容,尤其是后期的内容的结果是很有价值的,德国研究者所倡导的这种经济学倾向也是很有意义的。[①] 但迄今为止,还没有出现一部致力于阐述以"历史方法"为基础建立的经济理论体系的全面的著作。

要对以上这一泛泛之辞提出异议的话,也许可以引用舍弗列尔(Schaeffle)在 70 年代(19 世纪,下同——译者)出版的那部几乎已被遗忘的著作,以及回溯到这个学派最初几十年其他一些更不为人所知、更不连贯的同类著作。任何年青一代的经济学家都不太可能会引述罗雪尔的著作从而来反驳上述这种泛泛之辞。尽管有充分的时间可以用来接受和证明早期的历史学派经济学家在建立经济理论体系——也就是说,一门经济科学——这个方向上的努力,但这些努

---

① 比如 K. 布赫(K. Bücher)的《国民经济学的形成》(*Entstehung der Volkswirtschaft*)和《工业与节奏》(*Arbeit und Rythmus*);R. 希尔德布兰德(R. Hildebrand)的《法律和习惯》(*Recht und Sitte*);纳普(Knapp)的《庄园制与贵族大地产》(*Grundherrschaft und Rittergut*);埃伦伯格(Ehrenberg)的《弗格尔时代》(*Zeitalter der Fugger*);R. 马克(Mucke)的许多著作。

力并未得到经济学研究者的证明;而且似乎没有理由认为这种失败不是决定性的。

在过去20年中,历史学派分成了两个稍有区别的主要发展方向,因此,今天就不能像早先的任何时候那样,自信地就历史学派经济学家作宽泛的一般性阐述了。现在就被视为更为保守的那个分支来说,这些更严格地遵守传统的历史学派经济学家——也许可以称之为历史学派更古老传统的现代继承者们,根本就没有建立一种科学,他们的目标不是理论工作。诚然,无疑以瓦格纳(Wagner)教授为首的这种更古老传统的工作,绝不能被视为毫无价值。他们的工作是非常重要、非常有价值的,对于历史学派经济学的任务来说也许是不可缺少的,但一般地说,它与经济理论并没有直接的联系。德国经济学这一较古老的传统在其众多现代代表人物的著作中表现出了洞察力和公正性;但就经济理论来说,他们的工作具有折中主义的特征,而不是建设性的进步特征。尽管一般说来他们会频繁地就学说观点发表一些专断的看法,但这些看法很少体现由那些提出这种观点的经济学家得出或证实,或者由这些经济学家特有的考察方法得出或证实的理论观点。在那些对学说的表达不具有权益之计准则性质的地方,众所周知,它们一般来说是不加批评地借用古典经济学这个源泉。德国经济学的这一更古老传统缺乏建设性的科学成就——也就是说,缺乏理论;除非他们出乎意料地更为历史地(在这个词广为接受的意义上)提出建议,更为历史地建立他们的考察范围和方法,否则历史学派的这个分支在最终的理论结果上似乎不会有什么前途。这种保守的历史经济学在理论方面似乎是一块贫瘠之地。

因此,如果要寻找任何一篇可以代表历史学派提供给经济学的关于一般理论的典型文章,只能在像施穆勒教授这样已经偏离了严格的历史方法传统的这些人的作品里才能够找到。施穆勒教授作为宣称要发展理论考察的那个历史经济学分支公认的、最权威的代言人，我们对他的著作有着特别的兴趣。我们的兴趣在于表明历史学派这一更为科学的分支是以什么样的方式，以及在多大程度上摒弃了最初的"历史"观点和概念范围，它们是如何从对所有经济理论的不信任转变到热切地寻求比源自古典作家的学说体系能更好地涵盖所有经济生活现象，而且与总的当代经济科学的标准更为一致的理论阐述。这是经过半个世纪发展的结果，这一成就很可能出乎任何一个30年前目睹了学派内部分歧开端的人的意料（如果不能说是难以置信的话），这一分歧导致了这种现代的、理论的历史经济学的起源。

施穆勒教授在60年代初期作为当时流行于经济学中的范围和方法的反对者进入了这一领域。他不仅反对古典作者的方法和结论，而且反对历史学派代表人物所持的观点，反对经济学的范围，反对经济学所寻求的法则或者一般化。他早期的著作主要是批评性的，这与他的同行有所不同；在早期著作中没有迹象表明，当时他已经对改变经济学这一建设性工作有了一个的清晰的特征概念。因此，一般将他当做一个攻击传统观念的人，以及历史学派的一个典型代表，因为他实际上否认科学地对待经济问题的可行性，他的目标是把经济学限定为一门叙述性的、统计的、描述的学科。他现在的经济学观点已不再属于这个攻击传统观念的或者批评的阶段，同样，关于其科学活动的趋势和结果的不确定性也伴随着这个阶段成为了过去。

要理解施穆勒教授在经济学的范围和方法方面的转变，我们有必要简要地说明先前一代历史经济学家所持的立场，施穆勒教授的学说正是从这一立场分化而来，尤其是他逐渐与老一代历史经济学家的这些流行观点产生了明显的区别。

就历史学派当时的地位而言,以其代表人物为例,从系统性的结果来看,它改革经济学的努力在开始的前 20 年仍然处于初级阶段。即便在这个初级阶段,它对经济学的改革并非在所有方面都明显得到要领。它说明了经济学考察的一个新的、更宽广的范围,也说明了理论讨论的一个新目标和新方法。但关于理论进展的新观念,以及为了实现这种进展而需要的方法,仍然都主要停留在一种推测的状态。对如何实现前者,或者后者的周围环境,都没有实质性的说明。不能认为当时的历史经济学家已经在他们的车间里开动了新的发动机。除了辩论和推测性的观念之外,这个学派当时严肃的兴趣和努力在于历史领域而不是经济学领域,这个新学派中只有少数人继续以一种断断续续的方式反复灌输,并且在一种不确定的程度上阐述他们所怀疑的古典作者的教条。

施穆勒教授开始他的批评和修正工作的那个时代的历史经济学的特征,在罗雪尔的著作中有清楚的反映。无论今天罗雪尔作为一个经济学家的地位(有别于尼斯(Knies)和希尔德布兰德)会让人们产生何种想法,但毋庸置疑,在历史学派的前 25 年末,罗雪尔关于经济学的范围和方法的观念得到了最为广泛的接受,并且最好地表达了那些希望通过历史方法发展经济学的研究者的基本态度。因此,对于现在的目的来说,可以更加容易地把罗雪尔的观点作为典型,因为对于这里要表明的最为一般的目的来说,罗雪尔与他的两个杰出的同时代人之间,并没有明显的差别。他们之间的主要区别是罗雪尔更幼稚、更具体。他也留下了通过他使用的方法而得到的更多结论。

罗雪尔的方法是他称为"历史生理学"(historico-physiological)的那种方法。这是他用来与"哲学"方法或者"唯心主义"方法相对照的方法。但他对经济学中的"哲学"方法的轻视,并不意味着罗雪尔自己的经济学思考全然没有任何哲学的或者形而上学的基础。只不过他的哲学假定与他所怀疑的经济学家的哲学假定是不同的,他把他的哲学假定视为不证自明的。

作为在哲学探究方面没有特别的天赋,也没有经过特殊训练的作者必然会遇到的情况,罗雪尔的形而上学假定当然主要是隐含在他的学说中的。这些假定是在罗雪尔青年时代流传于德国学术界的常识性的、普遍的形而上学——在他成长和受教育的时期,赋予了他关于生命和知识的见解,打下了他的思维习惯的基础;这就意味着这些假定属于霍夫丁(Höffding)所说的"浪漫"派思想,属于黑格尔式的思想。罗雪尔不是一个专门的哲学研究者,因此,对他的基本的形而上学原则进行详述并不是一件容易和有把握的事情;但如果可以对他的哲学见解作出具体鉴别的话,必然要把他划归黑格尔主义的"右派"。但是由于黑格尔的形而上学在罗雪尔青年时代完整地流行于德国上层知识界,尤其是在罗雪尔所属的那个有着高雅生活和人际关系的最受尊敬的学术圈里,黑格尔的形而上学假定被视为理所当然的东西,根本没有被当做形而上学。罗雪尔的形而上学完全是早期历史学派经济学的典型。

就现在的问题来说,黑格尔的形而上学是一种自我实现的生命过程的形而上学。作为世界万物的核心和实质,这种生命过程具有一种精神的性质——"精神"在这里当然不是与"物质"相对的概念。生命过程本质上是活动的、自我决定的,是根据内在的需要——它自身本质上的活动性质的需要——而演变的。这样,文化过程就是人类精神的演变(剥离);经济学在这里的任务,就是决定这种文化剥离在经济方面的法则。但按照黑格尔的观点,包括社会科学在内的文化发展的法则,与世界万物普遍的过程法则是一致的;更直接地说,它们与普遍的生命过程法则是一致的。对世界来说,它本身就是一个自我演变的生命过程,实际上具有一种精神的特征,经济学家所感兴趣的经济生活过程只是它的一个阶段，一个方面。现在，自然史等学科的研究者已经完全弄清了有机体性质的这个演变的生命过程的进展；这必然为包括经济方面和其他方面的文化发展法则提供了一条线索——世界万物的生命法则本质上是精神的、一致的。因此，通过与生物学领域已探明的生理过程进行类比，我们得到了文化的一种生理学观念。它被视为与黑格尔考察生理过程的方式一致的生理学观念，但与生理过程的现代科学观念并不一样。①

由于文化发展的这种准生理过程被视为自我实现的人类精神、他们的生命史的一种演变，文化过程就应该贯穿于一个特定的阶段序列——由精神本体活动的、演变的性质所规定的一个确定的生命史。就发展的一般特征来说，这个序列基本上是由人类生命的性质来决定的。文化兴衰的历史必然是自我重复的，因为这实质上是每一个全面的文化发展序列中寻求自我实现的同样的人类精神，因为在这种情况下，这种人类精神是具有实质性影响力的惟一因素。在演变的特征上，过去文化周期的历史因而就是未来的历史。因此，对文化的历史研究是非常重要的（并非只对经济学而言）。过去历史中一个得到很好验证的文化现象序列对未来的文化现象序列有着同样

---

① 以前——比如重农学派——曾经用过一种社会生理学或者共同体生理学观念，这种观念在罗雪尔的时代也为英国思想家——比如赫伯特·斯宾塞——所接受；但这种社会生理学观念出现了一条不同的进路，从中可以通向作为一种精神结构或者过程的人类文化的后黑格尔主义生理学或者生物学观念。在使用的类比方面，以及在由这种类比而得到的理论结论方面，其结果也是不同的。

这里顺便要提一下新黑格尔主义，也就是黑格尔主义的"左派"，它同样产生了一种自我决定的文化剥离理论；即马克思主义的社会主义者所谓的"唯物史观"。这种马克思主义的观念也颇有生理学的特征；但马克思和他的助手比罗雪尔及其追随者更有优势，因为他们在更大程度上受到黑格尔哲学的训练，而不是不加批评地接受了黑格尔主义残留于流行思想中的浪漫主义。他们因此对他们的假定有更充分的意识，对他们自足的假定并不天真。

的约束力,就像人类生命史的现象进程中按照物理学和生理学的意义来理解的"自然法"一样;那是由于因内在的需要而活跃地演变的人类精神向前发展的文化进程是一个有机的过程,在逻辑上与这种自我实现精神的性质是一致的。如果这个过程碰到了障碍或者变化的条件,它会自我适应于任何特定情况下的环境,从而沿着自己的逻辑倾向发展,直到达到由它的性质给定的完美状态。在这里,环境如果不是被简单地当做精神力量的一种功能的话,也最多只是具有附属的或者暂时的意义。环境条件最多只能产生微小的扰乱;它们不会形成一个可以深刻地影响文化过程的结果或者未来进程的累积性序列。因此,历史考察在决定文化发展的法则(无论是经济的还是其他的)的时候就是惟一或者说几乎是惟一重要的方法。

因此,这种浪漫主义的历史学派分析经济生活的观念是一种发展的观念,或者说一种进化的观念;但不能把它与达尔文主义或者斯宾塞主义相混淆。在这种先入之见的引导下考察文化发展,会导致对现象序列同一性的或多或少武断的一般化,而决定事件进程的原因,以及形成序列的这种同一性或者变异性的原因却只得到很少的关注。通过这种方式所找到的"自然法"必然具有经验主义的性质,受到考察者的偏见或者观念的歪曲。结果是一个格言式的知识体系,也许像这个体系一样美丽,一样有价值,但用现代科学的标准和目标来衡量它们的时候,却是非常虚幻的。如众所周知的那样,这种浪漫主义的历史考察和思考方式并没有取得实质性的理论成就,因为除了所有智力尚过得去的成年人都早已熟知的那些不严密的一般原则之外,这种学说的目的显然不是要阐明其他文化法则。

这里有必要再详细地说明一下为施穆勒教授的修正工作提供了一个出发点的"历史的"目标和方法的特征。当他首次将流行观念和方法视为不明智、不彻底而加以反对的时候,他似乎并没有完全摆脱浪漫主义或者黑格尔主义的偏见。他的早期著作提供了相反的证据。① 甚至不能说他后期的著作就没有表现出某种同样的基本态度,比如他假定文化事件的进程中有一种改良趋势。② 他的工作与上面所说的那些历史经济学更古老传统的经济学家的区别,是这些偏见在他的理论著作中表现得较不明显,或者说相对缺乏这种偏见。特别是他拒绝在明确以黑格尔主义或者浪漫主义思想流派为基础的理论领域进行研究。他从一开始就不愿意接受对同一性或者常态的分类意义上的阐述,是科学理论问题的恰当答案。实际上,他通常并不否认早期历史经济学家的经验归纳的真实性和重要性。事实上,他很重视这种经验归纳,并且还迫切敦促对历史资料进行充分的调查,提倡通过全面的经验归纳对素材进行艰苦的消化。众所周知,在他早期的批评性著作和方法论论战著作中,他主张至少一代经济学家必须甘愿把他们的精力用在这种描述性工作上;这也使他得到了这样的名声,说他致力于将经济学简化为细节知识的描述,将经济学的方法局限在培根式的通过简单列举进行归纳的范围内。但在施穆勒教授看来,这种详尽的历史研究以及对细节的描述只不过是经济生活的最终理论的初步。对细节的调查,以及在这种调查的帮助下实现的经验归纳,只是对于这样的科学目的来说才是有用的:服务于最终阐述经济生活过程中产生的因果法则这个目的。更深远的问题(对它而言,所有其他问题都是辅助性的)是起作用的原因问题,而不是现象序列中可以观察到的历史同一性问题。服务于这一目的的对历史细节的详细研究,定义了文化发展中偶尔起作用的那些因素的

---

① 比如他与特赖奇克(Treitschke)的论战。见《社会政治学和国民经济学基本原理》(*Grundfragen der Socialpolitik und der Volkswirtschaftslehre*),尤其是第 24、25 页。

② 比如《国民经济学大纲》,第 225、409、411 页。

范围和特征,而且作为其更为直接的含义,像过去的考察者认为的那样,它们塑造着这种演变的文化序列中人们的经济行为和经济目的。

从而,在定义和刻画经济生活中的原因或者因素这一初步工作中,历史考察发挥着重要的(如果不是最大的)作用;但它绝不是为这一目的而采用的惟一考察方法。此外,这也不是历史考察的惟一使用。为了同样的目的,考察中还需要社会环境的气候、地理、地质特征的比较研究;而且尤其需要对文化变迁中所包含的文化的心理学基础和心理学因素进行人种学的对比分析和仔细研究。

因此,施穆勒教授的工作显然与历史经济学的更古老传统是有区别的,这种区别既表现在经济理论的初步工作的范围和特征上,也表现在他为经济学设定的更遥远的目标上。只有赋予其更广泛的含义,这门科学最近的发展才可以被称为一种"历史的"经济学。它是达尔文主义的,而不是黑格尔主义的,尽管它不时表现出明显的黑格尔主义的烙印;只有在类似于达尔文主义所分析的经济制度也许可以称为历史的进化这个意义上,它才是"历史的"。施穆勒教授的著作区别于他所属的那一类经济学家早期著作的特征,是他的著作集中分析的是达尔文主义意义上的制度的起源、发展、持续和变化,与经济生活有关的这些制度既是原因,也是结果。他在很大程度上与他的同时代人和历史学派的先辈是一致的;由于他的"历史"先辈的影响,他在很多地方既表现出优点,也表现出缺点。但他明显的、典型的优点在于制度的起源和发展后达尔文主义的、因果关系的理论。在这一类型的理论考察中,并非只有施穆勒教授一个人,他或许并没有在这个方向上像其他某些人那样,走得那么远或者那么专一;但他却获得了资深的地位,而且他的工作还在综合性方面处于领先地位。

现在我们回到《国民经济学大纲》,用它来证实这里提到的这些特征。整部著作计划由一个序言和四篇组成，第 1 卷包括序言和前两篇，已经出版。尚未出版的第 2 卷中的两篇的篇幅有可能与前两篇保持一致。因此，从篇幅上看，第 1 卷大约应该包含了全书五分之三的内容。这部著作的结构如下：一个"序言"（第 1～124 页），论述了(1)"经济学的概念"，(2)"经济生活与文化的心理学、伦理学（或者习俗的）和法学基础"，以及(3)"经济学的文献和方法"。紧接着的第一篇（第 125～228 页）论述"土地、人口和生产技艺"，将它们视为经济生活中的集体现象和因素，第 2 篇（第 229～457 页）论述的是"经济社会的构造"，论述其主要元件和因果要素。第 3 篇和第 4 篇将研究"物品流通和收入分配"，以及对"经济社会的发展"进行一种演变的考察。

这种篇章结构显然不同于经济学论著的习惯安排。它的出发点是对文化发展中的因素进行全面的一般性考察，特别是关于它们与经济的关系。这种考察主要是以心理学和人种学为基础，更严格意义上的历史的考察相对来说并不明显，而且其地位显然是次要的。紧接着是对那些在任何给定情况下在经济过程中发生作用的因素进行更为详细的、透彻的讨论。这些因素，或者"集体现象"并不是历史悠久的土地、劳动和资本，而是人口、物质环境和技术条件。这里的讨论仍然是关于人种学的讨论，而不是关于适当的历史材料的讨论。人口问题所关心的并不是劳动力数量，而是种族特征的多样性，以及人种天赋与经济制度的发展之间的关系。对物质环境的讨论同样很少谈到土壤的肥力，更多关注的是气候和地理状况的多样性以及地质条件和生态条件。第一篇的结尾部分考察的是技术知识和生产技艺的发展。

在所有这些内容中，重要的创新并不在于细节的特征。这些细节在很大程度上都是早期历史学派的普通内容。这些细节是精心挑选出来的,并且以这样一种方式来对其进行处理,从而能够显示出它们与经济学家感兴趣的那些进一步的问题之间的关系;但就像所预料到的那样,他并没有试图去探察各种研究传统的专家们所贡献的那些成果。其创新的意义完全在于:这一类材料竟然会成为经济理论的基础,施穆勒教授当时竟然会认为有必要作出如此全面而辛勤的介绍性考察。这意味着人性的这些特征以及环境的性质和状况的这些影响力,是外在于它与变化的累积式过程所产生的经济状况的相互关系的力量,正是这种累积式的发展过程,正是其复杂而不稳定的结果,才是经济学家研究的主题。在这样一种基础上得到的理论结果,必然是一种演变的结果。这种理论必然要根据它们如何以及为何发展到现在这种状况,而不是像许多经济学家那样,根据它们对哪方面有益以及它们应该是什么样来了解和解释经济社会的结构和功能。换言之,这就意味着这是一种经过深思熟虑的尝试,一方面想要用经济生活的动力因考察来替代经验归纳,另一方面想用它来替代对事物永恒的适当性的思索。

从中可以看出,具有这种演变特征,以前述这一类观念为基础的经济学并不提出建议或者警告,没有普遍适用的基本原理,也没有经济的、政治的或者文化的信条。施穆勒教授在多大程度上接近于这种标准是另一个问题。上面指明的这种学说的范围始终源于作为这部著作出发点的那些前提,不属于施穆勒思考的经济问题的范围。

第2篇借助史前材料、人种学材料和历史材料,研究社会组织方法的进化——关于制度的发展形成的经济生活的需要,以及经济生活的需要所塑造的制度的发展。这里讨论了家庭这个"元件"或者社会经济制度的历史;它在城市和乡村定居和居住的方式;控制和管理的政治单位;产业阶级与其他阶级和集团在职能上的差异;所有权及其发展和分配;社会阶级和团体;商业企业、工业组织和公司。

对于其已经勾勒出轮廓并指明方向的经济学理论体系,就施穆勒教授在实施这一体系过程中目标的专一度而言,与他的准备工作相比则相形见绌。不用说,他进一步的阐述就其性质来说也是很卓越的;在施穆勒教授的著作中可以看到的这种卓越,可能很容易会让读者不去注意这部著作本质上的缺陷(并非质量上的缺陷)。尽管就这一点进行广泛的归纳可能是危险的,也可能会有误差,但就第 1 卷的内容来说,以下归纳很有可能是站得住脚的。只要作者论述的是制度的发展史,只要作者的讨论是按照纯粹的科学兴趣进行的(按照现代自然科学家所理解的含义来定义科学这个词),我们就可以进行这样的归纳。然而,作者一旦与今天的形势短兵相接、到达一个应该对当代制度变迁中的因果复杂性客观地进行分析和说明的节骨眼上的时候,原本纯粹的科学的光辉就会立刻涣散成彩虹般五彩缤纷的杂色,作者变身为一个热心而雄辩的顾问,并就应该是什么以及应该如何挽救现代社会等问题进行论述。这时候的论述失去了对现象的演变解释的特征,而呈现出呼吁和警告的特征,提出了私利方面的、道德方面的、好品味方面的、卫生方面的、政治结果方面的甚至是宗教方面的迫切要求。所有这些当然正是我们过去常常在历史学派的传统作者的著作中看到的东西;但对于那些兴趣在于经济学,而不在于保持德国社会广为接受的文化形式的方法的研究者来说,当施穆勒教授出版他这部伟大、系统的著作时,他们始终认为他们有理由期待一些更切题的内容。它的方法和结果无疑是才华横溢的,是有价值的,这些离题的说教和革新建议意味着这种论述恰恰在经济学最薄弱的环节陷入泥潭。正是在这个环节上,对于那些年纪较轻、见解不够广博、分量较轻的人来说,他们会发现自己很难在构成当代状况的整个不和谐的兴趣和感觉中顽强地坚持因果进程——也正是在这个环节上,演变的经济生活理论最需要坚定的、经过训练的、不带偏见的专家的引导。但在这一点上,他对我们的引导几乎没有任何价值。

以上评论普遍适用于施穆勒教授对当代经济发展的分析,此外,多少加上一些限制条件后,它几乎也适用于施穆勒教授对所有问题的分析。但所需要的这些限制条件,并不会大到足以掩饰刚才提到的普遍特征的程度。如果在此将本卷书中符合这一批评的所有内容都梳理一遍从而来支持这一批评的合理性的话,那么,这种要求就太过分了。最多是挑出两三个社会经济"元件",看他是如何处理的,从而来说明问题。因此,比如说从第 2 篇开篇对家庭及其在社会经济结构中的地位和功能的论述来加以分析。对这个问题的讨论沿袭了人种学研究方法的老路,反复而恰当地采用了施穆勒教授已经充分掌握的心理学知识。论题进入现代之后,这种讨论仍然接着继续表明中世纪后期以及现代早期巨大的经济变迁如何瓦解了早期文化中的父权制;但同时,他在这里(第 245~249 页)也渐渐表现出了对现代而不是早期的家庭形式的一种偏爱。作者不再满足于说明使早期父权制家庭被更晚时期的、有所改变的父权制家庭所取代的那些迫切需要。他也给出了为什么后来改变了的形式在本质上更为理想的原因;也许可以说,他给出的原因可能是恰当的,但他却离开了对所讨论的变化进行科学的解释这个主题。

这一节的最后几段(第 91 段),以一种温和的态度坚持了从过去一代流传到现在的家庭组织形式中许多有力的、美好的因素。因此,作者引用的事实无疑是很重要的,任何敢于以演变的方式讨论公认的家庭形式现在的状况以及变化的命运的经济学家,都必须适时地考虑这些事实。但是施穆勒教授甚至没能指出这些有力而美好的因素在刚过去的时代,或者在现在和不久的将来,是以什么样的方式作为一种原因影响了这种制度的命运。没能把这些材料转变为科学的说明,这对施穆勒教授来说是应该受到责备的,因为几乎没有人处于如此有利的一个位置去描绘这个必须进行理论考察的问题。正如施穆勒教授的观点表明的那样,经济需要显然以现代家庭组织的形式发生着连续的累积式变迁;但他根本没有指出这些需要以什么样的形式产生了什么样的影响。他也根本没有考察相反的问题,这个问题和经济理论一样重要,即父权制家庭的持续存在(尽管有所限定),如何在其他方面改变了,并且正在改变经济的结构和功能,以及如何限定和加强特定的经济需要本身在所考察的这种制度中发生的变化。同样明显的是,传统上公认的这种家庭形式的力量和美丽——也就是说,与这种家庭密切相关的生活习惯和满足习惯——在现代是一种重要的元素,它影响着在现代环境下表现出来的这种制度变化的持续程度和方向。这些是心理学上的事实,是习惯和倾向的事实,是精神上的适当性,作为有利于制度的存在和变化的活跃力量,在所有找到的因素中,它们在这方面的功效是首屈一指的。因此,我们几乎有权利去期待施穆勒教授凭借自己在心理学领域和文化发展领域的深厚造诣和博学多才应该把这些事实转变为一个更好的结果,而不是对那个固有的、合意的完美状态的说教。

对于当前明显的家庭的瓦解,以及与之密切相关的"妇女问题",施穆勒教授的评论具有同样的特征。他注意到工作人口对老式家庭生活的厌恶情绪在不断增长,并表明这种情感的发展或者退化有其特定的经济原因。他所提供的论述主要是一些现代社会经济讨论的平常话题,并且充满了一种强烈的反对的意味。在他就当前的运动或者就制度的不久的将来发表的评论中,几乎没有提到改变或者巩固这种情感体系的原因的发展趋势会是什么。对于"妇女问题"他最多只能提供一种即兴的情感基础,它依赖于18世纪的那种平等(égalité)精神的复兴。他用一种优雅而做作的方式反驳这种性别平等观念,呼吁完整地保留妇女的活动范围以及男性的首要地位;就好像性别地位的高低,有可能是人们生活的环境强加给社会的生活习惯产生的一种传统结果之外的其他东西。以下这种观念是如何形成的:即在过去的经济要求下,性别之间存在的身体差异和气质差异,被传统地解释为男性的优势和女性的劣势——就这一点,他只不过是谈到或者提出了这个相关的问题:为什么对事实的这种传统解释在后来不再坚持早期的立场。他对现代文化中家庭和性别关系的讨论,始终表现出不情愿或者无力去穿越传统终局性这一障碍。

刚才我们引证的对家庭的讨论占据了第 2 篇开篇的一章。要进一步引证施穆勒教授对现代经济问题的分析,可能需提到第 1 篇的最后一章"技术手段的发展及其经济含义",尤其是第 84~86 段论现代机器工业这一部分(第 211~228 页)。我们在这里同样关注的是在于机器工业的近代现象,以及作者分析这些现象的方法和基本态度。作者在这里(第 211~218 页)简要地、适当地表述了"机器时代"的主要特征,然后(第 218~228 页)对其文化价值进行了批评性的讨论。他对机器体制的经济实惠、物质享受以及对传统知识的颠覆等特点进行了惯常的歌颂;并指出了机器体制如何导致财富和人口的再分配,以及社会和经济结构与功能的重新组织和重新分配。他指出(第 223 页)机器工业最大的社会影响是创造了一个巨大的工资劳动者阶级。他以一种镇静的、不同的方式来分析这个阶级所陷入的物质环境,尤其是从物质享受方面来说;表明(第 224 页)在机器体制充分发展的时代,出现了一个熟练劳动者阶级,他们不仅生活舒适,而且心智健全、身体强壮。但随着引用了这样的事实,他对现代机器情形下的因果关系的探求也就终止了。剩下的主题就是极度明智而恰当的道德上的和美学上的批评,并指出应该努力实现的理想和结果。

在这里,施穆勒教授错过了以一种科学的精神处理这些素材的机会,也错过了得出对经济理论有价值的结论的机会。我们完全可以认为，他原本能够为我们勾画出一种我们所寻求的有效方法和研究路线，从而就比如机器体制对这一巨大的熟练工人群体会产生何种文化效应和精神效应，以及这个工人群体反过来作为塑造今天的制度发展和明天的经济、文化状况的一种因素具有何种意义这一科学问题进行进一步的探讨。有理由相信，施穆勒原本可以把这一类工作做得比任何同行都好；因为如上所述，他在心理学训练方面拥有必要的条件，具备文化发展中的因果效应的广泛知识，有能力提出一种科学的观点。但相反，他又回到了传统历史主义（Historismus）乏味的说教。似乎他研究的主题一旦处于日常的人道主义和社会关怀之外，这个主题一卷入现代的德国情感，就会成为根据传统的偏好、尊卑、道德等等标准来评价的对象。

这种不时变换角度来看待一个特定问题的习惯，产生了一种万花筒般千变万化的效果，这种效果并非没有影响力。因此，关于前面已经提到的机器工业中的技术熟练工人这个问题，在他的讨论的不同阶段，表现出了一种奇怪的混乱。他在有一处（第224页）把这个阶级说成"健康的、强壮的、在精神上和道德上都是先进的"，所有这些优点比其他时候和其他地方的工人阶级都要出众。在另一处（第250～253页）他又在"社会主义者"的名义下，把这个同样的流行元素说成是不正当的、退化的、反动的。后一种描述实质上可能是对的，但得出这个结论是以偏好为基础，而不是以科学上可以决定的因果关系为基础。并且这两种描述适用于同一类人；因为众所周知，德国社会中激进的社会主义元素实质性的核心和特有的要素，正是工业城市中的这个技术熟练工人，在那些地方，机器工业的规律发挥着其原始的作用。具有激进社会主义特征的其他可以被独立出来的元素只有在现代科学研究者中才能找到。另外，在对技术知识与文化进步的关系的思考中，施穆勒教授指出（比如第226页），一个高度发展的文化大体上意味着一种高度发展的技术效率，反之反是。在这里，他用半文化民族（Halbkulturvölker）和完整文化民族（Ganzkulturvölker）这两个词，来区分不同成熟程度的文化。按照他在各种主题下的阐述，奇怪的地方表现在：如果将工业城市里受到社会主义的影响的技术熟练工人和科学界的激进社会主义者从德国人口中抽出来，实质上只剩下农民、贫民和大大小小的贵族，这样一来所产生的德国社会无疑属于施穆勒教授划分的半文化民族。而这些被抽出来的人口无疑属于完整文化民族。

最后，可以参看这一卷的最后一章（第 2 篇第 7 章），来了解关于施穆勒教授处理现代科学问题的方法和基本态度的最终阐述。尤其应该这样做，因为论商业企业的这一章更好地保持了序言中概述过的、让读者通篇去寻求的科学态度。这一章表明了现代商业企业为何在很大程度上是商业活动的结果，也表明了商业精神是如何保持到现在的。商业企业的原动力是在利己主义的意义上寻求红利；但施穆勒教授以比许多其他经济学家都更冷静的洞察力表明，这种利己主义的动机在它的发展期间，在各方面都受到在根本上并不属于利己主义的考虑和传统的限制和引导。他并不满足于指出利益和谐的仁慈作用，而是要描述一种利己主义的商业交易，为什么会渐渐服务于社会的利益。商业企业逐渐浮现，并作为现代生活中个人所有权和金钱评判发展的伴随物，在社会的产业中取得了中心的、支配性的位置。因此，它是现代文化状况的一个阶段；从而它的生存和进一步发展的方向就受到现代文化状况的要求的限制。这种现代文化状况是什么，以及塑造这种状况的进一步发展的力量（实质上是心理学意义上的力量）是什么，没有人比施穆勒教授更适合讨论这个问题；而且对这些因素是什么，以及如何考察它们的作用，他已经给出了有价值的指示（第 428～457 页）。但甚至在这里，在这样一个较容易客观地描绘因果序列的地方(因为与其他情况相比,比如讨论家庭的时候,这里的论述较不容易由于情感因素而变得模糊),作者却假定现在达到的阶段已经是或者至少应该是最终的阶段,对这个发展序列的探寻逐渐变成了提出建议和警告。后面几页所关注的内容从文化发展过程及其环境限制,转向了保持已实现的良好结果的愿望,以及牢牢地把握已实现的结果中那些好的方法的愿望。在讨论现阶段的发展中寻求答案的这个问题不是商业企业制度方面发生了什么的问题,而是培育商业企业并转向考虑公共福利的乐观政策应该是什么形式的问题。在这里,就像在其他地方一样(尽管不如其他地方那么明显),现存的制度形式被当成了一种最终的结果。所有这些都是令人失望的,因为商业组织和商业关系的形式和惯例确实最明显地表现出了现代经济制度的终局性。如施穆勒教授谈到的那样(第 455 页),商业业务的范围和特征必然与时代环境是一致的,而不是符合任何从小到大、从简单到复杂的逻辑发展。因此,有人也许也会说,商业企业的最终存在,其方法和机会本身就是一个悬而未决的问题,要通过对使其存在或改变的力量的详细研究来解答,而不是提出维持和控制它的最好方法的建议。

等到施穆勒教授如所承诺的那样在结论性的第四篇对现代制度进行演变考察,从而给这部著作画上圆满的句号时,本文对施穆勒教授的著作所作的以上批评,尤其是对他在分析当前现象的时候偏离了科学研究的道路的批评即便不会被全盘否定,也很有可能必须受到一定的限制。甚至也许可以认为大家都对这样一个完美状态心存希望;但目前面世的这一卷作品并没有让读者相信自己有理由怀有这样一种期待。在此也许并不需要画蛇添足地指出:对于这样一部极其重要的著作来说,以上这些缺陷相对来说毕竟只是微不足道的。

生产的职业和金钱的职业[①]

对经济理论来说,早期作者根据一个方案对经济学家所分析的各种人类行为和事物进行了分类,这个方案直到今天都没有实质性的变化(虽然受到质疑)。这个方案就是古典的生产要素三分法,即土地、劳动和资本。经济学家在讨论这些要素以及与之相关的行为时,他们的理论目标在整个经济学讨论的进程中并不相同,三分法对于新观点和新的理论目的来说也并非总是便利的工具,但那些塑造了后来的理论的作者基本上都没有猛烈地攻击这个神圣的公式。对于任何想要提出经济行为或者经济手段的另一种哪怕是辅助性划分的人,这些事实都一定会使他极度地有所保留,慎重对待另一种划分。经济学的术语和概念已经够复杂、多样的了,并不需要没有理由的创新。

因此,本文的目的不是去否定这种历史悠久的要素分类法,也不是要进行一种违背传统的修正,而是要指出,对于提出这种分类法的人并不考虑的理论目的来说,这种分类法在哪些地方是不恰当的,以及指出为什么它是不恰当的。要达到这个目的,有必要先说明一下三分法最初的表述和运用。

18 世纪末 19 世纪初的经济学家,相信天定秩序或者自然秩序。

[①] 原文载《美国经济学会会刊》(*Publications of the American Economic Association*),第 3 辑,第 2 卷。经许可重印。

我们在这里没有必要去说明这种信仰是如何形成的；我们也不需要质问他们对这一信仰的确信有什么根据。天定秩序或者自然秩序被视为以一种有效的、正确的方法导向它所趋向的目的；在经济领域，这个目的就是人类的物质福利。当时的经济学给自己设定的任务就是根据自然秩序去解释它所处理的事实。约束人们生活的物质环境就属于宇宙万物的这个自然秩序的范围，作为宇宙事物体系中的成员，人的所有行为也要受自然法则的约束性引导。早期经济学家的纯理论工作就是要通过后面指出的那种方式将经济生活的事实纳入自然法；当所处理的事实在这个根本假定下得到充分解释，经济学家的理论工作也就成功地完成了。

根据这种先入之见的引导而阐述的经济法则是"自然地"或者"正常地"得到的法则，这种先入之见是事物所不可缺少的，从而在事物自然的或者正常的进程中不存在多余的或者方向错误的努力。这种观点是由人类的物质利益给定的，或者更具体地说，是由经济学家生活于其中的共同体或者"社会"的物质利益给定的；相应所得到的经济理论被描述为对共同体生命的"自然"进程的一种分析，其根本的理论前提有可能被阐述为一种经济的能量守恒定律（这种阐述并非不具有一定的合理性）。当事物进程自然地或者正常地进行时，与人类福利的要求和约束性的自然法相一致，经济收入和支出就相互平衡了。在经济领域发挥作用的自然力量可能会通过人类所支配的物品的增长，以及人口的自然增长而发生不限定的增长，事实上，事物的本质就是会发生这种类型的有序的进步；但在经济有机体中，就像在更大的宇宙有机体中一样，盛行着支出和收入的一种均等，流量和逆流量的一种均衡，在事物的正常进程中这种均等和均衡不会被打破。因此，这里隐含地假定来自任何给定的生产过程或者业务的产品，在某种意义上以及在某些不确定的方面，就是产品的生产过程中所付出的力量、努力或诸如此类的所有投入的等价物。

这个均等定理是古典分配理论的假定，但它显然没有得到证明——或者也没有得到反证；因为从经济方面来说，投入到这个过程中的经济力量和从这个过程中得到的产物，都不具备这种可以从数量上来决定的确实的特征。事实上，它们是不可比较的数量。对这种评论，可能有一个令人信服的解决办法，那就是这种均等是效用的均等，或者交换价值的均等，根据交换价值或者效用来从数量上决定不同的项目在理论上并不是不可能的；但回想一下，投入特定产品生产中的力量或者要素，其效用或者交换价值是从它们的产品中取得的，就很容易发现这个办法是无用的。在任何特定情况下的总生产要素与其产品之间的均等是一个教条式的假定，如果不把整个命题归结为一个无目的的愚蠢说法，或者归结到如今已被抛弃的形而上学基础，其有效性就不能得到证明。

早期的甚至后来的古典经济学家讨论经济生活的观点是把"社会"当做一个集合的整体，视其为一个有机单位。经济理论找出并阐述了社会有机体正常生活的法则，经济理论被视为在社会据以获得物质福利的那个自然进程中发挥作用。就一般理论的目的而言，经济生活的细节是根据它们对于集体生活过程的有用性来分析的。那些将被解释为使集体福利得以提高的过程的各个环节的细节特征被夸大了，被放在最为显著的位置，而其他那些细节特征则被当做次要的干扰因素。对于以决定社会有机体的健康法则、决定健康状态下的有机体的正常功能为目的的理论考察来说，这个过程显然是合理的、适宜的。在这种理论中，社会有机体被当做一个个体，它被赋予一种一致的生活目的，能够理智地理解它所追求的目的的含义。带有这种集体目的的个体成员，其利益被视为从根本上说是与集体利益一致的；尽管人们可能看不到他们自己的利益与社会有机体的利益的一致，但因为人是自然这个巨大有机体的成员，从而受到仁慈的自然法的约束，大体上说，不受约束的个体行为的最终趋势的方向是正确的。

对于这个一般理论来说，它主要关心的是个体经济行为的细节及其意义对仁慈的"自然"进程的促进或者扰乱。但如果个体行为的目标和方法在这个理论中并不重要，那么，它就不是关于个人权利的理论。早期政治经济学不只是对经济现象自然进程的阐述，而且还包含了所谓"自然自由"的主张。无论这种自然自由的主张源于功利主义，还是源于对自然权利的一种普遍信念，对这里的目的来说，其结果都是一样的。为了不至于离题太远，也许可以说，早期经济学中的经济均等法则，或者经济能量守恒定律，是以自然秩序的这个第二推论为基础的，它与自然权利的假定密切相关。古典分配学说以这二者为基础，因此它不仅是关于社会生命过程通常必然会产生什么样的情况的学说，而且也阐述了工作的报酬和财富在人们之间的分配应该如何进行。

如此形成的这个均等和平等的自然—经济法则认为，经济过程中的各参与者或者要素各自得到了它们所支出的生产力的等价物。它们各自得到了等于自己的产物的东西；反过来说，在正常情况下，它们各自生产了等于自己所得的东西。在早期的阐述中，比如亚当·斯密的权威阐述，并没有明确或者一贯地宣称生产和报酬之间的这种均等。后来的古典经济学家在发达的功利主义哲学的帮助下，一致地根据定义不清楚的有用性说明了这种均等。对后来的作者来说，这是一种交换价值的均等；但是当后来的作者把这种均等简化为一种同义反复的时候，就不需要认真地来看待它了。当后来的政治经济学告诉我们，个别生产要素或者生产手段正常地获得了它们的所得时，这种说法或许可以被解释成这样一种主张：任何一个生产因素为社会提供的经济服务等于这个因素所获得的服务。从而，从有用性来说（如果不是从生产力来说的话），[1]个体行为人，或者至少是个体所属的阶级或者集团行为人，通常获得了与自己的付出相等的东西，也付出了与自己的所得相等的东西。这一点适用于任何社会的所有普通职业或者工作，适用于人类与物质生活有关的所有行为。所有与生产相关的行为都适用这个均等和平等法则。

现在，对于一个以发现控制社会有机体经济生活的法则为目的，并为了这一目的而把经济共同体视为一个单位的经济学家来说，具有特定含义的经济生活的特征是那些表现出行为相关性以及利益一致性的特征。因此，那些不符合这种一致性的行为和利益就被当做次要的因素，或者说就被解释过去，或者被解释为从属于这种一致性的体系，而不是按照其表面价值将它们结合到理论结构中。我们这里用"金钱的职业"这个词来表示具有这种性质的行为，这些金钱的职业在古典经济理论中的命运就像上面最后一句话所说的那样。

在坚持经济一致性假定的理论中，它所关注和说明的任何行为的重要方面，是这些行为对集体生命过程的促进。从集体利益的角度来说，主要是把经济过程当做一个提供物质生活资料的过程。正如新近一位古典学派的代表人物所说的那样："事实上，生产包含了除消费之外的每一种经济活动"。[2] 正是这种生产力总和，以及关于生产力总和的所有细节，始终吸引着古典经济学家的注意力。在一定程度上使他们的注意力离开这个处于核心地位、无处不在的兴趣

---

[1] 后来的某些作者，比如 J. B. 克拉克，显然肯定是根据生产力而不是有用性来考察这种均等；或者是等式的一边是根据有用性来考虑的，另一边则是根据生产力来考虑的。

[2] J. B. 克拉克，《财富的分配》，第 20 页。

的,是他们对自然秩序道德观的持续背离。

结果是,获得物被当做生产之下的一个副标题来论述,从生产的角度来解释为得到获得物作出的努力。人们的金钱行为,也就是为得到获得物而作出的努力,以及获得物或者财富的占有附带的业务,被当做按特定比例分配生产物的附带现象来论述。简言之,金钱行为被当做社会生产和消费过程的附带特征来处理,被当做它所服务的社会利益的附带细节来处理,而不是被当做现代经济过程运行的关键因素。

除了上述形而上学信条的影响之外,关于早期经济学家为何把金钱行为转移到经济理论的次要位置,当然还有其经济史方面的原因。比如在亚当·斯密的时代,经济生活仍然更多地表现出施穆勒教授所说的城市经济(*Stadtwirtschaft*)的特征。在某种程度上,这是实际的情况,但在更大程度上,是一种很传统的情况。在超出常态的程度上,家庭为自己的消费而生产物品,不受销售的干涉;手工业者只为他们的顾客的消费而生产,不受市场的干涉。在很大程度上,奥地利人的边际效用理论假定的条件,即卖者就是生产者,买者就是消费者,在当时确实很盛行。在亚当·斯密的时代,商业业务、议价、物品的销售,一般来说显然是服从于它们的生产和消费的,这种说法不一定对,但这种说法在这个时代比以后的其他任何时代都接近于正确。由亚当·斯密形成并验证了的这个在经济理论中如此安排金钱交易的传统,后来不断发生变化。在这种传统的阴影下,金钱的职业始终被视为从属于生产过程,从这些职业中的所得仍然按照它们的生产效率来解释。

因此,根据古老的规定,在一个受到良好调控的社会中发生的所有正常、合理的经济行为,都服务于物质上的用途这一目的,只要它们是有利的行为,它们的利益都是由于它们的生产效率而产生的,而且是与它们的生产效率成比例的。但在这种情况下,就像任何时代都存在的情况一样,有一些人的行为或者有几类人对于社会来说是不可缺少的,或者在现代经济生活中是必然存在的,他们从总产品中得到一部分收入,同时这些行为又不是明显的物品生产行为,从任何(除非是很深奥微妙的)意义上来说,都不能被划归为产业。这些与经济问题有关但又不具备明显的生产特征的行为,是现代经济生活的整体特征,从而必须被划归为正常行为;因为除了少许无关紧要的差别之外,现有的情况在今天的经济学家看来尤为正常。而经济均等和平等法则认为,正常地获得收入的行为必然要服务于生产的目的;由于现存的社会组织被视为尤其正常的组织,就一定要寻找某种基础,将那些乍看起来根本没有表现出生产特征的行为和职业归结到生产力方面去。因此,在过去和现在的古典政治经济学中,都可以普遍看到一种强烈的、广泛地扩大生产职业的范围的倾向;从而把大量的聪明才智用在了通过具体列举法庭、军队、警察、神职人员、学术专家、医生、歌剧演员这一类非生产行业所具有的生产效力,从而从经济上证明它们的存在是正当的。

但是,这些非经济的职业与目前的考察并没有太多的关系,目前要考察的重点是那些不折不扣并且能产生收入的经济的职业,但却不像"产业"这个词的初始含义表明的那样具有生产性。

亚当·斯密按照他那个时代的社会中的生产来分析生产过程,发现了三类手段或者要素:土地、劳动和资本(财货)。生产要素被如此决定之后,上述自然经济均等和平等的标准就表明了什么是产品自然的享有者。后来的经济学家对于偏离这种生产要素的三分法,连同相关的报酬三分法的行为,抱有极大的保留态度;这显然是由于他们对作为其基础的经济均等原则保留了一种本能的、不能废除的信赖。但环境的变化迫使人们尝试性地采纳了生产要素和收入的第四类手段。企业家及其收入,目前在经济生活中逐渐成为如此重要而又无处不在的一个部分,使得最为正统的经济学家也不能忽视它们的存在。企业家的行为由于其协调和引导生产过程的功能,被当做一种特殊的、与众不同的劳动,添加到了生产要素中。同样,他的收入也被当做工资的一个特殊类别,当做与它使生产力提高的程度成比例的范畴而添加到了分配中。[①] 他的工作是生产理论讨论的对象。对他的职能和收入的讨论关心的是他的行为如何,以及在多大程度上增加了物品的产出,或者是如何以及在多大程度上为社会储存了财富。除了有效提高财富总量之外,对企业家的关注是很少的,这显然是因为分析企业家及其收入的存在的观点与隐含地接受的生产服务和收入之间均等的自然法则是一致的。正常的平衡得以建立,企业家的功能包含在自然万物都是适当而平等的这个古老法则中,由这个法则来证明了它的正当性。

这适用于我们祖父辈人的政治经济学。但从理论上来分析生命现象的这种目标和方法,当然不是在我们祖父辈人的时代突然就过时了。[②] 在以后时代的理论讨论中,仍然盛行同样的目标和基本态度;但具体引证和分析存在这种目标和基本态度的例子会很艰苦费力,也不会给人带来内心的平静。

就我们称做投机者的企业家这个特殊阶级来说,在后来人们对其职能和利润所给予的关注中,可以看到了对这种体系的进一步修正的某种举动。但即使在这方面,论点也倾向于提出这样的问题:投机者据信为社会提供的这些服务是如何被当做他的所得的等价物来

[①] 企业家获得一种收入;因此他必然生产物品。但引导物品生产的人类行为是劳动;因此企业家是一种特殊的劳动者。这里的说法显然与这种观点是不一致的。

[②] 采用均等的自然法则这种习惯随之而发生的变化,在很大程度上是归于这一法则的直接程度和"实体"的变化,以及明显性的程度上的变化。

分析的。① 这里碰到的解释上的困难是相当大的，部分是因为很难确定作为一个阶级的投机者，从他们的交易中得到的是净所得还是净损失。在均等理论中，一个系统性的净损失，或者一种没有利润的平衡，意味着承担这种损失或者有疑问的所得的那个阶级对社会是没有用的；但我们要表明这样一个与过去不同的观点，即投机者是有用的——实际上，在经济上是不可缺少的——因此，他理应得到报酬。在对投机者及其职能的讨论中，就投机者业务的"合理性"问题进行了一定的思考。合理的投机者被视为通过向社会提供经济方面的服务而获得报酬。使用"合理的"这个词，其主要意义在于表明，自然秩序隐含的假定仍然在起作用。理论家们认为合理的投机业务具有服务于社会的目的，而不合理的投机则对社会是无用的。

讨论投机者及其所得（或者损失），理论上的困难在于投机者显然对任何特定的生产企业或者任何生产车间是没有任何兴趣的，或者说没有关系。从生产的角度说，他没有明显的保障手段。无论他把赌注压在社会的所得还是损失上，他都有同样的成功机会，也可能很容易地从一边转到另一边。

可以把投机者当做企业家的一种极端情况，他专门处理经济生活的商业方面，而不是生产方面的问题。但在这方面他与普通商人只是程度上的区别，而不是性质上的区别。他的业务是一种金钱的业务，只是间接地、不确定地接触到生产；而一般所说的商人对某些具体的生产的成功运行，或多或少有着直接的兴趣。但自从企业家

---

① 比如见 H. C. 埃默里（H. C. Emery）在美国经济学会《第十二届年会论文汇编》（*Papers and Proceedings of the Twelfth Annual Meeting*）中发表的一篇文章，《投机者在分配理论中的地位》（*The Place of Speculator in the Theory of Distribution*），尤其见对这篇文章的讨论。

首次闯入经济理论以来,关于一般认为的企业家与他们所感兴趣的生产的机械事实之间是否有直接联系的认识,也已经发生了一些变化。半个世纪前,仍然可以把工业中一般的商业管理人员当做监督物品或服务的生产这个机械过程中的人员来分析。但在后来的发展中,商业管理人员与机械过程之间一般说来联系渐少;少到这样一种程度:他对车间或者生产过程的监督,常常显然只是科学幻想了。因此,按照这样来划分企业家的行为,就使他成为了一个商人,而不是一个技工或者车间工头。他的监督是对相关金钱事务的一种监督,而不是对生产车间的监督;尤其在现代工业巨头有了更高发展的时候更是如此。就以企业家为典型的这个职业的性质来说,企业家与那些从机械上来说致力于物品生产的人是有区别的,也就是说,他的职业是商业的或者金钱的职业,而后者从事的则是一种生产的或者机械的职业。在特定的生产机构中经营的企业家,与从事商业但对物品或服务的生产没有兴趣的商人之间,不可能作出类似的区分。因此,就职业的特征来说,不在于合理的与不合理的金钱事务之间的区别,而在于商业和工业的区别。

当然,商业和工业的区分在经济理论一开始出现时就成为可能,实际上,这种区分有时是临时性地在经常提到的商人的眼前利益与社会的长远利益的对比中进行的区分。这种区分之所以不被经济学说接受,其阻碍因素在于存在一种对自然秩序的信仰以及将经济社会视为一个有机体的习惯,这两者的存在具有抑制作用。根据这些假定得到的观点作出这样的职业区分不仅是无用的,而且对于这个理论所要达到的目的来说也是无用的。但越来越明显的事实是,现代经济生活中经常地、正常地存在一种重要的行为以及一类重要的人,他们为得到一种收入而工作,但不能认为他们直接或者间接地致力于物品的生产。他们对社会提供的直接或者间接的服务通常具有一种令人困惑的特征。他们无处不在,而且不能说他们是异常的,因为他们符合旧习惯,他们是合法的,没有超出流行的道德界线。

对于这些能够获利,却不一定对社会有用的严格意义上的经济行为,其中很大一部分应该被划归为"商业"。这些合理的商业职业最恰当、最明显的例子也许是证券投机商。其他的例子还有各式各样的房地产经纪人(地产商),他们为了得到投机收益或者为了得到佣金而买卖地产;还有与房地产商密切联系的推销员和流动工人;还包括代理人、经纪人、银行家等等,尽管后面这一类人从事的工作可以更为明显地根据他们对社会的有用性来解释。这些商人的业务性质发生了一些不易察觉的改变,从最终目的不在于生产效率的真正的投机者的业务转变为像传统经济学手册中的工业巨头或者企业家所从事的业务。

这些商业职业所共有并使其有别于机械操作及其他非经济职业的特征,在于它们主要与价值现象——交换价值或者市场价值,买卖中的价值——有关,而机械过程对它们来说只是间接的、次要的(如果不是全然不关心的话)。在这些职业中,人们的兴趣所在,以及引导和转变人们注意力的东西是最大的获利机会。这些行为的始终都在于也许可以广义地命名的"市场上的讨价还价"。另一方面,也许可以认为,严格意义上的工业职业的始终不在于市场上的讨价还价。其直接的目标和结果,在于影响和引导物质的事物和过程。广义地说,这些职业主要是处理物质上有用的现象,而不是交换价值。它们所处理的现象是物理学和其他物质科学的主题。

商人是从金钱的方面进入经济生活过程,就其对生产的影响来说,他是通过所从事的金钱方面的安排来影响生产。他最为直接地考虑的是,人们对市场价值的信念;作为一个商人,他致力于让人们理解这种信念,以及影响人们对市场价值的信念。商业的目标是将买和卖引向某种特定的渠道,通常涉及从其他渠道中转变过来。另一方面,劳动力和从事直接生产过程的人,是从物质方面进入经济生活过程;他们的典型工作最为直接地考虑的是机械作用,他们的注意力是让人们和事物实现某些物质方面的结果。这些工业职业的长远目标和长远结果,也可能是某种金钱的结果;这一类职业的工作一般来说会导致市场价值的增加,或者至少是市场价值的改变。相反,商业活动在大多数情况下可能会影响社会物质财富总量,或者可用的物质资料总的有用性的增加;但是这种工业的结果绝非是商人的工作性质所注定的。

前面阐述的内容表明,如果我们保持经济理论中古典的划分,即生产、分配和消费,那么,金钱的职业就不能被恰当地归入这种划分的第一类,即生产(如果生产这个词保留一般赋予它的含义的话)。在一种早期的、专业化程度不高的经济生活组织中,企业家通常承担的是一个工头或者一个技术专家的工作,同时也承担商业管理的工作。因此,在对他的工作以及他的理论关系的多数讨论中,他的职业被当做一种混合的职业。他的混合职业中,技术方面的所得甚至还有一个名称(监督工资),好像企业家主要是一个工长。这里的区别是人的类型的区别,而不是职业类型的区别;结果是,需要对他在生产中的技术职业去进行讨论的这种明显的必要性对以下做法给予支持:即努力在同样的范畴下(生产范畴)来处理企业家在生产中的商业行为。这种努力当然没有取得完全的成功。

在后来的发展中,经济领域工作的专业化不断提高,现在的企业家在很多情况下几乎只处理商业事务,不再过问技术指导和监督,我们在前面列举了这方面的很多实例,从而我们对商业职业和工业职业作出区分就不再困难了。即使在旨在用生产理论来处理企业家工作的经济学说的早期,他的工作的商业方面始终不断地都是在关于分配和交换的章节中来讨论的。后来对企业家的理论讨论思路几乎没有什么问题,但却没有涉及他的工作的典型事实,那就是他是一个商人,从事的是金钱的事务。

以纯粹的财务或者金融形式的业务为典型的这种金钱的职业,几乎完全而彻底地受到财产制度或者所有权制度的约束——如约翰·斯图亚特·穆勒所说,是完全属于分配领域的一种制度。无疑,所有权对生产活动是有影响的,事实上,它对生产的范围和界限的影响还很大,即便我们在此并不准备说,它对所有生产行为都具有根本性的约束;但是,所有权本身并非是一种主要或者直接的生产工具。所有权直接触及生产结果,且只间接触及生产方法和过程。如果拿财产制度同我们文化中的其他特征作比较,比如作物改良或者炼铁,刚才所说的意思可能就更清楚了。

因此,受到财产制度约束的商人的各种行为,在经济理论中根本不应该被归入生产行为或者工业行为。其目的实际上是改变财富的分配。实际上,商人的业务就是买和卖——为了更便宜地购买而出售,为了更昂贵地出售而购买。① 它有可能间接地、附带地促进生产,也可能不会。商人的行为无论是否能使社会更加富足,他的业务同样都可能取得成功,同样可能得到可观的报酬。只要限定在金钱的或者商业的范围内,商人的行为就不可能直接使整个社会更加富足,或者使其更加贫穷,除非以重商主义者所构想的方式,通过与其他社会的人开展业务。作为商人业务的附带结果,物品的流通和分配一般来说(尽管并非总是如此,或者不是其本质)对社会是有用的;但物品的分配是一种机械的而非金钱的事务,它不是商业的实质,也

---

① 参见马克思《资本论》,尤其是第 1 卷,第 4 章。

不是其不变的结果。从商业的观点来看,物品的分配或者流通是获利的一种手段,而不是所追求的目标。

工业确实受到商业的严格制约。在现代社会,商人最终决定工业中生产什么,或者至少是在大部分以及更为引人注目的工业中决定着生产。在现今被视为特别现代的那些工业中尤其如此。在现有所有权条件下,经济事务、生产或者其他方面的自主性,根本上掌握在商人手中。它们的业务有财产有关,而财产意味着对财富的自主控制。在其特征、范围和发展方面,只要存在一个发达的市场,并且这个市场的需要是金钱的需要,工业过程和工厂就会自己适应市场的需要。商人通过其金钱的意向来选择应该采用什么样的生产过程。当然,他不能创造或者发起工业的方法和目标;如果他这样做的话,他就离开商业领域而进入了工业的物质领域。但他能决定是否采用以及采用什么样的已知生产工序和生产技术,并决定在多大程度上采用。工业必须顺应商人对利益的追求;这并不等于说它必须顺应整个社会的需要或者便利。自从财产制度被确定以来,依买卖进行的程度而变,由金钱的事务以及为金钱的目的而确定的某些方法构成了控制生产的一个全面体系,工业组织接近于这样一个从来没有出现过的完美状态。对大部分现代工业来说,这个序列的终点不是物品的生产,而是物品的销售;人们的努力不是为了使用物品,而是为了销售物品。众所周知,在许多产业中,物品的营销成本并不亚于其制造和运输成本。

任何不符合市场的金钱要求的生产活动都会衰落,都会让位于那些更有效地符合这种要求的活动。因此任何在这种市场范围中进行生产的工业,精明的商业管理都是成功的必要条件。金钱上的失败就意味着生产的失败,无论导致金钱上的失败的原因是什么——无论是生产了劣等品,是缺乏推销术,是大众的偏见,是缺乏或者糟糕的广告设计,是过分诚实,还是诸如此类的其他任何原因。这样,工业的结果就密切地依赖于商业才干的大小;但在特定情况下,工业依赖于商业的原因应该从其他竞争性企业有精明的商业管理为基础这个事实中去寻找,而不是从提供给全社会的工业的全部商业管理中去寻找。精明的、有远见的商业管理是在各种工业机构的金钱竞争中生存的必要条件,因为精明而有远见的商业管理人员层出不穷,可以为所有竞争者所用。在这个淘汰过程中,生存的基础是符合金钱的获益,而不是符合有用性。金钱的管理具有一种竞争的特征,并且根本上只会带来相对的成功。如果发生了对所有人都一样的变化,社会中总的或者平均的商业才干的增减,并不会直接影响工业效率或者社会的物质福利。但不能说对工人们总的或者平均的生产能力没有直接影响。工人总的来说从事的是物品的生产;而另一方面,商人从事的则是获得物品的工作。

喜欢更深地挖掘事实,喜欢思考生命更深奥的哲学含义的理论家,把企业家的职能说成是从生产的节约这个角度来引导和协调生产过程。无疑,这种协调和节约是商业事务产生的较为间接的效果,而且同样确定无疑的是,企业家会考虑这种节约,也知道如果恰当的商业安排起作用的话,这种类型的节约是可行的、有助于增加他的所得,这会激励他采取组合的策略。但即便是企业家的这种间接对生产的促进,也可以被划归为只是一种随意的引导,工业中的人们首先必须为这些新的、更节约的方法和安排创造机械上的可能性,之后企业家才会看到这种机会,进行必要的商业安排,并且对采用更有效的工作安排给予指导。

一个老生常谈的问题,也是人们详细讨论的一个问题是,广泛全面的工业合并与协作(常常会极大地增进工业的效力),是那些有控制权的商人率先发起的。应该补充一句:他们的控制会阻碍这种协作的实现,除非他们自己主动建议和认可这种协作。为了全面说明企业家的职能,还应该加上这样一句:即他不仅能够,也确实影响了大范围的能带来节约的协作,而且他有时还不仅能够,也确实约束了合并和协作的过程。这种情况经常发生,以至于或许可以明确地指出,商业利益和企业家策略的普遍作用,延迟了合并、联合与协作,经过相当长的一段时间以后,这种延迟对工业来说显然是明智的。工业的明智性或者可行性并不是这种协作的关键。工业的明智性最终必须服从于有冲突的金钱利益,必须服从于从商人的立场出发的战略性举动。

在现代工业中,商人的这两个职责——促进和抑制——其中到底哪一个带来的后果更严重、更深远,总的来说是不太确定的。在我们看来,现代工业巨头对协作的促进显得很重要,这在很大程度上是因为扩展协作的过程具有一种积累的特征。在协作和联合中采取了一个特定步骤之后,下一步是以协作的结果为基础的。工业,也就是说用于生产的作用力有机会发展新的、更大的进一步获利的可能性。这样,在增强生产过程的效率,或者在生产过程中扩展协作的每一个成功行动,都会推动工业巨头进一步进行协作,可能导致生产的进一步增长。但就企业家对生产协作的抑制而言,就没有如此显著的结果。明显的结果仅仅是,在这个前提下发生的情况与上述情况毫不相同。可能的累积性序列从一开始就被打断了,因此我们无法对由此带来的不利进行评价。这种损失一般不会表现为一种绝对倒退的明显形式,只会表现为本可以改进的生产状况没有得到改进。

当然,在这种情况下去计算和比较得失是不可行的,因为在这里,具有抑制增长性质的损失是不能确定的。但由于工业巨头对生产的有用性大体上说也是成问题的,所以提出一种不讨论工业巨头的有用性的谨慎的经济理论应该是明智的。①

因此,正如所有经济学家肯定都意识到的那样,现代社会中有很多类别的行为,它们不仅正常地存在,而且构成了我们的经济体系至关重要的核心;它们并不直接与生产有关,但却产生财富。事实上,这些行为包含现代经济生活中大部分高报酬的职业。这些职业的所得显然要根据其他的基础而不是根据它们的生产力来说明,因为它

---

① 因此,这里不打算贬低工业巨头对商业的管理对社会的有用性。这种有用性无疑是存在的,也肯定具有实质性的价值,更不打算去谴责作为一种节俭和勤奋的动机的金钱激励。我们称为商业的金钱事务,可能是引导社会工业政策的最有效的方法;不仅是现存最有效的方法,而且可能也是可供采用的最好方法。但这只是一种猜测和观点。对于一种不能被证实的观点,合理的做法是假定大多数人是正确的。但这些都不是问题的关键。无论这样一种观点是多么可能的或者合理,除了作为一种次要的推论之外,在现代科学理论中找不到它的立足点。也没有任何科学理论能够建立在据信由它提供的基础之上。政策可以建立在这样的基础之上,但科学不能。科学理论是根据现象序列中发挥作用的有效力量,对现象法则的一种阐述。只要(在自然秩序的古老教规下)从万物有灵的意义上,连同其天定的结果来考虑自然法,把它视为对符合法则的事件进程执行着一种约束性的引导,对于那些根据这些自然进程法则来阐述理论的经济学家来说,它就是合理的科学程序;因为他们是根据对他们而言有效地发挥作用的因素来阐述理论的。但是,一旦这些自然法被简化为对普遍发生的事情客观的经验归纳,有效发挥作用的力量被视为完全不同的另一种因素,理论必然抛弃自然进程这个对现代科学目的毫无用处的观点,转向因果序列的观点,像我们这个时代那样来考虑发挥作用的力量。对正常(按 J. S. 穆勒以来的经济学对"正常"的定义)进程的归纳不是理论的本质,只是单凭经验的方法。从集体生活的目的出发,对各种生产要素的"职能"的讨论也处于同样的过渡状态;因为集体生活的目的,不再公然被视为经济行为的日常指导或者影响经济结果的形成的头等重要的事情。

对这里的目的来说,也许可以用物理学中想象的平行面来描述关于企业家的这种社会经济职能学说。物理学中想象的平行面实际上是一种容易的归纳,对它几乎不会有疑问;钟摆一般是在近乎平行于最接近钟壳两边的平面上摆动。这种平行的常态,是通过进一步地观察摆动的平面近乎平行于最接近的墙壁来加强的;当我们进一步回想一下,手表的平衡轮(功能相当于钟摆)振动的平面也与表壳平行,那么,整个情况的绝对常态就是无可争辩的了。确实,这种平行不是根据钟摆的运动来确定的,除了偶尔图方便才这样说;但从正常情况下,从不存在干扰因素的情况下,从长期来看所得到的这种一般性可以表明,所有钟摆都将"自然地"趋向于在一个完美地与墙壁平行的水平上摆动。在经济学中和整个社会科学中使用的"有机概念"完全类似于关于钟摆的这种想象的观点。

们不需要有生产力。

但是,不只是对于金钱的职业来说,其生产力和报酬之间才没有联系。根据前面的阐述,从生产的职业中得到的报酬似乎也是如此。大多数工资,尤其是那些不同于家庭服务或者私人服务的生产的职业的工资,是根据对雇主金钱上的有用性而不是根据对人类物质上的有用性来支付的。之所以有产品的估价、寻求和支付,是由于其市场价值,并与其市场价值成一定比例,而不是由于较为深奥的人类福利这个长远的理由。因此,在一般的理论中就没有理由声称高工资的人(尤其是高工资的商人)对社会的实质性功用比低工资的人更大。同时,当然也不会反过来那样认为。以金钱为基础的工资并不是领工资的人的相对生产力的可靠标志,除非比较的是生产同质(除了数量差别)产品的人或者阶级——也就是说,在这种情况把工资作为一个生产力指数反正也不会产生任何作用。①

如果接受这里对生产的职业和金钱的职业作出的理论区分,而且确实认识到现代经济组织的金钱基础,那么,就会把生产力与报酬的关系的两种观点区分开来。用数学语言来说,报酬不再可以被视为生产力的一个"函数"——除非生产力的意思是对支付报酬的人在金钱上的有用性。归根到底,现代生活中的报酬一律是根据普遍追求金钱所得这种自身利益的个人之间的协议而获得的。因此,也许可以把报酬说成是提供报酬的人的金钱有用性的一个"函数";但对支付报酬的人而言,他的金钱上的有用性并不需要对整个社会产生物质的所得。不能用个人金钱所得的代数总和来衡量这些得到收益

---

① 因为工资是以市场价值为基础来支付的,而且因为工资的差别是由于支付工资购买劳动而形成的市场价值上的差别所导致的,结果,无论在什么情况下,市场价值的差别只取决于产品数量的差别,工资将与产品数量成一定比例。

的行为总的有用性。

在像现代社会这样在一种金钱的基础上组织起来的社会中,经济方面的自主决定是由个体各自做出的;个别的个人利益的总和绝不表示集体利益。在经济学讨论中反复出现的表述暗示,这里论述的这些业务是为了集体利益而进行的,或者是以社会有机体为出发点的,或者"社会"如此这般按照这些业务所提供的服务而给予酬劳。这种表述一般都带有比喻的性质,只能用于说教,不能用于科学的目的。它们用于表达持这种观点的人对仁慈的自然秩序的信念,而不是用于传达或者阐述有关事实的信息。

当然,始终仍然有可能认为工作和它的酬劳之间存在一种自然的均等,认为报酬是自然的、正常的,或者从长期来看与得到报酬的人对社会的物质上的有用性是相称的;但是,以上主张只有在以下条件下才会成立:承认我们曾经指出的"自然的"与"实际的"并不相符,从这个意义上来理解"自然的"和"正常的"含义;必须认识到财富或者收入"自然"分配的学说忽视了这一重要的事实。除了源于情感基础的这种公平安排的影响之外,支持自然分配学说的(在前面说明过的意义上的)现代科学惟一依靠的是一种自然选择学说;根据这种学说,所有无用的、非生产性的、浪费的职业都必然被当做与容纳它们的社会不相容的职业而被淘汰。但对无用的、浪费的职业的这种选择性淘汰有下列两个假设条件,缺一不可:(1)必须假定工业的总生产力与消费总需要之间可支配的差额非常小,从而不存在察觉得到的能量浪费或者物品浪费;(2)必须假定经济方面的社会条件不会恶化,或者不可能"自然地"发生恶化。就前一个假定而言,可以说在一个非常贫穷的社会里,在格外艰苦的经济环境中,生产的差额才会像这种理论所要求的那样小。接近这种状态的某些情况还是存在的，比如在某些爱斯基摩人部落里就是这样。但在现代工业社会中——在这里，可容许的浪费差额可能已经超过了物品产量的50%——就不存在接近这个假定的情况。第二个假设条件当然是人类事务中存在一种仁慈的、天意的秩序，或者改良趋势这种过时的假设。现在已经不需要再争论了。当收入和积累的财富的分配体系仍然以金钱为基础的时候，在发生了经济恶化的社会中不难找到这样的例子。

现在回到我们讨论的主旨。金钱的职业是关于与所有权有关的财富、关于市场价值、关于交换事务、关于买卖、关于为金钱所得而讨价还价的职业。这些职业是商人的典型职业，商业所得来自金钱方面的成功努力。这些商业的职业是理论上称为企业家的那些人的典型行为（也构成其"职能"）。作为商人，企业家作出的安排是金钱的安排——无论它们有没有生产上的结果——而且是以金钱获益为目的来实施的。他们能够自主支配的财富可能是、也可能不是"生产品"的形式；但无论这里所说的财富以什么形式存在，企业家是根据价值来对其进行处理，从金钱的方面来对其进行处置。当企业家可能不再处理金钱的事务，而是去指导"生产品"的机械操作、承担这种职能的时候，他就暂时成为一个工头。如果企业家的业务是属于生产类别的，他当然知道哪一种生产方法或者工序适合于他的目的，他必须选择投资于何种生产过程；但他作为企业家的工作只是投资，将他手中的价值从获利少的投资转向获利多的投资。当投资以物质生产资料或者生产设备的形式进行的时候，一个特定的商业事务的结果，一般来说就是对这种生产资料某种特殊的使用；它们在生产中一般是由其他人而不是由企业家来使用的,尽管它们的用途受到企业家所认识到的金钱的要求的限制。财富在投资或者商业管理上的利用,其结果可能会、也可能不会在物质的意义上利用于生产。为金钱的目的而如此使用的财富、价值,就是商业意义上的资本。① 为生产的目的而使用的财富、物质生产资料,就是工业意义上的资本。因此,在理论上要求仔细地区分作为金钱范畴的资本和作为生产范畴的资本,如果资本这个词仍然包含这两个概念的话。② 这里的区分实质上与最近许多作者从不同角度(取得了不同程度的成功)的区分,在不同意义上的使用是一致的。③

关于资本,还有进一步的推论。源于金钱方面使用的资本所得,与企业家可以处置的那些物质资料在生产中的使用产生的生产效率并没有直接的关系,也不存在必然的比例关系;尽管这种所得取决于实现的市场价值。但市场价值与有用性之间不需要哪怕是近似的一致,除非根据边际效用或者其他相关概念来解释有用性,这种情况下的结果是一种同义反复。就像在经济学家一般假定的典型情况下那样,进行投资的企业家追求的是通过生产和销售某些有用的物品而获得收益,一般也假定他的努力受到最为节约地生产尽可能多、尽可能有用的产品的引导,或者说至少假定这种生产是他在事物的自然进程中的努力的结果。对商业企业的目标和结果所作的这种叙述可

---

① 所有如此使用的财富都是资本,但并不是说所有的金钱资本都是社会财富。

② 在现在的理论中,资本这个词是在这两种意义上来使用的;但在商业意义上的使用与工业意义上的使用,是完全一致的。经济学家经常注意到资本这个词现在这种使用上的不明确,在这一点上也许需要一种语言学上的修正;但本文不讨论这个问题。

③ 费特(Fetter)教授最近的一篇文章(载《经济学季刊》,1900 年 11 月)表明,他也许是在资本这个概念上,在这里所说的方向上走得最远的作者。费特教授希望将资本这个词限定为金钱的资本,或者说希望把金钱资本这个词当做以物质产品的所有权为基础的一个概念。这里不讨论这种语义学方面的学问。

能是自然的,但这种叙述却没有描绘出事实。这里的事实当然是,在这种情况下的企业家追求的是经济地生产市场价值尽可能高的产品。一般来说,市场价值在很大程度上取决于物品的有用性,但也取决于很多其他因素;在那些极易变化,市场价值在很大程度上取决于其他因素而不是物品的物质有用性的情况下,一定不能认为对资本的金钱上的管理是服务于生产的目的。因此,不论是在直接的纯粹金钱业务中,还是在间接地通过金钱业务而对生产的商业引导中,企业家对其金钱资本的处理都不能被视做一种生产性的职业,也不能把资本的获益看成是对投资所带来的生产力的一种标志或者度量。在这种情况下,物品的"生产成本"是一种感觉得到、但却不能确定的市场价值的生产成本——一种通常不能确定其对消费者是否有用的结果,通常作为浪费将其算在总额内。用于生产的资料在物质上的有用性,也就是说,工业资本对社会的有用性与金钱方面的资本所得并没有必然的或者一致的关系。因此,生产力不能以金钱资本为基础来确定。同理可以得出结论,利息的生产力理论很难成立,金钱职业的所得的生产力理论也同样很难成立,因为两者所依赖都是同样的理论基础。

我们可以进一步指出,金钱资本和生产资本二者具体的构成也是不一致的。从这一点以及前面论述的内容来看,我们可以得出结论,金钱资本的数量与生产资本的数量的变化或许是全然无关的——或许并非是不确定的,但在一个范围内,在本质上是不明确的。金钱资本是市场价值的问题,而生产资本归根到底是机械效率的问题,或者说是不能简化为公约数或者加总量的问题。只要可以把后者当做同质加总量——其本身就是成问题的——这两种资本在量值上也是全然不同的,只有通过受到除了物质资料之外的其他条件制约的一个评价过程才能将二者联系起来。市场价值是心理的结果,因而金钱资本这个市场价值的总和,其数值可能反复无常地随机变化——就像一种心理现象,尤其是通常表现出来的群体心理现象,在恐慌或者投机性通货膨胀的时期会变得尤其明显。另一方面,作为机械上的设计和改装问题的生产资本,不能通过评价的修正而发生类似的变动。如果把它看做是一个总数的话,它就是一种物质数值的总和,因此它就不能根据评价的大小而改变其面貌或者机械效率。对资本的金钱考虑取决于一种主观价值基础;对资本的生产考虑则取决于归为机械的、化学的、生理的效果的物质客观条件。

我们反复重申,不可能通过将各项个人的(金钱)资本加总而得到总的社会(生产)资本。除了特定物质生产资料的市场价值会发生变化之外,还因为金钱资本不仅由物质的东西构成,而且还包括了习惯的事实以及与物质生产资料没有任何密切联系的心理现象——比如商誉、时尚、风俗、威望、厚颜无耻、个人信用。所有权所触及的任何事物,无论为金钱上的自主决定的基础是什么,都可以用于获得金钱收益,从而都可以包括在金钱资本的总量中。作为金钱资本的基础的所有权本身就是一个习惯的事实,也就是说,它是思想习惯问题,作为习惯和观念的现象应该包括到金钱资本中;反之,生产资本具有机械的特征,习惯问题对它没有影响——除了物质资料未来的生产替代现存设备时会受到习惯的引导——因此,只是作为一种习惯存在的东西不包括在其总量之内。因此,金钱资本和生产资本之间的不同不只是一种任意所选择的观点,对资本概念最近的一些讨论试图让我们相信这一点;正如使用不同资本的金钱的职业和生产的职业之间的区别一样,金钱资本和生产资本不只是同一问题的不同方面。

除了可能纠正分配理论中的一个特定观点之外,这里尝试作出的区分还有别的含义。现代经济科学越发关心人们做什么、如何做、为何做的问题,这不同于过去的大自然通过人性发生作用如何保持物品产出的一个恰当平衡这个问题。无论是我们这一代人的现实问题,还是经济学迫切的理论问题,都没有涉及所有阶级在正常情况下得到的收入份额的适当性和平等性。现实中的问题包括:在资源丰富、高效率、大量欲望没有得到满足的情况下,我们为什么不时还会出现经济低潮和失业?为什么我们为消费而生产的一半的消费品得不到物质上的利益?为什么大大降低了生产成本的工业大协作是导致混乱和惊慌的一个原因?为什么在维持家庭的资金更容易获得的同时,工业阶级家庭会出现破裂?为什么尽管报酬明显高于最低生活需要,但却存在严重的社会贫困,而且贫困面越来越大?为什么在那些掌握更多知识、从事脑力劳动的工人中会存在广泛的不满?现实中确实存在的如此种种问题,是不能用正常的均等来回答的。也许可以更恰当地说,这些问题被如此频繁地用正常的均等来解答,却没有任何处理它们的方法,以至于在那个方向上去寻求帮助的前景已经失去了严肃的含义。借用克拉克教授的话来说,要从动态而不是静态的角度来解答这些问题。它们是行为和情感的问题,经济学家必须沿着在情感和行为准则下发展的经济生活这条路线,来寻找这些问题的答案。也就是说,它们是正在发生的文化变迁中的经济生活的问题。

现在流行的观点认为,经济生活广泛地决定着社会组织或者社会构造的其他方面。这种主张的流行,将使人们有借口不去对其合理性所依据的基础进行检验,因为对任何一位经济学家来说,即便他可能并不会毫无保留地全盘接受这种主张,但几乎无需游说,他也会相信这种主张的实质价值。那些将文化发展作为其考察对象的人越来越赞同马克思主义者的"唯物史观"。这种唯物主义观念认为,制度是由经济条件所塑造的;但在脱离马克思主义者之后,在许多不知道马克思的人手中,很少谈到被认为对制度产生影响的经济状况的有效作用力、作用渠道或者作用方法问题。早期马克思主义者对经济状况如何塑造制度这个问题,给出的答案是通过一个自利的、计算的阶级利益而得到的因果联系。但是,尽管阶级利益在结果中具有很重的分量,但这个答案也是不适当的,因为,首先,制度绝不会像合理阶级利益的惟一效率所要求的那样灵活地变化。

在不怀疑阶级利益在一定程度上塑造制度的这一前提下,为了避免一开始就纠缠不清,也许可以认为制度在性质上属于流行的思想习惯,因此,塑造制度的力量就是塑造社会中流行的思想习惯的力量。但思想习惯是生活习惯的结果。无论它是否有意识地导向个人的教育,日常生活的规律都在改变或者强化公认的思想习惯,从而在改变或者强化人们生活于其中的公认的制度。大体上说,改变的方向受到日常生活规律的趋势的约束。这里直接争论的一个观点是,在生产特征占优势的职业与金钱特征占优势的职业中,这种规律的趋势是不同的。由于从现在的经济状况中找到的文化结果与过去是不同的,因此,这里的问题就是目前的生产的职业和金钱的职业与过去多少是有差别的。

当前的经济状况区别于过去的状况或者正在浮现的状况的典型特征,是机械工业的盛行,并伴随着更大、专业化更高的市场组织、生产力和工厂。前面说过,从经济学家当前的讨论中也可以明确了解到,工业生活是在金钱基础上组织起来的,是从金钱的方面来管理的。现在如此,在至少可以追溯到中世纪的过去时代也是如此。但现代工业中的大规模组织意味着金钱管理已经逐渐落入到一个相对衰落的阶级手中,他们与严格意义上的工业阶级的联系越来越不直接。上面说到的职业上的区别与业务上的区别和经济阶级的区别,越发一致。人们几乎会认为这里所说的这种专业化和区别在某种程度上当然是一直都存在的。但在我们的时代,在许多行业里,专业化程度已经非常高,以至于相当多的工人与企业的商业方面仅仅发生偶尔的联系,而少数人则从事只与金钱管理有关的事务。在企业家同时是推销员、采购员、营业管理员、车间工头、工长的时代,情况却不是这样。在自给自足的庄园时代或者家庭生产时代,或者在封闭的城镇工业时代,情况就更不是这样了。在我们时代的那些被我们称为落后的或者老式的工业中,情况也不是这样。这些后来的情况下不存在大规模组织,并且一直存在一边是所有者和商业管理人员,另一边是从事具体操作的雇员这种劳动分工。那一类组织程度不高的工业的典型例子,是今天仍然存在的手工业,以及普遍存在的由相对较小的所有者经营的农业。在经济生活的较早阶段(现代经济状况就是从中逐渐发展起来的),所有从事生产的人在金钱上毫无疑问常常是很警惕的,在经营农活和讨价还价中常常是循规蹈矩的——比如美国农民就是这样。以前的消费者购买商品的时候也是这样,与现在是大不相同的。从事手工业的人仍然要花费一定的日常精力在金钱的或者商业方面的交易上。但在一般所说的现代工业中,职能的专业化在很大程度上已经发展到从事操作的雇员不再考虑金钱事务。

现在我们来讨论一下所有这一切与正在发生或将要发生的文化变迁之间的关系。暂且将那些"落后的"、组织化程度相对不高的工业放在一边,因为对于目前要讨论的观点来说它们有一种不明确性,并且就其学术价值来说与过去相应的工业并没有特别的区别;为了说明这一观点,可以把现代经济职业大致划分为上面已经区分过的商业职业和工业职业。现代工业职业和现代商业职业完全可以通过二者所要求的才智来进行比较,我们曾经说过,前一种职业包含了高度熟练的技术专家和工程师,也包含了技艺熟练的技工。这两类职业的区别在于,从事金钱职业的人是在所有权这个伟大的制度下工作,他的工作受到所有权制度的引导,所有权制度包括习俗、特权① 和法权等;反之,在生产的职业中,人们的工作相对不受这些真理和合法性的传统规范的约束。当然,并不能认为后一类人的工作是在所有权制度范围之外;但可以认为在激烈紧张的工作中,当人们的力量和注意力完全集中在他所从事的工作上时,他所认识到的必然不会是传统法则,而是由物质事实的性质向个人施加的约束。这就是目前经常所说的机械工业中密集而持续地使用熟练工人的要求妨碍了他们在文化上的优雅和礼仪的全面发展。正是这个注意力高度集中、艰苦工作的时期在思想习惯的形成中关系最为重大。

正如来自没有得到完全验证的前提的推论通常都不令人信服一样,关于过去和现在的这种职业之间的差别会自然带来何种文化影响的一个推论,也可能是不可信的。后来的经济发展显示,在这方面所进行的实验迄今为止还不够好,不够全面,也不够长久,从而还未能给出确定的结果。尽管如此,后一种情况下的某些问题仍然需要说明,即使这些问题可能产生多少有些熟悉的结论。

比如,当前对现存经济问题的通俗讨论中有一种普遍看法,认为从事现代机械工业或者工厂工业的阶级是没有远见的,显然没有能力去处理他们自己生活的金钱方面的细节。这里所指的这个阶级不仅包括工厂工人,也包括一般的熟练技工、发明家、技术专家。从任何一种严格的意义上来说,这一标准并不成立,但它所指的阶级在一般形式上似乎确实是这样。将现代工厂工人与他们所取代了的过去文化中的手工业者阶级进行比较,也与现代的农民,尤其是各国的小所有者进行比较,这种现象确实是明显的。现代工业阶级在这方面之所以处于下等地位,不是由于他们无论与过去的手工业者相比,或

---

① 原文为 poregative,疑为 prerogative(特权)之误。——译者

者与现代的农民、农夫相比更为缺乏储蓄的机会。现在普遍讨论的这种现象是把工业阶级没有远见归于他们总体的堕落,并大力鼓吹节俭和自制的习惯。但不懈地鼓吹节俭和自助,却并没有产生明显的效果。存在的问题似乎是这种劝告所不能解决的。这似乎是一个习惯问题,而不是一个合理地说服的问题。有其他理由也许可以恰当地在一定程度上解释这些阶级的没有远见;但这种考察至少是相关的;在他们中间有多么缺少财产,多么不节约,也许可以追溯到他们的日常生活中相对缺乏金钱方面的锻炼。如果像关于这个主题的一般谎言所暗示的那样,工业阶级这种特别的金钱状况在任何程度上都可以归于广泛的训诫上的原因的话,这将成为经济学考察感兴趣的素材。

认为工业阶级的问题是某种具有这种特征的东西的这一猜测,被现代大众生活的另一个特征所强化,这种猜测之所以受到关注,是因为人们将其看做是对这里所说的区别所触及的问题的特征的进一步和决定性的阐述。威胁着现代社会和政治结构的最阴险、最令人担忧的病症,也是最令人困惑、最为空前的病症是被含糊地称为社会主义的东西。对于社会结构的危险,同时也是社会主义所不满的本质核心,是对财产制度日益的不忠实,这种不忠实际上因类似的对社会结构的其他传统特征越发地缺乏尊重和热爱而得到加强。受到社会主义的奇想影响的阶级并非一贯地反对现有的社会组织和控制,尤其在经济方面,而是反对传统方面的组织和控制。似乎并不缺乏团结感,它仍然有效,但是产生了新的、预料之外的团结基础。他们会有何种建设性理想不必与我们有关,也不必阻止我们;这些理想是含糊的、不一致的,而且在很大程度上是消极的。他们的不满是由于与其他人相比,对自己的时运的不满而造成的,是对自身利益的一种错误观念引起的;为了向他们表明这种思维方式所存在的错误,付出了很多徒劳的努力。但过去的经验表明,在这种动机和理由的引导下,我们应该预料到这些不满是对财产再分配的一种要求,是按照这些阶级的利益所指明的一种新方法重建所有权传统的一种要求。但这并不是社会主义思想的趋势,它所思考的是消灭财产制度。对社会主义者来说,财产或者所有权并非事物必然的、固有的性质;而对于那些批判和警告社会主义者的人,财产通常是事物必然的、固有的性质。

在这方面,我们可以把他们与其他受到艰苦景况或者不满所推动而进行谴责并提出激进经济变革要求的阶级(无论是否明智)进行对比;比如在农民协进会(grangerism)、人民党主义等各种运动中的美国农民。他们的谴责和抱怨非常强烈,而且他们由于要求实质性的财产再分配而被指责为社会主义者。但是他们认为这种指责是不公正的,要注意他们的要求一贯地是在某种新的分配基础之上来复原财产,而且一律提出了公开宣称的改善对所有权的要求这个目的。无论在什么地方,所有权——即用"诚实"的手段所获得的财产——对于乡村的不满者来说是神圣的;他们所渴望的只是要消除这一制度的某些在他们看来存在的弊端,而并没有对制度本身提出质疑。

而无论在哪个国家,社会主义者却不是这样的。现在,社会主义观点的传播表现出一种新奇的趋势,那就是社会主义观点尤其倾向于影响那些常常从事专业化的工业职业、从而在很大程度上与金钱管理的知识规律无关的阶级。在那些日常生活中的严肃和习惯的思考不涉及金钱方面的人中间,所有权的先入之见似乎已经被废弃而绝迹了。现代意义上的工人,尤其是机器工业中那些有更多知识和技能的人受到了最为严重和广泛的影响。以上这两种情况都有例外的时候,但不可否认的一般情况是,在工业城市中,社会主义者的不满情绪主要是在机械职业中较高层次的熟练工人中蔓延,并且最为有效；而在那些介于金钱的职业和生产的职业之间，相对贫困和缺乏才智的领域和阶级则相对没有受到多少的影响。同样，那些从事具有金钱特征的职业的上层和中层阶级也没有受到严重的影响；当公认的社会主义观点碰到这些上层和中层阶级的时候，一般产生的只是对更为"公平"的财富再分配的一种人道主义愿望——以某些新的、改进的控制方法重新调整所有权——而不是打算让所有权消失得无影无踪。

在意味着一种对现代文化的经济基础的颠覆这种意义上，社会主义只是偶尔地、不确定地在时间和空间上超出了现代机械的、非金钱的职业所运用的规律的极限。这种状况当然没有必要完全归因于工业职业的规律的影响，甚至也不能完全归因于这些职业是否有规律性的结果、选择性的发展或者诸如此类的其他影响。其他因素，尤其是具有种族特征的因素似乎共同产生了前述的结果；但就我们正在分析和已经分析过的这一点来说，它表明这种职业区别对于一个一致的社会主义观点体系的发展来说是必需的；这也表明无论在什么情况下，只要这种区别达到一定的严重程度，广泛而强烈地对人们产生了影响，为普遍观点的发展提供了基础，那么结果就是某种形式的攻击传统观念的社会主义。当然这种区别对人们既会产生一种规律性的影响，也会产生一种选择性的影响，不能随便地把这两种影响模式分隔开。在任何情况下，这两种影响模式似乎都会汇聚于前面指出的结果；就本文现在的阐述目的来说，不可能也没有必要在此详细描绘这两种序列。由于存在这种差别，工业阶级正在学习根据物质因果关系来思考，学习忽略规定和有效性的传统基础；经济学家也刚刚开始在对这些阶级的生活的讨论中学习这样做。传统有效性的流行含义的衰落当然扩展到了金钱传统之外，受到社会主义观念影响的工业阶级也很容易受到其他打破传统的观念的影响。这是因为约束他们的工作和生活习惯的规律并没有给予他们多少金钱传统之外的训练,明确地说,一种建立在与所有传统有效性格格不入的基础上的积极的、彻头彻尾的观察和推论的方法上的训练。但在我们讨论的这个方面规律的专业化的实践实验仍然和开始的时候差不多,由于后来为预料到的职业的专业化这种特别的规律性趋势而产生的异常观点和思想习惯,还没有机会清楚地表现出来。

在当前的劳资纠纷中,同样的片面规律的影响在高度无规律的、在传统上站不住脚的工业阶级的态度中也是很明显的,这些纠纷并没有公开宣称社会主义的目标。同样的影响也表现在以下方面。家庭关系、家庭责任之类非经济的或者次要的经济问题与古老的规范渐行渐远,工业城市中传统的瓦解,据说威胁到了家庭生活和道德的基础;受到物质的、工业的思想习惯训练的人们,越来越不具有欣赏甚至理解那些建立在老式的传统或者有效性的形而上学基础上的宗教诉求和慰藉的能力。但是,现代职业的专业化,无论是工业还是商业,它们的文化影响在这里不能进一步去探寻了。

论资本的性质[①]

I 资本品的生产力

在阐述经济学理论的时候,通常将资本当做一系列"生产性物品"。说到"生产性物品"以及相同的概念"资本品",人们马上想到的就是生产设备,主要是工业过程中使用的机械用具。当进一步分析这些设备或者资本品的其他附类的生产效率时,通常会追溯到工人的生产性劳动,因为在普遍接受的理论体系中,工人个人的劳动是最终的生产要素。现行的生产理论(分配理论同样如此)是在个体主义的条件下推导出来的,尤其是这些理论如通常那样以快乐主义前提为基础的时候更是如此。

如今,人类行为在其他某些方面可能确实表现出个体主义的特征,但在经济方面,人从未作为一个个体过着与世隔绝、自给自足的生活,无论过去、现在还是将来情况都是如此。从人的角度来说,与世隔绝是不可能的。任何个人、单个家庭或者一个家族,都不可能在隔绝状况下维持其生存。从经济的角度来说,这是人类区别于其他动物的典型特征。人类的发展史,就是人类群落以或大或小的规模、或强或弱的群体一致性、或多或少的世代文化连续性而发展的历史。人类的生命现象只会以这种形式发生。

[①] 原载《经济学季刊》,第 22 卷,1908 年 8 月,经许可重印。

群落的连续性、适合性或者一致性具有一种非物质的特征。它属于认识、惯例、生活习惯和思想习惯的范畴，不是机械上的连续性或者联系，甚至也不是一种血缘关系。比如在任何较低级文化的人类中，无论在什么样的人类群落里，都会发现他们拥有某些关于技术的一系列知识体系——对生活有用的知识，或者生活必需的知识，它们至少包含这样一些基本技艺：语言、会使用火、刀刃、尖棍、某些穿刺工具、某种绳索、皮带或者纤维，以及打结和捆扎等技能。除了这些有关方法的知识之外，他们一律会表现出掌握了维持生存所必需的物质的自然属性方面的一些实用知识，这些知识不是任何个人能够学会的，或者不是单凭他自己的经历就能学会的。各种求生方法的信息和掌握的熟练程度是属于整个群体的；除一部分是从别的群体学习而来，其他都是该群体的产物，尽管这不是任何哪一代人就能完成的。我们可以将其称为这个群落的非物质设备，或借用一种说法，叫做无形资产；①至少在早期时代，这无疑是人类群落最重要、最有意义的一类资产或者设备。如果没有这些共同积累的非物质设备，群落中的任何个体和任何部分都不可能生存下来，更不用说发展了。群落拥有这些知识和实践技能的形式也许是松散的、非正式的；但它们普遍是作为一个整体的群体当做一种共同的积累、以共有能力的形式而拥有的。它们在群体内的传播和扩散，不管看起来是多么松散而随意，都是由群体来进行的传播和扩散，而不是由某些个人来完成或者以一线单传的形式来完成。

---

① 当然，在这一点上不能按照字面意思来理解"资产"这个词。从字面上看，它完全是一个金钱的概念，而不是一个生产的（技术的）概念，而且它意味着所有权，也意味着价值；在后面的文章里讨论所有权和投资时，我们就是按照这种字面意思来使用这个词。在此处，因为找不到更合适的词，所以我们使用的是它的喻义，表达的是价值和有用性的含义，并没有所有权的意思。

这些必备的知识和熟练技能是整个群落生活的产物，也许是副产品；也只能通过这整个群落来维持和保留。对于人类史上无法考证的史前阶段，我们无从知晓当时的情况如何，但对于有据可查的最原始的人类群体和阶段来说，任何群体所拥有的、对整个群体以及群体内的成员或亚群体的生存来说至关重要的技术知识，对于单个人或家族来说，承担这种知识传递的任务显然是过重的负担。当然，"生产技术水平"越先进，就越发如此。然而，总的来说，还存在以下一种令人吃惊的情况，即无论何时，只要一个特定的文化群体发生了分裂，或者其成员数量严重萎缩，它的技术遗产就会恶化和缩减，即使此前拥有的技术遗产严重不足的群体也是如此。另一方面，以下观点看起来同样是成立的，即让处于经济发展较低阶段的个人或一小部分人离开其群落，接受一些范围更广、更有效率的技术的教育或训练，然后又回到自己的群落，这些个人或少数人并不能扭转群落总体的技术倾向，甚至连轻微的影响都产生不了。这种情况可能会轻微地，也许是暂时地逐渐产生有效的技术影响；但这样的效果是通过群落整体的传播和吸收而产生，不是由于接受了不同技术训练的那些个人或少数人产生了异常的功效。技能相关内容的遗传不是通过血缘关系，而是通过传统和习惯，它们必然广泛存在于群落生活体系的方方面面。就算是一个相对较小的、原始的群落，构成其知识和技能的细节内容也会非常多——任何个人或家庭都不可能成为所有方面的专家；这些知识和技能的分支广泛而多样，同时所有这些分支都直接或者间接地与群落每个成员的生活和工作相关。当群落任何一个方面的技术设备发生了一定的变化，无论这种变化是好是坏，群落的生活标准和惯例，以及群落中任何个体的日常工作都不可能保持不变。如果群体发展壮大，达到了现代文明社会的程度，而且这些非物质设备也相应地发展壮大和多样化，那么，要找到技术细节方面的任何特定变化与社会中任何单个不知名成员的命运之间的联系就越发困难了。但至少可以说，技术知识和适用技能总体数量的增加，复杂程度的提高并不会使社会个体成员的生活和工作逐渐脱离它们的控制。

　　在群落的生活中如此拥有、使用或传播的技术知识的补充，当然弥补了个人经验的不足。经历、实践、习惯、知识、首创精神都是个人生活的现象，它们必然是群落的共同知识储备的源泉。群落知识储备增加的可能性，取决于由个人的经验和首创精神获得积累的知识的可能性，从而取决于个人学习其他人的经验的可能性。但个人的这种比如以发明和发现更多更好的方法的形式表现出来的首创精神和技术上的进取心，是在过去积累的智慧的基础上实现的，同时又会进一步增加这种智慧。没有共同知识储备为基础，个人的首创精神就不可能实现；这种首创精神的成就所能带来的惟一效果，就是增加共同知识储备。如此获得的发明或发现总是在前人已有的基础上完成的，因此，发明者或发现者的创造性的贡献与整个共同知识储备相比较而言，就显得十分微不足道了。

　　在任何已知的文化发展阶段，这种无形的技术设备的共同储备相对于创造或者使用它的任何个体成员的能力来说，是大而复杂的；而且其发展和利用的历史，就是物质文明的发展史。它是一种方法的知识，体现在群落成员赖以生存的各种物质发明和生产过程中。只有依靠这些方法，技术的功效才能发挥。这些"物质发明"（"资本品"、物质设备）就是诸如工具、船只、车辆、原材料、建筑物、沟渠等等，包括已开垦的土地，还包括早期发展阶段的大部分时期内处于首要位置的那些可利用的矿产、植物和动物。我们说这些矿产、植物和动物是可利用的——也就是说它们是经济物品——意味着群体关于方法的知识已经可以对其进行开发和利用了。

毫无疑问,在原始文化的相对早期阶段,可利用的植物和矿产是在其原生状态下被利用的,比如捕鱼和伐木。就其可利用性来说,它们明确地包含在了群落的物质设备("有形资产")之中。平原印第安人(Plains Indians)与水牛、西北海岸的印第安与大马哈鱼的关系,以及科胡拉印第安人(Coahuilla Indians)①、澳洲黑人(Austrian Blacks)或者安达曼人(Andamanese)对野生植物的利用都是很好的例证。

但随着时代的发展,经验和首创精神的积累,驯养的(也就是改良的)植物和动物逐渐占据了主导地位。我们从而要把各种各样的家畜,尤其是各种谷物、水果、块茎作物等等"技术手段"放在第一位了,实际上,所有这些都是为了满足人类的需要而创造出来的;或者更准确地说,它们主要是由妇女们经过长期的精挑细选和培育而创造出来的。当然,这些东西之所以有用,是因为人们已经学会了它们的用法,对这些用法的掌握靠的是长期大量的经验和实践,取得的每一个进步都是以过去积累的成就为基础的。其他的东西可能随着时间的推移其用途会超过这些东西,但在文化的早期发展阶段,它们仍然是无用的,或者其用途从经济上来讲是不存在的,因为那时人类还没有学会它们的用法。

尽管这种非物质生产设备即群落的无形资产相对来说,显然一直都具有相当的分量,而且一直以来都维持着整个群落的生计,但另一方面,物质设备即有形资产在人类文化发展史的早期阶段(比如说占人类发展史百分之九十的早期),相对来说不是很重要,而且明显

---

① 巴罗斯(Barrows)。

是由个人或家庭松散地持有。在技术发展的较早阶段,这种物质设备相对来说并不重要,而且对其占有的期限显然是含糊或不确定的。在人类发展的相对原始阶段,在一般的气候和环境条件下,占有那些需要利用群落关于方法的普通知识的具体物品("资本品")并不重要——这与古典经济学家普遍持有的观点相反。在掌握了一定的一般技术知识水平和接受了一定的培训的条件下——这些都来自日常生活中普通的习得性(notoriety)和适应性——对那些小的物质设备的获得、建造或者使用,几乎是一件理所当然的事情,特别是在这些物质设备不包括圈养的家畜或者人工种植的树木和蔬菜的地方更是如此。在特定环境下,一种相对原始的技术状况可能包括一些物质设备大项,比如黑脚印第安人(Blackfoot Indians)的水牛圈(Piskun),或者西北海岸河边印第安河的大马哈鱼鱼堰。这样的物质设备可能是要么由群落整体,要么由相当规模的亚群集体拥有和使用的。在通常情况下,即使到了后来作物栽培有了更大进步的时候,必备的物质生产设备也不是至关重要的东西(当然,已开垦的土地和种植的树木除外),在这样一个文化阶段,在人们中间流行着异常不严密、不合逻辑的所有权观念就是对这种情况的一个说明。并没有呈现出一个明显的原始共产主义阶段。

但随着技术知识共同储备数量的增加,范围的扩大,以及效率的提高,借助关于方法的知识发挥作用的物质设备实现了更快的增长,与个人的能力相比,这种增长更加显著。一旦技术发展达到这样一种状况,为了有效地增加产量而需要相对更多的物质设备,或者是占有必需的物质设备成为其必然结果,使没有这种物质设备的个人处于非常不利的地位,而这种设备的拥有者则处于相当有利的地位,那么强制力量将随之介入,产权明显地开始以确定的形式而出现,所有权准则积蓄着力量和持续性,人们开始积累资本品,并设法保障这些资本品的安全。

生产技术的明显进步通常会带来，或者伴随着人口的增长。在这种增长之后，谋生的困难可能不会更大，甚至还会减小；但可利用的土地和原材料会相对缩减，而群落中各成员的联系通常会增加。更大范围内的控制变得更容易了。同时，为了有效地增加产量，需要有更多的物质设备。随着这种情况的发展，个人就值得——也就是说变得可行——使用强制手段，通过占有那些在现有生产技术水平下对谋生而言相对稀缺以及相对必需的物质，而独占或者"垄断"关于方法的共有知识的用益权。① 空间的扩展以及人口的增长使人不得不面对新的技术状况。在新的环境下，如果没有适应于当前生产技术水平的物质设备，关于方法的共有知识就无法利用；这样一种适当的物质设备就不再是无足轻重的了，劳作方面的首创精神和应用的要求产生了适当的物质设备。有财产的人有福了。

可能有人会说，技术状况的重点，可能会根据气候、地形、动植物、人口密度等产生的迫切要求时而转向这一类物品，时而又转向那一类物品。因此，在同样的迫切要求的限制下，产权和所有权准则（思想习惯）也会根据哪类物品具有独占群落现有技术能力的战略性优势，从而围绕这类物品开始早期的发展。

如果技术状况，也就是生产技术水平强调体力劳动、劳作技能及其运用，而且如果同时人口的增长使得土地相对稀缺，或者与其他群落的敌对关系使得群落成员无法在边远地区自由活动，那么可以预计，所有权将会朝着奴隶制或者其他相对应的奴役制度的方向发展，

---

① 毫无疑问，在所有权习惯及其所依赖的原则的形成中剥夺和竞赛的动机发挥了重要的作用；但这里不准备详述这种动机的作用以及与之相伴的制度的成长。参见《有闲阶级论》，第1、2、3章。

从而形成对关于方法的现有知识原始的、直接的垄断性控制。① 反之，如果形势的发展有所改变，从而使得群落的生计问题取决于牛羊的自然增长，那么可以合理地预计，这些设备将是产权的主要对象。实际上，游牧文化除了对牛羊的所有权之外，一般来说也包含了某种程度的奴役制度。

在不同的环境下，机械生产用具或者可耕种的土地，可能逐渐占据重要的优势地位，可能会成为人们所考虑所有权对象的首选。由（相对）已知的早期文化和群落提供的证据似乎表明，在物质文明发展的一个较早时期，奴隶和牲畜而并非土地或者机械用具就这样成为了所有权的首要对象。同样明显的证据（事实上是更明显的证据）表明，土地大体上是先于机械设备成为所有权的首选对象以及独占群落的生产成果的手段。

直到物质文明发展史的后来一个阶段，生产设备的所有权（从这个词通常运用的狭义上来说），才逐渐成为独占非物质设备的显著的、典型的方法。实际上，只有屈指可数的几次才勉强达到了这种状态，而无可争议地达到这一确定无疑的状态仅有一次。如果大致可以这样说，即通过对奴隶、牲畜或土地的所有权而实现的控制，是在迄今为止占据了社会发展过程大概十分之九的时间之后才大规模地发生的，那么同样可以这样说，这一社会发展过程的百分之九十九在以机械设备的所有权作为金钱控制的基础，无可争辩地逐渐取得其支配地位之前就已经完成了。实际上，这一现代的"资本主义"制度——如我们所知，就是对生产资本的支配性控制——是如此新近的一种创新，而它又却是我们所熟悉的生活中如此明显的一个事实，

---

① 参见 H. 尼伯尔（H. Nieboer），《作为一种生产体系的奴隶制》（*Slavery as an Industrial System*），第 4 章，第 12 节。

因此，我们既难以清楚地认识它，又发现自己在以下两种情况之间犹豫不决：一方面否认它的存在，另一方面又肯定它是所有人类制度的自然前提。

我们说生产设备的所有权是垄断群落的无形资产的一种制度，其中必然（尽管不是故意的）包含了一种谴责的含义。在任何理论考察中，这种含义无论是好是坏都是一种不利的情况。由这种暗示性的责难引起的任何感情上的偏向——无论是赞成还是不赞成——都肯定不可避免地会妨碍心平气和的讨论。因此，为了尽量减少这一容易引发争执的因素的影响，明智的选择是暂时回到其他更原始、更遥远的制度形式——比如奴隶制和封建土地所有制——这样就通过迂回和渐进的方法接触到了现代工业资本制度的事实。

这些古代的所有权制度——奴隶制和土地所有制——是历史的范畴。作为群落生活状况的决定性因素，有关它们的纪录是翔实的；它们是所有者视不同情况对奴隶或者土地进行经济控制的纪录，这种观点是无须争辩的。在鼎盛时期的奴隶制，以及中世纪和现代早期的土地所有制，其作用是让社会生产能力服务于奴隶主和地主的需要。除了那些零星、辩护性质的不值一驳的言论之外，这些制度在这些方面的作用现在是无须质疑的了。

但这一事实——这些所有权制度在当时发挥的直接和即时的作用如上所述——绝不会遭到我们所讨论的制度直接的谴责。可以这样认为，奴隶制和土地所有制各自在其适当的时代和适当的文化背景下，促进了大多数人境况的改善和人类文化的进步。那些目的在于表明奴隶制和土地所有制作为文化进步的一种手段的优点的论点与我们现在的考察无关，这些论点提供的这些制度的优点也与我们现在的考察无关。之所以在这里提及这个问题是要让我们回想起关于"资本品"的生产力的分析所产生的任何类似的理论结果，都不需要触及批评资本主义的社会主义者与现存制度的代言人之间发生的论战的是非曲直。

就经济理论而言,在过去的一个世纪中,土地所有制的性质(尤其是考虑其生产力的时候),已经经过最为警惕的预防措施、最为严密的逻辑的筛选;任何经济学研究者都能轻易地回顾这方面林林总总的经济理论发展的过程。这里惟一需要的是将关于地租的全部观点稍稍作一些转变,将其与我们现在讨论的问题联系起来。地租具有级差收益的性质,取决于对土地的生产性投入或者有关土地的生产性投入的生产力产生的有差别的收益。特定的投入在一块土地上产生的收益可能不同于另外一块土地,这种生产性投入用于土地之外的用途也可能产生不同的收益。农用土地——比如与工业用地相对——上的生产性投入产生不同的收益取决于技术状况的某些普遍特性。这些特性包括:相对于居住范围而言数量众多的人类或者与此有关的那一部分人类;求生的方法,如前详述的那些谋生方式、利用某些农作物和某些家畜的方式。除了这些在地租的讨论中被认为是理所当然的条件之外,显然就不可能会有土地的不同收益以及地租了。随着掌握的运输方法的增加,比如英格兰以及整个欧洲的农用土地价值降低了,这不是因为土地变得贫瘠,而是因为可以通过更便利的新方法去获得同样的结果。因此,在北欧新石器文化时期,那片富含燧石和琥珀的地区,也就是现今波罗的海入海口水域周围丹麦和瑞典的国土,是最为得天独厚、最有价值的土地。但随着金属的出现和琥珀贸易的相对减少,这些土地在生产力水平方面落后了,对它们的偏好也减少了。同样,后来随着"工业"的兴起和交通技术的发展,城市土地相对于农村土地来说开始增值,位于与航运和铁路相关的更有利位置的土地就更有价值,更有"生产性"。如果没有这些现代技术手段,这种情况是不可能发生的。

单一税的倡导者和提出"土地自然增值"的经济学家的观点我们已经耳熟能详,但其更深一层的含义并未被广泛认识。这种观点认为,土地自然增值是由社会人口的增长以及生产技术的提高所产生的。这一论点看似合理而且被广泛接受;但被普遍忽视的是这个观点包含了更深一层的结论,那就是所有土地的价值和土地的生产力,包括"土地原生的不可毁灭的力量"在内,都是"生产技术水平"的函数。只有在特定的技术状况下,在现有的方法体系下,任何一块土地才具有它表现出来的那种生产力。换句话说,土地之所以有用,以及它有用的程度和利用它的方式,是因为人们学会了利用它。从经济学的意义上说,这就是使其成为"土地"的原因。作为对"纯产品"提出所有权要求的地主,其优先的地位在于他在法律上有权决定人们能否、在多大程度上、按什么条件来使用他的这块土地。

以上所有关于土地自然增值的观点,几乎可以原封不动地对应到"资本品"概念上来。在石器时代的大约 1 000 年时间里,丹麦的燧石供应在经济上极其重要,在那个时代,打磨过的燧石器具是对文明具有无法估量的重要性的"资本品",它们具有如此重要的"生产力",以至于可以说那个时代人类的生存,靠的就是那些打磨过的燧石斧头。在那个技术时代一直如此。燧石供给以及由此制成的物质设备和"资本品"从而是有价值的,是生产性的,但只限于那段时期。随着技术条件的变化,那个时代的资本品变成了博物馆里的陈列品,它们在人类经济生活中的地位被人们后来另一个阶段的实践成果,也就是体现另一种"生产技术水平"的技术设备取代了。像逐渐被取代了的打磨过的燧石斧头一样,替代它的金属器具在西方文化的经济领域是人们的长期实践和对方法的逐步学习的结果。金属斧头也好,燧石斧头也好,体现的同样都是一种带刃、使用柄、工具本身的重量产生功效的古代技术手段。在各种情况下,从历史的观点以及从社会整体的观点来看,体现在工具中的关于方法的知识才是重要的内容。具体的"资本品"的制造或者获得,只不过是一个自然而然的结果。就像托马斯·孟(Thomas Mun)说的那样:它"只需要付出劳动,而不需要其他任何东西"。

然而,或许可以认为,每一具体的"资本品"都是某人劳动的产物,同样,当使用它的时候,其生产力就只是它的制造者的劳动产生的间接的、隐含的、延迟的生产力。但在这里,制造者的生产力只不过是他所掌握的非物质技术设备的函数,从而是社会长期的经验和首创精神缓慢积累的非物质精华。对资本品的单个制造者和所有者来说,社会累积的非物质设备储备是公开的、共有的,具体的有形物品的成本就是为制造和获得这些非物质设备,以及实现对它们的所有权的时候的努力。对于那些无法制造或得到"生产性物品",但社会的物质资源和非物质资源同样对其开放的人来说,情况将是完全一样的。他不会有什么不满,也不会有机会去寻求不满。但是,作为维持社会生活的一种资源,作为物质文明进步的一个因素,整个事情将会有不同的含义。

只要(或者毋宁说事实就是如此)符合某个时代的技术要求的"资本品",普通人通过一定的勤奋和熟练程度就能够获得;只要任何人对共同无形资产储备的使用不妨碍其他任何人,有利与不利的差别就不会出现。这种经济状况就比较符合古典理论的自由竞争机制——建立在机会均等假定基础上的一个"明显和简单的天赋自由体系"。随着西欧的生产状况从中世纪向现代转变,手工业和"工业"企业取代了土地所有制成为主要的经济元素,近似的这种状况随之而出现。在"工业体系"内部,与享有特权的不生产阶级不同,一个人在没有特权或者没有积累一定的生产资料的情况下,只要稍有一点勤奋，有一定的首创精神，能够节俭，他就可以勉强改善自己的境况。毫无疑问，机会均等原则只是在非常粗略和不确定的形式下才能够做到；但是社会舆论如此地赞同这个原则，以至于在整个18世纪人们不断说服自己，认为要充分实现机会均等，就要废除物品所有权之外的所有特权。但是这个近似的技术上可行的机会均等体系，是如此的不稳定和短暂，尽管与经济的巨大变革相一致的自由运动，仍然如火如荼地进行着，但技术状况已经使这种变革成为不可能。在工业革命来临后，除了产权之外的法律面前的平等，就意味着机会均等这些在过去基本上站得住脚的观点，此时已不再成立。那些主要的、迅速发展的工业，正在领导着整个经济体系以市场为中心运转，新技术时代所需要的生产设备单位已经比以前大得多，单个人已不能自由利用关于方法的共有知识通过自己的努力而获得。企业的发展不断使那些小型的、老式的生产者的地位越发不稳定。但是，那个时代的一些不谙世事的纯理论家仍然根据手工业传统和与那个体系相联系的自然权利先入之见来理解当前的经济生活现象，仍然把"天赋自由"理想视为经济发展的目标和经济改革的目的。他们完全受到源于过去的状况的一些原则（思想习惯）的束缚，以至于看不到他们想要实现的机会均等规则在技术上已经是过时的了。①

过去一百多年里，自然权利理论在经济学中占据着支配地位，技术知识也在不断向前发展，与之相伴的是大工业迅速成长并逐渐控制了经济领域。这种大工业体制，就是社会主义者以及其他一些人所称的"资本主义"。"资本主义"这个词的这种用法并不是一个纯粹的、严格的技术词汇，但它含义很明确，可运用于不同的目的。就其

---

① 关于这个问题更详细的论述，见《经济学季刊》1899年7月的文章"经济学的先入之见"，也见《企业论》(*The Theory of Business Enterprise*)，第4章，尤其是第70~82页。

技术方面而言,资本主义的典型特征是需要更大型的物质设备来实现生产的直接目的,这种物质设备不是个人通过自己的劳动能获得的,也不是单个人能独自操作的。

从这个意义上说,资本主义制度一旦流行开来,生产设备的所有者(或者其控制者),无论如何都不再是或者也许不再是其任何真正的"生产"意义上的制造者。生产设备的所有者,是通过其他措施而不是通过生产而获得其所有权或者控制权。生产的发展需要的是财富的积累,除了垄断力、欺诈和遗产的继承之外,获得这种财富积累的方法必然是某种形式的交易;也就是某种形式的企业。在生产领域,财富的积累源自营业所得;也就是说源自有利的交易的所得。① 大致看来,将企业体系看成一个整体,作为持续增加的所得从而资本积累的源泉的有利的交易,归根到底必然是那些拥有(或者控制)生产财富的人与那些在生产中运用这些财富的人之间的交易。如许多作者已经阐明的那样,这种雇佣交易——通常以工资协议的形式进行——是在自由契约规则下进行的,是根据供求关系来决定的。

如前述,就资本的技术观点而言,交易双方——资本家—雇主和工人阶级——的关系如下。技术状况多少有些严格地迫使不同行业形成了特定的规模和方法。② 事实上,生产只有在诉诸技术上必需的规模和方法的情况下才能进行,这需要有一定数量(大量)的物质

---

① 马克思认为资本主义兴起所需的"原始积累",靠的是暴力和欺诈(《资本论》第 1 卷,第 24 章)。桑巴特认为"原始积累"的源泉是土地所有制(《现代资本主义》(*Moderne Kapitalismus*),第 2 卷,第 2 篇,尤其是第 12 章)。埃伦伯格(Ehrenbarg)和桑巴特的其他批评者倾向于认为"原始积累"最重要的源泉是高利贷和小商业(《弗格尔时代》(*Zeitalter der Fugger*),第 1、2 章)。

② "多少有些"这种提法表明,在规模与方法上有一个特定的伸缩度,在某些产业内可能比另一些产业更宽泛,因篇幅所限,我们在此不能更充分地说明或者描述这个问题。对规模和方法的要求是由竞争来决定的。在这里我们也不论及竞争调节的力度和范围,但当前对这一事实是广为接受的,毋庸冗言。

设备;而这些所需要的物质装备是由资本家—雇主排他性地占有的,而且实际上是普通大众无法拥有的。

在相同的技术要求下,一些相应的非物质设备——关于方法的知识和技能——同样是必需的。这种非物质设备部分用于资本家—雇主所占有的物质设备的生产中,部分用于使用物质设备进行的生产过程中。在各种生产中使用的这些非物质设备相对更大,归根到底仍然是社会从古到今积累的所有生产经验。在资本设备的制造以及用它进行的生产中,必然还是自由地运用这种技术智慧的共有储备;尽管在任何特定物质设备的安装或者操作中,没有哪个个人能够控制或者自己使用哪怕一小部分非物质设备。

在典型情况下,物质设备的所有者,也就是资本家—雇主,并不占有任何一点那些必须运用到他所拥有(控制)的物质设备的制造以及用其进行的生产中去的非物质设备。他所拥有的那些与这里的讨论相关的知识和技能,都是经营方面的知识,而不是生产方面的知识。[1] 他拥有的或者需要的为自己的经营目的的些许技术才能是微不足道的,从劳作效率的角度来看完全是表面的、不可行的,也不能用到实际的劳作中去。因此他"在自己的经营中需要的"是那些有能力掌握非物质技术设备的人员,他和这些人之间形成了雇佣交易。大体上说,对他们的有用性的衡量,就是对他们的技术能力的衡量。任何被雇佣的工人多少都会掌握一点生产所要求的技术——低能者是毫无用处的;即使非熟练工人和所谓"缺乏才智的"工人也没有多少用处,尽管他们可能掌握了在绝对数上看起来很大的普通的生产技术。与那些除了劳动力之外一无是处的人相比,"普通劳动者"实际上是训练有素、熟悉多种技术的人员。

---

[1] 参见《企业论》,第3章。

在这些工人——也就是生产团体,非物质设备和物质技术设备的使用者——手上,由资本家所拥有的资本品变成了"生产资料"。如果没有这些工人,或者说在那些不懂得如何使用资本品的人手上,这里所说的资本品就只是原材料,他们在生产他们的"资本品"时采取的形式只会打乱和损害这些东西。越熟练地掌握有关技术设备的工人,就越能熟练地利用这些设备,在利用雇主的资本品的过程中效率就越高。同理,"监督"(工头的监督以及在工种、生产进度和数量方面进行协调控制的工作)的工作越有效,总的生产效率就越高。但这种协调工作,是工头对整体技术状况掌握程度以及配合生产环节之间的需要和效果的熟练程度的函数。生产环节之间如果没有这种适当而又灵活的协调,以及适应整体生产状况的需要,那么所使用的物质设备的效率将大打折扣,其作为资本品的价值也会大大降低。熟练技工、工程师、监督者或者任何一个用来称呼这些控制和协调生产过程的技术专家的名词,他们发挥着控制的作用——这种劳作功效决定着特定的物质设备在多大程度上能够被有效地当做"资本品"来使用。

通过所有这些工人和工头发挥的作用,资本家的经营目的不断地得到实现,在其他条件相同的情况下,资本家的经营努力取得成功的程度,取决于这些技术人员在资本家投资的生产过程中开展工作的效率。资本家与这些工人、非物质设备的使用者在工作中的配合,使他可以转变其资本品的使用过程,使其适合于自己的利润目标,但代价是,当工人能够要求其工作的回报时,资本家从总产品中扣除用以支付工人的那个部分。扣除量的多少是由使用类似技术的资本家的竞争性出价来决定的,决定的方式已由讨论工资问题的作者阐明了。

随着所有的物质资产合并到一个业务的管理之下,从而消除雇主之间的竞争性出价,由此所产生的经营机构显然将支配所有的技术力量,这种扣除也就包括了工作人口的生活所需。从雇主的立场来看,在这种情况下工人的生活所需将被压缩到最经济的水平。除了同时也用于工人家庭日常家务管理的那些非物质设备之外,雇主(资本家)将成为社会关于方法的全部知识实际上的所有者。当前的经济状况在多大程度上接近这种最终状态,是个看法不同的问题。同样存在很大争议的一个问题是,与全面的业务合并后消除了竞争、绝对垄断了物质资产的所有权这种情况相比,现存的经营体制(包括各种经营机构之间的竞争性出价)是否对工人来说多少还是有利。在这些问题上,除了含糊的推测之外还不能给出明确的答案。

但关于垄断问题以及对社会非物质设备的使用问题,需要注意的是目前的技术状况还不允许完全垄断社会的技术设备,即使在已经完全垄断了社会现有的物质财产的情况下也是如此。目前仍然存在大量不适用大规模生产方法的生产过程,这些生产过程并不意味着这样一种大型生产设备,也不会与大规模的生产有如此密切的联系,以至于那些并不拥有相当可观的物质财富的人无法任意使用它们。迄今为止,未被垄断的这一类典型工作,就是上面提到的日常家务管理的各项内容。实际上,在不采用物质资产的所有者控制着的大规模生产过程的情况下,很大一部分人口还是有可能多少有些不稳定地"维持生计"。这种自由地采用关于方法的共有知识而有些不稳定地谋生,似乎妨碍了将工资更彻底地调整到"最低生活费"的水平上,而且妨碍了物质设备的所有者完全占有非物质设备。

从以上所述可知,所有的有形资产①的生产力及其价值都要归

---

① 此处的"有形资产",指的是被视为能为其所有者带来收入的有价值的财产的那些有用的资本品。

功于非物质生产设备,有形资产是非物质设备的具体化,或者非物质设备的所有权使其所有者能够独占有形资产。这些非物质设备必然是社会的产物,是过去和现在社会经验的非物质遗产;它们不能独立于社会生活而存在,只能在社会整体中传播。所拥有的资本产生了巨大生产力的那些人可能会反对说,他们的有形资产本身就是有价值的,而且具有特别的生产效率,如果不能说它们脱离了其产生作用的生产过程,那么,它们至少也是生产过程的一个前提条件,因而是工业产品的因果关系中的一个物质上的先决条件。但这些物质产品本身是过去的技术知识实践的产物,这样又回到了这个因果关系的起点。包含在物质设备中的、不具有这种物质的、精神的性质,从而也不是社会经验的非物质遗产的那种东西是制造物质设备的原材料,这里强调的完全是原材料的"原生"性。

这一点可以由某种机械发明所经历的情况来说明。这种机械发明由于技术进步,被代表新的生产过程的新发明所取代,从而成为一种过时的东西。就像有句话所说的,这样的发明"被扔到了垃圾堆里"。在与"改进了的方法"的竞争中,这种发明所包含的特定技术设备不再具有生产效率。它不再是一种非物质资产。当它在这方面的功效消失之后,它的物质设备也失去了作为资本的价值,也就不再是一种物质资产。用李嘉图的话来说,资本品的物质要素"原始的、不可毁灭的力量"并不能使这些要素成为资本品;实际上,这些原始的、不可毁灭的力量本身也根本不能将这里讨论的对象纳入经济物品的范畴。原材料——土地、矿藏等——当然是有价值的财产,可以归入一种业务的资产中。但它们如此具有的价值是对它们的使用预期的函数,也就是预期它们会被使用的那个技术状况的函数。

我们的所有观点,似乎都低估甚至忽视了生产的物质事实和商品的物理性质。当然这里并不是要对物质产品或者体力劳动有意地轻描淡写。我们考察的物品,是经过训练的劳动力作用于可利用的原料而得到的产品;普遍而言,劳动者一定要经过训练才能成为劳动者,原料一定要是可利用的才能成为生产原料。劳动者具有的效率以及物质资料可利用的程度都是"生产技术水平"的函数。

然而,生产技术水平取决于人类在体力、智力和精神上的特性,也取决于物质环境的特征。人类技术的形成离不开这些元素;只有在与合适的物质条件相一致,并在实践中能满足物质力量的要求的情况下,技术才会产生效果。人类原始的身体力量在生产中是一个不可或缺的要素,作为生产对象的物质资料其物理属性也是如此。与产生技术效率的特定人类因素相比,产品的生产或者其生产力的形成在多大程度上要归因于这些原始的人类和非人类力量,这个问题似乎是没有意义的。这里也没有必要探究这个问题,因为这里考察的是资本与生产之间的生产上的关系,也就是物质设备及其所有权与人类改造其赖以生存的物质环境之间的关系。资本品问题(包括其所有权,从而包括投资问题),是人类作为有智慧的动物如何按自己的意愿处理原始力量的问题;是人类如何安排生活资料的问题,而不是环境的力量如何应付人类的问题。后一类问题属于生态学的范畴,这是生物学的一个分支,研究的是动植物的适应性变化。如果人类对环境力量的反应纯粹是本能的、多样的,不涉及任何技术因素,那么经济学的考察也就属于生态学的范畴了。但那样就不会有资本品、资本以及劳动等等问题了。其他动物不存在这种问题。

在考察劳动生产力的时候,关于生产理论中人类有机体原始力量的贡献或者地位问题可能会有一些困惑;但就资本而言,这一问题不会产生,除非在资本品的生产中涉及这些力量。顺便说一说与这里考察的资本问题密切相关的一个问题,应该注意到劳动生产力的分析显然要考虑人类的原始能量(神经和肌肉的能量),它们是人类所无法控制的自然赋予人类、让人类任意支配的物质力量,从理论上来说,这种力量在很大程度上与家畜的神经和肌肉力量是相似的。

论资本的性质[1]

II 投资、无形资产和金钱巨头

本文前一部分[2]以"资本品"这个名称为题,目的在于用这个名称表明其"生产性物品"的特征,而不是其"资本"的特征;也就是说,我们的意图在于阐述生产资料在生产上或者技术上的效率及其有用性,而不是阐述投入的财富在金钱上的用途和作用。这种考察是把生产设备当做"工厂",而不是当做"资产"。前面的考察过程已经表明,由于通过控制物质设备而实现的对社会生产效率的独占是有利可图的,就产生了投资业务,它进一步导致的结果值得更深入地探讨。

投资是一种金钱上的交易,其目标是金钱上的收益——就价值和所有权而言的收益。投入的财富是资本,是一种金钱上的数量,按照其价值来衡量,其大小是由对投入的财富的所有权预期带来的收益的评价来决定的。在现代经营实践中,资本被划分为两类并列的资产范畴,即有形资产和无形资产。这里的"有形资产"指的是在金钱上有用的资本品,被视为能为所有者带来收益的一种有价值的占有物。这类物品,也就是实物形式的财富,是在数量上等于其资本化

---

[1] 原载《经济学季刊》,第23卷,1908年11月,经许可重印。
[2] 见本刊1908年8月号。

价值的"资产",与其作为生产性物品的生产上的有用性多少有些密切的联系。"无形资产"是财富的非实物形式,是通过其占有物产生的收益而被占有、评价和资本化的非物质对象。它们也是在数量上等于其资本化价值的资产,通常与被视为生产要素的那些项目在生产上的有用性,几乎没有什么关系(如果不是全然无关的话)。

在讨论无形资产之前,有必要进一步说明一下投资——以及由此产生的资本化——对于(物质的)资本品的使用和有用性的影响。经济学家通常没有经过详细研究就假设,投入的财富产生的收益源于生产过程的生产力,而且(大致)也由生产力来衡量;在生产过程中,如此投入的财富得到利用,其生产力在某种程度上是根据它们对社会的物质上的有用性、根据满足社会的生计、舒适和消费需求的程度来计算。我们的考察过程表明,这种投入的财富(有形资产)的收益是来自对社会的生产效率广泛的独占。所有物质资本的全部收益都来自社会的生产活动,并与被独占的生产业务的生产性能力有某种联系。但也应该注意,从对社会的实质的有用性来说,在对这些现象的分析中,我们不能肯定投资收益与资本品的物质有用性之间,具有对等的或者成比例的关系。特定的资本品或者有形资产对其所有者来说可能会具有金钱上的有用性,从而就具有另外的价值,而不是对社会的有用性而言的价值;尽管总的来说,投资收益来自社会生产活动的物质生产力总和。

物质设备的所有权不仅使其所有者有权使用社会的非物质设备,而且还有权滥用以及忽略或者抑制使用社会的非物质设备。这种抑制使用非物质设备的权力都可能带来一种收入,以及服务的能力;带来收入的任何东西都可以被资本化并成为其所有者的一种财富。在现代的投资状况下,物质设备的所有权成为了物质设备所有者金钱上的手段,用来压缩或者延缓生产过程——也就是"贸易管制",这是经常发生的现象。在所有这些延缓生产过程的情况中,其动机是为了调节资本所有者(控制者)金钱上的私利——来自投资收益的私利,而不是对社会整体的有用性而言的利益,也不是对社会的任何构成部分(除了所有者和管理者之外)的有用性而言的利益。除了投资的要求,也就是投资者的金钱收益的要求之外,具有这种特征的现象在生产体系中是不存在的。这些现象总是源于经营人员确保金钱上的收益或者避免金钱上的损失的努力。也许,限制生产——有意让生产能力闲置——的策略通常是为了节约或者避免浪费,而不是增加收益;但实现的节约和避免的浪费总是就所有者而言的金钱上的节约,以及就所有权而言的金钱上的浪费,并不是就社会而言的物品的节约,或者防止了社会的浪费性消费以及社会的精力和资源的浪费性开支。在投资体制下,资本家—管理者的金钱的——也就是有差别的——利益已经优先于社会的经济利益;或者说在这种体制下,生产活动中惟一关心的是所有权的差别利益。

禁止最大限度发挥生产效率和缩减产出的业务惯例已广为人知,没有必要详细列举了。我们也没有必要拿出证据来表明这种限制和缩减的动机来自金钱的私利。但一两个例证还是可以使该理论观点更为清晰,也许可以更明白地表明这种业务程序的金钱基础。在这一类型的业务管理中,最普遍的原则是通过限制供给,或者"根据现有情况所能允许的范围来定价"来提高价格,从而增加业务的净收益。对于这里讨论的问题,通过妨碍性的策略来阻碍业务上的竞争对手充分发挥生产效率,也可以达到类似的效果。这些现象介于有形资产和无形资产之间。通过风俗、立法的作用,或者"逼走"竞争对手,这类策略可能会成功地给特定的业务机构获得有差别的利益打下坚实的基础,这些利益从而可能作为无形资产而被资本化,并作为已积累的财富的内容而留存于工商业界。

但是,除了这种没有效率的资本化之外,有一个至少是同等的结果是,生产过程也完全被投资的要求所控制;从而受到以价格来计算的收益的控制,导致生产要由价格来决定。所以,在这种资本体制下,社会并不能将其关于方法的知识用于人们的生计,除非能够给物质设备的所有者带来差别利益。对资本品所有者(管理者)来说有利的——通常意味着上涨的——价格这个问题决定了社会其他成员的生计问题。经济低迷、失业以及其他熟悉的类似现象的反复出现说明了在现行价格体系下资本所有者的禁止生产行为是多么的有效。[1]

物质设备所有者对社会生产能力的任意滥用,也会产生同样的后果。设备的危害性可能会像其有用性一样被资本化。除了禁止或者缩减生产过程及其产出,资本品的所有权也提供了一种误导生产过程、滥用[2]生产能力的任意权力,然而其结果对于资本品所有者来说可能仍然是有利可图的。有大量资本品的价值在于:它们将技术遗产用来伤害人类自身。这些资本品包括比如军用设施,以及补充和供给这些设施的军港、军械库、军事院校、兵工厂、弹药、军事仓库。当然,在现有体制下,这些属于公共或准公共事业的军备与当前的商业企业之间的关系多少还存在一些争论。但我们还是有理由认为,这些设施在很大程度上是维持法律和秩序的物质设备,从而在出于商业利润的需要的时候,那些具有豁免权的资本品所有者可以禁止或者滥用生产过程;进而,它们是扩展和保护贸易的一种手段(多少

---

[1] 关于价格与经济繁荣、低迷、失业等现象之间的联系见《企业论》,第 7 章(第 185~252 页,尤其是第 196~212 页)。

[2] "滥用"(perversion)在这里的意思是对生产能力的安排对社会的生计来说是一种纯粹的浪费或者损害。

有些无效),从而以社会利益为代价,为商人的差别性利益服务;在很大程度上,它们也是从整个社会中分离出来的、满足军人、外交人员和其他官员生活需要的物质设备。在任何情况下都可以用这些军备设施来说明某些物质设备是如何被用来伤害人类,并由于这种技术用途而受到重视的,并且这种情形并没有任何停止或者减缓的迹象。

有一类典型的投资,其利润源于那些投入到完全应受到怀疑且普遍认为纯粹有害的领域的资本品,那就是诸如赛马场、酒馆、赌馆、妓院等设施。① 一些"非基督教团体"的代言人可能希望把教堂也归入此类设施,但现代社会的一致意见倾向于把教堂看做大体上是有用的设施;在积累的财富有用和无用的用途的分类中,最好还是不要涉及教堂。

此外还有很多业务领域,它们使用大量的资本品和技术设备,其利润来自那些与浪费混杂在一起,难以区分有用性和有害性的产品。这一类产品包括时尚产品、没有实际用途的专卖品、华而不实的家用品、报纸和广告产品。这种类型的业务通过浪费性的经营、假冒商品、幻觉和错觉、老练的谎言等行为获得利润,从这个意义上来说,其使用的资本品的资本化价值来自技术设备的不正当使用。

我们分析资本品的这些浪费性的或者有害的使用,并不意味着

---

① 如果这里所说的内容和本文前一部分提出的主要观点之间的联系显得比较模糊,容易引起疑问的话,我们可以注意到这些值得怀疑的消遣性企业是为了获得利润而投资的,其使用的"资本品"是能产生收入的已投资的财富,但它们要产生收入必须满足以下两个条件:(1)占有和使用这些资本品能使其所有者利用那些供其企业使用的技术技能的共有储备;(2)为此目的获得的一定量的财富使其所有者"独占"了这一部分共有技术技能储备的用益权,占有的程度由可利用的财富的数量来决定。就此而言,这些企业跟其他生产企业是一样的;但除此之外,它们也有自己的特点,那就是没有,或者不需要(即使是表面上)利用现有的知识和技能为整个社会提供"生产性"的服务,而只需维护它们的(在制度上神圣不可侵犯的)已积累的财富这一"既成事实"。与普通的商业企业相比,它们不以为耻,反以为荣。

体现在这些物品中或者从其使用中得以实现的技术设备本质上是无用的,也不意味着这些方面的投资以及经营这些业务的企业所追求的就是无用性,而只是在于得出一些显而易见但通常却被忽视的理论次要观点:(1)技术设备本身或本质上对人类来说并不是有用的或者有害的——它仅仅是实现无论是好是坏的效率的手段;(2)将资本品用于经营性用途的所有者,其目标不是对社会的有用性,而只是对他自己的有用性;(3)在价格体系下——在金钱标准规则和管理规则下——环境决定了商人要不时错误地安排生产过程,也就是为自己的金钱利益而禁止、缩减或者误导生产,从而将社会的技术技能用于伤害社会。这些看似普通的理论观点本身并没有太大的分量,但对于任何商业理论以及在这种价格体系规则下的生活理论来说有着重要的意义,而且与这里要探讨的无形资产问题有直接的联系。

要分析无形资产理论,我们有必要冒着冗长乏味的风险,再进一步进行分析并拼凑一些看似普通的内容。如前所述,"资产"是一个金钱上的概念,不是一个技术上的概念,是一个商业的概念,不是一个生产的概念。资产是资本,有形资产是物质设备等内容,被视为可以资本化的东西。有形资产的有形性就是构成有形资产的若干内容的物质性,尽管从其价值而言它们是资产。资本品这一有形资产的典型组成部分之所以成其为资本品,是因为其技术上的有用性,但它们之所以成其为资本,不是因为它们在技术上的有用性,而是因为它们能为其所有者带来收益。当然,无形资产同样如此。其之所以成其为资本或资产,同样是因为它们产生收益的能力。无形资产的无形性是构成无形资产的财富对象的非物质性,但其作为资产的特征和数量是由所有者通过对它们的所有权而独占无形资产的过程给所有者带来的收益决定的。就无形资产来说，如此被独占并非技术上的或者生产上的特征；这里体现了有形资产和无形资产的实质性差异。

除了社会的技术技能之外，人类还面临其他与物质生活资料相关的问题。这些问题与使用社会的技术技能而得到的物品的使用、分配和消费有关，这些物品是具有一种制度特征——惯例和习惯、法律和习俗——的运作方式下得到的。财富分配的原则和实践随着持续不断的技术变革和文化的其他变化而变化；但还是可以假定，分配原则——也就是在产品分配中关于何之谓对、何之谓好的惯常的共同看法——以及在实践中与之相伴的贯彻这些原则的方法，总是使一个人、一个集团或者一个阶级的地位高于其他人。经过仔细观察，在任何文化和任何事实中都会存在这种分配的某些形式，以及分配共有生活所需物品的这种传统差别性利益的某些形式。不用说，也许没必要论证，在较高等的文化里，这种经济上的优势、特权、高人一等以及有差别的有利和不利地位是普遍存在、各式各样的，它们构成了经济制度的复杂的结构。实际上，不同阶级在这些方面的差异是区别不同文化时代的最显著、最关键的特征。在物质文明的所有阶段，人们总是追求和重视这种优势地位。那些处于特殊地位、认为自身拥有这些差别优势的阶级或者群体，会适时地提出以下种种表明其特殊身份的要求：比如牧师、王室和统治阶级，男子（与女性相对），成人（与儿童相对），身强体壮之人（与体弱者相对）。支持某些阶级或者个人倾向的收入分配原则（思想习惯）在所有已知的文明中都结合到了道德规范之中，并且包含在某种形式的制度里。非物质财富的这些内容具有一种差异性的特征，因为一些人处于优势地位，另一些人就处于不利地位；而且顺便要指出的是，从整个社会来看，一个阶级或个人获得这种差别性的有利地位,就意味着其他的阶级或个人处于不利地位。①

当产权开始有了明确的形式,价格体系产生之后,尤其是出现了投资活动、商业企业流行起来后,这种差别性优势就呈现出无形资产的某些特征。它们逐渐具有了金钱上的价值和等级,无论能否转让都是如此;如果是可转让的,如果能够出售和让渡,它们就变成了一种非常清晰的、完全意义上的资产。这种非物质财富,也就是无形资产性质的优势利益,可能仅仅是一个习惯上的问题,比如某个酒吧、特定的一个零售商或者某个品牌的消费品的流行一样;也可能是一个强取豪夺的问题,比如早期的国王关税(King's Customs),曾经臭名昭著的噪音税(Sound Dues),或者是大地主关闭公路;也可能是一个协议性的特许权,比如一个城邦和一个行会的自由权,汉萨联盟(Hanseatic League)或者美联社(Associated Press)的特许权;也可能是政府的特许,无论是以谈判还是以其他什么为基础的特许,比如现代早期的诸多贸易垄断,或者公司特许状,或者铁路特权,或者捕房敌国商船的许可证,或者专利特许证;也可能是法令的产物,比如进出口贸易保护,或者货物税,或者航海法;也可能是习俗化的迷信礼节,比如对圣烛虔诚的义务性消费而产生的对蜡烛的需求,或者大斋节(Lent)对鱼的类似虔诚的消费和需求。

在投资和商业企业体制下,这些以及其他类似的差别性利益可能转化为特定阶级、集团或者机构的商业利益,在这种情况下,结果是差别性的商业利益在追求收益的过程中变成了一种资产,以其产

---

① 在没有具体说明这种特权情况下衡量差别性的有利和不利的一些术语之前,这里的陈述可能是不清晰的。在文化发展的早期、非金钱阶段,价格上的衡量是不适用的,这种说法在当时可能意味着,为获得差别性的利益而产生的差别性的不利,可能大于受益人为了获得这种利益而愿意承担的代价。

生收益的能力为基础而被资本化，并且可能以公司证券（比如普通股）的形式而出售，甚至可以以私人销售这种通常的形式而出售（比如一个企业评估后的商誉）。

　　但是这种企业体制不只是承接了过去各种形式的制度性特权：它也产生了各种新型的差别性优势，并将其资本化为无形资产。它们都是（或者基本上都是）一种类型的，因为它们共同的目标以及价值和资本化的共同基础都是获得更有优势的有利的销售。这是很自然的事，因为正如上面分析中所指出的，所有经营努力的目标就是为了获得有利的销售。最常见的一类典型的无形资产就是所谓的"商誉"——这个词逐渐包含了多种差别性的业务优势，但在商业中其最初的用法指的是客户习惯性地光顾拥有商誉的机构。这个词最初似乎隐含着消费者的一种信任和尊重的亲切感，但这个词如今的用法已经失去了这种感觉。在宽泛而松散的含义上，现今对这个词的使用已经扩展到包含一些特殊优势，比如有助于垄断和商业机构的合并，通过其力量去限制或者独占特定产品和服务的供给。只要这种特殊的优势没有受到专门立法或者合法手段的特殊保护——就像特许权或者专利权情况下那样——就很可能被不严格地称为"商誉"。

　　以上分析的结果概括起来可以说明两类资产的异同：(1)特定资产的价值（也就是数量），不论是有形资产还是无形资产，都是特定财富物品的资本化价值（或者可资本化的价值），以其为所有者产生收入的能力为基础来衡量；(2)就有形资产来说，假定这种财富物品总体来看包含了一定的（至少是潜在的）有用性，因为它们服务于物质生产活动，因此也可以多少有些根据地假定其价值大体上反映了一定的有用性（尽管是不可度量的）；(3)就无形资产来说，总体上看，不能假定这种财富物品包含了任何有用性，因为它们并不服务于物质生产活动,而仅仅是其所有者在产品分配中有一种差别性的优势;①(4)某些有形资产对社会来说可能是有害的——尽管总体上看或者一般来说有形资产(假定)是有用的,但特定的一种物质设备可能是由于其有害用途而获得其作为资本的价值;(5)尽管总体上看或者一般来说无形资产(假定)对社会是有害的,但某些无形资产总的来说却无所谓有用或是有害。

由此可以看出,有形资产和无形资产的实质性差异在于用做金钱用途的非物质事实的不同特征。实际上,有形资产是将社会的一部分技术技能资本化为使所有者能够独占的资本品的所有权。无形资产则是将生活习惯,将一种非技术的特征——由惯例、习俗、强取豪夺、立法行为等决定——资本化为使拥有这种资产的机构能够实现的一种差别性优势。有形资产之所以存在及其重要性是由于包含在特定生产过程中的技术设备的用益权;无形资产之所以存在及其重要性是由于可以称之为间隙关联器(interstitial correlations)和调节器的用益权,这两种作用都存在于生产体系内部以及特定的生产和市场之间,这些关系具有的是金钱的而非技术的特征。我们还可以用其他语言来表达这种同样的差别,从而更接近于当前对这个问

---

① 对于这里描述的比如专利权和其他同类无形资产的有用性曾经有过疑问。这种疑问,可能是由于误解了这里的分析以及它的意图。需要注意的是,我们的意图不是谴责或者反对这里所说的无形资产。专利权可能是无可非议的,也可能不是;这里没有必要去讨论这个问题。其他无形资产在这方面同样如此。

更进一步是关于专利权作为一种资产的特征的问题。专利权所带来的发明或者创新,对技术技能的共有储备是一种贡献。从总体上看对社会可能(直接地)是有用的,或者是无用的;比如收银机、银行票据打孔机、电车收费机、保险箱等总体来说对社会不会有直接的用处,而是只服务于其所有者的金钱用途。但不管这样的创新是否有用,作为一种资产的专利权总体上不会有(直接的)有用性,因为其实质是创新的用益权只由专利所有人享有。专利权必然被直接地视为对社会的损害,因为其主旨是限制社会利用受专利保护的创新成果,无论从其有益效果被限制还是从其伦理上的理由来看都是如此。

题通俗的理解,那就是说通常所称的有形资产是将生产过程资本化,而所谓无形资产是将获得某种东西的特定手段和过程资本化,它不会产生财富,而只会影响财富的分配。无论用以上哪一种方式来阐述,有形资产和无形资产的区别似乎并非十分严格,这一点在以下情况下将显露无遗:根据业务的需要,无形资产可能转化为有形资产,有形资产也可能转化为无形资产。然而,尽管这两类资产相互之间在这种状态下存在密切的联系,但在这种状态下同样明显的是,它们并不会被混为一谈。

以"商誉"这一类典型的"无形资产"为例,它最为广泛地流行,同时它具有的"有形资产"的特征是最少的,对它稍作进一步的讨论就可以表明这两类资产的区别,同时也能加强对它们作为资产在本质上的一致性以及它们之间的实质性联系的认识。在这个概念产生的较早时期,在它得名的那个发展阶段,当人们逐渐认识到商誉是影响资产的一个因素的时候,它显然是被习惯性地看成拥有它的业务机构自然地积累的一种并非与生俱来的差别性优势;被看成机构的经营活动的非物质性副产品——通常认为是诚实和仁慈的商业活动附带产生的一种并非与生俱来的回报。在这个意义上,贫穷的理查德可能会说"诚实是最好的策略"。但是,目前,毫无疑问,需要思考怎样才能获得商誉,而且一些精明的商人也将就此作出努力。为了更加畅销,他们会把货物弄得更为雅致,不只是强调其原本的有用性;具有一种圆滑的、厚颜无耻的天赋的那些花言巧语、奉承逢迎的销售人员和掮客,逐渐胜过了那些没有这些禀赋,但却具有业务所要求的勤奋、机敏、体力强壮这些素质的人;某些投入用在了为说服买者(虽说不上是为虚荣)而布置的橱窗上,其效果远胜于一个人的言辞;商人雇用流动代理商来确保得到客户;大量的人力、物力投入到各种类型的广告之中。

上面最后提到的广告,可以看做是商誉的生产或者产生在当前这个发展阶段的典型,因而也就是无形资产的创造中的典型。广告已经逐渐成为企业的一个独立的重要分支,它占用了大量的、各种各样的物质设备和生产过程(无形资产)。为了创造特定的商誉,要在特定的物品(生产性物品)上投资,比如印刷品、广告牌等等。这些产品确切的重要程度可能无法预测,但如果足够精明的话,这些投资很少会达不到预定的效果,除非一个更为精明的竞争对手为了产生商誉而投入了更多的设备(生产性物品)和工人,胜过并抵消了这些努力。这些产品的目标(通常是有效的)就是商誉——一种无形资产——可以将其看做把特定的有形资产转化为无形资产而产生的;或者也可以将其看做一种工业产品,是使用特定的物质设备,运用必需的技术技能的特定生产过程的产出。无论你对物质设备、生产过程与商誉的产出之间的因果关系持何种观点,就这里的问题来说,结果都是完全一样的。

可以说广告的最终目的,是以增加净收益为目的增加广告商品的销售量;这就意味着所销售的物质产品的价值增加了;这同样也可以说是有形资产价值的增加。也许可以确定无疑地认为,商业活动的目的,就是最终以有形价值形式表现出来的一种收益。但就广告业务而言,这种最终目的是通过非物质的商誉,即一种无形资产的产品这种中介步骤来实现的。

因此,这里阐述的情况表明,不但有形资产(物质形式的资本品,比如印刷品)可以转化为无形财富,或者更合适的表述是,非物质财富的生产是通过物质财富的生产性使用来实现的,而且反过来说也成立,即这个过程的第二个步骤表明,无形资产也可以转化成有形的财富(增加了所售物品的价值),或者更合适的表述是,有形资产的生产是通过无形财富的使用来实现的。

无形资产创造有形财富的一个极好的例子,也许就是利益相关各方的努力所导致的土地价值的增加。房地产当然是一种形体最为确实的有形资产,它是一种以价值量来衡量的资产,其价值量是由例如当前房地产的买卖价格来决定的。房地产的当前价值,因而就是其作为有形资产的当前实际价值。房地产的价值,也可以由其租金价值的资本化来计算;但有时当前的市场价值与资本化的租金价值并不相等,按照商业上的概念,当前市场价值必须被普遍认为是实际价值。在我国的许多地区,也许是大多数地区,特别是西部各州和繁荣的城市周边,用这两种方法计算的房地产的金钱价值往往是不相等的。在留有适当余地(通常是相当大的余地)的情况下,土地的资本化租金价值,可以被视为衡量的是其作为一种物质设备的当前的有用性;而土地的市场价值超过其资本化租金价值的那个部分,可以被视为用于或者"生产性地用于"那块土地上的一种商誉性质的无形资产的产物,即一种有形的剩余。①

加利福尼亚的一些土地在通过精神手段创造房地产方面即使不是一个极端的例子,也是一个很好的例子。我们可以肯定地说,这些土地中的一部分其作为一种生产或者使用的工具的当前有用性,最多只是其当前市场价值的一半。超出的部分要归功于未来转手倒卖的机会这种错觉,要归功于将来的有用性会增加这种预期等等;而所有这些都是非物质的因素,都具有商誉的性质。像其他资产一样,这些土地是在其预期收入的基础上被资本化的,一部分预期收益来自

---

① 不论是作为一种物质实体("土地"),还是作为一种金钱实体("房地产"),这里所说的资本化的土地都不是一种商誉;但其作为房地产的价值——即其作为一种资产的价值——部分来自于土地所有者炒作起来并当做获利工具的"商誉"(幻觉等)。房地产是一种有形资产,是物质财富,而在一定程度上是因之而具有了作为财富的价值的"商誉"是一种无形资产,一种非物质财富。

高价购买土地的那些人,他们之所以购买,是因为会被说服对这块土地满怀希望;另一部分收益可能来自对土地的用途过于乐观的预期,这种预期来自那些把宣传重点放在"开发这个国家"的广告和地产商的努力。

任何一个坚持认为"资本"就是"资本品"的人,可能对无形物品转化成有形物品,或者有形资产的生产性使用产生了无形资产这样的观点可能会有些迷惑。如果"资产"是一个包含一系列有形物体的物质概念,而不是一个金钱概念的话,那么,有形资产和无形资产间的相互转化就是一种圣餐变体论。① 但在这个问题上并非那么不可思议。"资产"是一个金钱上的数量,属于投资的事实。如果与投资没有关系的话,所涉及的财富就不是资产。换言之,资产就是资本化的问题,这是估价的一种特殊情况;至于特定资产的有形性和无形性问题,其实就是在估价时要包括或者要计算哪些对象或者哪一类对象的问题。比如说,如果在估价中认为价值就是对特定商品的惯常需求,或者就是特定的消费者群经常光顾某个商店或商人,或者就是对价格或供应的垄断性控制或限制,那么,这样产生的资产就是"无形的",因为,这里所认为的资本化价值的对象是非物质对象。如果资本化价值的对象是物质对象,比如那些被随意限制供给或者任意确定价格的商品,或者那些生产这些商品的物质资料,那么,这里的资本化价值就是有形资产。像所有其他价值一样,这里的价值也是归算的问题,就像资产是一个资本化的问题一样;但资本化是根据信能带来收入的可销售商品所有权的一种金钱上的"收入流"进行的一种估价;至于所归算的是"收入流"的资本化价值的哪一个对象这

---

① 一种认为尽管圣餐面包和葡萄酒的外表没有变化,但已经变成了耶稣的身体和血的主张。——译者

个问题,则是所有权的哪一个对象能够确保所有者有效地要求这个"收入流"的问题;也可以说,这是所有权的哪一个对象被认为具有战略性优势的问题,这是在不同情况下由业务的要求所决定的。

这里所说的"收入流"是一种金钱上的收入流,可以追溯到买卖交易。在商业的范围内——从而就是在资本、投资、资产等商业概念范围内——买卖交易是任何分析的最终内容。但除了这些范围之外,对商业体系的理解和适应还需要考虑社会的工作和生活方面的物质内容。在最终的买卖交易中,商品价值是由消费者来决定的,消费者并不把它看做资产,而是看做生活所需;[①]归根到底,以及从长期来看,所有商业的价值归算以及所有资产的资本化评估,都必须考虑这种交易,而且最终都要由这种交易来检验。因此,脱离了工作和生活的事实,资产也就不是资产;但并没有排除它们与工作和生活的关系有时有些疏远和松散这种情况。

如果不直接或间接地借助于生产过程和设备这些特定的物质因素,资产就不会产生收益;也就是说,如果完全脱离这些物质因素的话,资产事实上就不是资产了。对有形资产和无形资产都是如此,尽管这两种资产与生产中的物质因素的关系并不一样。有形资产就无需多说了。诸如专利权、垄断性控制之类的无形资产,除非与生产有效地联系起来,否则也是没有价值的。只有在它所带来的创新在物质生产过程中发挥作用,专利权才会有意义;只有在有效地改变或者分割了物品供给的时候,垄断性控制才是收益的源泉。

根据以上分析,我们可以对上述两类资产的异同作出比先前稍稍更为严格的归纳。两者都是资产——也就是说,两者的价值都由

[①] 这里的"生活所需"(livelihood)是一个宽泛的概念,不只是生活资料或者物质需要,而是表示这里的购买是以物品的消费性使用为目的,而不是以追求利润为目的。

预期产生收益的能力的资本化来决定的；它们产生收益的能力，都取决于特定非物质要素的使用特权；它们的效率，都取决于特定物质对象的使用；作为资产，除了它们所涉及的物质对象的增减之外，两者本身的价值也会增减。有形资产是将技术、生产设备——也就是生产手段，所涉及的是物理因果法则下的固有属性——的使用特权资本化，这种使用特权是由这些生产手段发挥作用的生产过程中使用的物质资料的所有权来保障的。无形资产是将人类动机的心理法则支配的人性——习惯、倾向、信仰、渴望、需要——的某些方面的使用特权资本化；这种使用特权可能由习俗来保障的，比如过去的商誉；可能由法律规定来保障，比如专利或者版权；也可能由生产工具的所有权来保障，比如生产上的垄断。①

无形资产和有形资产都是资本；也就是说它们都是资本化的财富。因此，两类资产都代表着预期的"收入流"，其明确的特征是它们都可以用百分比和单位时间来衡量；尽管并不需要预计可以稳定地获得预期收入，或者在一段时间内均匀地分布。照此估价和资本化的收入流以一种形式与一些物质的或者非物质的外部因素（对可以获得这种收入的人来说，这些因素是非个人的）相关联，使收入流可以追溯到或者归因于这些外部因素产生收入的能力，由于收入流的评价从总体上可归因于这些外部因素，这些外部因素就可以资本化为产生这种收入流的财富。不能满足这些要求的收入流就不会产生公认意义上的资产，从而也不会增加资本化财富的数量。

也有一些不符合可资本化财富的必要条件的收入流，特别在现

---

① 被垄断的生产工具当然是有形资产，但是对这些生产资料的所有权足以使所有者垄断或者控制市场，无论是买（如原材料或劳动力）还是卖（如可销售的商品或服务），这就产生了差别性的商业优势，这种优势就属于无形资产。

代商业交易活动中，有一些数量巨大而且稳定的收入是不能按照这里所说的方式而资本化的，但也能产生合法的业务收入。这些收入其实是现代商业状况产生的最为直接的结果。在从早期商业状况延续下来的传统的引导下，通常认为这种收入流是以这样的形式而产生的："监督工资"、"企业家工资"、"企业家利润"，后来则简单而明确地称其为"利润"。通常对作为商业结果的这一类现象的理论分析就是在利润这一名称下进行的；这一工作至少是值得称道的，可以避免技术词汇和范畴的过度增加。① 然而这类收入最明显、对现代商业和生产最重要的现象就是，无论工资也好，利润也好，不管是数量方面还是其代表的金钱支配力和决断力方面，都不能将其彻底视为通常意义上的企业家的收益。比如金融巨头或者大型"利益集团"的巨额收入就不符合企业家的收益这种说法，因为这些收入并非只是源于企业巨头的"经营能力"而与其财富无关；也不能说这种收入（高于其投资的正常收益）只是来自必需的财富量而与财富所有者的引导无关，或者与所有者的代理人代表其行使的决断力无关。在这种情况下必然会表现出管理上的或者战略上的决断力和行为，否则这种收入就只能当做纯粹来自资本的收入。

工业巨头、金钱巨头（pecuniary magnate）的投资收益，一般都超过正常的收益率；但除了他持有的大笔财产这个来源外，他不可能获得巨额的收益。离开了大笔财产，他就不是工业巨头了；但在现代工业中决定金钱巨头收益的，并非仅仅是他的财产数量。目前这一类巨头各种各样、数量各异的收益只有在这样的条件下才能获得，那就是所有者（或其代理人）对商业社会中的事务，将施行与其财富规模

---

① 有一个作者在这方面甚至走得更远，他试图在理论的主要概念中把这种情况下相关的人当做"资本"，认为这种收入流来自一种人力资源。见费雪《资本和收入的本质》（*Nature of Capital and Income*），第5章。

同样大小的决断力和控制力;但收益的数量以及施行的决断力和控制力的大小,显然都受到产生这种决断力的财富数量的限制。

以这种形式来安排的金钱力量,在现代商业社会越发熟悉的任何"利益集团"联盟的运行及报酬分配中都是很明显的。这种情况下的"利益集团"具有个人的特征——他们是"利益相关者"(interested parties)——而且各种利益相关者的睿智、经验和基本态度都会体现在最终的结果中,无论是联盟的总收益还是这些收益在不同利益相关者之间的分配;但任何特定"利益集团"在联盟或者"系统"中的地位,在更大程度上是由它所控制的财产和这些财产的战略性地位来决定的,而不是由个人才干或者"利益相关者"的业务熟练程度来决定的。才干和熟练程度不是主要的因素。事实上,这样的"系统"以及"利益集团"的各组成部分的运行基本上是墨守成规的,在这种前提下其最大的独创性和首创精神通常是由为报酬而工作的经理人员来实现的。

对一个客观的、不会被整数所吓住的当前商业事务的研究者来说,那些在更高级的企业财务中带来巨额金钱收益的轻松而简单的策略,一定会比金钱巨头卓越的聪明才智和首创精神给他留下更深的印象。只要回想起以下事例就能清楚地证明这一点:当巨大的、难以控制的钢铁公司开始筹建的时候,其创立者就被卡内基"利益集团"的金融家们以一种简单、明显的方式挫败了,以及美孚石油公司后来采取的"欺诈策略"。大"利益集团"的许多高层领导都是老年人,具有这种性质的现代金钱巨头一般来说也是上了年纪的人,以此来为他们显然缺乏首创精神和远见进行开脱可能并不是一件没有风度的事情;只有在现代这种具有独特的机会和需求的状况下,才会出现这种情况。为了在当前所讨论的新的企业财务活动中处于首要位置,他们不得不积累任意控制商业事务惟一所需的巨额财富,他们最旺盛的精力都耗费在了这种准备工作中；因此，他们一般都是只有在度过了自己的"法定责任年龄"之后，才取得了这种必需的战略性地位。

但这里无意贬低金钱巨头和大"利益集团"的代表所做的工作。之所以提到这个问题，只是因为它与资本化收入这个问题有关，这种资本化收入来自其他源泉，而不是资产的"获利能力"，也不是来自这些与资产分离的商人的"获利能力"。它显然不是一种"监督工资"或是"企业家利润"；但显然也不是资产的获利能力的问题。后一种观点的证据与前一种观点的证据都同样易得。如果这个"系统"或者它的构成要素"利益集团"和巨头的收益来自任何公认意义上的"收入"的获利能力，那么直接的结果就是这些资产将会在这些额外收入的基础上被再投资，来自这一类业务的收入将重新表现为资本的利息或股息，它们随着资本的增加而增加。但是这种再度资本化现象只会在相对非常有限的范围内发生，从而这里的收入问题不能以这种再度资本化来说明。

当然；这一类业务所得本身就是被资本化的——因为它们中的大部分就来自资本化的形式，比如发行证券等；但是这种收入的来源却不是这样被资本化的。那些使这里所说的"利益集团"和巨头的活动得到加强，为他们任意控制商业事务提供了有力基础的积累的（巨额）财富，至少在很大程度上是普通的商业业务以公司证券等形式进行的投资，是以正常比率获得的股息或者利息；这些资产的价值是在市场上（从而被资本化）以投资的各种企业的现期收益为基础来决定的。但照此投入到有利可图的企业中的投资，绝不会妨碍巨头们将其当做更高层次的金融业务中更大、利润更丰厚的交易的基础或者手段。因此，如果把这种收益当做这些资产的"收入"的话，那么这些资产作为资本就被计算了两次，或者说被反复计算。

如果要在理论上把这一类收益当做普通意义上的收入，那么由于它们与作为其基础的资产之间不存在明确的时间上的联系，又会产生另外的难题。如费雪先生所说，它们没有明确的"时间形态"(time-shape)。① 在这些收益的决定中，并没有以任何实质性的形式，或者在任何明确的程度上将时间因素考虑进去，因此它们是无时间性的(timeless)。②

要更详细地阐明这一理论观点，必须要注意到只要在带来这些收益的业务与技术环境和生产过程相分离的情况下，这些收益就是"无时间性"的(其含义前面已经说明了)，且仅限于此。具有物理上的因果关系的技术(生产)过程是受时间关系支配的，正是在这种时间关系下才会产生因果关系。这也是庞巴维克(Böhm-Bawerk)、费雪等人所讨论的资本和利息的基础。但有别于生产过程的商业业务并不直接与技术过程相联系，也并非直接地或者一律地受到技术过程因果关系所包含的时间关系的支配。由于依赖于生产过程，或者只要依赖于生产过程，并且进一步延续这一生产过程，所以商业交易也要受到时间关系的支配。普通的或者老式的企业，也就是简单的工商业中的竞争性投资体系，一般都直接遵循所投资的生产过程的适当顺序。现在的资本理论认为，这样的企业的业务是直接以社会的生产效率为基础而运作的，受到具有关系的时间关系的约束，而且实际上在很大程度上是耗费在技术过程中的时间的函数。因此，这些企业的收入和交易一般来说都多少受到同样的时间关系的严格制

---

① 参见费雪《利率理论》(*Rate of Interest*)，第 6 章。
② 这个结论是由 G. P. 沃特金斯(G. P. Watkins)先生提出来的，见《巨额财富的增长》(*The Growth of Large Fortunes*)，第 3 章，第 10 节。尽管由于一种对词汇的误解，他反对使用"无时间性的"(timeless)这个词。

约,典型地以百分比、单位时间的形式表现出来;也就是说,它们是一段时间的函数。然而经济交易本身并不是一段时间的问题。时间不是它的关键问题。一个金钱交易的量不是它所耗费的时间的函数,从这笔交易中产生的收益也不是所耗费的时间的函数。在这里讨论的更高层次的企业中交易关系及其收益与作为其间接基础的技术过程的逻辑关系是不密切的、松散的、不确定的,从而这里的时间因素本身并不突出;相反,时间因素显然是无效的,表明这些业务与时间没有多少关系。然而像其他业务一样,这种业务当然也是在一段时间内发生的;而且也要注意到,从长期来看,交易量以及从中产生的收益,无疑受到决定着企业技术(生产)效率的时间关系相对严格的制约,而企业的收益最终要直接或者间接地取决于或者来源于技术效率,不论它们之间的关系是多么间接和遥远。

  按照前面讨论资产问题相同的方法来分析这种现象并不容易,也不能期望得到除了尝试性、暂时性结果之外的任何其他结果。经济学家们对这里讨论的问题的关注如此之少,以至于连重大错误的理论都很少有人提出,更不用说正确的理论了。[1] 经济学家之所以不关注这些问题,无疑是因为这些问题相对来说很新奇。也许可以把这些问题大致都放在"可买卖资本的交易"这个标题下来讨论;尽管这种说法更适合于泛指产生这些收益的那一类业务,而不宜作为对其中包含的因素所发挥的作用的恰当描述。[2] 可买卖资本的交易,在过去并非不为人所知,但只是在最近才作为最重要的业务内容而出现在最显著的位置。之所以到现在才出现这种情况,是因为直

---

[1] 即使是(前面引用过的)沃特金斯先生在一种表面的分类的引导下,也把这类收益看做是"投机性"的,从而以此为借口不去进一步熟悉其特征,以及这种收益与产生这种收益的那一类企业之间的关系。

[2] 参见《企业论》,第5章,第119~130页;第6章,第162~174页。

到现在才发现了这种业务中具有根本的首创精神和业务决断力。同时,无论是从所包含的资产的绝对数来看,还是从相对量来看,它都是收益最为丰厚的业务。导致这种高获利性的原因之一是,这些业务中包含的资产同时也是普通业务中使用的全部资产,因而这种业务特有的收益具有超过所投入财富的收益那一部分的红利的性质。"这就像是新发现的金钱。"

如前述,这种高级业务的典型方法或者方式是可买卖资本的交易。从这种业务中获得的财富一般是以资本化的形式得到的,而且是从这个有利于巨头或者"利益集团"获得收益的商业社会的资本化财富的每一次交易,或者每一个"生意"中扣除或者提取的。其直接的目的,是把资本化财富从其他资本家手中转移到照此获得收益的资本家手中。资本化财富从前一个所有者向后一个所有者的这种转移或者提取,一般会受到名义资本增加的影响,这种影响是基于资本化财富如此增加的特定机构所获得的(暂时的)优势。① 在没有相应地增加资本化财富所依据的物质财富的情况下,社会总的资本化财富任何这样的增加,当然实际上是总的资本化财富的一种再分配;在这种再分配中,大金融家们有机会获益。我们将会看到,这里讨论的这种收益是来自商业团体,来自所投入的财富,只是间接地来自这些商业团体从中获得收入的整个社会。因此,这些收益相当于对普通业务征收的一种税收,与普通商业的收益(普通的利润和利息)是对工业征收的一种税收一样,具有相同的形式和同样的效果。②

---

① 参见《企业论》,第169~170页的脚注。
② 就像本文前面部分的讨论中说明的那样,这里使用的"税收"、"扣除"、"提取"这些词,并不意味着赞成或是反对这里阐述的现象。之所以使用这些词,只是因为目前缺乏能更好地说明业务收益的来源,并客观地描述生产与普通的资本化业务之间的给和予的关系,以及普通商业与更高层次的商业之间的给和予的关系的词汇。

以一种类似于过去的资本家—雇主独占生产企业的技术效率的方式，现代的金钱巨头也独占了商业企业的资本化效率。资本化效率来自资本家—雇主——通过物质设备的所有权——引导生产企业的能力，它通过适当的交易，将超出维持生产企业生存所需的水平之外的产品转移给物质设备的所有者。资本家—雇主的命运完全依赖于市场的运行——市场也就是将有利的买卖结合在一起；他不断努力去为自己创造或者获得市场上的垄断、商誉、法定特权等无形资产方面的某种优势地位。但就真正符合金钱巨头这个概念的那些人来说，他们凌驾于资本家—雇主所依赖的市场之上，可以创造或者摧毁有利的买卖的关联；也就是说，他可以创造或者摧毁某个对其构成妨碍的资本家—雇主所拥有的特定优势。他之所以能够做到这一点，凭借的是自己持有的巨额资本，以及在某种投资的相对效率——获利能力——更为有利的时候将投资从一个领域转移到另一个领域的能力；在每一次这种转移中，就其相对于他的目的的效果而言，他都减少和吸收了一部分投入的财富，因为他减少和扣留了资本在某个领域的一部分获利能力。也就是说，就他是一个金钱巨头而不只是一个资本家—雇主而言，他独占了所投入财富的资本化效率；他利用了自己作为资本家—雇主有效独占的社会生产效率。他还独占了社会的金钱上的创造性和技能。因此，从这个意义上说，这种巨额财富相对新奇的有用性对其特定的商业功能来说是有效的，过去的资本家—雇主失去了他任意的创造性，变成了一个中介，一种提取和传输的手段，变成一个把收入从社会转向金钱巨头的收集人和搬运者。在理想状态下，只是由于在收集和传送的总收入中能够扣除一部分作为自己的报酬，才使他一直留在业务中发挥作用。

　　对于整个社会来说，它的生产效率实质上已经被资本家—雇主对物质设备的所有权和控制所独占了，经济局势的下一步演化显然就是无关紧要或者再平常不过的了。对社会中那些收入并非源于投资的阶级来说,这种收益表面上只不过表现为一种投机性的利息;对工人阶级来说尤其如此,他们一无所有,所能依靠的仅仅是实际上已不再为其所有的技术效率。但这并不是当前社会所关心的问题。资本主义这种尚不成熟的新阶段,这种更高层次的业务实际上才是最为人所理解的。在一种恐惧而又热望的迷惘之中,我们时代的那些最无畏、最聪慧、最富有公益心、最为杰出的先生们,将他们最为旺盛的精力都耗费在了努力让母鸡在小鸡出壳后仍然待在鸡窝里。现代社会充斥古老的天意观的商业原则。在规则和范例的作用下,就像杜里(Dooley)先生所说的那样,人们学会了商业利益(其数量和种类都已完全过时了)是我们文明的智慧女神这种观念;感觉对现存的资本家—雇主——而不是金钱巨头——在金钱上的支配局面任何的扰乱都将损害整个社会福利。

为拯救老式的资本家—雇主在金钱上的地位而提出来的这种认为会造成混乱的观点或者补救办法,当然与我们这里的考察是无关的;但是,之所以在这里提到的这个问题,是为了证明金钱巨头的作用,以及他的巨额财富赋予他的支配地位,实际上完全是经济发展的一个新阶段,而且也表明这些现象是令人反感的新事物,人们感觉到其结果足以威胁到被普遍接受的制度结构。也就是说,人们感觉到这是经济事务的一个新阶段——是一个令那些将在这个阶段受损的人所讨厌的阶段。

这种更高层次的业务的基础是整个资本,不同于只投资于某一生产业务的资本,当所积累的财富多到足以使其所有者(或者所有者的联合,也就是"系统"),在那些可以通过精明的投资(或者通过保险业务等)而实现其控制力的任何集团或者业务分支中取得支配性地位的时候,这些资本就可以有效地发挥作用。金钱巨头必然能够有效地独占金钱上的创造力和业务机会,而企业的一个部分或者一个分支获得正常的收益正是要靠这种创造力和机会。需要商业社会的多大一部分资本才能在某一方面有效地独占其资本化效率,这个问题是没有绝对的答案的,甚至也没有相对明确的答案。当然,可以明确的是,为实现这一目的需要相对大量的可任意支配的资本;而且同样可以明确的是,就当前的经济现实来看,所需要的资本也不会是所有投资的多数或者绝大多数,至少在大企业相对还不成熟的目前这个阶段来说是这样。金钱巨头拥有的资本越多,他吸收更小的资本家—雇主的资本就越有效、越便捷,小资本家—雇主的资产就会更迅速地收归金钱巨头。

显然,金钱巨头的活动与普通竞争体系下无形资产的创造非常相似。这无疑是与现在资本主义企业关系最为接近的一点。但如前述,不能说巨头的特有业务就是创造无形资产或者其他资产,尽管在他的策略中通常包含了某些再度资本化的行为,尽管他的收益通常也是以资产的形式,也就是以资本化的形式而得到的。同样如前所述,也不能说作为他的特有业务的手段而为他所用的财富,与这种业务或者与这里所说的收入构成了一种资产的关系,因为这种财富已经与普通业务中的企业,以及与相应的利息和股息之间构成了一种彻底的资产关系了。当然,可能有人认为,更高层次的业务中目前的这种状况只不过是暂时的、过渡性的,而且认为在可以断定随后将出现的情况下,巨头与整个业务的关系也将被资本化为某种形式的无形资产,就像现在一种普通的"信用"的垄断优势被资本化那样。但这最多只是根据对过去局势的一种不合适的概括而得到的猜测,在过去的局势下,这种更高级的企业并没有独占金钱上的创造力,也没有占据统治地位。

社会主义理论中一些被忽视的观点①

写这篇文章的直接动因是斯宾塞(Spencer)先生的论文《从自由到奴役》②的发表;尽管本文不完全是对这篇文章的批评。我的目的不是要与斯宾塞先生就当前任何社会主义设想的可行性的立场进行辩论。本文的主要目的是在认同斯宾塞先生观点的前提下,提出他的讨论中没有充分涉及的一个问题,这个问题并未引起围绕社会主义展开争论的任何一方的注意。这个主要观点事实上是社会主义的倡导者们的要求中表现出来的当前这种社会不安问题的一个经济基础。

我从斯宾塞先生的文章中引用了一句就其本身而言完全符合社会主义倡导者们的立场的话:"进步是明显的,单是人口寿命的延长就可以作为普遍改善的确凿证据,这越发强烈地表明事物是如此糟糕,以至于必须打碎现存社会,按照另外一种计划将其重组"。社会主义的倡导者所要求的变革最突出的特点就是对社会生产活动的政府控制——即生产的国有化。正像斯宾塞先生指出的那样,目前社会上出现了一种明显的实践运动,要求政府更加广泛地控制生产。这个运动使得事件的运行明显地倾向于生产完全国有化的倡导者一

---

① 原载《美国政治和社会科学学会年刊》(*Annals of American Academy of Political and Social Science*),1892 年,第 2 卷,经许可重印。
② 是托马斯·麦凯(Thomas Mackay)主编的《为自由申辩》(*A Plea for Liberty*)一书的前言。

边,从而强化了他们的立场。

至少在美国,这种明确主张社会的要求权是至高无上的,以及扩大社会在生产事务中的作用的运动,通常与社会主义信条并没有联系,或者不是以社会主义信条为基础。这种情况在过去也许比目前来说更突出。这个运动的动机在很大程度上是已经采取的各个步骤的权宜之计。在比如初等教育、路灯照明、自来水供应——多数都是近来发展起来的——之类的行业中,市政监督以及可能是完全的控制逐渐成为一种必然。社会到底应该在多大程度上控制这些关系到大众福利的行业,意见分歧还很大,但完全可以认为人们的观点越来越偏向于更大范围的政府控制。

但为了公众利益而进行某种监督的必然性,已经扩展到了那些不只是市政设施的行业。生产以及社会生产组织现代的发展,使得一些具有准公共特征的特定行业——通常称为"自然垄断"行业——越发成为必需。而且,通过同一种力量的作用,在数量上不断增加的行业也发展成为"自然垄断"的形式。

这个提倡政府在生产中发挥作用的运动——即生产的国家控制——其动机主要是出于生产上的便利。然而,当在这个方向上的普遍要求获得了更加广泛的支持,而且采取了更为明确的方式,另一个动机就随之而产生了,而且变得更为突出。现存体系,尤其是自然垄断行业的不公平、不平等受到重视。存在一种截然不同的普遍的社会不安以及对现状的不满,这种普遍的不满情绪的表现就是对不公平的抱怨。在这种情况下的不满情绪才真正具有社会主义的成分。

普遍的社会不安很容易被夸大。社会主义倡导者们的大声疾呼,也许表明的是比现有的实际情况更为普遍、更加强烈的不满情绪;但就算将那些热衷于煽动的人的夸大成分排除,对现存生产体制的运行持续的不满情绪无疑也会存在,赞同公平政策的普遍情绪仍会增长。如果我们要理解提供了这种动机的这个运动对我们的生产体系的影响,就必须去寻找这种流行情绪的经济基础。如果这种流行情绪的起因表现出短暂的特征,那么,就没有理由把我们的生产体系持久的、激进的变化,理解为这种煽动的结果;但如果这种流行情绪是现存社会体制本质特征的结果,那么,在这种体制下最终产生一种激进变革的可能性就要大得多。

斯宾塞先生提供的解释认为,社会不安从本质上应该归咎于一种厌倦感——即对社会整体状况变化的一种渴望,这种观点确实不能草率地加以反对;但以此类推却很难解释这种流行情绪。厌倦感可能是原因之一,但不能将其当做充分的理由。

社会主义倡导者们认为现存体制必然是浪费的、生产效率低下的。这种观点可能是对的,但并不能解释普遍的不满情绪,因为产生不满情绪的舆论并非一致赞同这一观点。社会主义倡导者们进一步认为现存体制是不公平的,因为它使一个人凌驾于他人之上。这种观点可能也是对的,但它本身并没能解释什么,因为只有承认造成一个人凌驾于他人之上这种状况的制度是不公平的,这种说法才能成立,这种观点回避了问题的实质。但他们的后一种观点与流行情绪基本是一致的。在现代条件下,这里所抱怨的不公平在于对财产的占有,有一种广泛流传的情绪,认为现存的秩序提供了一种不适当的财产优势,尤其是对所占有的财产的增长远远超过社会平均水平的那些财产所有者而言。关于公正遭到破坏的这种情绪有时其实是嫉妒;但无论如何,它是力促社会实行公平政策的一个因素。与公正遭到破坏相伴的另一种情绪就是人受到轻视,同样要求社会实行公平政策。这两种情绪的由来在很大程度上都是主观的。它们一般都是通过客观的形式表达出来,但可以肯定地说,一般而言这些情绪都源于处于不利地位的、受到歧视的人,以及同属他们那个阶级的人的意识。总的看来,富人和有小额财产的人并没有意识到任何公平政策的必要性,这种说法并非有意冒犯。任何关于这种不满情绪在道德上甚至是在利益上的正当性的问题,都不是很中肯的;这是一个关于它的范围和持续存在的可能性的问题。

现代生产体系以自由竞争下的私有财产制度为基础,但不能因此就说这些制度到目前为止已经损害了社会普通成员的物质利益。就物质利益而言,社会不满的基础,并不是现在的不利状况与过去的不利状况的比较。众所周知的、实际上也没有哪一个社会主义倡导者否认的是,以私有财产权为基础的生产竞争体制曾经带来了前所未有的总体财富和生产效率最为迅速的增长,或者这种增长至少是与这种制度并存的。尤其是可以肯定地说,过去几十年我们的生产发展的成果极大地增加了整个人类的生活必需品。而且,毫无疑问,这些成果为大量处于不利地位的人带来的改善,相对来说要大于经济更富裕的人。竞争制度本身已经证明它是一种使富者愈富、贫者愈贫的发动机,这种说法是很有迷惑力的警句;但如果其含义是说生活在当今文明社会的大量普通人、广大民众,他们的境况从生活资料来看还不如 20 年前、50 年前或者 100 年前的话,那就很滑稽了。必须从其他地方而不是从获取生活资料或者改善生活条件的难度越发加大这方面,去寻找社会不满的原因。但在有一种意义上这个警句是正确的,而且它至少可以部分地解释保守的人们极力反对的社会不安。从生活资料的绝对量来看,现存体制并没有也没有趋向于使勤劳的穷人更贫穷;但就经济上的相对重要性而言,穷人自己看来这种体制确实正在使穷人更为贫穷,而这似乎正是问题的关键所在,尽管乍一看似乎有些奇怪。最常听到的抗议不是来自悲惨的穷人;当听到为穷人的利益提出的抗议时,这种抗议也是来自不属于他们那个阶级的人,而且抗议者并非代表穷人来为其说话。在这种情况下,悲惨的穷人并非可以忽略的元素,但由于对穷人的关心而导致的社会不安并不是由他们造成的。抗议来自于那些在物质上并非往往匮乏或者必然匮乏的人。要注意"必然"这个条件。在我国有很多人受到严重的物质匮乏的困扰,物质匮乏并非必然是由物质上的原因造成的。造成物质匮乏的经常性的原因是,生活资料被用于保持大方得体的外表,甚至是对奢侈的炫耀。

众所周知,今天的人很在意他的好名声——也就是他在周围人心目中的地位。人总是有这种特征,而且毫无疑问以后还会继续保持。对名声的这种关注,可能会表现为一种去努力争取一个好名声的高尚形式;但目前的社会组织机构,并没有以任何形式显著地培养这种争取名声的方式。在一般情况下,对自己名声的关注就意味着竞赛。它意味着努力,或者更直接地说,就意味着想要超过自己的邻居。目前这个现代社会是个无序竞争居主导地位的社会,是一个彻底的生产的、经济的社会,在这个社会中,生产上的——经济上的——卓越成就最容易得到社会的赞赏和尊敬。当然,如同过去一样,诚实和个人品格也将会有一定的价值;但是对于一个有适当的抱负和机会的人来说,比如我们这样的普通人,因诚实和优秀的个人品格而获得的名声,在现代社会中是不可能广为流传的,根本不能满足他哪怕是非常有限的对名声的渴望。要在那些跟自己没有直接关系的人眼中维持一个人的尊严——以及维护一个人的自尊——就必须展现他的经济价值上的象征,这种象征实际上与经济上的成就是完全一致的。一个人可能出身高贵、道德高尚,但这些品德无法使那些不知道他的出身和品格的人尊重他,这种情况百分之九十九都会发生。顺便说一下,反过来看,无赖而粗俗的人也不会受到不知道他的这些缺点的人的谴责。

在我们这个以生产为基础的社会里，如果一个人要赢得周围人的尊重，他就要在经济上获得成功。当我们说某人"值"很多钱的时候，表达的意思并不是说用金钱来衡量这个人的道德或者其他的个人优点，这里明确表达的意思是他有很多钱，从而享有极高的声望。而且，除了在特别卓著的情况下，任何对生产没有直接的意义、无助于个人经济利益的效率，都不能作为赢得尊敬的一种手段而具有巨大价值。在我们的时代，经济上的成就得到最为广泛的认同，也是最容易赢得尊重的方法。对于那些生于已被这种思想习惯所笼罩的世界里的一代人来说，所有这些都会更为如火如荼地继续下去。

但这种经济竞赛进一步的发展还有第二个阶段。经济上的竞赛还不足以让一个人拥有生产上成功的法宝。为此，要有效地改进一个人的好名声，必须将其展现出来。除非一个人不遗余力地证实他的购买能力，否则在他碰到的多数人眼里他就不可能"充分地显示自己"。实际上，这就是我们这些普通人能够利用的让陌生人觉得我们值得尊重的惟一方式，但他们给我们的哪怕是短暂的好评也会让我们如此受用。因此成功的表象如此让人渴望，在许多情况下甚至超过了实质上的成功。我们都知道，能承受自己所属的阶级的其他人负担得起的费用那是必须的，当然，如果能比同一阶级的其他人负担得起更多就更好了。

人性中的这一元素与"生活标准"有很大的关系。"生活标准"有很大的弹性，能够无限扩展。排除个别的例外情况和谨慎克制的行为之后，一般可以说，开支上的攀比很容易把人们收入中满足日常物质需要和生计后的剩余用光，而且进一步说，那种为获得尊重而维持的习惯性的"生活标准"会越发难以放弃，就如同难以放弃很多物质上的需要一样。一般而言，这方面的开支的需要会与满足它的方式一样快速地增长，从长期来看，大笔的开支并不比小笔的开支更能满足这种愿望。

在这一原理的作用下,即使是必需的生活用品以及维持一个尚能满意的生活水平的需要,都会具有一种完全独立于其作为一种生活资料的原始效用,或者与此完全不成比例的物品的价值。正如众所周知的那样,许多服装的主要价值不在于其遮体的作用,而在于维护穿着者的尊严;不仅邻居是这样看的,即使穿着者自己也是这样看的。一些本意是想要穿戴得体的人,最后反而弄巧成拙的事情并不鲜见。美国人穿衣的绝大多数价值也许确实是在"穿"上,而不是在"衣"上。穿着的主要动机是竞赛——"经济竞争"。吃、住方面的动机也是如此,尽管竞赛的成分可能要少一些。

人类渴望虚荣这种引导方向上的错误当然不是什么新鲜事,"经济竞赛"也并非现代社会才有的事情。竞赛不是现代生产体制的发明,甚至这种特殊形式的竞赛也不是源于这种体制。但是通过提升人的生产活动,使其不再是社会组织的基本形式,通过大大减少其他竞赛形式在追求好名声中的作用,自由竞争体系强调了这种形式的竞赛。一般来说,从普通人的观点来看,现代社会生产组织实际上已经把竞赛的范围缩小到这个方向上;而且同时使人们获得生活资料是如此容易,大大扩展了人类努力的范围,从而可将其用于竞赛的目的。另外,随着个人行动自由的增加,以及个人所处其中的环境的扩展——也就是说,人们接触到的其他人增加了,同理,人们靠其他的方式而不是靠外表来获得尊重的可能性也减少了,这样,通过炫耀个人物质享受上的开支来赢得尊重这种经济手段的相对有效性也就提高了。

照此进一步发展下去,在不久的将来不可能会导致不同的后果;而这个不久的将来正是我们必须要应对的。随着我们的生产效率进一步提高,人们的生活空间进一步扩大,这方面的竞赛肯定会愈演愈烈。实际上,确实有一些想法以期阻止这种趋势,但它们最多只能起到延缓的作用,远不足以逆转这个一般规律。大体上说,在其他条件不变的情况下,我们必须承认,在一定范围内,现代文明人的物质生活条件越安逸,一个人的视野越宽以及与周围人接触的范围越广,与周围人交换意见的机会越多,那么经济上的成功作为一种竞赛手段就越有优势,追求在经济上赢得尊重的张力就越大。由于竞赛的目标不是任何绝对的生活水平或者优秀程度,所以社会一般福利水平的提高并不能结束这种努力或者减轻这种张力。总体的改善并不能平息这种不安,因为不安的根源在于每个人都渴望比他的周围人赢得更多的赞赏。

人性就是如此,人们力争比其周围的人占有更多,这与私有财产制度是密不可分的。人性使然,一般来说,占有得少的人会嫉妒占有得多的人;而这"多"指的不只是超过平均水平,而且要超过他所比较的那个人。实际上,衡量满足的标准主要是占有的东西或者享受;目前那些不满情绪在增加的人——他们占有得少——赞成对社会进行重新调整,这种调整不利于占有得多的人,也不利于合法地占有和享受"更多"的可能性;也就是说,赞成社会主义运动的情绪在增长。就这里的目的而论,现代生产发展的后果是强化了竞赛以及与之相伴随的嫉妒,并且把竞赛和嫉妒集中到物质的占有和享受上。我们所关注的不安的基础在相当大的程度上是嫉妒——你也可以说成是羡慕;而这种有助于社会主义主张的特殊形式的嫉妒就存在于私有财产制度之中。由于现代条件下的私有财产制度,这种嫉妒和不安是不可避免的。

现代生产体系的基石就是私有财产制度。对现行竞争性生产体系的攻击,不论是公开的还是私下的,不论是针对整个体系还是针对其任何特定的方面,攻击的目标都是这个制度。此外,由于追求经济上的尊重而直接造成的不安和不满情绪——在现代条件下必然会出现——其根本原因就是私有财产制度。由此可以推断,由于人性使然,在废除私有财产之前,这种(必须承认是)不光彩的竞赛将不会停歇,与之相伴的社会不满也会持续存在。废除私有财产之后会为我们带来多大程度上的安宁,这当然是件不可预测的事情,也不是和我们现在讨论的话题密切相关的问题。

尽管这种经济竞赛处于突出位置,而且可能比任何其他同样强大的道德因素更为彻底地渗透于现代社会结构,但它显然不是现代生产活动的惟一动机,也不是其最重要的特征。现在当然不能轻率地预言说这种竞赛及其所培养的不满情绪继续发展下去,必然的结果就是社会主义,本文的目的也绝不是要坚持这种推断。可以明确的一点是,如果不是主要原因的话,竞赛事实上也是现存的不安和与之相伴的不满情绪的一个原因;不安与现行的生产组织体系是分不开的;在这些条件影响下的普遍情绪的发展必然就不利于私有财产制度,因此也不利于现存的自由竞争的生产体系。

文章前一部分所关注的竞赛,不仅是理解这种正在驱使我们走向一条从未尝试过的社会发展道路的社会不安的重要因素,而且与生产完全国有化的任何方案的可行性问题也有关系。现代生产的效率已经发展到了这样一种水平,一般情况下它使人们独自谋生比前几代人相对更容易。正如我努力要说明的那样,现代竞争体系同时为竞赛精神确立了一个发展方向,那就是,不再需要把社会所有的或者大多数劳动都用在维持生计、获得基本生活所需上面了。在现代条件下,为生活而努力已经很明显地变成了为体面的生活而努力。靠一些原本不必要的开支而保持体面生活的努力,其根本原因是私有财产制度。如果是在一个不允许存在所得或者收入不平等的体制下，由于不平等的可能性而导致的这种类型的竞赛可能就会消失。随着私有财产的废除，体现在现在这种竞赛形式中的人性特点从逻辑上来讲就体现到其他方面，也许是体现在一些高尚的、对社会更有用的行为中；无论如何，很难想象人性的这种特点会体现在任何对社会更加无用或者不值得人们去努力的事情上。

假设社会物质享受的标准近似地保持在目前一般水平上，如果人们不再努力去追求经济上的体面，那么，供养社会所需的劳动总量将会大大减少。会节约多少劳动是很难说清楚的。但我相信可以合理地假设，劳动总量的一半直接和间接地被用于追求体面，而且还让美国人节制劳动——因为要满足赢得尊敬的标准，要求我们避免劳动，享受劳动成果。这并不意味着在没有私有财产的情况下，只需要原来劳动的一半就能保持美国社会的运转；但或多或少接近这个含义。任何一个不从这种观点来理解我们现代社会生活的人，都会觉得这种主张是非常荒谬的，但随着更长期、更密切地关注日常生活的这方面的事实，就不会觉得这个主张很令人吃惊了。但由于这个因素而浪费的劳动的准确数量这个问题并不重要。不可否认的是，浪费是相当大的，大到足以支持这里的论点。

正因此，生产和财产国有化的倡导者们才宣称，即使从我们生产的总产出绝对量来看，他们的组织方案将会比现在的物品生产效率低，但社会仍然可以容易地保持在现在的平均物质享受水平上。所要求的一个国家生产总产出可能要比现在少得多，因此在新的体制下严密的生产组织、社会成员艰苦奋发的风纪这种必要性就更小，不友善的批评家们倾向于夸大这个新体制存在的弊病。由于苛严的要求的必然性减少，新体制的可行性在逻辑上说就会大大增加。新制度给人带来的厌恶感和苛求越少，回复到原有体制的可能性就越小。

在这种社会秩序下，对劳动者而言，普通的劳动将不再是特定的经济需要和随之而来的经济地位低下的标志,甚至可以想象到,在整个社会看来,劳动实际上有可能逐渐表现出高贵的特征,现在的富人在自鸣得意的时候偶尔也会这样来看待劳动。社会主义理论家有时也谈到了这种可能性,但这种推测看起来有些乌托邦的色彩,当然,也没有哪个人有资格在这种不确定的基础上为即将到来的社会秩序去建立各种制度。

似乎可以很有根据地认为,在我们现在的这种生产效率水平上的一个社会,它的生产发展仍然处于这样一种状态,即几乎所有成员都要辛勤劳动,才刚刚能够做到收支相抵,在这种情况下是不会进入社会主义的或者国家主义的状态的。

与《社会学原理》中的观点相一致,斯宾塞先生在这篇文章中指出,作为持续发生作用的各种社会力量的结果,所有的社会体制,就其组织形式来说,必然属于亨利·梅因(Henry Maine)先生所说的两类身份体制或者契约体制中的某一种。根据这种概括得出的结论是,如果现代契约体制或者自由竞争体制可能被代替的话,它必然只会被我们已知的另一种身份体制所替代;这种体制就是军事组织,或者也可能是一种等级体制,一种官僚体制。它有一点像古代秘鲁的生产组织,这种生产组织被斯宾塞先生视为现有竞争体制消亡后的必然结局。自愿合作只可能被强制合作所取代,这种强制合作与身份体制是一致的,而且人们服从于他人。

现在,至少从理论上来看这并不是惟一的选择。过去,身份体制或者命令体制与契约体制或者竞争体制这两种体制,已经划分了相应的社会组织的领域。斯宾塞先生已经高度概括地表明,在人类高级阶段取得的进步,已经使社会大多数普通成员的境况得以改善的那些地方,社会的运动已经远离身份体制,通向了契约体制。但从刚刚过去的情况来看,这一规则至少有一个(如果不是几个的话)例外。

文明国家——也许美国最为典型——生产组织最近的发展，并非完全延续了自由契约体制之路。退一步说，社会是否走向了亨利·梅因先生所说的身份体制是很值得怀疑的。这在我们称之为"自然垄断"的大工业中，尤其明显；而且目前的趋势是属于"自然垄断"范畴的社会生产行为越来越多。革命没有发生，竞争体制也没有被抛弃，但生产发展的进程在各方面都没有朝向扩大竞争体制的方向；在竞争体制失效的任何地方，身份原则也没有取代它。

将社会组织划分为身份体制和契约体制这种方法，在逻辑上并非没有漏洞。所使用的这两个术语的含义并不会迫使我们认为，在身份体制下，在任何时候，只要人们摆脱了他人的控制，就会进入自由契约体制。有摆脱这种非此即彼的困境的可能，社会主义的倡导者所希望的，正是摆脱这两种体制的可能性（尽管也许是不可行的）。熟悉了那些更先进、更坚定的社会主义倡导者们的目标和立场之后，无疑会发现契约和身份这两种原则与他们的思想在实质上有相似之处——尽管通常表现为一种含糊的、不适当的形式——并且尽管他们显然对二者持批判态度。对于那些主要是在伦理意义上持社会主义立场的人来说，情况可能会不太一样。

与这一点有关的问题是，在我们了解其历史的所有社会，尽管生产体系在过去总是按照身份体制或者契约体制，或者这两种体制按比例相结合而组织起来的，但是只要其社会功能不是以生产为主，并非所有情况下的社会组织都总是按照同样的路线发展。那些拥有我们习惯上认为最满意的制度的社会，比如讲英语的国家，其后来的发展阶段尤其如此。现代宪政整体体系的最新发展形式，至少从理论上说，以及一定程度上从实践中来看，既不能归入契约体制，也不能归入身份体制。正是通过非人格的法律和非人格的制度，现代宪政最接近于社会主义的宣传者们模糊的主张。社会主义者中的一些著名人物确实偏爱军事组织这一类型,将其描述为他们所倡导的体制的一个显著特征,但这种情况毕竟只不过是附带说说而已。

另一个问题是现存制度的进化方式,及其与这里所说的两种体制的关系。只要基本上属于文明世界的社会,其政治组织就是起源于一种军事体制的政府。生产组织亦是如此。但是尽管生产在逐渐摆脱军事身份体制的发展过程中,至少到目前为止已经走上了自由契约体制的方向,但是政治组织的发展在摆脱身份体制的过程中却没有走上这个方向。身份体制是一种服从个人权威的体制——是一种命令和阶级差别的体制,一种特权和豁免权的体制;宪政体制,尤其是在具有民主的传统和思想习惯的国家,是一种服从以非人格的法律表现出来的社会有机体的意志的体制。身份体制与宪政体制之间的差异体现了讲英语的国家引以为豪的自由制度绝大部分的含义。在这些国家,人们不是服从公职人员,而是服从赋予他的权力。这当然多少有点现代流行的花言巧语的味道,但毕竟可以感觉到它真实的存在,不仅是在理论上,一定程度上也存在于实践中。

按现代宪政形式来解释的财产征用权和征税的权力,说明了社会政治职能在涉及生产体制这一点上的发展方向。社会主义者正是沿着这些或其他类似事实所表明的方向,向前推进;现代条件下由于生产的要求而造成的进一步发展,也会沿着这样的方向向前。社会主义倡导者们的目的,是要将生产组织融入政治组织之中;或者也许更好些是将两种组织同等对待;但他们总是坚决主张,有必要让某种进一步发展了的政治组织形式处于统治地位,成为惟一的结果。显然,契约体制将被废除;同样明显的是,取代它的将不是身份体制。

所有这些论述都相当模糊,而且都是负面的特征,但如果社会主义理论要试图取得更大的进展,就立刻会突破社会主义者的公认学说中得出的合理推论的局限。任何社会主义方案的可行性都没有什么好说的。作为理论上的问题,其中似乎包含了摆脱斯宾塞先生所坚持的困境的出路。我们也可能拥有没有身份体制,也没有契约体制的国家主义。从理论上说,社会主义和国家主义的原则都是现存体制所彻底厌恶的。关于现代社会能否提供足够的物质资料来建立一个不同于身份体制和契约体制的生产结构这个实践问题,是一个建设性的社会工程设计的问题,对它的深入研究过于复杂,在这里无法讨论。尽管如此,从我们普通人的角度来看社会特征和制度过去的发展进程,或许可以毫不夸张地说,没有哪一种在彻底的身份体制中必然出现的组织形式,能够在我们中间长期存在。从这个观点可以得出的推论也许是,未来社会的方向要么是一种包含了身份体制、官僚体制的接近于生产国有化的方向,它不会持久,从而会在它被完全抛弃之前驱使我们回到目前的这种体制;要么是国有化将会如此成功地实现,与普通人的要求相一致,从而使这种制度优于我们所抛弃的制度。不管是哪一种情况,似乎都并不像人们有时候所想象的那样会让人惊慌失措。

当自由竞争体制在很大程度上已被抛弃之后再回到这种体制,这在实践上无疑是非常困难的事情,想要证明这一步的必然性的那些试验,会带来很大的浪费和痛苦,而且还可能严重地阻碍人类向更好的情形发展;但是通向国有化这一运动的结果不会使人类社会持续地退化,也不会带来巨大的灾难,即使国有化运动证明了社会必然要折回它的步伐也是如此。

可以想象,那种"宪法方法"在生产组织中的应用——这是国有化的倡导者所主张的核心内容——将会导致一种类似于发生在现代宪政形式下的政治组织那种情况的发展进程。现代宪政——现代自由制度体系——在保障理论上赋予每一个人的权利和豁免权方面,绝没有获得了绝对的成功。

我们的现代共和制并没有为我们预示着人们宣称实现了的太平盛世。一般的人性至今绝非完全适合"宪法方法"说提倡的自治。人性的缺点常常是很明显的。这些缺点相当严重,足以为反对我们的自由制度的可行性的观点提供有力的支撑。在欧洲大陆,目前有一种似乎处于支配地位的信念,认为在人类适合于将自己组织为自治的政治团体之前,必须长期地保持在专制主义的监护之下。这种信仰并非完全不合理。只是,在人类在采取这种有利的自治——共和制——政治组织形式之前,社会应该取得多大的进步、这种进步应该有什么特征,应该说这些都是悬而未决的问题。我们或者任何人是否已经达到了这种进步所要求的阶段,这也是许多人所怀疑的问题。但是朝着这个方向的运动取得的部分成功,比如说在讲英语的国家,大大有助于证明人性的发展已经达到了在政治领域便利地采用宪政方法的程度,但离完全采用宪政方法还很远。也就是说,对于我们通常称为政治的社会职能来说,似乎没有必要在实行国有化前作好充分的准备。很难说将这个观点应用到社会生产组织中的时候会保持多大程度的相似性,但必须承认有某种程度的相似性。

的确,宪政——政治职能的国有化——看起来是一个正确的发展方向这一事实,并不能作为可以毫不犹豫地实行经济职能的国有化的证据。同时,这个事实确实为一种主张提供了依据,这种主张认为经济职能的国有化,即使发生在人类远未完全适合新体制所要求的义务这个人性发展阶段,其本身将证明它在某种程度上是有利的。所以,问题不是我们是否已经达到了使生产国有化体制完美运行所必需的人性完美程度,而是我们所达到的发展程度是否会让这种体制无法完美地运行。

卡尔·马克思和他的拥护者的社会主义经济学①

I 卡尔·马克思的理论

马克思所创立的学说体系,以富有想象力的观念和严密的逻辑一致性为特征。具体来看,这个体系的组成元素并不新奇,也并非离经叛道的,马克思本人也没有在任何地方声称发现了前人尚未发现的事实,或是发明了对已知事实深奥的表达方式;但是整个体系有一种独创性的、首创性的味道,这在分析人类文化任何阶段的科学中都是很少见的。马克思主义体系这一与众不同的特征有多少要归因于其创立者的个人特性我们不好定论,但使其有别于其他经济理论体系的标志,并非个人特质的问题。它与之前的所有理论体系在前提和目的上都有显著的不同。马克思的(怀有敌意的)批评者们,没有能够充分意识到他在理论前提和目的上的与众不同所具有的激进特征,因此,这些人通常会在那些推理上的深奥细节中纠缠不清;而那些赞成他的学说的作者们,往往又过于像信徒那样专心于注释他的理论,专心于巩固他们的门徒的信仰。

如果不将其当做一个整体,而且从它的假设和目标出发,那么,

---

① 本文为作者 1906 年 4 月在哈佛大学的演讲,载《经济学季刊》,第 20 卷,1906 年 8 月。经许可重印。

马克思主义体系就不仅站不住脚，而且甚至是不可理解的。从古典经济学的观点（比如庞巴维克的观点）对这个体系的某个特定孤立方面（比如价值论）的讨论，就像从二维角度来讨论立体一样是无用的。

无论从其前提和先入之见来看，还是从他的考察目标来看，马克思的立场都不专一。无论从上述两方面中的哪一方面来说，他的立场都不是单独源于哪一派先辈。他不属于单独的哲学流派，他的观念也不属于他之前的任何一个思想家群体。正是这个原因使他成为一个思想流派的创立者以及一个关注实践目的的运动的领袖。

不论他是在进行破坏性的批判还是在进行创造性的思考时，就驱使他的动机、引导他的抱负而言，他主要是一个在一致而可靠的科学知识体系中来分析经济现象及其组织的理论家；但同时，对于其理论工作取得的每一个进步与宣传之间的关系，他一贯又是非常警觉的。因此，他的著作中就带有一种有点像属于鼓吹者的观点的那种偏见；但不能由此认为他的宣传的目的实质性地偏离了他忠实地追求科学真理而进行的考察或者思考，实际上也并非如此。他的社会主义倾向可能会粉饰其理论，但他对逻辑的把握是如此的严密而牢固，以至于除了他的形而上学的先入之见之外，不可能有任何其他偏见对他的理论工作产生影响。

没有哪一种经济理论比马克思的理论更有逻辑性。要准确地理解、批评或者维护这个体系的组成部分以及单个学说，必须将其作为相互关联的一个整体，必须根据作为其出发点的先入之见和前提，以及这个整体的关键性规范来进行。马克思的这些先入之见和前提源于先前两个不同的思想体系，即黑格尔哲学的唯物主义和自然权利的英国体系。通过早期的训练，马克思已精通黑格尔哲学的思维方法，并被灌输了以黑格尔体系为基础的发展形而上学。通过后来的训练，他又精通了自然权利和天赋自由观念，并在他的生活理想中根深蒂固，终其一生始终不渝。他对自然权利的基本原理并未采取批判态度。甚至他的黑格尔哲学的发展先入之见，也从来不曾使他怀疑过那个体系的基本原理。他只是比那些同样坚持自然权利的古典自由主义反对者们，更为一致地揭示了理论的内容。他的辩论术违反了自由学派的某些特定原则，但完全是根据这一学派的前提为基础来展开的。他所宣传的理想是自然权利的理想，但他产生这些理想的理论在其发展过程中又是依赖于黑格尔哲学的发展形而上学，而且他的思维方法和理论构建方法也是由黑格尔哲学的辩证法所提供的。

马克思和他的思想中最鲜明、最令人感兴趣的，就是他与社会主义革命运动的关系；正是他的学说中这些与宣传直接相关的特征，始终受到他的大量批评者们的关注。按照他的批评者的理解，这些学说中最重要的是价值论及其推论：(1)资本剥削劳动的学说；(2)劳动者有权获得全部劳动产品的学说。我们知道，马克思将他的劳动价值学说追溯到李嘉图，通过李嘉图而追溯到古典经济学家。① 马克思尽管没有经常公开承认，但却常常暗自表明劳动者有权获得全部劳动产品，这一观念很可能来自19世纪初的一些英语作家，②尤其是来自威廉·汤普森(William Thompson)。这些学说表面上只不过是当时流行于英国思想界，并为自由运动提供了形而上学基础的自然权利观念的发展。对马克思社会主义理论更多的批评关注的是

---

① 参见《政治经济学批判》(*Critique of Political Economy*)，第1章"关于商品分析的历史"，第56~73页(英译本，1904年，纽约)。

② 见门格尔(Menger)《全部劳动产品的占有权》(*Right to the Whole Produce of Labor*)，第3~5节和第8~9节，以及福克斯韦尔(Foxwell)为本书所写的精彩序言。

那些更有助于宣传的理论元素,通过强调这些理论元素,将人们的注意力从那些对整个理论体系有更重要意义的元素中转移出来。批判者唯独关注"科学社会主义",使他们甚至否认了马克思体系所有的独创性,将其当做(其合理性是值得怀疑的)英国自由主义和自然权利观念的一个分支。① 不过这种批评只是一面之词。这些批评可能只是反对所谓"科学社会主义"某些特定原则,而不是全然反对马克思的理论体系。甚至马克思的价值理论、剩余价值理论和剥削理论也不只是用一种令人生畏的术语转述和精细化了的威廉·汤普森的理论,无论两者何其相似,无论马克思在多大程度上借鉴了汤普森的理论(尽管马克思并没公开承认)。在很多细节上,以及在他的基本态度上,马克思可能受惠于功利主义;但从根本上说,他的整个理论体系属于新黑格尔主义的范围,甚至一些具体理论与这个思想流派的先入之见也是一致的,并且呈现出完全属于这个流派的形式。因此,不是通过对理论细节的详细研究,也不是梳理它的谱系就能搞清楚马克思的观点以及他对经济学的贡献,要做到这一点,必须从他自己的出发点开始,进入他的理论的各个分支,并且从我们所处的时代来审视他的整个理论体系,但他自己却做不到这一点,"只缘身在此山中",从而在从事他的理论工作的时候,他可能搞不清楚为什么要这样做。

马克思的全部理论体系都属于唯物史观的范畴。② 这种唯物主

---

① 见前引门格尔和福克斯韦尔的著作,以及谢弗(Schaeffle)《社会主义的精髓》(*Quintessence of Socialism*)和《社会民主的不可能》(*The Impossibility of Social Democracy*)。

② 见恩格斯《社会主义从空想到科学的发展》(*The Development of Socialism from Utopia to Science*),尤其是第 2 节和第 3 节前几段;也见《政治经济学批判》(德文版)序言。

义观本质上是黑格尔的,①尽管属于黑格尔左派,与费尔巴哈有直接的联系,而不是属于黑格尔正统。在将唯物主义观等同于黑格尔主义时,这里我们主要关注的一点是,这种等同是将其直接而肯定地与达尔文主义和后达尔文主义的进化观进行对比。即便这种唯物主义观或者"科学社会主义"真的就像有人试图去证明的那样具有一种看似真实的英国血统,但不容忽视的事实是,马克思引入其著作的这种观念也仍然是黑格尔辩证法的一个改变了的框架。②

大致说来,黑格尔的唯物主义与黑格尔正统是不同的,这种不同是由于改变了黑格尔的主要逻辑顺序,而不是由于抛弃了黑格尔的逻辑或是对事实或结局采取了新的检验方式。人们可能会说(尽管也许很生硬),对于黑格尔的名言"意识和存在具有统一性",唯物主义者,尤其是马克思和恩格斯可能会说成"存在决定意识"。但在这两种情况下,组合中的某一个元素都被赋予了某种创造性的首要位置,并且没有哪一种情况下两个元素之间的关系是一种因果关系。在唯物主义观念中,人的精神生活——人的思想——是他的生活的物质方面的反映,黑格尔正统则以同样的形式认为物质世界是精神世界的反映。在这两种观念中,处于主导地位的思考准则和理论阐述的准则都是运动、发展、进化、进步这些观念;而且二者都把运动视为必然通过冲突和斗争的方式而发生的。运动具有进步的性质——逐渐向前通向一个目标,通向以明显形式实现的目标,而所有这些目标都隐含在包含于这一运动中的实质性行为中。此外,运动是自我限制的、自我行动的:是一种通过内在必然性而完成的演进。黑格尔

---

① 见上引恩格斯著作及其《费尔巴哈:社会主义哲学的根源》(*Feuerbach: The Roots of Socialist Philosophy*),英译本,芝加哥克尔公司(Kerr & Co.),1903年。

② 比如见塞利格曼(Seligman)《历史的经济学解释》(*The Economic Interpretation of History*),第一部分。

体系中固有的、作为运动和进化的方法的斗争，是通过众所周知的三段论辩证法而自我实现的精神的斗争。在唯物史观中，这种辩证的运动就成为马克思的阶级斗争。

阶级斗争被认为是"物质的"，这里使用的"物质的"这个词是一种隐喻的含义。它的含义不是机械上的或者物理上的，甚至也不是指生理上的，而是经济上的。物质的斗争意味着阶级之间为了物质生活资料而斗争。"唯物史观从下述原理出发：生产以及随生产而来的产品交换是一切社会制度的基础"。① 社会秩序通过阶级斗争而具有了某种形式，在社会演进发展的任何一个特定阶段，阶级斗争的特点都是由"经济上的生产和交换的普遍模式"来决定的。因此，社会进步的辩证运动是人类的愿望和热情这种精神层面上的运动，而不是机械的、生理的压力这种物质（照其字面意思）层面上的运动，物质层面是原始人自身演进的发展过程。这是唯物主义的一种升华，这种升华是通过有意识的人类精神这一支配性的力量而实现的；但有意识的人类精神受到生活资料的生产这一物质条件的约束。② 社会生活演进过程的根本动力（显然）是用于生产结构的物质资料；但这个辩证的过程——阶级斗争——只是在物质资料的生产中进行的，而且是通过用于评价生产的物质产品的人类意识这个第二位的（后天形成的）力量而展开的。一种一贯的唯物主义观——也就是一贯地坚持用唯物主义来解释发展过程以及这个过程所涉及的问题——几乎不可避免地总是会将其假定的辩证斗争看成本原的物质

---

① 恩格斯《社会主义从空想到科学的发展》，第 3 章开篇。
② 这一观点见马克斯·阿德勒（Max Adler）《关于科学争论中的因果关系和目的论》(*Kausalitat und Teleologie im Streite um die Wissenschaft*)，载阿德勒和希尔芬迪（Hilfendirg）主编《马克思研究》(*Marx-Studien*)，第 1 卷，尤其是本文第 11 节；也见路德维西·斯坦（Ludwig Stein）《社会问题的哲学根源》(*Die soziale Frage im Lichte der Philosophie*)，他是阿德勒的批评者，并声称驳倒了阿德勒的观点。

力量的一种纯粹无意识的、不相关的斗争。这好比是根据含糊的因果关系来解释,而不采用有意识的阶级斗争观念,这可能产生一种类似于非目的论的达尔文主义自然选择观念的进化论。它几乎不可能产生作为社会进步所必需的方法的那种马克思的有意识的阶级斗争观念,尽管通过经验概括,可能会令人信服地产生一种社会过程观念,在其中,阶级斗争只是一个附带的(尽管可能是非常有效的)因素。① 它原本将产生如达尔文主义所产生的那种社会结构和功能的累积式变迁的过程观念;但这个本质上属于没有明确方向的、非目的论的累积式因果序列的过程,如果不是思想家灌输了对它的虔诚迷恋,是不可能被认为只会进步不会退步的,人类精神或者其他什么东西在其中也不可能趋于"实现"或者"自我实现"。也不能断言它会一路向前,通向一个最终状态,也就是一切过程都将会聚于此的一个目标、这个过程的最终目标。比如马克思的阶级斗争过程所设想的目标,马克思认为阶级斗争将会终止于社会主义最终状态这个无阶级的经济结构。在达尔文主义看来,不存在这种最终的或者完美的状态,也不存在最后的均衡。

马克思主义与达尔文主义之间的不同,以及马克思的体系中被视为社会过程的根本力量的物质方面,与辩证运动在其中进行的精神方面之间的不同,表现在马克思和恩格斯所赋予阶级斗争的特征中。他们断言这种斗争是有意识的斗争,是在物质生活资料方面利益相互矛盾的竞争阶级的一种认识下展开的。阶级斗争是在利益动机下展开的,而且对阶级利益的那种认识当然是只需要通过对现状的反省就能得到。因此,在物质力量和行为的特定利益选择之间甚至没有直接的因果关系。利益相关者的态度与物质力量之间没有直

---

① 参见前引阿德勒的文章。

接的因果关系,它们的关系甚至没有紧密到这样的程度,即由于对物质力量的影响有一种向性式的,甚至本能的反映而觉得自己属于某一个阶级。反省的序列,以及随之而来在争吵中所选择的立场,与物质力量的作用完全是并列的。

这里需要提一下阶级斗争学说的另一个特征。这种观念既不是达尔文主义的,也不是黑格尔主义的,无论是黑格尔左派还是右派。它源于功利主义,具有英国血统,由于马克思从自利理论体系借用了一些元素,因此,它是属于马克思的。实际上它是一种快乐主义,与边沁有关而不是与黑格尔有关。它以快乐主义的计算为基础,这同样与黑格尔的演进过程观念和后达尔文主义的累积式因果观念无关。关于这一学说的性质,除了其起源问题和与新黑格尔主义的前提的兼容性问题之外,还需要说明的是它与后来心理学研究得出的结果完全不一致——古典(奥地利的)经济学对快乐主义的计算的运用同样如此。

在唯物主义观所涵盖的范围内,也就是在马克思所研究的演进的人类文化这个范围内,马克思更加关注的是对当前局势——这个过程的当前阶段,也就是资本主义体系——的分析和理论阐述。由于占支配地位的物品生产模式,通过决定当前阶级斗争的形式和方法而决定着这一时期的制度、知识和精神生活,所以他的讨论就必然要从"资本主义生产"理论或者在资本主义体系下进行的生产的理论开始。① 在资本主义体系下,也就是在现代买卖交易体系下,生产就

---

① 有必要提醒熟悉古典(英国的和奥地利的)经济学家所使用的"资本主义生产"这个术语的含义的读者注意,在马克思的用法里,"资本主义生产"是指在占有(或者控制)生产资料,为了赚取利润而生产的雇主的指导下,通过雇佣劳动而为市场生产物品的活动。这里的"资本"指的是用于这一目的的财富(主要是资金)。与那些把资本视为"为了进一步的生产而投入的过去生产的产品"的古典经济学家相比,马克思在这里以及其他地方用到这个词的时候,其含义更接近于通俗的用法。对马克思而言,"资本主义"意味着特定的所有权关系,正如后来许多经济学家在定义这个词的时候所说的"生产性使用"这种含义。

是商品的生产,就是可买卖的物品的生产,是根据商品在市场上的价格来生产。这个体系下的所有生产都要依据的重要事实就是可买卖物品的市场价格。因此,马克思从这一点入手来分析资本主义生产,因此,价值理论就成为他的经济学的核心,在其所有庞大的分支中这也是整个分析的出发点。[1]

当前对马克思的批评,到底源于何处这个问题根本不值得去考究;那就是马克思没有为他的劳动价值论提供足够的依据。[2] 甚至可以进一步明确地说,他没有为这一理论提供依据。《资本论》开篇和《政治经济学批判》的相应段落中看似提供的证据不能被严格地当做通过通常的观点证明他的立场的一种尝试。这毋宁说是对那些没有能力把他的立场视为不证自明的读者(批评者)而言,一个自鸣得意、高人一等的作者对读者玩弄的神秘化。在黑格尔哲学(新黑格尔哲学)的背景下,按照一般的唯物主义观,价值=劳动-成本这个命题虽然说不上同义反复,却是不证自明的。从另一种角度来看,就是说这个命题没有什么特别的意义。

在黑格尔的事物体系中,惟一真实的实在就是演进的精神生命。在新黑格尔体系中,正如唯物主义观所体现的那样,这种实在被转化

---

[1] 从某种意义上来说,价值论是构建资本主义其他理论的出发点和根本概念——在这个意义上,并且也只有在这个意义上,价值理论是马克思主义的核心学说和关键原则。但并不能因此就说马克思关于必然通向社会主义完美状态的学说是建立在劳动价值论基础上的,也不能说如果转化为其他条件而不是劳动价值论的话,马克思主义经济学的总体结构就会崩溃。参见庞巴维克,《卡尔·马克思及其体系的终结》(*Karl Marx and the Close of his System*),另可参见弗朗茨·奥本海默(Franz Oppenheimer),《马克思经济学说的发展》(*Das Grundgesetz dcr Marx' schen Gesellschaftslehre*),以及鲁道夫·葛德雪(Rudolf Goldscheid),《贫困化或改良理论》(*Verelendungs- oder Meliorationstheorie*)。

[2] 参见庞巴维克前引著作,以及乔治·阿德勒(Georg Adler),《对卡尔·马克思的理论基础的批评》(*Grundlagen der Karl Marx' schen Kritik*)。

为社会中的人演进的（物质）生命。① 就生产的物品而言，它们是人类生命的这种演进的产物，是体现为这种有力的生命过程的一个特定部分的物质上的剩余。所有真实的实在都包含在这种生命过程中，这种生命过程的产物之间所有最终有效的化合价关系都必须依照这种实在来确定。当这种生命过程采取了用于生产物品的劳动力耗费这一特殊形式的时候，它就是一个物质力量过程，生命过程和劳动的精神的、心理的特征只不过是物质过程的一种非实在的反映。因而，只有在所耗费的劳动力带来的物质变化中，生命——劳动力——的形而上学实质才能体现出来；而且它必然会体现在这些物质变化中，因为耗费劳动力的目的就是要带来物质上的变化。

就生命过程在形而上学上的实在而言，作为人类劳动的产物的物品在其数量上的平衡会始终得到保持，无论在自利策略的压力下人们处理商品的规范从表面上（现象上）看有多么的不同。这就是物品事实上的价值；在具有这种性质的情况下，物品相互之间是等价的，尽管在物品的分配中，这种等价的真实比率从来没有充分地表现出来。物品真正的或者真实的价值是属于生产的问题，这在所有生产体系和方法下都是成立的，而其交换价值（真实价值的"表现形式"）是属于分配的问题，根据在特定时间内与生产所给定的物品价值存在一定程度一致性的分配体制，或多或少适当地表现了真实价值。如果生产的产品严格按照它们在生产中的份额被分配到生产部门，那么，物品的交换价值就被视为等于它们的真实价值。但如今，在资本主义体制下，分配完全不是以生产上的价值为基础，这种体制

---

① 在古典（包括奥地利）经济学家的先入之见中同样如此，而且对他们的理论研究也有类似的影响，快乐与痛苦的权衡被当做最高实在，所有经济理论的陈述都必须依此进行，在对经济生活的任何确定的分析中，所有现象都必须简化为这种实在。我们这里的目的不是去考察这种不加批判的假定比其他假定是否更有价值或者更有用。

下物品的交换价值因而只能是非常粗略地,总的来说是偶然地、近似地表现其真实价值。在劳动者可以获得其全部劳动产品或者整个所有权体系从而分配体系都消失了的社会主义体制下,如果还存在交换价值的话,它将会真正表现其真实价值。

资本主义体制下,交换价值的决定是一个竞争性地谋利的问题,因此,交换价值就会不定地、有一定限度地偏离由真实价值赋予它的那个比例。马克思的批评者常常把价值概念等同于交换价值,①认为价值理论与现存分配体系下价格的实际情况是不一致的,从而虔诚地希望这样就驳倒了马克思的学说;然而他们当然根本没有撼动这种学说。批评者之所以产生这种误解,可能是由于马克思的著作像谜一样的晦涩难懂(也许是有意的)。无论是马克思的过错还是批评者的过错,他们的反驳迄今为止都是非常没有说服力的。马克思对资本主义制度的罪恶最严厉的责难,就包含在物品实际的交换价值系统性地偏离了它们的真实(劳动成本)价值这个他所发展的理论中。按照马克思的说法,在这里不仅表现出现存体制固有的罪恶,而且是其致命的缺陷。

因此,价值理论是**包含在**马克思理论体系的主要前提中,而不是源于这些前提。从理论元素上说,马克思把这一学说看成与李嘉图的劳动价值论是一样的,②但二者的关系是它们的主要前提在表面上的一致,而不是理论内容实质上的相同。在李嘉图的理论中,价值的源泉和度量是从生产者所付出的努力和忍受的牺牲中去寻找的,

---

① 参见庞巴维克,《资本和利息》,第6篇,第3章;也见《卡尔·马克思及其体系的终结》,尤其是第4章;阿德勒,《对卡尔·马克思的理论基础的批评》,第2、3章。

② 参见《资本论》,第1卷,第15章,第486页(第4版)。也见这一卷第1章中的注释9和16,在这些注释里马克思讨论了亚当·斯密以及一位英国早期(匿名)作家的劳动价值学说,并将他们的理论同自己的理论进行了比较。这种与早期——古典——价值论的类似比较在《资本论》后面部分还时不时出现。

大体上与李嘉图多少有些随便而不加批评地坚持的边沁的功利主义立场是一致的。这种理论中关于劳动决定性的事实是,被假定为生产理论最终条件的劳动,其本质是枯燥乏味、令人厌恶的。在马克思的劳动价值论中当然不是这样,对他的理论而言,考虑劳动和生产的关系的时候,劳动厌恶的问题是全然无关的。当这两个理论的创立者将其用于进一步分析经济现象的时候,它们的差异性或者不相容就会直接表现出来。因为在李嘉图看来,关键的一点是劳动的厌恶*程度*,这是耗费的劳动和生产的价值的度量标准,而且由于在李嘉图的功利主义哲学中,在这种厌恶背后没有更为重要的因素,因此,从这种主要立场中就得不出剩余价值理论。劳动的生产性自身的结果不是累积性的;在运用到进一步的生产以及资本家对节欲的厌恶的时候,李嘉图的经济学继续从劳动的生产功能来寻找产业累积性的生产性,从这里适时地得出了古典经济学生产理论的一般立场。

而对马克思来说,生产中耗费的劳动力本身就是一种产品,具有与其自身的劳动成本相应的真实价值,劳动力耗费的这种价值和投入劳动力创造的产品价值不一定是相同的。假定它们是不同的,正如对这个问题的所有快乐主义解释那样,那么,生产中耗费的劳动力价值和生产的产品的价值之间就产生了一个差别,这个差别就包含在剩余价值概念中。在资本主义体系下,工资是花费在生产中的劳动力的价值(价格),劳动的剩余产品不归劳动者所有,而是成为资本的利润以及资本的积累和增殖的源泉。从工资由劳动力价值而非劳动产品(更大的)价值来度量这一事实出发,劳动者就不能购买其全部劳动产品,从而资本家就不能持续地按其全部价值出售所有产品,这就是资本主义体系下生产过剩等性质最为严重的困难的根源。

而劳动力价值与其产品的价值之间的系统性差别最为严重的结果是剥削劳动者而得到的资本积累,以及资本积累对劳动人口的影响。资本积累规律及其推论产业后备军学说是马克思资本主义生产理论的最终落脚点,正如劳动价值论是其出发点一样。① 价值理论和剩余价值理论是马克思对资本主义体系存在的可能性的解释,而资本积累规律则是他对资本主义体系必然崩溃以及将以什么样的形式崩溃的原因的说明。由于马克思作为一个理论经济学家的同时,无论何时何地也都是一个社会主义的鼓动者,所以可以毫不犹豫地说,无论从何种角度来看,无论是作为一个经济学定理还是作为社会主义学说的一个原则,积累法则都是他的伟大成就的巅峰。

资本积累规律可作以下解释:②工资是以工资契约形式购买的劳动力(近似)价值;产品价格是生产出来的物品的(同样是近似的)价值;由于产品的价值超出劳动力价值一定的量(即剩余价值),由资本家通过工资契约而占有,其中一部分作为储蓄,并追加到已经掌握的资本中,其结果就是:(1)在其他情况不变的情况下,剩余价值越大,资本增殖越迅速;(2)资本相对于雇佣的劳动力增长越快,雇佣劳动的生产率就越高,可用于积累的剩余产品就越多。因此,这个积累过程显然是累积式的;同样明显的是,增加的追加资本是从未付报酬的劳动剩余产品中榨取的,是一种不劳而获的增量。

但随着总资本的增加,其技术构成发生了变化,"不变"资本(设备和原材料)的增加与"可变"资本(工资基金)的增加不成比例。"节省劳动的装置"比以前得到更为广泛的使用,劳动得以节省。较大一部分的生产开支用于购买设备和原材料,而较小一部分的生产开支

---

① 奥本海默(《马克思经济学说的发展》)在将累积理论发展成为马克思主义的社会主义学说的核心元素方面是正确的,但正如奥本海默所主张的那样,该理论并不是马克思经济学理论的基石。如上所述,积累理论是剩余价值理论的逻辑结果,并依赖于这个理论,如果剩余价值理论不成立,那么积累理论也无法成立(以马克思认为的那种形式)。

② 见《资本论》,第1卷,第23章。

用于购买劳动力——尽管也许绝对量在增加。相对于使用的资本总量和所生产的产品数量而言，所需劳动减少了。因此，不断增加的劳动供给的一部分将得不到雇佣，成为"产业后备军"，成为"剩余劳动人口"，成为失业大军。随着资本积累不断增加以及随之而来的技术进步的普及，产业后备军相对更大地增加；其结果是两种不同的累积式变化——它们是对立的，但由于是相同的力量引起的，因而又是不可分割的：资本的增加，以及失业劳动者数量也（相对地）增加。

资本和产出的数量与工人得到的工资量之间的差别，是随之产生的一个同样重要的结果。以劳动者工资表现出来的劳动者的购买力是对消费品的最大一部分需求，而且同时逐渐变得不足以购买产品（对产品的购买表现为商品的价格），这使得市场越来越多地出现生产过剩，从而产生商业危机（commercial crises）和萧条。有一种看似直接从马克思的立场得到的推论曾经指出，这种由于劳动者没有得到全部劳动产品而导致的生产和市场之间失调，直接导致了资本主义体系的崩溃，从而靠其自身的力量就能够实现社会主义完美状态。但这并不是马克思的立场，尽管危机和萧条在通向社会主义的发展过程中起到了重要作用。在马克思的理论中，社会主义的到来靠的是无产劳动者的一种阶级运动意识，他们将从自己的利益出发采取行动，并推动革命运动朝有利于自身利益的方向发展。但危机和萧条在使劳动者产生适合于这种运动的心境方面起着重要的作用。

如上所述，在总资本不断增加并伴随着失业的劳动后备军以更快的比率增加的情况下（这是马克思的立场），资本家能够并且将会压低工资来雇佣这些失业劳动者来增加利润。结果，从逻辑上说，资本积累越多、越快，失业后备军的规模就越大，无论从绝对量还是从相对量来说结果都是如此，而且后备军规模越大，降低工资和生活水平下降的压力就越大,工人阶级境况的恶化和穷困就越深,他们的生活条件会更为猛烈地下降到更低的水平。每一次萧条都伴随着到处找工作的失业劳动者的增加,这将加快工资降低的速度、加重工资降低的程度,直到降低到无法维持最低生活所需的平均水平。[1] 马克思就明确指出这种情况将会出现——工资将降到最低生活所需之下;他用英国童工悲惨、困苦的生活状况来证实自己的观点。[2] 当这一切达到足够的程度,当资本主义生产几近占据所有的生产领域,将劳动者的生活条件降低到足以使他们成为社会中一无所有的大多数的时候,那么,只要登高一呼,他们就会行动起来,通过合法的或者不合法的手段,通过控制政府或者推翻政府,完成社会革命。

社会主义的到来将是由于没有任何财产,加上物质匮乏、普遍处于贫困状况下的劳动阶级通过阶级对抗来实现的。他们的贫困状况,是由于资本积累的增加,以及生产技术的巨大改进带来的劳动生产力的提高造成的;进而是由私人企业体制下劳动者得不到全部劳动产品造成的;换句话说,是由资本品的私有制使资本家可以占用和积累劳动的私人产品造成的。至于这种社会革命将带来怎样的政权,马克思没有特别说明,只是说明了一般的论题,那就是将不会有私有制,至少不会有生产资料的私有制。

这就是马克思社会主义体系的概况。到目前为止我们的阐述都不是源自《资本论》第2卷和第3卷。关于社会主义的一般理论没有必要涉及这两卷。这两卷并没有增加什么实质性的内容,尽管在资本主义体系的运行方面的很多细节上处理得更为丰富,而且其分析

---

[1] 马克思和古典经济学家所说的"最低生活所需"指的是保持当前效率水平的劳动供给的所需。
[2] 见《资本论》,第1卷,第23章,第4、5节。

也与前面非常一致,并且得出了一些令人赞叹的结论。对于经济理论来说,《资本论》的另外两卷是非常重要的,但是这里不要求联系这两卷的内容进行考察。

关于这一理论的合理性没有什么需要说明的了。其实质或者至少是一些独特的内容,在很大程度上已经被后来的社会主义作者所抛弃了。仍然坚持这一理论而没有从本质上背离这一理论的人越来越少了。这是必然的,有多种原因。这一理论的一些重要方面没有得到事实的证明,比如贫困化的加深这一学说;作为马克思的马克思主义的根基的黑格尔哲学的前提,在很大程度上已经被今天那些阐释马克思理论的人们遗忘了。在他们的思想习惯中,达尔文主义已经在很大程度上取代了黑格尔主义。

这一理论中被简单地当做社会发展理论的那个最薄弱的一点,是该理论隐含的人口学说——暗含在不断增加的失业工人后备这一学说中。失业工人后备军学说包含一个前提,那就是人口总是会增加,不论目前的或者今后的生活资料处于何种状况。经验事实至少为马克思阐述的贫困不会妨碍人类的繁殖这一观点提供了一个很有说服力的支持;但并没有为劳动者的增加不依赖于生活资料的增加这一命题提供确实的支持。自达尔文以来没有人敢说人类的增加不受生活资料的制约。

但所有这些都没有真正涉及马克思的立场。对马克思而言,从新黑格尔主义来看的历史,包括经济发展史,都是人类的发展史;在人类发展史中最主要的事实,尤其是它的经济方面,是人们生活资料数量的增加。从某种意义上说,这是分析包括资本主义生产阶段在内的人类经济生活过程的一条基本线索。只要经济生活过程是一个发展的、演进的、剥离的(exfoliation)过程,而不是处于衰老的、腐朽的阶段,人口增长就是这个过程的第一原则,是最为实质性的、最具体的因素。如果马克思发现他的分析把他引向了一个与自己的立场相反的观点，他就会在逻辑上坚持认为资本主义体系给人类带来了致命的痛苦，并说明摆脱这种痛苦的方式。但他的黑格尔哲学的出发点排除了这个结论，根据这个出发点，人类发展史的目标在很大程度上控制了所有阶段的发展过程，包括资本主义阶段。这个控制着人类发展过程的目标或者终点是生命在所有方面的完全实现，这种实现是通过类似于三段论辩证法——主题、反题、合题——的一个过程来完成的，在其中，资本主义体系及其贫困和退化的程度符合最后的、最可怕的反题阶段。马克思作为一个黑格尔主义者——也就是说一个浪漫哲学家——必然是一个乐观者，生活中的邪恶（反题元素）就像辩证法必需的反题阶段一样，对于他来说是逻辑上必需的邪恶；这是实现完美状态的一种方式，就像反题是得到合题的一种方式一样。

卡尔·马克思和他的拥护者的社会主义经济学[①]

Ⅱ 马克思之后的马克思主义

马克思主要是在1850到1875年间完成了他的理论体系。他是从早期所受的德国思想的训练中得到的观点开始建立理论体系的,这种最先进、最强烈的德国思想是贯穿这个世纪中叶的思想。他通过与英国形势异常紧密的联系以及对其敏锐的观察,为这种德国观点增加了更深一层的前提。结果是他使他的理论成果具有了双重的前提,或者更确切地说是先入之见。早期的训练使他成为一个新黑格尔主义者,他从这个德国源泉得到了自己对历史唯物论的独特阐述。后来的经验使他得到了自由主义—功利主义的观点,这种观点在他有生之年活跃阶段的大部分时期支配着英国的思想。由于这些经验,他多少有些明显地带有个体主义的先入之见,这正是全部劳动产品学说和劳动剥削理论的基础。科学[②]社会主义原则把这两种并不完全一致的学说联系在一起,并赋予了这种社会主义经济学体系独特的马克思主义的特征。

在今天激起了希望和恐惧的社会主义,是马克思学派的社会主

[①] 原载《经济学季刊》,第21卷,1907年2月。许可重印。
[②] 这里的"科学"是半技术意义上的用法,这种含义常常指的是马克思和他的拥护者的理论。

义。没有人真正担心任何其他所谓的社会主义运动,也没有人真正关心去批评或反驳任何其他学派的"社会主义者"提出的学说。也许奉行马克思主义的社会主义者们并不总是,或者并不是在各个方面都与最广为接受的马克思主义学说体系相一致。那些参与到社会主义运动中去的人们可能并非都熟悉马克思主义经济学体系的细节——或许甚至连一般特征都不熟悉;然而在任何流行运动中都可以清楚地找到与马克思主义的这种一致性,所有国家的社会主义者都自称坚持马克思主义的理论立场。随着这种运动在任何特定的社会的规模越来越大、越发成熟、更有有意识的目的,就不可避免地呈现出一种更为一致的马克思主义的外表。这不是马克思的马克思主义,而是今天的社会主义者已经采纳了的达尔文的唯物主义。德国马克思主义的社会主义者取得了领导地位,其他国家的社会主义者在很大程度上以德国的领袖们为榜样。

当前国际社会主义真正的代言人都是公开宣称的马克思主义者,鲜有例外。大体上说,社会主义者们都没有真正怀疑过马克思主义学说的实质性真理,尽管在某些问题上就什么才是马克思主义的真正立场可能有一些明显的分歧。大部分激烈的争论都是围绕这一类问题展开的。

社会主义学说的维护者们基本上都同意马克思的主要立场和一般原理。事实上,当前对马克思的一般原理的一致认同是如此的稳固,以至于对细节问题活跃的争论会在不干扰这种一般原理的情况下继续进行下去。这种普遍的立场就是公开宣称的马克思主义。但这并不是卡尔·马克思所持的确切立场。为了适应后来的而不是最初阐述这些理论时的环境,它已经被现代化、被改编、被扩充了。当然,马克思的追随者并不承认实质性地改变或者偏离了最初的立场。他们是正统社会主义者,小心翼翼地呵护这一理论,对于任何要对马克思主义的立场加以"改进"的建议他们都无法容忍,几年前"修正主义"争论引发的热潮就是明证。但是,马克思的追随者的抗议并不能改变马克思主义在脱离其创立者之手后,确实已经发生了某些实质性的变化这个事实。不时会有马克思的忠实门徒站出来公开承认需要适当修改公认的学说,从而让其适应后来环境的需要;这种需要使得他们不时对这个学说加以修正、限定和扩展。但事实上,尽管没有公开承认但更为普遍存在的事实是,在马克思主义的讲授中通过解释和一种无意的观点的转换而发生的改变。事实上,整个年青一代的社会主义作者都表现出这样一种发展。这方面的例子不胜枚举。

马克思的朋友和马克思本人著作中关于他的观点和主要原则的内容都可以证明,他的理论立场在较早的时候就已经定型了,他后来的著作实质上是他事业之初就已形成的立场的发展。[1] 即使不是到19世纪40年代中期,也是到19世纪40年代后半期,马克思和恩格斯就已经形成了对人类生命的看法,并逐渐成为他们理论的出发点,引导着理论的进一步发展。这就是恩格斯在他的晚年就这一问题所表达的观点。[2] 正如本文前一节指出的那样,这两位伟大的领导者

---

[1] 在马克思的著作中,从《共产党宣言》到《资本论》的最后一卷,他的立场实际上是非常一致的,甚至可以说是完全不变的。在伟大的《共产党宣言》的创作者看来,它惟一变得陈旧的一部分是针对40年代的"哲学"社会主义者提出的辩论法以及从当时的政治学中得来的那些例证性材料。《共产党宣言》的主要立场和更重要的理论内容——唯物主义观、阶级斗争的学说、价值和剩余价值理论、贫困化的扩大、后备军、资本主义的灭亡——在《政治经济学批判》(1859年)中都可以找到,并且许多理论在《哲学的贫困》(1847年)中也可以找到,这些理论连同他精巧的分析和解释方法贯穿其理论著作的始终。

[2] 参见恩格斯,《费尔巴哈:社会主义哲学的根源》(英译本,芝加哥,1903年),尤其是第4部分,以及发表在《新时代》(Neue Zeit)上的诸多文章;也见1888年为《共产党宣言》所作的前言;也见《资本论》第2卷的前言,在这篇文章里,恩格斯提出了马克思与他的体系的主要理论原理有关的优先权的问题。

采取的实质上由他们完整无缺地所持有的这种立场,是新黑格尔主义哲学的一种变体。① 然而,新黑格尔主义哲学是短命的,作为一种科学理论的立场来说尤其如此。包括新黑格尔主义哲学在内的整个浪漫思想流派,在其已经几近成熟的时候很快就开始瓦解了,而且其瓦解非常之快,以至于在接近这个世纪第三个 25 年的时候,作为人类知识发展中一个重要因素的浪漫思想流派实际上就已经终结了。在理论领域(当然主要是在物质科学领域),新的时代不属于浪漫哲学,而是属于达尔文学派的进化论者。少有的几个伟大人物当然从过去延续了下来,但结果他们主要是成为了表明科学知识方法淘汰他们的速度和程度的标记。这样的人物有魏尔啸(Virchow)和马克斯·穆勒(Max Müller),在经济学中是历史学派的代表人物,在某种程度上也包括马克思和恩格斯。后来的一代社会主义者,这个世纪下半叶的那些马克思主义的代言人和拥护者,是属于新的一代,他们从新的视角来看待人类生命现象。他们的唯物主义观,即便还保留着前一代人的措辞,却呈现出了他们生活的这个时代的色彩。②

---

① 参见前引《费尔巴哈》;也见《社会主义从空想到科学的发展》,尤其是第 2 节和第 3 节。
② 比如安东·门格尔(Anton Menger)这样的社会主义者,他从非马克思主义的领域、从现代科学考察的领域进入新马克思主义学派,无论是在他的考察范围、方法,还是在他得到的理论成果上,至少在实质上表现出来的都不是黑格尔的色彩。另外,他的《新国家》(Neue Staatslehre)和《新伦理学》(Neue Sittenlehre)这两部著作是社会主义者对真实价值第一次做出的建设性工作,是对自拉萨尔(Lassalle)以来已超出经济学范围的知识的一个贡献。如果不是由于没有更好的文献的话,即便是狂热的社会主义者也不会真正把恩格斯(《家庭、私有制和国家的起源》)和倍倍尔(《妇女和社会主义》)的努力看成科学的专论。门格尔的著作不是马克思主义的,而属于马克思主义的恩格斯和倍倍尔的著作实际上又没有价值或者创新。马克思主义的前提和方法不能适应现代科学目的,这表现在以下方面:在考察制度的进化方面到处都彻底缺乏社会主义的文献。唯物主义辩证法之所以被创造出来正是为了促进这方面的考察。

马克思所属的浪漫思想流派与那些已经属于——或者更确切地说是正在成为——进化论者的人所掌握的体系之间的差别是巨大且普遍的,尽管在任何一点上都没有(至少是还没有)表现出明显的、表面上的差别。当这种已经被应用的新的知识方法在曾经属于新黑格尔主义的马克思主义的知识领域更充分地实现了它的影响和要求的时候,二者的差别就可能会表现得更为明显和彻底。在人们可以对事实进行判断并将其归纳为可了解的秩序的一种观点的先行之下,思想体系的这种代替已经缓慢地、逐渐地、在很大程度上是悄然地发生了。

新黑格尔主义的、浪漫的马克思主义者的观点完全是个人的,而进化论者的——或许可以称做达尔文主义的——观点则完全是非个人的。早先的理论流派所寻求的以及所要归因的被观察的事实的连续性,是一种个人的连续性——也就是一种原因及其逻辑上的必然结果(reason and consequently of logic)的连续性。被解释的事实的过程可以诉诸聪明的、公正的人们之间的理智而建立。他们被假定属于一个存在逻辑一致性的序列。浪漫的(马克思主义者的)理论序列本质上是一个理智的序列,因而它具有目的论的特征。这个序列逻辑上的趋势是可以表明的。也就是说,它趋向于一个目标。另一方面,在达尔文的思想体系中,所寻求的以及所要归因的事实的连续性是因果(cause and effect)连续性。这是一种盲目的累积式因果关系,它没有趋势,没有最终状况,没有完美状态。它只受到本原的因果关系这种"背后的力"(vis a tergo)的控制,本质上是机械的。新黑格尔主义的(马克思的)发展体系被刻画成一种奋斗着的、雄心勃勃的人类精神的形象:而达尔文进化的发展体系则具有一种机械过程的性质。①

如果唯物主义观从马克思的浪漫观念转变成了达尔文主义的机械观念,那么会有什么不同?这种转变在一定程度上扭曲了这个体系的每一个特征,而且为每一个曾经是可靠的结论蒙上了怀疑的阴影。② 马克思理论体系的首要原理是包含在"唯物主义"这个词中的观念,大意是对物质生活资料的需要控制着整个社会中人的行为,从而始终引导着制度的发展并塑造着人类文化每一种多变的特性。物质需要对社会生活的控制是通过人们对物质上的(经济的)利弊的思考、通过对更有利的物质生活手段的选择而发挥作用的。当唯物主义观被达尔文主义的累积式因果关系这个标准所替代,其结果首先就是这个首要原则本身降格为一种思想习惯,引导着那些由于遗传倾向、职业、传统、教育、气候、食物供给等方面的生活环境而需要依赖这种观点的理论家。但在达尔文主义的标准下,物质需要是否以及在多大程度上控制着人类行为和文化发展这个问题,变成了这些物质需要在塑造人的思想习惯——即他们的理想和志向,他们对真、善、美的感觉——时起到多大作用的问题。人类文化的这些特性以及建立在上面的制度结构是否以及在多大程度上是物质(经济)需要的结果这个问题,变成了在导致习惯的形成的环境复合体中哪些需

---

① 这里对比的是马克思自己的马克思主义与现代科学的范围和方法;因此,不是在已经充满了后达尔文主义观念的那些现代马克思主义者与非马克思主义的科学家之间进行比较。即使是恩格斯在后来对马克思主义的阐述中,也受到了后达尔文主义科学观念的强烈影响,非常天真地用达尔文主义来解读黑格尔和马克思(参见他的《费尔巴哈》英译本,尤其是第 93~98 页)。也见收录于《社会主义学者》(Sozialistische Akademiker,1859)一书中恩格斯的通信里,对唯物主义观所作的严肃但却几乎没有什么一致性的限定。

② 当马克思理论结构的元素更换为现代科学的术语时,这个理论结构也就瓦解了,这一事实本身就足以证明,它的缔造者并不是把这些结构建立在现代科学习惯使用的元素之上的。马克思既非无知的、愚蠢的,也不是虚伪的,他的著作必须从、而且要根据能使他的结论充分地可靠和令人信服的观点和元素来解释。

要以及在多大程度上的需要是属于经济需要的问题。这已不再是物质需要是否应该合理地引导人类行为的问题,而变成了这样的问题:作为一种本原的因果关系,它们是否确实导致了经济学解释的假定中的人的这种思想习惯,经济需要在塑造人类的思想习惯中是否归根到底是惟一直接或者间接产生效果的因素。

伯恩斯坦(Bernstein)和其他"修正主义者",显然一直尝试在自己的某些理论中寻求与上一段所概述的阐述方式类似的东西,①处境同样不妙的考茨基(Kautsky)一直在对他们提出他们无法理解的建议和警告。② 有更多聪明才智和进取心的这一类理想主义者——

---

① 参见《社会主义的前提和社会民主党的任务》(*Voraussetzungen des Sozialismus*),尤其是(批评性的)前两章。伯恩斯坦对马克思和恩格斯的虔诚态度,以及他关于科学的范围和方法多少有些过时的观念,使他的讨论具有一种比他的真实意图与正统马克思主义更为一致的调子。他后来对这种一致和调和的基本态度的表达表现得更为强烈而不是相反(见《社会主义和科学》(*Socialism and Science*),包括为法文版特别写的序)。对于马克思和恩格斯而言,作为出发点和指导标准的黑格尔辩证法,对于伯恩斯坦来说却是科学社会主义必须要避免的一个错误。比如,他说道(《前提》第4章末尾):"马克思和恩格斯的伟大成就不是在黑格尔辩证法的帮助下取得的,而是尽管存在黑格尔辩证法的误导,但还是取得了伟大的成就"。

"修正主义者"数量众多,而且他们明确的是作为老正统马克思主义派的反对者发展起来的。他们之间在细节问题上绝非一致,但由于他们努力解释(和修正)马克思主义,使其与当代的科学观点相一致而属于一个派别。也许说各种观点更贴切,因为修正主义者的努力并非是要将公认的各种看法变成一种单一的观点。修正主义运动主要有两个方向:(1)比如伯恩斯坦、康拉德·施密特(Conrad Schmidt)、杜冈-巴拉诺夫斯基(Tugan-Baranowski)、拉布里奥拉(Labriola)和菲利(Ferri),他们的目标是使马克思主义与现代科学观点,尤其是达尔文主义的观点并驾齐驱;(2)那些以回到浪漫哲学为目标的人。后一类人中最好、最强大的是新康德学派,体现了回归理论的浪漫标准的精神,这种精神构成了德国帝国主义的教养所培育的反动运动的哲学方面(见查阅 K. 弗兰德尔(K. Vorländer),《社会主义中的新康德主义运动》(*Die neukantische Bewegung in Sozialismus*))。

如果不是没有被正式算做社会主义者的话,桑巴特在使马克思主义现代化,以及现代化地应用唯物主义观方面是一个典型的修正主义者。

② 参见《新时代》上的文章,特别是与伯恩斯坦的争论期间发表的文章,以及《伯恩斯坦与社会民主党纲领》(*Bernstein und das Sozialdemokratische*)。

在他们中间,知识上的进取精神并不是一个特别明显的特征——一直在努力表达这样的观点,即环境的力量可能会通过其他方法而不是通过对有利机会的计算来影响人类的精神生活,因而可能会产生独立于,而且可能是与这种计算背道而驰的习惯性理想和志向。①

我们再谈一谈阶级斗争学说。在马克思的辩证进化方式中,受物质需要约束的发展,必须通过阶级斗争的方法来推进。这种阶级斗争被认为是不可避免的,而且在每一个革命时期都必然使人类的生产更有效地调整以适应人类的需要,因为当社会的大部分成员发现当前的经济安排不能为自己带来好处的时候,他们就会思考,并联合起来迫使一种更公平、对他们更为有利的重新调整。只要普遍存在经济地位的差别,在那些处于较有利地位的人与那些处于较为不利的地位的人之间就会产生利益的差别。由各自的经济利益所决定,社会成员就会分裂为不同的阶级。阶级将在阶级利益的基础上团结起来,如此划分的两个对立阶级之间的一种斗争将会发生——按照这里的逻辑,这种斗争只有在先前处于不利地位的阶级取得统治地位后才会停止——因此,阶级斗争必然会一直进行下去,直到不再存在它所依赖的经济利益的差异性。所有这些在逻辑上是一致性、令人信服的,但它是以理性的行为、对利弊的权衡为基础,而不是以因果关系为基础。这种阶级斗争无论何时何地都会不间断地趋向于社会主义的完美状态,而且无论什么样的障碍或者偏差会妨碍这种发展序列,最终都会实现这个完美状态。这就是体现在马克思体

---

① "理想主义的"社会主义者在德国以外的国家更为明显。可以不夸张地说,他们在法国处于支配地位,而且是美国社会主义运动中的一个非常强大的、直言不讳的构成者。他们通常情况下既不讲科学的语言,也不讲哲学的语言,但是,就可从现代科学观点来分析的他们的论点而言,他们似乎转向了上面说过的那种类型。同时,这一零散而不断变化的集团的发言人代表的是一种不能归入马克思主义、达尔文主义或者其他任何理论体系的多样的观念和愿望。它们逐渐演变为神学和各种教义。

系中的观念。但历史所反映的情况并非如此。并不是所有的国家或者文明都已不间断地向着那个所有经济利益都已消亡或者都将消亡的社会主义完美状态发展。那些已经衰落和失败的国家或者文明,以及几乎人皆所知的那些已经消亡的国家或者文明表明,尽管经由阶级斗争的发展是合理的、合乎逻辑的,但绝非必然的。按照达尔文主义的标准,人的理性很大程度上是受到逻辑的、智力的力量以外的因素控制的;通过公众的或者阶级的看法得出的结论,更多的时候是一种情绪而不是逻辑上的推论;驱使人们的这种个人的或者集体的情绪更多时候是习惯和天生倾向的结果,而并非对物质利益计算的结果。经过推论断言比如工人阶级的阶级利益会使他们形成一种反对有产阶级的立场,这在达尔文的事物状态中是没有根据的。也很有可能工人阶级所受的那些服从于雇主的训导,反而让他们认识到现存这个使他们处于屈从地位、财富分配不公平的体制是公平的、优越的。又如,今天没有人能说清楚,目前欧洲和美国的局势将会有什么样的结果。也许工人阶级将沿着社会主义这条理想的道路前进,建立一种新体制,在其中不存在经济上的阶级差别,没有国际仇恨,没有王朝政治。但同样有可能发生的是,德国、英国或者美国的工人阶级和其他集团将在忠于君主这种习惯的引导下,在他们的好斗本能的引导下,狂热地投入到王朝政治的竞赛中去。在达尔文主义的背景下,根本不可能预言"无产阶级"接下来是否会发动社会主义革命,或者是相反,将他们的力量沉入到爱国精神的汪洋大海中去。这是一个习惯和天生倾向的问题,是一个无产阶级受到的以及将会受到的刺激的程度的问题,结果可能并不具有逻辑一致性,而是对刺激的反应。

因此,自从达尔文的观念开始支配马克思主义者的思考以后,他们自己对不可抑制的阶级斗争的必然性及其结果的惟一性不时产生了怀疑。他们越来越一致地不赞成任何诸如激烈的阶级斗争、通过暴力夺取权力之类的主张。因为给人的感觉是，诉诸武力带来的结果就是强制性控制，以及随之而来的特权、统治权和屈从的所有工具。①

因而，自从达尔文主义的观念逐渐流行起来以后，坚持原生马克思主义的浪漫基础的马克思的无产阶级不断贫困的学说，也就是所谓的"贫困化理论"（Verelendungstheorie），即使不是声名扫地的话，也是暂时被束之高阁了。作为一个合乎逻辑的过程，只需要在物质利益的启发下，这样的状况会不断持续下去：贫困在程度和数量上的不断增加是现存所有权体制的结果，同时会导致一个明智的、团结一致的工人阶级运动，它将用一个对大多数人更有利的体制替代现行的体制。但是只要以达尔文主义的因果关系为基础，根据习惯和对刺激的反应来分析这个问题，不断贫困必然导致社会主义革命的学说就是有疑问的、非常站不住脚的。经验，历史的经验告诉我们，可怜的贫困往往伴随着堕落和可怜的屈服。这种不断贫困理论完全适合于黑格尔的三段论辩证法。它代表着将来要合并到合题中去的反题；但对于基于因果关系的论述，它不具有特殊的效力。②

当达尔文的观念开始取代马克思的理论据以建立的浪漫元素时，马克思的价值理论及其推论和从中得到的其他学说的发展的境

---

① 在德国所有修正主义者的文献中，阶级斗争学说都有一种明显的弱化的特征，这种特征在德国社会民主党的纲领中同样有所表现。在德国以外的国家，对这种原则学说的坚持正在更为坚决地弱化。那些带有强烈的渴望，但几乎不带有理论上的先入之见的机会主义政治家们正在发展壮大。

② 参见伯恩斯坦对布隆胡贝尔（Brunhuber），《论社会民主党》（*Die heutige Sozialdemokratie*）一书（同样也可以参考这本书）的回应著作《社会民主党的理论与实践》（*Die heutige Sozialdemokratie in Theorie und Praxis*）；葛德雪，《贫困化或改良理论》；也见桑巴特《社会主义和社会运动》，第5版，第86～89页。

遇并没有得到多少改善。它的基础是耗费在物品生产上的人类劳动量,与这些被视为人类产物的物品数量在形而上学意义上的相等。这种相等不具有因果关系上的意义,与达尔文的任何特定生产体系或者分配体系的适当性问题也没有什么清楚的联系。在所有进化的经济学体系中,与任何生产体系的效率和适当性有关的核心问题,必然与产品超过其生产成本的有用性问题有关。① 正是超过成本的这个有用性的余额才使任何生产体系有可能生存下来(如果生存问题是一个生产问题的话),而马克思只是间接地或者附带地思考过这个问题,没有得到任何结论。

就马克思的剥削理论而言,按照达尔文的观念,全部劳动产品归劳动者所有这样的自然权利观念并不具备存在的基础。在因果关系的基础上我们可以简单地认为,这是一个什么样的分配体系将有助于或者妨碍特定人类或者特定文明的生存的问题。②

但是,没有必要深究这些深奥的理论问题,因为,在这种运动的各种运行原则中,相对而言它们毕竟没有多少价值。马克思主义者几乎不需要去发展或者修改马克思的价值理论体系,因为它与主要问题——通向社会主义的趋势及其成功的可能性——只有一点点关系。可以想象有一种符合要求的价值理论,它一方面能妥善地处理

---

① 据此,马克思主义后来在处理剥削和积累问题时,把注意力集中在"剩余产品"而不是"剩余价值"上。通常认为,即使放弃剩余价值理论,马克思从剩余价值理论中推导出来的学说和实践中的结果也能够在完全合理的基础上保留下来。这些次要的学说可以用剩余产品理论替代剩余价值理论,以放弃正统理论为代价而保留下来,正如伯恩斯坦就是这样做的,见《社会民主党的理论与实践》第 5 节。也可见收录于《社会主义的历史和理论》(*Zur Geschichte und Theorie des Sozialismus*)中的诸多文章。

② 与"对全部劳动产品的权利"和马克思的剥削理论相联系的原则,除了用做鼓动工人阶级的情绪之外,已经不再为人所重视了。即使在鼓动工人阶级的情绪方面,它也不再像从前那样最突出和具有明显的效果了。实际上,"理想主义者"更好地保留了这个原则,他们的源泉是法国革命和英国自然权利哲学,而不是现代的马克思主义者。

超过成本的有用性余额的问题;另一方面能妥善地处理价格与有用性之间的差异问题,这种价值理论会对目前反对社会主义政权的可行性产生实质性的影响,并且也能够进一步澄清关于社会主义者和保守派之间的分歧的一些本质性的观念。但社会主义者并没有朝着这个问题努力,他们的借口是他们的批评者所建议的价值理论既不是一个问题,也不是一种解决问题的答案。迄今为止,没有哪一个价值理论家在这方面提出的理论可以被称之为好、不好或者无关紧要,在这一点上,社会主义者和其他人一样,都没有什么过错。的确,经济学在这一点上还没有表现出现代的意味,除非把当前社会主义者对价值理论的忽视看成价值理论的发展中一种消极的征兆,这表明即便他们尚不能够去采取积极的行动,但至少认识到公认的问题和答案是无用的。

当前的观点从浪漫哲学向事实的转变,与其说引发了一种公开宣称的用新的理论元素来改造或者替代旧理论,不如说影响了马克思主义者在一些理论内容上的态度。就理论阐述而言,总是有可能通过一些新的诠释以及精明地使用修辞手法来使一种新的观点为人所接受,这种情况已经发生在马克思主义中;但在马克思主义中,在理论阐述被用于实践的时候,所发生的明显的实质性变化本身就表明了一种转向现实问题的态度变化。马克思主义者不得不面对特定的实际问题,尤其是政党的策略问题,他们在理论观点中所形成的实质性的变化在此明显可见。只通过仔细研究马克思主义者在形式上宣称的东西是很难看到马克思主义所发生改变的严重性的。但正在变化的形势的要求,引起了公认的学说的重新调整,社会主义的教条主义者们在哲学观点和前提上所允许的变化也已经很明显了。

发生在19世纪中叶到19世纪末,包含在文化运动中的这种变化是强烈而重大的,至少从今天的观点来看是这样,并且可以肯定地说,无论从什么样的历史视角来看,在某些方面,这些变化肯定永远是空前的。就我们现在的主题而言,有三个主要方面的变化集中在马克思主义的学说体系上,并导致了它在今天的修正和发展。其中一个方面——发生在知识前提上,发生在理论的形而上学基础上的变化——我们已经谈到过了,我们也从普遍特征上阐述过了它与社会主义理论发展的关系。但在约束这个体系发展的那些环境中,最明显的是自马克思的时代以来,他的学说就已经逐渐成为政治运动的纲领,从而面临着在实践中应对新的、变化中的局势的那些政党政治的压力。同时,这些学说应用于其中的生产(经济)局势——也是对它的理论阐述——在很多重要方面的特征与马克思最初阐明他的观点时相比也发生了改变。这些各种各样影响着马克思主义的发展的文化变迁不能够被割裂开来,分别地评价其作用。它们是密不可分的,它们在这个体系中所产生的影响也是不可割裂开来的。

在政治实践中,社会民主党不得不思考劳工运动、农业人口、帝国主义政策这些问题。在每个方面,预想的马克思主义的纲领都与现实的发展存在冲突,而且在每个方面都必然要机敏地应对,让原理适应于现实问题。对环境的适应并非完全具有妥协的性质,尽管妥协和调和随处可见。一个调和的党的政策当然会让党的原则在形式和风格上发生适应性的变化,而不会严重影响到这些原则本身的实质;但是如果理论观点的变化为一种实质性的变化留有余地的话,对调和政策的需要可能会引起对待实践问题的态度发生这种实质性的变化。

除了纯粹策略上的权宜之计之外,过去30年的经验已经使德国的马克思主义者从一种新的角度来看待劳工状况,而且促使他们赋予公认的学说阐述一种不同的含义。事实并非直接有助于马克思主义体系的发展,但马克思主义表现出了与这些事实相一致的一种新的含义。就像我们在《资本论》和早期的理论文献中看到的那样,没有受到劳工问题干扰的马克思的经济学中并没有工会运动的位置,也没有运用到工会运动中去,或者说,实际上是没有任何工人阶级类似的非政治组织的位置,因此,社会民主党早期领导人的态度也是敌视这种运动的——这一点实际上与古典政治经济学忠实的追随者差不多。① 那是现代工业时代还没有降临德国之前的事,从而是德国的社会主义教条主义者通过实际经验了解到工业发展将会带来何种结果之前的事。这也是在制度发展的逻辑顺序方面,现代科学的前提开始瓦解新黑格尔主义的先入之见之前的事。

和其他任何地方一样,德国资本主义体系的发展不久就带来了工会主义;也就是说,它带来了工人的一种有组织的尝试,通过交易的方法去应对资本主义生产和分配的问题,通过一种非政治的、商业一样的议价体系去解决工人阶级的就业和生计问题。但是,所有社会主义者的渴望和努力的重要内容都是废除所有的交易和议价,据此,社会民主党并不同情工会,并不同情他们与资本家达成交易关系的努力,以及使工人在这样的体制下改善生活状况的努力。但是工会运动的发展成为了当时形势下如此重要的一个特征,以至于社会主义者发现他们必须去应付工会,因为他们已无法应付成为工会会员的工人。社会民主党人,从而马克思主义理论家不得不去应对包含了工会运动的一种局势,这个运动有日益改善工人生活条件的趋

---

① 当然,众所周知的是,即使在共产国际的会刊和声明中也反复对工会赞誉有加,哥达纲领和爱尔弗特纲领都是赞同劳工组织的,而且提出了进一步设计工会活动的要求。但同样众所周知的是,这些表示在很大程度上都是敷衍了事的,其背后的真正动机是社会主义者在政治上希望安抚工联主义者,利用工会进行宣传。早期同情工联主义者的表达,其原因是为了一个隐藏的目的。稍后,到了 90 年代,社会主义领导人对工会的态度发生了变化。

势。因此,有必要解决工会如何能够以及必然会推动社会主义这个问题;有必要将工会如何应当归入导向社会主义的经济发展过程这个理论结合到学说体系中去,并使工联主义者寻求改善工人状况的努力,与社会民主党的目标相调和。工会不仅通过非社会主义的方法寻求改善工人的状况,而且显然作为工会努力的结果,工人阶级的生活水平在某些方面正在改善。工人在工联主义的政策中那种议价的基本态度,以及工人阶级状况改善的可能性必须要结合到社会主义的纲领中去,必须要结合到马克思主义的经济发展理论中去。因此,马克思主义的不断贫困和退化理论就被淡化了,很大一部分马克思主义者就像葛德雪在《贫困化或改良理论》中表明的那样,已经开始从一种辩护的视角来看待整个工人阶级的穷困化问题。现在,工人阶级状况的改善是社会主义事业前进的一个必要条件,工联主义者在改善工人状况方面的努力,必然会进一步作为通向社会主义完美状态的一种手段,正统马克思主义者坚持这样的观点并不是什么罕见的事情了。人们认识到,社会主义革命的开展所依靠的不是在穷困的压力下奄奄一息的工人阶级,而是要依靠在改善了的生活条件下逐渐积蓄了力量的精力旺盛的工人。革命不是通过令人绝望的贫困所发挥的杠杆作用来完成的,工人阶级状况的每一点改善都被视为革命力量的积蓄。这是典型的达尔文主义,而不属于新黑格尔主义的马克思主义。

也许马克思主义的教条主义者最为惨痛的经历,与农业人口问题有关。众所周知,广阔的乡村的民众对社会主义并没有好感。无论是宣传还是经济状况的变化,都没有赢得农民对社会主义革命的同情。同样众所周知的是,大规模生产并没有以上一代马克思主义的教条主义者所期望的那种程度侵入农业领域或者剥夺小业主。马克思的理论体系认为,随着现代生产和交易方法的普及,小土地所有者将沦为无产阶级,并且随着这个转化过程的继续,经过一段时间以后,农业人口的阶级利益会使他们同其他工人一起肩并肩地投身于社会主义运动。① 但在这一点上,迄今为止的事实还没有同马克思主义的理论相吻合。社会民主党人转变农民使其信仰社会主义的努力实际上也没有效果。因此,政治领导人和马克思主义学说的维护者开始缓慢地、不情愿地从一个新的角度来理解农民的状况,用新的措辞来阐述马克思的理论中与农民命运有关的内容。他们不再坚持认为小土地所有者必定被大土地所有者吞并,然后在社会主义革命成功后大土地所有者被国家没收,或者直接被国家没收。相反,他们现在逐渐认为,土地所有者的财产不会受到这种剧烈变革的干扰。这种剧烈变革针对的是资本主义企业,而农业并非十足的"资本主义"产业。它是一个生产体系,在其中生产者通常只获得他自己的劳动产品。他们认为,在当前的市场和信用关系体制下,农业小生产者所获得的事实上要少于他自己付出的劳动,因为他必须同资本主义商业企业打交道,而它们总是可以占他的便宜。所以,已成为社会主义者关于农民的一部分公开学说的观点认为,社会主义运动的一贯目标是保障农民无忧无虑地享受他的财产,并免除债权人对他的令人烦恼的勒索,使他从现在必然要卷入其中的毁灭性的商业交易中解脱出来。因此,按照这种求助于达尔文的进化观而不是黑格尔的三段论辩证法而得到的、与马克思先前的预言相反的修改后的准则,人们不再认为农业生产必须要经受资本主义的磨炼;并且希望修改后的准则有可能唤起这些顽固的保守分子对革命事业的兴趣,谋取他们的同情。官方社会主义者在农业问题上立场的变化只是在最近才发生的,并且很不彻底,不知道这种转变作为党的一种策略的要

---

① 参见《资本论》,第1卷,第13章,第10节。

求,或者社会主义经济发展理论的一个方面能取得多大的成功。所有对党的政策以及与政策有关的理论的讨论都围绕着这个问题展开;几乎所有的社会主义权威代表经过一段时间以后都改变了关于这个问题的观点。

卡尔·马克思的社会主义典型地倾向于和平方式,而不是强权政府和好战的政治。它是或者至少曾经是极力反对国家间的妒忌和爱国情绪滋生的仇恨的学说,它的立场是反对军备、战争和王权的膨胀。在普法战争期间,马克思主义的官方组织共产国际竟然力促双方士兵拒绝战斗而拥护和平。在战斗已经使两个国家热血沸腾的情况下,这种拥护和平的方式使得共产国际遭到法国人和德国人的憎恨。战争激发了爱国精神,而社会主义者被视为不够爱国而遭到谴责。战争结束后,德国社会主义工人党以同样的方式触怒了德国人的爱国情绪,产生了同样严重的后果。自从德意志帝国建立以来,也是在社会民主党成立以来,社会主义者及其学说有过更多类似经历,而且规模更大,持续时间更长。政府已经逐渐巩固了它在国内的独裁地位,增加了它的战争机器,扩大了它在国际政治中的要求,直到上一代人认为荒谬而不可能的事情现在为德国民众所服从,而且这不只是一种宽厚的善意,而且是一种狂热。在这个时期一部分曾经坚持社会主义信念的人也逐渐表现出更多的爱国心和对帝王的忠诚,而且社会主义信念的领袖和维护者的沙文主义也同其他德国人一起增加。但社会主义者在这方面绝不能与普遍的狂热运动齐头并进。他们并没有达到煽动保守的德国爱国者的那种不考虑后果的忠诚的程度,尽管可以肯定地说今天的社会民主党人就像前一代保守的德国人一样是虔诚而轻率的爱国者。在德国政治生活的整个新纪元期间,所有社会主义者都被谴责为对国家抱负不忠诚,将其国际志向置于帝国的抱负之上。

对这些谴责,社会主义的代表人物一直在辩解。他们断然反对任何大规模的军事设施,而且越来越带有辩解性地继续反对军事组织和好战政策任何"不适当"的扩张。但是随着时间的推移以及对战争政治和军事准则的适应,侵略主义的影响逐渐在社会主义民主党人中弥漫,现在已经达到了这种不耐烦听实话的狂热忠诚的程度。那些代表人物现在关心的是要表明,尽管他们与过去的立场一致,现在仍然坚持国际共产主义立场,但国家的要求是第一位的,国际联合在其次。从19世纪70年代以来,在德国社会主义者的信念中国家理想和国际理想的相对重要性就已经颠倒了。① 领导人忙于解释他们原先的说法。他们让自己热衷于在爱国主义和侵略主义之间作出朦胧模糊的区别。社会民主党人渐渐地变成了首先是德国爱国者,其次才是社会主义者,逐渐可以认为他们是一个有所保留地维护现存秩序的政党。他们不再是一个革命的政党,而是一个改革的政党,尽管他们要求的改革措施大大超出了霍亨索伦王室(Hohenzollern)所能容忍的限度。他们现在与英国自由主义的思想之间的联系,如果不能说超过他们与革命的马克思主义之间的联系的话,程度也不相上下。

由生产体系和政治局势的变化引起的物质上的要求和策略上的要求,已经使社会主义者的立场发生了深远的适应性变化。就特定的某个方面来说,这种变化在任何一点上可能都不是非常大,但作为一个整体,这种变化导致的社会主义者立场的改变却完全是实质性的。变化的过程当然还没有完成——不管它是否会完成——但已经很明显的是,所发生的这种变化不会是特定某些方面的信念在数量

---

① 参见考茨基,《爱尔弗特纲领》(*Erfurter Programm*),第5章,第13节;伯恩斯坦,《社会主义的前提和社会民主党的任务》,第4章,第5节。

和程度上的变化——就像当前的社会主义思想倾向那样的变化。

过去几年德国社会主义者存在的派系差别表明,他们观点的转变还没有得出一个结论,即使是一个临时性的结论。甚至要去猜测这种转变将以什么样的方式完成都是很危险的。惟一明显的是,过去的观点,也就是新黑格尔主义的马克思主义的观点是不可能被恢复的了——这是一种被遗忘了的观点。近来摇摆不定的情绪,至少是在受过教育的人中的情绪,似乎是朝向国民社会(National Socials)和瑙曼先生的帝国(Rev. Mr. Naumann)①;也就是说,帝国主义的自由主义。要是今天在德国人的思想习惯的塑造中发挥主要作用的那些政治、社会和经济环境一直不变,而且一直是主要的决定因素,那么,德国的社会主义会逐渐变成一种有些缺乏特点的帝国主义民主政治,这一点不会令人吃惊。帝国的政策在一定程度上打败了革命的社会主义,不是通过镇压,而是通过使所有阶级屈服的帝国主义思维方式的训导。其他国家正在进行的一个类似的洗脑过程将在多大程度上,或者有多大的可能性压倒社会主义运动,这是一个模糊的问题,德国的直观教学也没有提供确定的答案。

---

① 作者这里指的应该是德国政治家、政治教育事业的创始人弗里德里希·瑙曼(Friedrich Naumann,1860~1919)提出的建立社会平等和民主的帝国的设想。瑙曼于1896年建立了"国民社会协会"。——译者

突变理论与白种人[①]

与孟德尔(Mendel)这个名字相联系的人种因突变而得以发展的这种理论,当它们直接应用于人的时候,必定会大大改变当前讨论的人种起源、迁移、扩散、年表、文化来源和发展等诸多问题的面貌。在某些方面,这些新理论将使现在的人类文化学问题简单化,甚至可以不再需要过去那些似乎关系重大的许多分析和思考。

已经广泛应用于人类学中的孟德尔理论的主要前提——类型稳定性(stability of type)——在分析人种和人类的起源与扩散时已被普遍视为一种自明之理。通过这个假定,人种学家才能够识别在不同时间或地点的任何一个特定人种的血统,从而能够追踪任何特定人类的人种类同(affinities)。尽管有时人种的特定身体特性——比如身高、头颅指数、头发和眼睛的颜色——并非固定不变,但大体上说,人种的这些以及其他标准标志仍然被当做辨别人种的可靠基础。[②] 事实上,如果没有这一类假定,任何人种学考察都必定会退化为纯粹的空想。

但是,在接受这种本质上是孟德尔式的类型稳定性前提的同时,

[①] 原文载《人种发展杂志》(*The Journal of Race Development*),第3卷,第4期。经许可重印。(blond race 一词本来专指"金发碧眼的白种(男)人",但凡勃伦在这里是将其用于泛指欧洲白种人,因而我们将其直接译为"白种人"。——译者)

[②] 参见 W. 李奇微(W. Ridgeway)的"动物学法则在人类中的应用"(The Application of Zoological Laws to Man),载《英国科学进步学会报告》(*Report, British Association for Advancement of Science*),都柏林,1908年。

人种学家也习惯地接受了与此相矛盾的达尔文主义的学说,即人种类型大体上以一种进步的形式不能自制地发生变化,这种变化是在达尔文主义关于微小而不稳定(非典型)的变化的适者生存规则下,通过难以察觉的积累变化,以及用同样的方法形成新的物种形式而发生的。这两种不一致的前提使人种起源的讨论只要涉及这两个相互交叉的前提,就处于一种不定、杂乱的状态。

如果假定或者承认人种类型是稳定的,自然的结果就是这些类型或者人种的出现不是由于不稳定的非特定特性的积累性习得,而一定是由于突变或者某些类似的方法而起源,那么这种观点就像进入其他生物科学那样,必然会进入人类学。这种观点一旦进入人类学,广泛地修正人种问题就是不可避免的了,从而在对各种人种和文化的突变关系的思考中就会发现明显的分歧。

在这些需要修正的问题中,就包括白种人或者欧洲人种的起源和人种学问题。人们在这个一般主题上已经集中了太多的注意力,甚至是投入了太多的情感。其中包含的问题各式各样,许多问题还处于激烈的争论中,没有最终的结论。

当然,突变理论只是与生物学起源的事实直接相关,但按照这些理论来评论这些事实的时候将会发现,必然要考虑文化起源和文化关系问题。特别是对白种人的起源和分布的考察与雅利安语言和制度问题的关系极为密切,如果不密切关注后面这些问题的话,这种考察得出的结果将是不完整的。因此,为了便于分析,我们对欧洲白种人的出现和早期命运的考察将在两个截然不同而又密切相关的标题下进行:白种人的起源,以及雅利安文化的来历。

(1)一方面,有人认为只有一个白种人人种、类型或者血统(基尼(Keane)、拉波日(Lapouge)、塞尔吉(Sergi)持此观点);另一方面又有人认为有若干个这样的人种或者类型,多少有些区别,但大致有一定的血缘关系(丹尼格尔(Deniker)、贝铎(Beddoe)和其他人种学家,尤其是英国的人种学家持这种观点)。(2)并没有大量证据表明白种人具有悠久的历史,并且有迹象(尽管并非结论性的)表明,包括所有白种人在内的白人血统出现的时间都相对较晚,除非用一种前所未有的明确态度将北非的柏柏尔人(Berber,即卡比尔人(Kabyle))当做白种人。(3)也没有令人信服的证据表明白人血统来自欧洲之外——同样除了不确定的卡比尔人之外——或者有任何白种人广泛而永久地分布于现在的欧洲居留地之外。(4)没有发现纯种的白种人。就血统而言,所有表现出白种人特性的人都不是纯种,大量白种人的身体特性都表现出混血的特征。(5)没有任何社会,无论大小,是纯粹由白种人构成的,或者几乎是由白种人构成的,也没有明显的迹象表明这种完全由白种人构成,或者几乎完全由白种人构成的社会曾经存在于历史上或者史前时代。这个种族从来都不是与世隔绝的。(6)白种人发生了若干种(也许是混血)变异,除非(像丹尼格尔那样)把这些变异当做各种不同的种族。(7)如果把长头白种人(dolicho-blond)看做这个人种的原始类型的话,与它最为接近的人种是地中海人(塞尔吉的看法),至少从身体特性上看是这样。同时,白种人,至少是长头白种人,自从新石器时代以来,从来没有普遍而永久地和地中海人生活在一起过。(8)除了不确定的卡比尔人之外,白人血统的各个(民族的)分支,或者更准确地说各种由白种人加入的种族混合,其民族语言都是雅利安语("印欧语系"、"印度日耳曼语系")。(9)绝大多数人,以及使用雅利安语的各种(民族的和语言的)人主要都不是白种人,或者甚至不是与白种人有明显混血的人。(10)白种人,或者有明显的白种混血的人,尤其是长头白种人占优势的社会,很少或者没有表现出特有的雅利安制度,这里不是按众所周知的古代日耳曼人的制度来理解这个词,而是按语言学家根据原始的雅利安语反映出来的那种制度。(11)这些分析产生了这样的假定,即白种人最初并不使用雅利安语或者属于雅利安文化,这些分析也表明(12)在外观上与长头白种人最为接近的地中海人最初同样也不是雅利安人。

因此,就本文的目的而言,接受突变理论,而且暂时把任何雅利安人的问题搁在一边,也许可以得出以下一种考察结果,尽管这种结果显得非常唐突、粗糙而且概要,但对于一种仅仅是实验性的、临时性的分析来说,应该是可以接受的。也许可以认为,长头白种人是地中海人在欧洲大陆上永久定居一段时间后,作为这一人种的突变异种而起源的(在生物测定体系上,二者非常相似)。① 有人认为(塞尔吉和基尼)无论其更远的起源地在哪里,地中海人是从非洲来到欧洲的。② 当然,使长头白种人得以形成的突变也并非不可能发生在原群离开非洲之前,或者发生在连接西西里与非洲的陆地被淹没之前,但是这种观点的可能性似乎不大。就原群发生这种突变的条件来看,非洲生境不如欧洲生境,而在欧洲,第四纪早期不如冰川纪末期。

无论是按照达尔文的方式还是按照孟德尔的方式来思考物种起源,产生类型变异的原因都非常不明确,而且突变理论迄今为止也没有为这个问题提供多少见解。然而孟德尔关于除非突变会形成一种新的类型,否则类型将保持稳定状态的这一前提,至少假定这样一种突变只会在异常环境下才会发生,即完全不同于这种类型最适应的那种环境,从而使其遭受某种程度上的生理重负。可以假定只要生活条件不发生与以往不同的实质性的变化,突变就不会发生。这是

---

① 参见塞尔吉,《地中海人种》(*The Mediterranean Race*),第11、13章。
② 塞尔吉,*Arii e Italici*;基尼,《过去和现在的人类》(*Man Past and Present*),第12章。

一个明显包含在这种理论中的假定,也是为数不多的观察到的突变实验例证,比如德弗里斯(De Vries)所进行的那些实验所表明的结果。

剧烈的气候变化,比如那种直接或者间接地通过对食物供应的影响而大大改变生活条件的气候变化,可能引起了人种的突变;或许也可能是深刻的文化变迁而引起这种变化,尤其是将从根本上影响物质生活条件的任何生产技术水平的变化。这些大体上是推测的观点认为,长头白种人的突变只可能在以下这种条件才会出现,即原群面临异常的生活条件,这可能会(像德弗里斯认为的那样)趋向于使原群处于一种特别不稳定的(突变)状态;同时,这些异常的生活条件也肯定具备有利于这种特殊人种的生存和繁衍的一种特殊性质。比如众所周知,长头白种人所能够忍受的气候类型是极其有限的。现在,对于后面这种情况大家并不清楚是否属实,而且事实上也没有理由去假定地中海人在进入欧洲之前就处于这种气候变化或者文化变化之中,以至于在原群中引起一种突变状态,同时一种特别不能忍受气候变化的长头白种人的突变异种,几乎不可能在第四纪末期的北非那样的条件下生存下来。但所需要的条件在后来的欧洲、在地中海人安全地来到这个大陆定居后却是存在的。

整个事情也许可以认为是按照下面的方式进行的。地中海人被认为是在第四纪大规模地进入欧洲的,这时第四纪已经临近结束,尤其可能是在后一个温和的间冰期进入欧洲。这个人种因而带来了新石器文化,但并没有带来具有新石器时代后期典型特征的家畜(或庄稼?),这个人种至少与更古老的、旧石器时代残余的人口相遇。这些更为早期的古欧洲人由若干人种构成,其中几种人种仍作为不明显的、次要的元素而存在于后来的欧洲人口中。当然并不可能(也许是永远都不可能)精确、可信地确定地中海人种进入欧洲的这一(地质)

时期。但存在一种可能性,即它与更为严重的冰河时期之后发生的大冰原的后退是一致的,这发生在位于直布罗陀、西西里,也许还有克里特的连接欧洲和非洲的陆地被淹没之前。地中海海盆到底是在第四纪的什么时候最终被淹没的,这仍然是一个猜测的问题;考古证据表明,地中海人种进入欧洲似乎发生在第四纪晚期,这一考古证据最后可能有助于确定欧洲与非洲分离的地质时期。

地中海人种似乎很快就遍布于欧洲可居住的地方,不久就大量繁衍,成为新石器时代的主要人种;这表明在地中海人进入欧洲的时候,并没有多少更古老的人口在欧洲大陆居住;这种观点意味着在旧石器时代末期,相当多的(马格德林期的(Magdalenian))人口在很大程度上被与地中海人的进入同时发生或者刚刚发生于此之前的气候变化所毁灭或者驱逐。马格德林文化众所周知的特征是与爱斯基摩人非常相似的一种技术、一种状况,或许是一种人种;①这种观点认为马格德林人种或者文化衰落之前的气候状况是一种温和的间冰期,而不是冰河时代。

根据爱斯基摩人的情况进行类推,在这个紧靠最后一个大冰河期的温和的(也许是亚热带的)间冰期,马格德林人种可能发现欧洲在气候上不再适合自己的生存;相反,地中海人却发现了一个非常有利的永久居留地,因为这个人种一直以来都最适应温暖的气候。新石器时代早期(地中海人所处的时期)在北方的广泛定居点,以及马格德林文化在欧洲大陆的彻底消失都表明,与最后一个间冰期以来,尤其是高纬度地方的任何时代相比,欧洲的气候条件更有利于前者的生存,而较不利于后者的生存。这似乎表明整个欧洲,即使是波罗

---

① 参见 W. J. 索拉斯(W. J. Sollas),"旧石器时代的人种及其现代代表"(Palaeolithic Races and their Modern Representatives),载《科学进步》(*Science Progress*),第 4 卷,1909~1910 年。

的海海岸和北极海岸,整个间冰期的气候都完全不可能适合马格德林人种生存,从而导致这个人种的灭绝或者最终被驱逐;因为在后来,当适宜马格德林人种的气候条件重新在北极海岸出现的时候,本该由马格德林人种占据一席之地的地方却被另一种文化取代了,那就是无论在人种还是在技术上都与马格德林人毫无关系的芬兰人(拉普人(Lapp)),尽管两者在文化水平上非常相似,面对的物质环境也非常相似。这个为马格德林人带来灭顶之灾的温和的间隔期对地中海人来说却是非常有利的。

但是不久又回到了冰河时代,尽管与下一个冰河期相比不那么严重;大致与欧洲温和的间冰期末在同一时期,连接欧洲与非洲的陆地也因为淹没而被切断了,同时也切断了往南的退路。在随之而来的寒冷时期,高加索山脉(Cucasus)、厄尔布尔士山脉(Elburz)和亚美尼亚(Armenian)高地上的冰河期在多大程度上阻隔了欧洲与亚洲的联系,现在显然是不能确定的,尽管可以假定向东方的出路至少在冰河期完全被隔断了。因此,留给人类,主要是地中海人的栖居地就只有中欧和南欧,加上一些岛屿,主要是西西里岛和克里特岛这些仅存的原先连接欧洲和非洲的地方。广阔的南方大陆,尤其是那几个岛屿,仍然为地中海人及其文化的发展提供了有利的地域。因此,伟大的克里特(爱琴海)文化的早期阶段大概就处于这个时期,在这个时期,北欧最后一次被冰雪所覆盖。但是中欧乃至南欧留给地中海人的大部分陆地仍然处于冰河期或者次冰河期的气候条件下。对这个原本来自温暖气候地区的人种来说,欧洲大陆的状况是非常异常而难受的,尤其是到处是冰雪覆盖的土地,他们在那里暴露于这个人种从来不容易忍受的寒冷和潮湿之中。

这里概述的这种情形将提供一种产生生理重负的条件,以至于可能使该人种处于一种特别的不稳定状态,从而引起了一个突变的阶段。同时，气候和技术的这种状况特别有利于被赋予了所有特殊的才能和局限性的长头白种人的生存和繁衍；因此，任何表明该人种特性的突变异种都将有一个尤其有利的生存机会。事实上，在现有证据下，这一类人是否能够在先于最后一个冰河期的第四纪的任何时期在欧洲生存下来，这是有疑问的。此前的最后一个间冰期，整个欧洲大陆似乎都是温暖的(也许是亚热带的)，这最终使马格德林人及其文化灭绝了，气候变暖被断言非常明显地使得欧洲对于马格德林人——在人种和文化上假设他们与爱斯基摩人都很相似——来说绝对是无法生存的，但气候的这种变化很可能也达到了长头白种人所能忍受的极限。毫无疑问，后一人种不像前一人种那样无法忍受温暖的气候，但与和他有关的两种主要的欧洲人种中的任何一种相比，长头白种人在对气候的忍耐上毕竟与爱斯基摩人更为接近一些。显然，没有哪个与爱斯基摩人、马格德林人或者现在生活于北极海岸边的人种在气候方面有着相似忍耐力的人种能够在最后一个间冰期生存下来；如果认为长头白种人经受住了这一时期的严酷气候考验，得以生存下来的话，似乎也只不过是其中很少的一部分人。因此，使长头白种人得以产生的突变假定发生在欧洲的最后一次冰河期，也有可能发生在最后一次冰河期的最高峰，这种突变发生在冰河与海岸共同产生影响的地方，赋予了这一人种区别于其他人种的优势。

当然，长头白种人的突变可能只是在某一单个人身上发生了一次，但是根据德弗里斯的实验，更有可能的是这种突变是在同样的大致的时期、同样的大致的地点，在若干个人身上以同样的特定形式重复发生的。事实上，极有可能若干种典型的明显突变大致在同一个时期、在相同的地方重复地发生，产生若干种新的类型，其中一些类型，包括长头白种人将会存活下来。这些突变类型中的很多类型，大概是大部分类型会因为无法适应这种非常有利于长头白种人生存的冰河期的海岸条件而消失；而在同样的变异时期出现的适应更具大陆特征的气候条件、更为适应较不潮湿、更高的纬度、季节变化更为明显的大陆生境的其他那些突变异种也有可能在离海岸更远的内陆地方得以存活下来，尤其是在长头白种人的生境以东的地区。后一种突变可能产生了若干白种人，就像丹尼格尔①和某些英国人种学家所说的那样。

同一个时期的突变也很可能产生了一种或者多种浅黑肤色的白种人，其中一些可能存活下来。但如果任何新的浅黑肤色白种人是出现在这里所说的这么晚的时期的话，那么，这一事实迄今为止都没有被注意到，也没有任何猜测——除非将丹尼格尔所说的那些浅黑肤色白种人当做截然不同的人种，并且有着这样一种起源。浅黑肤色白种人的证据还没有遇到这样的问题。这些人种没有像长头白种人那样引起激烈的争论，对他们的关注相对来说是很少的。对白种人的起源和史前史方面的关注是独特的，而且也很容易就能对这一问题单独进行这种考察。所有类型的人种学家始终极为关注长头白种人的证据，以对这一人种作出更令人信服的概括。

在任何情况下，发生突变的个体的数量，无论是一个类型还是多个特殊类型，与原群的数量相比是很少的，即便其绝对数量很大，而那些其后代对欧洲人产生了永久性影响的幸存者的数量则更少了。结果是，这些存活下来的突变体与原群并非隔离的，从而不能孤立地繁殖，而必须与原群交叉繁殖，因此只能产生混血的后代。因此，从一开始，白种突变体在其中繁衍的共同体就是由白种人和浅黑肤色白种人的混合体构成的，而且浅黑肤色的白种人占了多数。此外，这

---

① "人类的人种"；以及"欧洲人口的六个种族构成"（Les six races composant la population de l'Europe），载《人类学学会杂志》（*Journal Anth. Inst.*），1906年。

种情况也是极有可能的，即除了占优势的地中海人之外，这个共同体中从一开始也有一种或者多种人口较少的浅黑肤色白种人存在，而且至少是在冰河期一结束之后，新的圆头浅黑肤色白种人（阿尔卑斯人（Alpine））就出现了；因此很可能长头白种人很早就持续与不止一种浅黑肤色白种人杂交，因此他们从一开始就是复杂的、混合的人种。结果，就血统来说，根据这种观点，自从推测的最初突变发生以来，就不会有，也不曾有过一种纯种的长头白种人。但孟德尔的杂交规则却认为以下情况是可以预料的：即随着时间的推移，以及在根据气候的选择性育种中，个体（可能是相当数量的个体）会时不时表现出纯粹的、未受衰减的类型特征，而且在遗传方面表现得相当纯种。事实上，这种纯种的或者倾向于成为纯种的个体在有利于纯种的条件下可能会频繁地出现。在最有利于长头白种人繁衍的生境——在波罗的海边和北海边的部分地区，生活条件的选择以一种粗略而不确定的方式对白种人占优势的群落的建立产生了影响。然而，就这些建立在最有利于纯长头白种人选择性繁衍之地的群落而言，还不能贸然声称有哪个群落中任何特定地点的混合人口的半数以上是白种人。

由于这种长头白种人处于由多种人种构成的混血混合体这样一个民族群落中，与欧洲人中与他有联系的其他白种人相比，目前可能无法确定其典型的起源；但某些特定的总则明确地强化了以下观点：（1）这种类型显示，它与已知的更为古老、分布更广的人类（地中海人）是如此普遍相似，从而表明它是这个种族的突变产生的后代，而不是起源于任何两个或者更多的已知类型的杂交。但这一观点并不适用于其他的白种人类型，这些类型被解释为已知类型的混血。他们有着混合的外表，或者说有着现存人类的两种或者更多类型之间的生物测量上的折中外表。然而，用这样一种任何已知的人种类型之间的混合或者折中来解释长头白种人却是不可行的。(2)长头白种人在某种程度上作为其他白种人的中心而出现,这使其他白种人显得似乎是通过杂交而进入了不完全适合这种典型白种人的地区。而对于其他欧洲人类型或者人种则不能这样说。最为似是而非的例外是丹尼格尔所说的东欧人或者东方人种,也就是贝铎所说的撒克逊人,这一人种与其他白种人有一定类似的空间联系。但这种圆头白种人并没有屈服于那种限制了长头白种人的同样严峻的气候局限;它在长头白种人生活的沿海地区,以及在那些海拔条件和温和气候不适合长头白种人永久居住的大陆条件下,都明显地表现出了同样的生存能力。古老的以及传统上公认的白种人在欧洲扩散的中心是南波罗的海、北海沿岸,以及斯堪的纳维亚半岛狭长水域沿岸。如果把这一广阔的中心扩散区域缩小到一个特定的点的话,关于特别适合白种人的这个狭窄地区到底在哪里的普遍一致看法,很可能将马上集中在狭长的斯堪的纳维亚水域。这在历史上以及史前时代似乎都是对的。同时,一般认为这个区域就是长头白种人的故乡,而不是其他白种人的故乡。(3)众所周知但却很少讨论的对白种人的气候限制尤其适用于长头白种人,而且只在较小的程度上适用于其他白种人。长头白种人受到严格的地域限制,其他白种人受到的这种限制较少。因此,其他白种人分布更广,他们分布的区域常常更遥远,而且在气候上与长头白种人的故乡也不一样,使他们看起来好像是这一中心的、典型的白种人通过杂交向故乡以外的地区的扩散和延续。长头白种人的这种选择性定位的一个更进一步的、同样典型的特征是,尽管这个人种并没有成功地永久走出南波罗的海和北海沿岸区域,但却不存在类似的选择性障碍妨碍其他人种进入这个区域。尽管长头白种人在他们的故乡可能比其他竞争性血统或人种更为成功,但若干其他类型的人也成功地留在了这个地区,而且显然成功地与长头白种人一起占据了这个地区。

基尼和其他人种学家已经谈到了卡比尔人与长头白种人在物种一致性上的密切关系。但这两个人种在对气候的忍耐上的巨大差异却使这种一致性的可能性为零。卡比尔人最适合生存和繁衍的地方,并且一直以来永久性定居的地方是远离海洋的高而干燥的地区,是一种大陆生境而不是海滨生境。从所有证据来看,长头白种人只有在高纬度低海拔的潮湿而寒冷的沿海地区才能长期生存下去。没有证据表明这个种族曾经离开他在北方海滨的故乡,进入像卡比尔人的居住地那样的地区,并存活了数代。如果说这一人种来自毛里塔尼亚,那个地方较近或者更为遥远的过去的那种条件显然不适合他们生存,因而这在生物学上似乎是不可能的。迄今为止,当长头白种人迁入这样的或者类似的居住地的时候,它并没有适应新的气候条件,而是很快就从地面上消失了。事实上,在毛里塔尼亚地域内曾经做过这种实验。如果卡比尔白种人与这些欧洲人有联系的话,它很可能有一种独立的起源,源自地中海人早期的一次突变,这也是长头白种人的来源。

欧洲的人种问题由于或多或少固定不变,以及或多或少局部化的混血类型的流行而变得非常的含糊。现存的欧洲人是两种或者多种人种的混血。尽管不太为人所关注,但进一步的事实是非常明显的,那就是这些多种混血的人口随着时间的流逝产生了大量不同的民族和地方性人种,他们彼此截然不同,而且已经获得了一定程度的永久性,从而可以去模仿种族特征,并且在面相和气质上表现出显著的民族特征和地方特征。推测起来,体格和气质上的这些民族特性和地方特性是混血的,它们已经选择性地培养了这些典型形式以适应每一个特定的地方人种所需要的特定环境和文化,而且它们已经受到这种地方性的相同条件的约束,通过选择性的混血物质的培养而(临时地)固定下来,除非地方性特征具有习惯的性质,因而其本身就被归为一种制度因素而不是人种特征。

显然,在孟德尔的杂交法则下,任何混血人口中有利的或者可行的变异范围一定非常大——要远远大于任何纯种种族环境下波动的(非典型的)变异范围。从这个杂交法则中也可以得到,由于对偶基因特征或者特征群体共同的排他性,有可能选择性地获得杂交种的一种完全的"纯血统",它结合了来自两个或者更多原群中各个原群的特征,这样一种合成的纯血统可能会在任何这样的混血人口中产生一种临时的固定性。① 在有利于一个类型赋予任何特定的杂交组合从而产生特定的混血类型(合成的纯血统)的环境下,它可能会在人种混合中发生作用,在其中它被当做一个实际的人种类型而在类似的环境下活动;从而,比如在这种混血人口连续的杂交中,会累积性地趋向于繁殖这种临时的稳定的混血类型,而不是繁殖以任何根本上构成这种混血人口的原群表现出来的实际人种类型,除非当地的条件有利于这个或者其他根本人种类型。同样明显的是,这种可能来自两个或多个原群杂交混合的临时稳定的合成纯血统的数量必定非常可观——事实上是无限的;所以,据此推断,就应该有可能产生任何数量的临时稳定的民族或地方性的体格和气质类型,这种数量只会受到明显可以区分的当地环境或情况的数量的限制,这些当地的环境和情况可能会各自选择性地表现并且建立一种具有地方特色的合成纯正血统;它们各自适应于自身所处的生境和文化环境的选择性迫切需要,并且各自都像一种真正的种族类型那样去适应这些迫切需要——只要这种临时稳定的合成纯正血统不与来自其原群之一的任何种群的纯种个人进行杂交,这里所说的纯种是指赋予混

---

① 家畜的各种纯种或者"人种"就是明证。

血类型其典型特征的对偶基因特征。

当混血类型重新同它的原群中的任何一个种群进行杂交时,可以预计这种混血类型就会瓦解;但像人类这样缓慢繁衍而且单位特征如此众多(估计有 4000 种)的物种,就很难靠经验来决定两种血统——混血还是原群——到底是哪一种在后代中有效地表明它的人种类型;也就是说,很难确定这两种(或者多种)血统中的哪一种证明是按照孟德尔式的突变产生的根本稳定类型,哪一种是由于杂交而形成的临时稳定的合成纯血统。因此,这方面的考察显然只能满足于来自不同生活条件下现存的混血类型变化的行为的那种可能性的讨论。

这种对长头白种人之外的欧洲白种人的行为的一般性考察,尤其是他们在不同的气候条件下的生存能力的考察,显然倾向于得出这样的观点,即他们是混血人种,具有临时稳定的合成纯血统的性质。

因此,根据已经讨论过的证据,大致可以认为长头白种人是在假设的突变阶段发生的各种突变在现在惟一存在的人种;其他现存的白种人以及某些浅黑肤色的白种人是与地中海人原群杂交或者与其他浅黑肤色白种人(迟早都与这个人种有联系)杂交的长头白种人后代的派生人种;各种混血人种随着时间的推移选择性地成为了临时稳定的类型(合成的纯血统),按照孟德尔法则,这种稳定性只有在它们重新与原群中的任何一个种群再次进行杂交时才会被打破。①

以上所有这些讨论可能并非全都令人信服,但至少表明,如果要为任何一种白种人类型或者血统寻根的话,那么,他们最有可能是起

---

① 比如 R. B. 比恩(R. B. Bean)先生对丹尼格尔的"六个人种"的讨论表明,除了长头白种人之外,欧洲的六个人种中就包括了白种人;尽管这不是比恩先生得到的结论。见《菲律宾科学杂志》(*Philippine Journal of Science*),1909 年 9 月。

源于长头白种人,而其他白种人也许只能被看做是长头白种人与欧洲的其他浅黑肤色白种人杂交的结果。

白种人与雅利安文化①

我在先前的一篇文章里指出,②白种人或者白种人的不同类型(按推测是长头白种人)是在欧洲最后一个大冰河期从地中海人的突变中产生的。这将使得这个人种出现在与欧洲新石器时代的开始大致相同的时间;据推测的证据表明,欧洲新石器时代的技术大致是与地中海人来到欧洲同一时间出现的,而产生了白种人的突变是在地中海人在欧洲定居以后才发生的。既然这一白种人的突变异种在它当时所处的环境下得以幸存,那么根据推测,这一人种就应该能够依靠自身的天赋让自己适应欧洲整个新石器时代早期阶段的当地生产条件和气候条件;也就是说,这个人种会选择性地去适应新石器时代早期典型的技术状况,然而却没有驯养家畜(以及种植?),而家畜和农作物是这种文化当时的重要特征。

从最后一次大冰河期开始,在上述技术条件下,包含了明显而逐渐增加的混血白种人在内的这一部分欧洲人就被认为已经遍布欧洲,尤其是在低地潮湿而寒冷的冰缘地带,当欧洲的气候普遍开始呈现出现在这种温暖而干燥的特征时,这部分人就随着冰原向北方后退。由于白种人,尤其是长头白种人受到气候的严格限制,随着冰原及其边缘寒冷而潮湿的气候的后退,他们不久就会由于选择性淘汰

---

① 原文载《密苏里大学公报》(*The University of Missouri Bulletin*),科学系列,第2卷,第3期。经许可重印。
② "突变理论与白种人",载《人种发展杂志》,1913年4月。

而在这个地区的人种中消失。适合白种人的突变异种(及其白种混血人种)繁衍的寒冷而潮湿的地带会向北方移动,由于冰河条件不复存在,这种源于冰河条件的地带的范围会一直往北回缩至海边。因此,当欧洲的冰原最终消失的时候,白种人及其典型的混血人种就几乎被限制在了历史时代上表明其永久范围的区域内。无疑,这种限制范围随着气候变化而发生了些许变动;但大体上说,这种限制范围表现出异常的永久性和严格性。

在长头白种人逐渐占据了欧洲北部沿海这一有限的居住地进入丹麦年表中的"旧石器时代"之后,早期的家畜显然已经从亚洲传入了欧洲;但对于早期的主要农作物来说,类似的说法却不太能成立,因为农作物从亚洲引入欧洲的时间似乎要早于家畜。它们首次出现在丹麦的"贝丘"①时期晚期这一证据似乎至少表明了这个时间。事实上,定居在斯堪的纳维亚狭长的海边,而不是欧洲其他地区的白种混血人种群落的物质文化中所有的这些必需元素,似乎都是从土耳其斯坦(Turkestan)传过来的。至少对于整个家畜群体来说,这一点是成立的,因为其早期的引进中可能存在的一些例外情况并不重要。一些早期的农作物也很有可能来自现在的美索不达米亚或者波斯地区,也可能确实更早就传到了西欧,这与本文的论点并不矛盾。如果,欧洲马在旧石器时代就已被驯化(至少这种可能性似乎非常大),那么,在旧石器时代末之前,技术上的收获可能就已经缺失了;也许是随着欧洲马的绝种而发生了这种损失。

这些技术装备的新元素、农作物和家畜,极大地影响了欧洲新石器文化的特征;这里指的显然是长头白种人或者白种混血人居住的

---

① 贝丘(kitchen middens):指古代在沿海或湖滨地区居住的人类所遗留的文化遗物如贝壳、陶器等的堆积物。——译者

地方。在共同体的物质生活方面,它们将直接或者间接地改变整个方法,带来新的谋生方式;在非物质方面,它们的影响同样重要,因为由它们所引进的新方法以及新的生活方式将产生某些适应于混合耕作体系的新的制度特征。不论这些新文化元素是通过何种方式被引进:无论是通过在群体之间不知不觉地扩散而和平地传播,还是由那些在欧洲泛滥,将其文化体系连同新的谋生手段强加给欧洲人的新侵入的人口通过高压手段而带来,它们都将在一定时间以后才会逐渐遍布欧洲大地,并且只可能在相当长一段时间以后才会传入位于欧洲大陆的遥远偏僻角落上的白种混血社会。但要注意,某些作物和家畜毕竟是在相对较早的新石器时代就已经首次在斯堪的纳维亚地区出现了。

农作物种植似乎比家畜驯养更早,也许是由地中海人在第四纪晚期首次进入欧洲的时候带来的。有了耕作就必然有一种定居的生活方式。因此,伴随着家畜的首次引进,家畜就被引入了生活在固定居所的人们的农业体系。他们很大一部分生活所需来自耕地,但也有一部分来自海洋和森林中的狩猎,那时,森林覆盖着大部分欧洲土地。这就是家畜首次引入了欧洲——尤其是北欧沿海地区时存在的情况。

在这些家畜的原产地——西亚和中亚的广阔地区,甚至在这些地区的丘陵地带,那些以牛羊为生的民族普遍都有游牧的生活习惯,因为为了寻找牧群所需的草料,他们必须不断地随季节变换而迁移。因此,除了在冈峦起伏的丘陵地带,这些人习惯使用活动的住所,住在帐篷而不是固定的定居点里。这种大规模饲养牛羊群的游牧生活方式也产生了特定的制度安排。但当家畜被引入欧洲的时候,总的来说它们并没有替代农耕生活而产生上述这样一种专门养牛羊的游牧生活方式,而是形成了一种混合农业体系,即把耕作与定居的或者半定居的畜牧业结合在一起。这种情况在北方沿海地区尤其明显，在那里，没有证据表明农耕曾经被游牧生产所取代。事实上，欧洲这些地区小块而不平坦的地形从来都不允许存在像广阔的亚洲地区那样的畜牧业。一种受到一定限制的例外情况或许存在于东南欧尽头的大平原和多瑙河流域；也许定居形式的放牧在史前的爱尔兰和南欧与中欧多山的地区要先于农耕而出现。

耕作和放牧的引进意味着欧洲石器时代技术的革命性变化，这种技术革命不可避免地将引起共同体某些制度的剧烈变化；发生变化的制度主要是控制经济生活细节的制度，但家庭关系和社会成员关系也发生了次要的变化。当这种变化通过新的物质要素的引入而发生时，就应该假定，已经同原先共同体中的这些物质要素结合在一起了的那一类制度，将极大地影响新形势下随之发生的制度的发展，即便环境不允许这些外来的制度产生与它们在原来的文化中同样范围和作用的影响。即使环境不允许完全采纳外来的制度体系，还是可以看到某些同化作用，在技术入侵的领域中，与入侵的技术原先相结合的制度在那些新技术得以有效确立下来的地区会更多地保留原来的特征，或者受到的限制更小，在条件允许它们保留其原先的生活方式的地方更是如此。

带来这些新的物质和非物质文化元素的人之前就已经形成了游牧的生活方式，然后将这一生活方式带到了中亚平原和丘陵的广阔牧区，这在雅利安语中有确凿的证据，并且对这个地区的最新考察也证明了这一点。这些新近的考察表明，土耳其斯坦的中西部可能是传入欧洲的动物驯化和集散的中心（如果不能将此地也视为农作物种植和集散的中心的话）。这些传播新技术和新文化的人到底是什么人种，他们到底把什么带到了欧洲，对于这些问题，人们都只能推断和猜测。曾经一度被视为理所当然的现成推论是，这些来自亚洲丘陵地带的游牧移民是有着突出的白种人体形的"雅利安人"、"印欧人"、"印度日耳曼人"。但我们在本文前面的部分,以及上一篇文章里所作的阐述几乎可以排除这些移民是白种人,或者更确切地说是长头白种人的可能性。当然,按照基恩的观点(如果认真看待他对这一问题的推论的话),可以想象,来自毛里塔尼亚的所谓白种人的一支有可能经由土耳其斯坦取道黎凡特(Levant)①来到欧洲,他们可能在那里养成了游牧生活的习惯,学会了雅利安语言和制度,从而可能不久就把这些文化因素带到了欧洲,将其强加给欧洲的白种人和浅黑肤色的白种人。但这种尽管没有多少价值,却也曾被承认的猜测后来被完全否定了,至少在现在被庞佩利(Pumpelly)最近在土耳其斯坦的考察所否定了。由于气候的原因,任何白种人要在中亚平原和丘陵地带长期居住、养成游牧生活习惯、学会雅利安语言和制度,都是根本不可能的,而且可以完全肯定的是,长头白种人在这样的气候和地形条件下不可能生存那么长时间。

　　作为第四纪末期的一种突变类型而出现的长头白种人同样不可能在欧洲创造了雅利安语和文化,因为既没有考古证据,气候和地形方面的事实也不支持这样的假定,即有一种当地的游牧文化曾经在欧洲盛行,接近于这种结果所需要的条件。尽管考察几乎可以确定在土耳其斯坦驯养动物(也许还种植作物)的人种就是地中海人,但带来新(雅利安)文化的人是地中海人这种可能性也微乎其微。在这一问题上有发言权的人认为,地中海人最初是含米特人(Hamitic)而不是雅利安人,此外,已知的(推测的)地中海人在土耳其斯坦的阿瑙(Anau)的史前定居点,显然是有着典型的和平的定居生活方式的人

---

　　① 黎凡特包括地中海东部诸国及岛屿,即包括叙利亚、黎巴嫩在内的自希腊至埃及的地区。——译者

的定居点。这些定居点的居民当然可能不久就学会了雅利安语言和制度中反映出来的游牧和掠夺的习惯,但在阿瑙地区没有发现这种证据,在与这里的内容有关的整个时期,在这个地方发现的都是和平的、定居的居住地。阿瑙定居点的居民几乎不可能有这样一种文化创新,包括采用一种外来的语言,除非是在侵入者的征服的压力下;这种征服就必然涉及对阿瑙人和平的社会的征服,让它的居民沦为奴隶,或者成为他们主人的掠夺机构中的奴隶阶级。因此,阿瑙的地中海人在游牧—掠夺(雅利安)文化进入西方的过程中只是作为一个附属的人种因素参与到一个主要由另一人种构成的游牧群落中来。

这就带来了另一种可能性,那就是一个此前没有形成定居生活习惯的亚洲人种,从定居的、和平的阿瑙社会,或者从类似的当地村庄,或者土耳其斯坦西部的村庄得到了驯化的动物,然后在(适度)长期的游牧经历中也形成了一般伴随着大规模的游牧生活的掠夺的习惯和制度。他们获得的这种文化特征是如此的详细而成熟,这在原始的雅利安(或者更恰当地说,原雅利安)语中有所表现,包括了一种多少有些发达的父系体制;因此,他们不久就会变成有些像后来的鞑靼人那样的好战游牧部落,然后作为一个自给自足的迁徙群体向西方行进,并且将外来的雅利安语连同新的物质文化一起带到了欧洲。同时,几乎不可避免的是,在这一过程中,这个迁移的群体带着相当多的奴隶来到了西方,这些奴隶主要是他们俘虏的地中海人中和平的农耕居民,正是这些人最初向他们提供了家畜。

伴随着新的技术元素以及它们相应带来的风俗习惯的变化,也会形成新的语言,用来描述新的生活方式,用来表达在新的方式中养成的思想习惯。这种来自异域的游牧(原雅利安)语言与游牧(家长制的、掠夺的)规则和习俗在某种程度上将会与产生它们的技术方式有密切的联系,而且可以预计,它们会在游牧生活的这些物质事实开始在欧洲人中流传开的同时,以同样的程度影响欧洲的各种社会。在这些物质的和非物质的文化元素在欧洲社会扩散的过程中,语言,其次是游牧生活习惯所培养的家庭和社会成员的习惯和观念,当然可能会与他们的物质和技术基础相分离,从而可能会被更偏远地方的民族所采用,这些民族从来没有获得过任何这些游牧民的物质文化,而正是这些游牧民的生活方式曾经产生了雅利安文明的非物质特征。

也许需要更为详细地阐述一下某些继续支持这一漫长的推测的历史考察:(1)雅利安文明是属于游牧类型的,包含了一个大规模的游牧组织所具有的制度、习惯和先入之见。那些称职的语言学家将此作为原始雅利安语言的证据。这种文明实质上是父系统治下的一种奴隶组织,或者说得更好听一点,是一种好战的、掠夺的组织;这些不同的词汇从不同的角度描述了同样的事实。其特征是有一个明确的产权体系,对妇女和儿童的支配比较明显,有一个强烈地倾向于一神论的专横的宗教体系。在比如分布于中西亚大陆地区广阔的大平原和丘陵地带的那种游牧文化必然属于这种形式,因为这些地区需要一种警惕的、机动的攻防准备,从而需要军人的风纪。自由制度的实质内容——不顺从与一种繁荣的游牧生活方式是矛盾的。当这种放牧牛羊的游牧文化达到其成熟而牢固的程度时,它就会变成一种掠夺性的文化,进而成为一种奴隶文化,特别是在中亚广阔的平原地形条件下,再加上对马的使用,情况尤其如此(北极海岸边的驯鹿游牧民也许是一个例外,至少在一定程度上是这样,但他们是一个特例,允许特殊的解释,他们的情况并不影响关于雅利安文化的论点)。在这样一种文化中,典型的、普遍的人际关系是主仆关系,其社会(家庭的和社会成员的)结构是一种等级化的奴役组织,除了最高统治者

(即使是名义上的)之外,没有人是自己的主人。家庭是父系家长制的,妇女和儿童受到严格的监护,决断权只属于男性。当群体变大的时候,其成员制度同样具有强制的特征,一般表现为一种严厉的部落组织,最后在战争经验的帮助下,它不可避免地总会变成一种专制的君主政体。

认为比如以异教徒时代斯堪的纳维亚人的地方自治习俗为代表的日耳曼异教的流行制度属于典型的雅利安制度,这并不是一种不同寻常的观点,但这是由于沙文主义偏见引导下不加批评的一般化而产生的名称误用。这些古代北欧的习俗显然与原始的雅利安语所反映出来的那种文化是格格不入的,如果我们接受语言学人种学家的一致看法——即使用原始雅利安语的人肯定属于居住在大陆地区的平原和丘陵地带的社会的话。这些语言学人种学家中的很多人也认为,这些雅利安人属于北欧异教徒白种人,这可能会产生一个关于观点前后一致性的个人问题,但这一问题并不涉及当前的论点。

(2)在欧洲的人种学中有史以来最重要的一个人种(林奈体系(Linnean scheme)中阿尔卑斯山圆头浅黑肤色的阿尔宾白种人(homo alpinus))大体上是在这个时期从亚洲来到了欧洲;人们认为这个人种即便没有统治,也很快遍布了整个中欧,在那里,它在历史上无疑是处于支配地位的人种。

(3)上述游牧制度在欧洲的以下地区显然得到了最好的发展:在这些地区大量存在着圆头浅黑肤色的白种人,即便他们并不是统治性的人种。这里的证据可能并不确凿,但包括部落组织和异教徒组织在内的父系家长制类型的制度在欧洲的分布至少在这方面表现出了明显的迹象。在假定来自雅利安人的这些文化元素的分布,与过去或当时圆头浅黑肤色白种人的分布之间,有一种大致的伴随关系。我们知道的这种制度系列在早期时代流行的区域大体上说也就是我们所知道的阿尔卑斯人种占支配地位的区域，比如古希腊和古罗马共和国。

与此同时，一个氏族组织似乎也随着地中海人种而出现了，也许应该可以把它归到地中海人种的制度系统内，因为它在阿尔卑斯人出现之前就存在了；但关于这个问题后来的考察和思考似乎支持这样的观点：就像现存的很多较低级野蛮文化表现出来的那样，这个地中海人的氏族体制具有母系氏族的特征，而不具有游牧民族典型的父系制度的特征。根据现有的证据，北方的白种人社会并没有部落或者氏族制度，无论是母系制度还是父系制度。古希腊和古罗马社会最初表现出的是地中海人种，而且地中海人种作为人口中最多的人种已经成为其广泛的基础，但在阿尔卑斯人的部落和氏族制度开始成为重要因素的时代，这个人种在这些社会里也是主要人种。

除了这些地中海边的社区之外，凯尔特人文化也拥有比欧洲大部分地区更为发达的部落和氏族体制以及父系制家庭。人种学家目前认为，讲凯尔特语的人种最早属于白种人，尽管就这一观点意见并不统一——有人认为是高个的也许是红头发的浅黑肤色白种人，贝铎认为是"撒克逊人"，丹尼格尔认为是"东方人"。但也许最好把这种白种人类型当做长头白种人与阿尔卑斯圆头浅黑肤色白种人的混血。已知的史前史和早期凯尔特文化的特征加强了关于其起源的这种观点。这种文化在某些方面明显区别于长头白种人社会，与比如意大利北部和中部早期历史上的社会中那些浅黑肤色白种人的文化有更多的类似之处。如果接受后来流行的那种观点，认为凯尔特人属于初期铁器时代的拉替里（La Tène）文化，那么这种隶属关系将大大增加这种可能性，即可以把这种文化看做一种受到阿尔卑斯人种强烈影响的文化（如果不是支配的话）。初期铁器时代文化存在于多瑙河流域及其上游支流流域，这正是猜测的阿尔卑斯人向西迁移的路径；它的人类遗迹有一种混合的特征，表现出与圆头浅黑肤色白种人极强的一种混合；它证明了由于欧洲邻近地区的外部影响而带来的文化上的收获。因此，凯尔特文化在历史上和史前沿着白种人和浅黑肤色白种人相遇与混合的那个地带广泛地跨越了中欧地区；在原始雅利安语中反映出来的掠夺—游牧文化的某些特征比北方的临近文化区域表现出有了更为自由的发展，保存得更好；同时凯尔特文化中的人类与其他白种混血人类相比，表现出与圆头浅黑肤色白种人更为紧密的隶属关系和混合关系。

另一方面，斯堪的纳维亚水域狭长岸边、远离阿尔卑斯文化中心的长头白种人混血社会，很少表现出游牧人类特有的制度。北方的这些长头白种混血人出现较晚，但比欧洲其他更古老的野蛮人有保存更为完好、记录更为充分的异教崇拜。后来崇拜异教的日耳曼—斯堪的纳维亚文化提供了最完善的（如果不是惟一的话）古代长头白种人制度的例证；需要注意的是，在这些人中间，父系制度并未处于强势，且不明确——妇女并非处于永久的监护之中；男性家长没有专制的决断力，更不用说会受到质疑了；孩子一旦进入成年期，就不再听命于父母；祖传的财物并非家族的负债，而且遗产分割也很容易，等等。无论在早期还是晚期，都没有明显的迹象表明这些人中间存在部落或者氏族体制，除了后来的冰岛人这一特例之外，他们都未曾有过完整的或者主要的游牧习惯；事实上，直到新石器时代的某个时候，他们才驯养了动物。这里惟一的不同意见来自拉丁语作者，主要是恺撒（Caesar）和塔西佗（Tacitus），他们的证据与事实无疑是不相符的，既得不到间接证据的支持，也得不到后来的以及更可信的记录的支持。在谈到日耳曼游牧民族中存在"部落"的时候，这些拉丁语作者完全是根据罗马的情况来分析日耳曼的事实，这与后来的西班牙作者根据中世纪封建主义的情况来分析墨西哥和秘鲁的事实非常相似——这让历史学家一直都感到困惑不解;反之,在详述日耳曼社会的游牧习惯的时候,他们完全依靠的是从以下渠道获得的资料:来自不断迁徙并从事有组织的掠夺活动的人群,或者来自后来临时定居的、据推测是源于凯尔特人的人口中得到的资料,或者来自其他外来血统并居住在广阔的中欧大陆、远离长头白种人的永久习惯的人那里得到的资料。他们在论述早期日耳曼人中存在部落体制的时候随心所欲地使用各种假定,并且极尽独创之能事,但除了这些经典作者高深的论证之外,并没有任何证据。在这种文化中最接近部落或者氏族组织的是在早期日耳曼法律和习俗中存在的"家族"(kin);但这种家族远非氏族或者宗族,在离开白种人扩散的斯堪的纳维亚这个中心,可以发现家族组织发挥着更大的作用,而且更加延长了白种人曾经表现出来的好战的风纪。在白种人最为明显的地方,所有这些雅利安制度都是最微弱或者最为欠缺的。

如果把早期欧洲当做一个整体,那么在欧洲人中,原始雅利安语中反映出来的制度特征,以及同样由这种语言所证实的游牧生活,相对来说都很微弱、不明了,或者根本就不存在,这表明欧洲从来没有被完全地雅利安化。制度的这种雅利安化在地理上和人种上的特殊分布进一步表明,与欧洲其他任何一个与之齐名的地区相比,斯堪的纳维亚地区的长头白种人文化受雅利安人入侵的影响相对较小。通过梵语和其他早期亚洲语言资料反映出来的在物质、家庭、社会成员和宗教方面的原始雅利安文化,可能与早期欧洲的发现是不同的。这些亚洲的文史记录是我们惟一能依靠的考察雅利安文化特征的权威资料,这些记录表明,它更类似于早期的希伯来(Hebrews)文化或者游牧的突雷尼(Turanians)文化,而不是早期的欧洲文化,与已知的早期长头白种混血人社会的文化就更不相同了。

(4)尽管不甚确凿,但仍可以从雅利安化的欧洲人的宗教制度中得到同样有启发性的证据。就像在任何掠夺文明中都可以看到的游牧文化的典型特征那样,雅利安宗教体系被认为强烈地偏向一种专制君主的形式,偏向一种分等级的多神论,它以专制的一神论为最高等级。在早期欧洲几乎看不到所有这些现象。我们知道的与此最为接近的是后来希腊的奥林匹亚众神,以宙斯作为一个不确定的宗主——后来通过考察得知,这是对早期一种具有截然不同特征的异教崇拜进行了等级划分而来的体系。凯尔特(德鲁伊特教(Druidical))体系虽然鲜为人知,但也许可以通过有限的证据而得出这样的合理推测,即这种体系比人们更熟悉的欧洲异教崇拜更具有掠夺性和君主专制特性。就像后期斯堪的纳维亚人——这是广为人知的——表明的那样,日耳曼异教崇拜是一种不严格的多神论,它几乎不会把任何强制性的权力赋予最高的神,并且其"崇拜者"反正也不太将这种崇拜当回事——如果毫无保留地接受斯诺里(Snorri)这种独特的解释的话。根据欧洲的宗教崇拜得到的证据除了把整个联系松散的、支系众多的欧洲异教崇拜排除在任何可以恰当地称为雅利安人的范围之外,并没能得出其他任何决定性的结论。尽管所有可得到的证据都来自曾经长期浸淫于雅利安化之中的欧洲人的宗教崇拜。因此也许可以认为,正如欧洲的宗教崇拜所证明的那样、向着专制的一神论发展的那种神话和仪式的系统化,可以追溯到雅利安文化或者雅利安化的入侵者的侵入,这一点在奥林匹亚的例子中表现得明白无误。

(5)据所知,早期欧洲的语言几乎完全属于雅利安语族,对于这里所谈论的观点,这似乎是一个不可逾越的障碍。但即使改变原来的假定而将雅利安语的发源者归于长头白种人或者任何白种人,也不会减少这些困难。事实上,这种假设还会增加困难,因为早期说雅利安语的人,同后来说雅利安语的人一样,大体上一直都属于由浅黑肤色人种构成的社会，并没有迹象表明这种社会存在白种混血，更不能说是一种完全由白种人构成的社会了（无论早期还是晚期，任何地方都没有证据表明存在一种完全由白种人构成的民族）。

据所知，早期欧洲的情况并没有为一种外来语言的扩散设置异常的障碍。欧洲曾经发生了一些大规模的人口迁移，或者说大规模的、历时很长的社会迁移，比如初期铁器时代的拉替里—凯尔特文化在发展壮大中基本上向西移动，通过从它最初在多瑙河上游流域的居住地向外的转移以及分出其他的支系而扩散。这种长期的发展、分支和进步中，铁器时代初期的拉替里—凯尔特文化一方面一直与地中海沿岸和爱琴海沿岸的居民保持着广泛的贸易关系，另一方面也延伸到了北海沿岸。新的语言很可能是通过这种贸易关系——无疑主要是通过巡商进行的贸易——在欧洲野蛮人中扩散开来；一个并不牵强的推论是，这种语言至少是在北方作为一种贸易行话而传播开来。所有这些都符合现在类似环境下的情况。这样一种新语言之所以能得以传播的优势实质上无非就是相对粗陋的语法和发音——就像今天的英语被以切努克（Chinook）行话、混杂英语和洋泾浜英语的形式传播一样。这些特点（在其他方面可能是缺点）便于这种语言成为一种粗俗但却实用的贸易行话。行话和货币的情况是一样的：劣币（更简单的语言）会驱逐良币（更精细、更复杂的语言）。一种特定语言成为贸易行话中的主要元素所需要的第二个，也许是主要的优势是，这种语言是进行贸易的人的母语，这种行话的是为了这些人的便利而发明的。贸易者接触讲各种各样的语言的人，进行各种各样的商品的贸易，他们在物物交换中会使用自己的商品名称，从而成为行话中的词汇，行话最初不过只是一个词汇。同时，贸易者很有可能是占有更高效技术的人，因为更先进的技术一般会为他们在贸易中获得利益提供机会；因此这种新的、外来的语言作为新的或者外来的事实的名称会不受阻碍地成为流行语,进而由行话替代了本土语言。

这种行话在开始的时候只是由最普通的对象和最明显的关系的名称组成的词汇。在这种简单但实用的框架下,新的语言种类将得到发展,根据那些它所取代或者吸收的各种语言形成的材料和语言传统的类型和数量而出现多样化。

如此可以得出以下推测:雅利安语的各种形式源自贸易行话,这些贸易行话又共同源于侵入的原雅利安人语言,本土野蛮人掌握了原雅利安语(词汇)之后,它就广泛地发展出了各种当地的、人种的不同语言——除了已广为语言学家接受的事实之外,这种推测中根本没有任何实质性的新意。从已知的雅利安语的成熟结果一步一步往后追溯进行分析——这里没必要再提及这一冗长反复的过程——语言学家发现,在其起源的时候,这些方言只不过是涉及最为普通的主题和最为明显的关系的原始词汇,通过长期的习惯,这些起初被最早的使用者用来表达自己基本意思的原始词汇变成由前缀、中缀、后缀等组成的一个惊人的复杂结构,成为了目前这种在排列和发音上达到最经典状态的雅利安语。欧洲语言显然容纳了家族中亚洲成员的语言,但经过了略微的修改。这些欧洲方言与其最好的亚洲语言代表相比,大体上更不像从推测中知道的原始雅利安语;后一种语言是更接近原雅利安语言和技术扩散的中心的行话的派生物。

就早期北欧长头白种混血人社会来说,按照斯堪的纳维亚的年代,一方面波罗的海与丹麦海之间的贸易,另一方面与多瑙河流域、亚德里亚海和爱琴海之间的贸易在新石器时代和铜器时代一直在持续进行,而且贸易量很大。在这些历经几个世纪的复杂贸易过程中,伴随着圆头浅黑肤色白种人的大规模渗透,因而会发生语言的替代和发展。

托拉斯的早期实践①

根据马赫(Much)②遵循彭克(Penka)、威尔瑟(Wilser)、德拉波日(De Lapouge)、索菲斯·穆勒(Sophus Müller)、安德列亚斯·汉森(Andreas Hansen)和其他最近关于雅利安人起源理论的代表人物的主要观点得到的结论,西欧文化以及与这种文化有关的长头白种人所处的主要区域是北海和波罗的海海滨,其扩散的中心应该在波罗的海南海岸去寻找。因此,这一区域在某种意义上就是公元纪元以来改造了人类生活状况的进取文化的中心。它那种让这个人种取得相当大的物质成就的进取精神和冒险精神在历史上是没有先例的,无论从这种成就的程度还是范围来看都是如此。至今,这种进取心的最高成就在商业中处于支配地位,其最为完美的工具是被称为托拉斯的半自愿的力量联合。

从其方法和表现形式来看,印度日耳曼人种的这种进取心是随着时间的不同以及环境的改变而变化的;就其精神和目的而言,在历史进程中尽管在名称和外部环境上都有所变化,但仍然保持了一种异乎寻常的一致特征。

在早期,这种进取心基本上表现为一种通过海陆两方面进行掠夺的形式。一种并不明显违背事实的精明的解释可能会发现,后来

---

① 原文载《政治经济学杂志》,第 12 卷,1904 年 3 月。经许可重印。
② 马修斯·马赫(Matthaeus Much),《印度日耳曼人的故乡》(*Die Heimat der In-dogermanen*)。

被称为托拉斯的这种力量联合在野蛮人中被称为"部族民迁徙"。但是,这种解释似乎与本题不大相关,并不特别切题。真正的托拉斯企业的起源具有更为明显的商业特征,会留下一个更易于检验的纪录。通常所理解的一个托拉斯是一个商业组织。

北欧文化区域内本土的进取心的成长首先表现为一种有序的、有组织的固定业务形式,那就是北方著名的维京(Viking)水手们的交易。有纪录显示,在这种交易中,具有所有实质特征的一种托拉斯首先被组织起来了。"维京"这个词有些委婉地包含了两个主要事实:海盗行为和奴隶贸易。没有这两项主要业务,交易就不可能长期维持;这两项业务,尤其是后者,作为成功经营必不可少的一个条件,假定了一个有序的市场和对产出的有保证的需求。为了得到最好的结果,这种交易需要相对较大的初始投资,而且周转周期——"生产周期"——必然要持续一段时间;风险也是相当大的。此外,它也有特定的技术先决条件,尤其是在造船、航海和武器制造方面;必需积累了足够的资本品,加上一种敏锐的冒险精神;也一定要有可利用的劳动供给。自6世纪开始,南波罗的海地区似乎就同时具备了所有这些条件以及有利的市场条件;在此后的四个世纪里,这些条件显然变得越发有利了。

作为农业人口的副业,维京贸易在波罗的海沿岸、斯堪的纳维亚狭长水域以及挪威的整个海湾地区逐渐发展。其起源比任何纪录都要早,因此最早的传统将其视为一种得到充分理解、完全合法的制度。富裕的自由农,包括一些属于贵族的人似乎认为这是一种惬意的、光荣的消遣,对他们的剩余财富和劳动供给来说同样是一种有利可图的职业。这种业务从一开始的这种零星、偶尔的运作很快就发展成为一种独立地组织起来的、自立的商业企业,随着时间的推移,它产生了一种固定的业务常规和一种明确的职业道德规范。一种松散形式的辛迪加早在现存最古老的纪录之前就已经出现了,但这里所说的联合在那个时代——比如大约9世纪初——并不常见。在当时这并不是理所当然的事情。早期的联合规模相对小,也较短暂。它们采取的形式有"君子协定"、合伙经营、工作协调、地域划分等,而不是严格意义上的辛迪加。在这种早期时代,联合可能一会儿就在两个或者更多的资本家—企业家之间形成了,大部分都只使用自己的资本,不借助信用;虽然信用安排很早就已出现,但在这种贸易有纪录的早期阶段并不普遍。这样一种松散的联合,比如在大约9世纪中叶,可能由两到十几艘船构成。那时的贸易中也许可以称为标准单位的是载重30吨约80名船员的一艘船。之后一个半世纪,船和船员的规模和效率逐渐增加。

结构越发严密、逐渐具有永久效力的辛迪加在9世纪和10世纪迅速发展。这种联合的原因是明显的。贸易量持续增加,贸易范围不断扩大。贸易技术逐渐改进,设备和管理也得到了改进并变为标准形式。在任何特定时间的船只吨位当然是不能确定的;但吨位在稳定地增加,这一点是明白无误的。年复一年船只和船员的平均规模和数量都在增长,到10世纪中叶,从事贸易的船只和人员,以及投入到贸易中的资本量比当时任何其他形式的盈利企业都要大。当时,这是西欧商业管理方面组织最好的一类企业,在设备和技术方面也是效率最高、最先进的一类企业。据保守的猜测,10世纪中叶从事贸易的船只总数肯定超过了600艘,也许达到了1,000艘;船员也大大增加,到这时每艘船的船员平均为150人或者200人。因此,用现代的话来说,导致了维京贸易中的海盗船"生产过剩",投资过度,随之发生了卡脖子竞争。各种联合组织发生了激烈的冲突,许多组织衰落了,随之出现的是巨大的资本损失、富裕家庭的家道中落、整个贸易变得困难而低迷。

令这种贸易雪上加霜的另一不利条件是：三个斯堪的纳维亚王国每一个国家的国王都公开不赞成这种贸易。这一贸易曾经为厌恶农活、渴望在更广阔的人际关系和更繁忙的生活中去寻求刺激、获得尊重、衣食无忧的农民之子提供了一条好出路，他们对农业的厌恶使他们的这种愿望更为强烈。但这种盛况早已不复存在。在这种已经改变了的条件下，只有较大的资本家才能成功地组织和管理维京贸易。寻常的富裕农民既没有成功组建一个新海盗公司所必需的有形资产，也没有"商誉"。最多他们的儿子可以仅仅作为雇员而加入这种业务，能迅速提升到主管的位置的前景非常渺茫。另一方面，当贸易在更强有力的人手中组织得更为完好，有了更多设备的时候，当贸易上的竞争越发激烈的时候，贸易赖以盈利的勒索手段在数量和方式上就变得越来越过分，越来越不确定。当竞争逐渐激烈、小规模贸易者几乎消失的时候，当伴随着卡脖子竞争而出现的贸易低迷到来的时候，受到维京贸易损害的普通人的生计变得愈发不稳定，即使是他们家庭的安宁和家庭生产也越发得不到保障。民意一致开始强烈地反对整个贸易，实际上已经到了这样一个地步：如果伴随着贸易的持续低迷而出现的大范围的窘迫状况得不到减缓的话，将威胁到王国的地位和主权。

因此，政治家强烈表示要努力控制，甚至是压制维京组织。直接而不分青红皂白的压制并不是一种可行的办法，也肯定不是合适的办法。维京公司是国家力量的一个源泉，因为在万一发生战争的情况下可以作为军备力量来使用它们，并且它们也可以为国家带来资金。因此，政治家偏爱的补救办法，用现代的话来说，就是以"让外国人纳税"的方法来控制这些公司。如果可以通过严厉的控制让特定国家的海盗去掠夺邻国的话，尤其是如果他们与邻国的类似海盗公司不投机的话，对于当时有远见的政治家来说，这些公司就是福而不是祸。通过试验发现,这种控制带来的结果是很不确定的,从而当局对维京组织的压制手段就越发严厉,尤其是对那些较小的、对国家来说无足轻重的组织来说更是如此。贸易中的竞争过于激烈而使得维京组织无法避免一些过分而不遵守规则的行为,这些不遵守规则的情况迫使当局进行干预。

在这种情况下,没有任何维京联合组织有希望长期兴盛,除非它足够强大而取得一种国际地位,并保持对贸易实质性的垄断。在这种前提下,"国际"的意思是在斯堪的纳维亚国家之间。在其最为发达的时候,维京贸易几乎只是在斯堪的纳维亚国家开展。这包括斯堪的纳维亚半岛的两个国家,以及冰岛、法罗群岛(Faroes)、奥克尼(Orkneys)、赫布里底(Hebrides)以及苏格兰(Scotland)的斯堪的纳维亚部分。完整地说,还要加上波罗的海南岸的文德(Wendish)海滨以及德国领土的一小部分。用现代的话来说,贸易组织的总公司主要集中在两个中心:奥克尼和波罗的海南端。绝不能忽略边远的地区,如挪威海湾国家和赫布里底,这两个地区毕竟是贸易的主要场所;在这两个中心,主要属于丹麦的波罗的海区域最为著名。它的维京贸易开展得更好,组织更为有序,是在更为明显的意义上的利益一致和长期繁荣的共同观点下开展贸易。按照现代的观点来看,它更为稳定,管理更为保守,属于投资业务,与集中在西方岛屿上的贸易相比,投机的氛围较淡一些。

也许正是由于更稳定的利益以及更为保守的意图,这个地区的交易对于过度竞争和政治干预带来的压力的反应更为敏捷,从而着手制定更大、更紧密的联合的政策。此外,这个地区的很多大冒险家都是家景优越、处于社会上层的人。我们同样可以推测,当波罗的海令人厌恶的竞争形势迅速变得无法忍受的时候,出现了这样一个人,他远见卓识、原则坚定,颇有经营才干,诚信经营,他看到了当前的需要以及可行的补救办法,同时也看到了他自己获利的机会。这个人就是帕纳托齐(Pálnatoki),他是菲茵(Funen)岛一个显赫的贵族家族的后裔,他的家庭自古以来在贸易中都扮演着一种积极而谨慎的角色,精于奉承和交际。他是一个有成熟经历的人,在贸易中有大量投资,而且还有一种也许是他的最大优势的"商誉"。

大约在10世纪中期,在哈拉尔德·戈尔姆森(Harald Gormsson)统治期间,帕纳托齐似乎已经开始寻找促进维京人的国际联合的基础,这样将结束贸易中鲁莽的竞争,同时不受国家政治事件的干扰。为了这一目的,有必要在一个中立的地方来建立机构的总部。这个中世纪斯堪的纳维亚的新泽西就在波罗的海南岸的文德王国。

乔姆斯堡(Jómsborg,位于奥德河(Oder)的出海口沃林(Wollin)岛)在帕纳托齐在那里组建他的公司、加固海港(在他之前去那里的人可能已经加固过这些海港)之前似乎就是维京人常去的地方。在这里,新公司以文德国王赋予的特权而建立起来,公司与文德国王之间有一个约定,那就是公司只在文德王国版图之外进行贸易。公司的有形资产是海港和加固了的乔姆斯堡城,加上船只以及维京人可以利用的设备;它的无形资产是总公司及其附属公司的特权和商誉。它关于人员纪律和收入分配的议事程序非常严格。公司的第一任总裁帕纳托齐在执行议事程序上拥有至高无上的权力,在他长期的任职期间,他履行了最大的决断权并产生了最为有益的结果。

这个中立的、国际性的海盗公司迅速赢得了极大的声誉。用现代的话来说,它的无形资产迅速扩大。在新公司给那些较小的公司和辛迪加带来的竞争压力下,乔姆斯堡的维京人的声望使得较小的公司和辛迪加不断申请加入托拉斯。托拉斯政策其实与其他类型的企业所熟悉的政策是相同的,这里的差别只不过是早期时代的竞争是以较不成熟的形式表现出来的。那些突出的辛迪加和私人企业现在面临的选择是要么屈服于托拉斯,要么退出交易。突出的企业面临很大的困境,尤其是达不到加入托拉斯的要求的那一大部分企业。托拉斯对设备和人员条件的要求都是很严格的,因此大部分申请者都被排除在外;这些没有被托拉斯接纳的不走运的公司发现自己所处的境况随着时间的流逝越来越不稳定。实际上,这些公司要么停滞不前,要么被迫破产,永远停止了它们的业务,终止了它们的公司实体。

现存的记载在细节上当然是不可靠的,严格说来并不具有当代性,也不是以现代的方式阐述的,从而不容易与现在的事实进行比较。这里的主要证据是《乔姆斯堡王传奇》(*Jómsvikingasaga*)、《萨克森·格拉麦蒂克斯》(*Saxo Grammaticus*)、《挪威王列传》(*Heimskringla*)和《奥拉夫国王传奇》(*Olafssaga Tryggvasonar*)这些传奇文学作品;但几乎所有传奇文学都涉及维京贸易的发展,并且从头至尾提到乔姆斯堡维京人的托拉斯。这些作品提供的证据集中在这个结论上:到10世纪末,托拉斯达到了繁荣的顶点,实际上引导着所有以波罗的海为中心的维京贸易的进程。在贸易所涉及的所有地方,它的声誉和影响都很大,甚至在西部小岛和挪威海湾国家也是如此。它甚至在国际政治中也逐渐成为首要的因素,它的力量令在英格兰建立丹麦统治的那两个君主以及同时代的瑞典人、挪威人和俄罗斯人恐惧,同时也是其所追求的目标。或许可以不夸张地说,如果不是同斯文德(Svend)形成托拉斯联盟的话,丹麦人是不可能征服英格兰的,这个联盟使他能够将注意力从斯堪的纳维亚复杂的政治转向他在英格兰的利益。

托拉斯在繁荣的鼎盛时期其物质设备的规模只是一种猜测,而不是统计信息。以下说法可以反映出关于其实力的某些信息:乔姆斯堡加固了的海湾中包括了一个能停泊300艘船的内港。在征讨挪威国王时，不同的典据对派出船只的数量有不同的记载，这次征讨的失败导致了托拉斯的瓦解。《乔姆斯堡海盗传奇》认为有 120 艘船。但这只舰队是从四个大冒险家直接统帅的船只中挑选出来的。在组成舰队之前，停泊在海湾中的船只据说是 185 艘，但当时的情况表明，这只舰队只是乔姆斯堡船只总数的一小部分。在这次灾难性的远征中，只有极少一部分船只得以返还；然而乔姆斯堡海盗后来还进行过多次远征，其中他们参与的船只大约有几十艘。

这个托拉斯成为了一只国际性的力量，它塑造了国家和王朝的命运，又在压力下崩溃了。它或者它的领导者们达成协议，企图使挪威臣服于丹麦国王。部分因为一些不幸的意外事件，部分由于估计错误和准备仓促，这次远征失败了，将托拉斯的事务带入了巨大的危机之中。经过这次灾难，它再也没有恢复过来。11 世纪开始，维京托拉斯势力渐衰，几年以后便在这个地区销声匿迹了。关于它的失败有很多原因。在其缔造者死后，管理权落到了西格瓦蒂（Sigvaldi）的手中，他不及帕纳托齐那样睿智、正直，还带有无原则的个人野心，在政治领域有些惯于轻狂的冒险。正是西格瓦蒂自负的个人野心让公司作出远征挪威的愚蠢决定。此外，这个在这一地区处于统治地位的托拉斯纪律越发涣散，其勒索越发专横，有时无缘无故地强征暴敛。正像人们所说的那样，它几乎不关心"生产的节约"，收费超过了"交易所能承受的程度"。但尽管如此，尽管它插手政治，尽管在它的管理中假公济私、腐败堕落，这个托拉斯仍然完全有可能取得持续的成功，只可惜它的根基离开了贸易。无论好坏，北欧的奴隶贸易随着基督教的引入而崩溃了，至少对基督徒来说是这样；没有了奴隶市场，维京企业也就没有了合理获利的机会。同时，随着南方国家能够更好地防卫它们的海岸，交易的风险和困难——"生产成本"——越来越大。旅客运输几乎完全停止了，货物贸易处于一种缺乏组织、无利可图的状态。成本迅速变得异常高昂,即使对于像挪威海盗那样敢于冒险、贫困潦倒的人来说也是如此。形势变化导致托拉斯的出局。

在托拉斯的大危机之后,某些公司实体仍然存在了一段时间,但纪律涣散,权威性的控制已不复存在。曾经作为托拉斯的一部分的小企业和私人公司仍然在独立进行贸易,但越来越没有规律,力量也越来越弱。当设备老化无法更新时,贸易也就停止了。像西格瓦蒂、托克尔·哈拉尔德森(Thorkel Haraldson)、西加德·卡帕(Sigurd Kapa)、瓦恩·阿卡森(Vagn Akason)这样的巨头将他们的财产转向为王朝的政治服务,把注意力转向了北方国家。多数这些企业和财富在斯文德大帝和克尼特(Knut)大帝的帝国主义扩张中消耗殆尽了;剩下的部分与斯堪的纳维亚国家其他的力量有着相同的命运,那就是沉迷于组织纷争,成本高昂的政府组织,以及教会的建立和贵族阶级的形成。

图书在版编目(CIP)数据

科学在现代文明中的地位/〔美〕凡勃伦著;张林,张天龙译.—北京:商务印书馆,2008
(西方非正统经济学译丛)
ISBN 978-7-100-05539-0

I.科… II.①凡…②张…③张… III.经济学—方法论 IV.F011

中国版本图书馆 CIP 数据核字(2007)第 096534 号

所有权利保留。
未经许可,不得以任何方式使用。

科学在现代文明中的地位

〔美〕托尔斯坦·凡勃伦 著
张林 张天龙 译
徐颖莉 校

商 务 印 书 馆 出 版
(北京王府井大街36号 邮政编码100710)
商 务 印 书 馆 发 行
北 京 龙 兴 印 刷 厂 印 刷
ISBN 978-7-100-05539-0

2008年3月第1版　　开本 880×1230　1/32
2008年3月北京第1次印刷　　印张 12 ⅜

定价:26.00元